Zur Notwendigkeit eines arbeitsrechtlichen
und haftungsrechtlichen Whistleblowerschutzes

Veröffentlichungen des Instituts für Energie- und Regulierungsrecht Berlin

Herausgegeben von Franz Jürgen Säcker

Band 55

PL ACADEMIC RESEARCH

Evelyn Kozak

Zur Notwendigkeit eines arbeitsrechtlichen und haftungsrechtlichen Whistleblowerschutzes

PL ACADEMIC RESEARCH

Bibliografische Information der Deutschen Nationalbibliothek
Die Deutsche Nationalbibliothek verzeichnet diese Publikation in der Deutschen Nationalbibliografie; detaillierte bibliografische Daten sind im Internet über http://dnb.d-nb.de abrufbar.

Zugl.: Berlin, Freie Univ., Diss., 2015

D 188
ISSN 2363-684X
ISBN 978-3-631-67207-5 (Print)
E-ISBN 978-3-653-06708-8 (E-Book)
DOI 10.3726/978-3-653-06708-8

PL Academic Research ist ein Imprint der Peter Lang GmbH.

Peter Lang – Frankfurt am Main · Bern · Bruxelles · New York · Oxford · Warszawa · Wien

Diese Publikation wurde begutachtet.

www.peterlang.com

Danksagung

Großer Dank gebührt meinem Doktorvater em. Univ.-Prof. Dr. iur. Dr. rer. pol. Dres. h.c. Franz Jürgen Säcker, der mir mit seinem Fachwissen zur Seite stand, viele seiner freien Stunden für mich opferte und mir nicht zuletzt auch durch private Gespräche zu einem wertvollen und unermüdlichen Wegbegleiter wurde. Prof. Säcker brachte mir viel Geduld entgegen und sorgte mit wertvollen Ratschlägen für das Gelingen der Arbeit. Er gab mir mit Seinem fundierten Fachwissen viele Anregungen für meine wissenschaftliche Arbeit.

Ich danke Univ.-Prof. Dr. Gerhard Seher für die Übernahme des Zweitgutachtens und die Auseinandersetzung mit dem gebietsübergreifenden Thema.

Ein ganz besonderer Dank geht an meine Familie, insbesondere an meine Eltern, die mir das Studium der Rechtswissenschaft ermöglichten und mir auch während der Anfertigung der Doktorarbeit immerzu unterstützend zur Seite standen. Ganz besonderen Dank dafür, dass sie immer das Beste für meine Schwester und mich tun und alles Erdenkliche bereit sind, dafür zu geben.

Ich möchte auch meiner Schwester Isabella dafür danken, dass sie mich immer motiviert hat und auch in schwierigen Stunden den Optimismus in mir geweckt hat. Die schwesterliche Verbundenheit bedeutet mir unbeschreiblich viel. Der Dank gilt auch ihrem Ehemann und meinem Schwager Daniel, weil er auch immer an mich geglaubt hat.

Allen meinen lieben Freunden danke ich für die Ausdauer, das Verständnis und den Rat. Ich möchte mich bei allen bedanken, die mich nicht nur tatkräftig unterstützt haben, sondern mich stets aufbauten und für die erforderliche Abwechslung sorgten.

Inhaltsverzeichnis

Teil 1: Einleitung

A. Hintergründe

Sowohl die Demokratie als auch der Rechtsstaat sind grundlegende Prinzipien, die die Ordnung und Einhaltung der Gesetze regeln, die der Gesetzgeber als Rechtsordnung vorgibt. Den Bürger trifft die Pflicht, sich gesetzeskonform zu verhalten und sein Handeln an der Rechtsordnung zu orientieren. Begeht er einen Gesetzesverstoß, muss er mit rechtlichen Konsequenzen rechnen.

Auch Unternehmen haben sich an Recht und Gesetz zu halten. Die Einhaltung der durch die Rechtsordnung geschützten und verankerten Rechte der einzelnen Bürger gehört zum Pflichtenkanon eines jeden Unternehmens. Wird gegen Recht und Gesetz verstoßen, drohen dem Rechtsverletzer Strafen und Sanktionen.

Was aber gilt für die Personen, die diese Gesetzesverstöße entdecken und dagegen vorgehen wollen?

Darf es in einem demokratischen Rechtsstaat Regelungen geben, die denjenigen sanktionieren, der Rechtsverstöße im Unternehmen aufdeckt und offenbart?

Die Frage wird in letzter Zeit häufig gestellt und geht mit der Überlegung einher, dass es schwer begründbar ist, einen Bürger arbeitsrechtlichen, strafrechtlichen/ordnungswidrigkeitenrechtlichen und haftungsrechtlichen Sanktionen auszusetzen, obwohl er sich mit der Offenbarung in den Dienst der Rechtsordnung gestellt hat.

Schutzwürdig sollte in einem demokratischen Verfassungsstaat die unternehmerische Verhaltensweise nur sein, wenn das Unternehmensgeheimnis mit dem geltenden Recht im Einklang steht. Das Recht darf nicht das Unrecht schützen. Die derzeitige Realität sieht jedoch anders aus. Weil es der Gesetzgeber von Anfang an unterlassen hat, den von ihm in das einfache Gesetzesrecht eingeführten Begriff des Betriebs- und Geschäftsgeheimnisses zu definieren, muss er von Rechtsprechung und Literatur näher konkretisiert werden. Die Rechtsprechungspraxis, insbesondere zu Whistleblower-Aktivitäten, zeigt, dass ohne Bedenken davon ausgegangen wird, das berichtenswerte Verhalten – mithin das gesetzeswidrige Verhalten – falle unter den Geheimnisschutz und sei durch arbeitsrechtliche Vorschriften und Gepflogenheiten sowie von Art. 12 GG und § 17 UWG geschützt.

In der Presse ist häufig über schwerwiegende Fehlverhalten und grobe Missstände in Unternehmen oder Organisationen zu lesen. Der Berichterstattung kann entnommen werden, dass eine innerbetriebliche Behebung des Fehlverhaltens nicht erfolgversprechend war – meistens liegt das daran, dass der Arbeitgeber selbst in die (illegalen) Machenschaften involviert war oder ist. Viele fragen sich in diesen Fällen, wie es dazu kommen konnte, und vor allem, warum nicht schon früher jemand dagegen vorgegangen ist. Aber wer will handeln, wenn er mit arbeitsrechtlichen, strafrechtlichen oder sogar haftungsrechtlichen Konsequenzen rechnen muss? Die

Bekanntmachung von Missständen bzw. Gesetzesverstößen im Rahmen eines Arbeitsverhältnisses wird als *Whistleblowing* bezeichnet.

Ein Whistleblower, der Kartellrechtswidrigkeiten aufdeckt, wird *Kronzeuge* genannt. Ausgangspunkt dafür ist ein Kartellverstoß. Der Kronzeuge meldet maßgebliche Kartelle und Verstöße gegen das Wettbewerbsrecht mit dem Ziel, einer Geldbuße der Wettbewerbsbehörden zu entkommen. Zudem bedient er sich Regelungen, die ihm Handlungsanweisungen vorgeben. Kronzeugenregelungen im Kartellrecht sind ein Werkzeug zur Ermittlung von Kartellen und zur Durchsetzung des Kartellverbots, wobei der Kronzeuge zur Erlangung der Straffreiheit bzw. Strafmilderung mit der Kartellbehörde „zusammenarbeiten" und somit zur Aufklärung des Sachverhalts beitragen muss. Die Besonderheit des Kronzeugen als Whistleblower ist, dass er oder zumindest sein Rechtsvorgänger im Unternehmen in das Geschehen involviert war und somit als Täter oder Mittäter zum Zeitpunkt der Tat zu qualifizieren ist. In dem Moment aber, in dem der Kronzeuge sich entschließt, das gesetzeswidrige Verhalten für sich zu beenden und offenzulegen, steht er in keiner rechtlich missbilligten Beziehung mehr zu den Missständen im Unternehmen.

Sowohl dem zunächst involvierten Whistleblower als auch dem unbeteiligten Whistleblower ist gemein, dass sie über besondere Informationen verfügen und bei Veröffentlichung dieser Betriebsinterna mit Repressalien rechnen müssen.

In letzter Zeit wird der Ruf nach rechtlichem Schutz für diese Personen lauter. Demjenigen, der ein Verhalten beenden will, dass gegen geltende Gesetze verstößt, um den Einklang der Rechtsordnung wiederherzustellen, sollte Immunität oder zumindest Amnestie zukommen.

B. Begriff und Bedeutung des Whistleblowings

Eine einheitliche, allgemein anerkannte Definition des Begriffs Whistleblowing hat sich im deutschen Rechtsraum bis jetzt nicht durchgesetzt. In vielen wissenschaftlichen Schriften wird aber folgende Definition bevorzugt: So spricht man häufig dann von Whistleblowing, wenn ein ehemaliges oder aktuelles Mitglied einer Organisation Kenntnis von illegalen, unmoralischen oder illegitimen Verhaltensweisen hat, die im Verantwortungsbereich der „Organisationsführung" liegen, und dieses Fehlverhalten (mangels Möglichkeit, es selbst zu beheben) gegenüber Personen oder Organisationen aufdeckt, die Handlungsmöglichkeiten besitzen.[1] Im weitesten Sinne sind darunter auch kritische Äußerungen, Beschwerden oder Anzeigen von abhängig Beschäftigten über Missstände oder Fehlverhalten in ihrem Unternehmen bzw.

1 *Miceli/Near*, Journal of Business Ethics, 1985, Vol. 4, Issue 1, S.4, „Whistleblowing is the disclosure by organization members (former or current) of illegal, immoral or illegitimate practices under the control of their employers, to persons or organizations that may be able to effect action."; *Briegel*, Whistleblowing-Systeme, S. 14 f; *Schneider*, Implementierung, S. 59; *Schulz*, Ethikrichtlinien, S. 142; *Schulz*, BB 2011, 629, 630; *Schemmel/Ruhmannseder/Witzigmann*, Hinweisgebersysteme, S. 3; *Donato*, Whistleblowing, S. 43.

gegenüber der zuständigen Behörde, staatlichen Stellen, der Presse oder sonstigen Dritten zu verstehen.[2] Der Begriff hat seinen Ursprung im angloamerikanischen Rechtskreis und leitet sich aus dem englischen *"to blow the whistle on somebody"* ab.[3] Dies bedeutet so viel wie *„etwas enthüllen"*, *„jemanden verpfeifen"* oder *„über jemanden auspacken"*.[4]

Von dieser Definition sind jedoch moralische Verhaltensweisen auszunehmen. Zwar ist ein unmoralisches Verhalten in gewissen Branchen sehr bedenklich, jedoch würde dessen Einbeziehung den Handlungsbereich des Whistleblowers zu sehr ausweiten. Whistleblower sind Diener der Rechtsordnung und keine Moral- oder Sittenwächter. Sie stellen sich in den objektiven Dienst der Rechtsordnung und sehen sich in der Pflicht, rechtswidrige Verhaltensweisen anzuzeigen (intern oder extern) und zukünftiges rechtswidriges Verhalten zu unterbinden. Ein Whistleblower ist somit jede Person, die zum Wohle der Allgemeinheit Rechtsverstöße bzw. rechtswidrige Verhaltensweisen (Missstände), die im Verantwortungsbereich der Unternehmensleitung liegen, aufdeckt und öffentlich macht. Um das positive Element verstärkt zum Ausdruck zu bringen, wird im deutschen Rechtsraum diese Person auch als Hinweisgeber qualifiziert.

Whistleblower dringen auf Abhilfe und verweigern unter Umständen auch ihre weitere Mitwirkung an der kritisierten Praxis. Haben sie damit keinen Erfolg, tragen sie gegebenenfalls ihre Kritik nach außen in die Öffentlichkeit.

Anlässlich der Verleihung des ersten Whistleblower-Preises[5] im Jahre 1999 an den russischen Ex-Marine-Kapitän und Wissenschaftler *Alexander Nikitin* aus St. Petersburg sagte der damalige Richter am Bundesverfassungsgericht Dr. Jürgen Kühling[6]:

> *„Auch das gesellschaftliche Umfeld des ‚Whistleblowers' ist gewöhnlich nicht auf seiner Seite. Sein Verhalten wird als Verrat eingestuft, gilt als illoyal. Ein tief verwurzeltes Ethos der Gefolgschaftstreue überlagert die Grundsätze einer aufgeklärten Ethik, die sein Verhalten gutheißt. Zustimmung erfährt er, wenn überhaupt, gewöhnlich von weither. Von Freunden gemieden, vom Recht verfolgt – das ist das gewöhnliche Schicksal dessen, der sich im Interesse von Frieden, Umwelt oder anderen höchstrangigen Rechtsgütern zum Bruch der Verschwiegenheit entschließt."*

Je nach Standpunkt des Betrachters mag man derartige Anzeigen als „Denunziantentum" ablehnen oder als Ausdruck von Verantwortungsgefühl preisen. In den USA

---

2 *Bussmann/Matschke*, CCZ 2009, 132, 136; *Schulz*, BB 2011, 629, 630.

3 Vgl. vertiefend *Fahrig*, Verhaltenskodex, S. 28; *Schemmel/Ruhmannseder/Witzigmann*, Hinweisgebersysteme, S. 5.

4 Vgl. Online-Wörterbuch, abrufbar unter: www.ponds.eu, (abgerufen am 20.10.2013).

5 Der Preis wird von der Vereinigung Deutscher Wissenschaftler (VDW) und der Deutschen Sektion der International Association of Lawyers Against Nuclear Arms (IALANA) gestiftet.

6 Zitat von Jürgen Kühling, aus: *Deiseroth/Falter*, Whistleblower in Altenpflege und Infektionsforschung, Vorbemerkung.

(und in vielen anderen *Common Law*-Staaten) sind Whistleblower gesellschaftlich allgemein anerkannt und werden rechtlich geschützt.[7] Aber auch in Deutschland ist dieses Thema zunehmend aktuell und Gegenstand gerichtlicher Entscheidungen. Im Übrigen existieren private Stiftungen und Einrichtungen, die solch ein von Zivilcourage getragenes Verhalten mit Preisen ehren.[8] Diese Sichtweise beruht auf der Erkenntnis, dass sich mangelnde Sicherheitsvorkehrungen oder finanzielle Missstände – um nur einige Problemfelder zu nennen – durch den Whistleblower am ehesten aufdecken lassen, da er als „Insider" über die entsprechenden Kenntnisse verfügt.[9]

I. Erscheinungsformen des Whistleblowings

Anders als in den USA, in denen der Begriff Whistleblowing durch gesetzliche Bestimmungen, insbesondere den *Whistleblower Protection Act*,[10] den *Sarbanes-Oxley Act*[11] und den *Dodd-Frank-Act*[12] geregelt wird,[13] existieren im nationalen Recht bisher keine entsprechenden Bestimmungen, die sich mit der Materie des Whistleblowings auseinandersetzen.[14] Meist fehlt bereits eine klare Abgrenzung zwischen den verschiedenen Erscheinungsformen des Whistleblowings. Die Literatur unterscheidet zwischen externem und internem Whistleblowing, was erhebliche Auswirkungen auf den Schutz des Hinweisgebers hat.[15] Denn je nachdem, welche der beiden Formen der Hinweisgeber nutzt, ergeben sich unterschiedliche Voraussetzungen und Folgen hinsichtlich eines arbeitsgerichtlichen Verfahrens und des

---

7 Vgl. *Müller*, NZA 2002, 424, 425. Schutz erfährt der Whistleblower unter anderem durch den *Sarbanes-Oxley Act*, der nach dem *Whistleblower Protection Act* von 1989 die wichtigste bundesrechtliche Erweiterung zum Whistleblowingrecht darstellt.

8 U. a. Vereinigung Deutscher Wissenschaftler e.V., der regelmäßig Whistleblower-Preise verleiht.

9 *Müller*, NZA 2002, 424, 425; z. B. die Challenger-Katastrophe: Am 28. Januar 1986, 73 Sekunden nach dem Start der Mission STS-51-L, brach die Raumfähre in etwa 15 Kilometer Höhe auseinander. Dabei starben alle sieben Astronauten. Als Grund wurde das Versagen eines oder mehrerer Dichtungsringe in einer der seitlichen Feststoffraketen ermittelt. Zuvor hatte ein Mitarbeiter intern auf die Möglichkeit des Versagens der Dichtungsringe bei Kälte hingewiesen und vor diesem Szenario gewarnt.

10 Whistleblower Protection Act of 1989, Public Law 101–12 – April 10, 1989, abrufbar unter: http://www.gpo.gov/fdsys/pkg/STATUTE-103/pdf/STATUTE-103-Pg16.pdf, (abgerufen am 22.11.2013).

11 Sarbanes-Oxley Act („SOX"), Public Law 107–204 – July 30, 2002, abrufbar unter: https://www.sec.gov/about/laws/soa2002.pdf, (abgerufen am 22.11.2013).

12 Dodd–Frank Wall Street Reform and Consumer Protection Act („Dodd-Frank Act"), Public Law 111–203 – July 21, 2010, abrufbar unter: http://www.gpo.gov/fdsys/pkg/PLAW-111publ203/pdf/PLAW-111publ203.pdf, (abgerufen am 22.11.2013).

13 Siehe auch *Mengel*, CCZ 2012, 146, 152.

14 *V. Busekist/Fahrig*, BB 2013, 119, 120.

15 U. a. *Fahrig*, NJOZ 2010, 975, 976.

arbeitsrechtlichen Schutzes. Wendet sich der Arbeitnehmer an seinen Arbeitgeber, an eine betriebsinterne Beschwerdestelle oder an eine dafür ausdrücklich eingerichtete *Whistleblower-Hotline*,[16] handelt es sich um internes Whistleblowing.[17] Hierdurch wird Mitarbeitern die Möglichkeit gegeben, diskret und vertraulich Fehlverhalten zu melden und dadurch innerbetrieblich Abhilfemaßnahmen zu erreichen. Auf der anderen Seite erhält der Arbeitgeber durch einen intern offengelegten Hinweis die Chance, die Angelegenheit schneller, kostengünstiger und ohne Aufsehen der Öffentlichkeit zu korrigieren.[18] Hilfreich ist daher der Verweis an einen *Compliance-Beauftragten*,[19] aber auch eine Telefonschaltung zu einem externen Rechtsanwalt mag sich anbieten, wenn anzunehmen ist, dass Hinweisgeber diesem wegen dessen beruflicher Verschwiegenheitsverpflichtung mehr Vertrauen entgegenbringen.[20] Logischerweise setzt dies jedoch ein integriertes und funktionierendes *Compliance-System* im Unternehmen und vor allem die gute Organisation und Durchführung eines solchen Systems durch einen Compliance-Beauftragten voraus.[21]

Wird im Unternehmen nicht oder nicht in angemessener Form auf das angezeigte Fehlverhalten reagiert oder sind die Verantwortlichen nicht willens zu handeln, bleibt dem Whistleblower nur der externe Weg.

Von externem Whistleblowing spricht man, wenn sich der Hinweisgeber nach außen, das heißt an staatliche Behörden, Interessenverbände oder unmittelbar an die öffentliche Presse wendet.[22] Oft wird darin der falsche Weg gesehen, weil durch die öffentliche Preisgabe die Schäden materieller und immaterieller Art (negative Schlagzeilen, Rufschädigung) für das Unternehmen unkalkulierbar sind und die Funktionsunfähigkeit des Betriebs droht.[23] In diesen Fällen entwickelt sich ein Spannungsverhältnis zwischen Zivilcourage und Denunziantentum. Während Aufsichtsbehörden in der Regel eine Aufklärung unter Ausschluss der Öffentlichkeit anstreben, geht es der Presse vorrangig um die öffentliche Aufmerksamkeit. Deswegen wird der Gang an die Presse als Form des externen Whistleblowings am kritischsten gesehen.

16 *Mengel*, Compliance und Arbeitsrecht, Kap. 5, Rn. 66; *Lampert*, in: Hauschka, Corporate Compliance, § 9, Rn. 35.
17 *Fahrig*, NJOZ 2010, 975, 976.
18 *Groneberg*, Whistleblowing, S. 36.
19 Zu den Aufgaben und zur Stellung eines Compliance-Beauftragten im Unternehmen *Meier*, NZA 2011, 779.
20 *Lampert*, in: Hauschka, Corporate Compliance, § 9, Rn. 35.
21 *Lampert*, in: Hauschka, Corporate Compliance, § 9, Rn. 34.
22 *Schmolke*, RIW 2012, 224, 226.
23 *Donato*, Whistleblowing, S. 14.

II. Whistleblowing im öffentlichen Sektor

Aufgrund des thematischen Zusammenhangs soll in gebotener Kürze die Rechtslage zum Whistleblowing im öffentlichen Sektor aufgezeigt werden. Eine vertiefte Auseinandersetzung findet nicht statt, da für Whistleblowing von Angehörigen des öffentlichen Dienstes ein anderer Maßstab anzuwenden ist. Grund dafür ist das besondere Vertrauensverhältnis. Dabei sind einige Pflichten, die dem Kern der hergebrachten Grundsätze des Berufsbeamtentums angehören, besonders relevant: die allgemeine Treuepflicht, welche die Verfassungstreuepflicht, die Gehorsamspflicht sowie die Neutralitätspflicht beinhaltet, das Dienstweggebot, die Verschwiegenheitspflicht sowie die Pflicht zu achtungs- und vertrauenswürdigem Verhalten. Deshalb ist ein Vergleich mit einem Whistleblower in der Privatwirtschaft nicht angebracht.

Durch das Urteil des EGMR[24] im Fall der Altenpflegerin *Brigitte Heinisch* ist die Debatte über die Zulässigkeit von Whistleblowing außerhalb des rein privatwirtschaftlichen Bereiches angeheizt worden. Der Fall betraf die Kündigung einer Arbeitnehmerin, deren beklagter Arbeitgeber im Mehrheitsbesitz des Landes Berlin stand.

Im öffentlichen Sektor sind Angestellte des öffentlichen Dienstes und Beamte zu unterscheiden. Beide Bereiche sind solche des öffentlichen Dienstes, jedoch gelten unterschiedliche Gesetze und Maßstäbe.[25] Für Angestellte des öffentlichen Dienstes ist die Verschwiegenheitspflicht in § 3 Abs. 1 TVöD/§ 3 Abs. 2 TV-L tarifvertraglich geregelt: Verschwiegenheit ist zu wahren über Angelegenheiten, deren Geheimhaltung gesetzlich vorgesehen oder vom Arbeitgeber angeordnet worden ist. An die Verschwiegenheitspflicht eines Beschäftigten des öffentlichen Dienstes sind höhere Maßstäbe anzulegen als bei Beschäftigten der Privatwirtschaft; insbesondere sind die dem Staat zur Verfügung gestellten Daten und Erkenntnisse wegen des Datenschutzes zugunsten des Bürgers zu schützen.[26] § 3 Abs. 2 TV-L statuiert sogar eine gesetzliche Verschwiegenheitspflicht über die Beendigung des Arbeitsverhältnisses hinaus, was die besondere Bedeutung dieser Pflicht hervorhebt. Zwar besteht im privatrechtlichen Arbeitsrecht die Möglichkeit, eine (nachvertragliche) Verschwiegenheitspflicht vertraglich zu vereinbaren. Jedoch ist dann die Grenze des billigen Ermessens nach § 315 BGB zu beachten, sowie eventuell eine AGB-Prüfung vorzunehmen.

Für Beamte ergibt sich die Rechtslage aus dem Bundesbeamtengesetz oder dem Beamtenstatusgesetz. Beamte stehen aufgrund von Art. 33 Abs. 5 GG (hergebrachte Grundsätze des Berufsbeamtentums) in einem besonderen Pflichten- und Treueverhältnis, das ihnen wesentlich engere Grenzen im Hinblick auf ihr Verhalten gegenüber ihrem Dienstherrn vorgibt, als dies bei den übrigen Arbeitnehmern der

---

24 EGMR, Urt. v. 21.7.2011 – 28274/08, NJW 2011, 3501 (Heinisch/Deutschland).

25 *Brock*, öAT 2011, 243, 244; zu Verhaltenspflichten im öffentlichen Sektor *Groneberg*, Whistleblowing, S. 210.

26 *Stier*, in: Bepler/Böhle/Meerkamp/Russ, TVöD, § 3, Rn. 3.

Fall ist.[27] Hinsichtlich des Whistleblowings weisen bestimmte Regelungen auf besondere Dienstpflichten hin, z. B.:

- öffentlich-rechtliches Treueverhältnis gem. § 4 BBG/§ 3 BeamtStG,
- Eintreten für die freiheitlich demokratische Grundordnung gem. § 60 BBG/§ 33 BeamtStG,
- achtungs- und vertrauensvolles Verhalten gem. § 61 BBG/§ 34 BeamtStG,
- Einhaltung des Dienstweges gem. § 125 BBG/§ 36 BeamtStG und
- die Verschwiegenheitspflicht gem. § 67 BBG/§ 37 BeamtStG.

Neben der gesetzlich begründeten Pflicht, Straftaten anzuzeigen (§ 138 StGB) und für den Erhalt der freiheitlich demokratischen Grundordnung einzutreten, sind § 67 Abs. 2 BBG bzw. § 37 Abs. 2 BeamtStG Spezialregelungen für die Offenlegung von Korruptionsdelikten durch Beamte. Zur Umsetzung von Art. 9 des Zivilrechtsübereinkommens über Korruption des Europarats vom 4. November 1999[28] wurde mit § 67 Abs. 2 S. 1 Nr. 3 BBG bzw. § 37 Abs. 2 S. 1 Nr. 3 BeamtStG für externes Whistleblowing eine Ausnahme von der Verschwiegenheitspflicht geschaffen.[29] Die Pflicht zur Amtsverschwiegenheit gilt demnach nicht, wenn Beamte einen durch Tatsachen begründeten Verdacht einer Korruptionsstraftat nach den §§ 331 bis 337 StGB gegenüber einer zuständigen Stelle anzeigen. Die Vorschriften legen nahe, dass dabei sowohl interne (zuständige oberste Behörde) als auch externe Instanzen (Strafverfolgungsbehörden) angerufen werden können. Der Beamte ist daher grundsätzlich frei in der Wahl der Hinweisstelle. Zudem ist seine Motivlage irrelevant, da in § 67 Abs. 2 S. 1 Nr. 3 BBG bzw. § 37 Abs. 2 S. 1 Nr. 3 BeamtStG keine Gründe für die Offenlegung thematisiert werden.[30] Damit ist der deutsche Gesetzgeber einen Schritt weiter gegangen als Art. 9 des Zivilrechtsübereinkommens des Europarats über Korruption, der nur auf den in redlicher Absicht handelnden Beschäftigten abstellt.[31]

Eine weitere beamtenspezifische Regelung, die Bezüge zum Whistleblowing aufweist, ist das Remonstrationsverfahren nach § 63 Abs. 2 BBG bzw. § 36 Abs. 2 BeamtStG. Ausgangspunkt ist das Spannungsverhältnis, das dadurch entstehen kann, dass Beamte auf der einen Seite Anordnungen von Vorgesetzten ausführen müssen (Gehorsamspflicht) und auf der anderen Seite für die Rechtmäßigkeit ihrer

---

27 BVerfG, Beschl. v. 22.5.1975 – 2 BvL 13/73, JZ 1975, 561; *Müller*, NZA 2002, 424, 426.

28 Zivilrechtsübereinkommens des Europarats über Korruption, GRECO (99), vom 4. November 1999 (Straßburg), abrufbar unter: http://www.coe.int/t/dghl/monitoring/greco/documents/1999/Greco%281999%291_EN.pdf, (abgerufen am 5.3.2014).

29 Die Vorschrift stellt zudem sicher, dass Beamte die einen Korruptionsverdacht mitteilen, keinerlei Nachteile zu befürchten haben, siehe *Abraham*, ZRP 2012, 11, 12.

30 *Herold*, ZBR 2013, 8, 13; vgl. auch *Király*, DÖV 2010, 894, 896.

31 Vgl. Art. 9 des Zivilrechtsübereinkommens: „Jede Vertragspartei sieht in ihrem innerstaatlichen Recht vor, dass Beschäftigte, die den zuständigen Personen oder Behörden in redlicher Absicht einen begründeten Korruptionsverdacht mitteilen, angemessen vor ungerechtfertigten Nachteilen geschützt werden."

dienstlichen Handlungen die volle persönliche Verantwortung tragen. Das Remonstrationsverfahren sieht vor, dass Beamte Bedenken gegen die Rechtmäßigkeit von Anordnungen gegenüber ihren Vorgesetzten geltend machen.[32] Wird die Anordnung aufrechterhalten und hilft auch die nächsthöhere Stelle nicht ab, müssen Beamte diese trotzdem ausführen, sind aber von der eigenen Verantwortung befreit.[33] Da bei einer Remonstration allerdings regelmäßig nichts „enthüllt" wird, sondern lediglich eine andere rechtliche Bewertung bekannter Tatsachen dargelegt werden darf, führt diese nicht zur gewünschten Offenlegung von rechtswidrigen Verhaltensweisen und Missständen. Ferner können Beamte lediglich gegen Anordnungen remonstrieren, die ihnen aufgetragen wurden. Somit können Bedenken gegen die Rechtmäßigkeit von Handlungen der jeweiligen Behörde, die Kollegen oder Vorgesetzte betreffen, nicht mithilfe des Remonstrationsverfahrens vorgebracht werden.

Neben dem gesetzlichen Antrags- und Beschwerderecht nach § 17 Abs. 1 ArbSchG i. V. m. § 125 BBG und dem gesetzlich geregelten Anzeigerecht des § 17 Abs. 2 ArbSchG, dass für Angestellte aufgrund eines privatrechtlichen Arbeitsverhältnisses gilt, ergibt sich die Zulässigkeit von Whistleblowing aus den allgemeinen verwaltungsrechtlichen Vorschriften und deren Konkretisierungen durch die Rechtsprechung. Wie beim privatwirtschaftlichen Arbeitsrecht besteht der Grundkonflikt in den widerstreitenden Interessen von Dienstherr und Beamten. Insbesondere der Grundsatz des Berufsbeamtentums nach Art. 33 Abs. 5 GG, aus dem die besondere Verschwiegenheitspflicht hergeleitet werden kann, genießt höchste Priorität und erschwert es einem Beamten, seine Grundrechte wahrzunehmen.[34]

Die Güterabwägung in Form der praktischen Konkordanz kann ergeben, dass das Recht auf freie Meinungsäußerung zurücktreten muss. Die Rechtsprechung hat dabei als Maßstab zur Abwägung die aus dem Zivilrecht bekannte „Stufentheorie" herangezogen, nach der interne Abhilfeversuche externen Meldungen vorgehen.[35] Was den Hinweisgehalt angeht, können ebenfalls Vergleiche zum Arbeitsrecht in der Privatwirtschaft gezogen werden. Wissentliche Falschaussagen, Leichtfertigkeit im Falle schwerwiegender Anschuldigungen sowie haltlose Vorwürfe sind nicht geschützt und stellen einen Pflichtverstoß dar. Auch die Entscheidung des EGMR[36] zum Fall *Heinisch* führt nicht zu einer Abweichung von den bisherigen, in der Rechtsprechung angelegten Grundsätzen.[37] Besondere beamtenrechtliche Relevanz kommt dem expliziten Verweis auf das Urteil im Fall *Guja/Moldawien*[38] zu, das sich erstmalig

32 *Battis*, BBG, § 63, Rn. 4; gleiches gilt für Beamte nach dem BeamtStG.

33 Vgl. *Battis*, BBG, § 63, Rn. 4 mit Verweis auf BT-Drs. 16/7074, S. 219 und BT-Drs. 16/4027, S. 31.

34 So auch *Bauschke*, öAT 2012, 271, 274.

35 So schon BVerfG, Beschl. v. 28.4.1970 – 1 BvR 690/65, NJW 1970, 1498, 1501.

36 EGMR, Urt. v. 21.7.2011 – 28274/08, NJW 2011, 3501 (Heinisch/Deutschland).

37 Vgl. *Reufels/Molle*, KSzW 2012, 3, 8; *Brock*, öAT 2011, 243, 247; *Sagan*, DB 2012, Beilage zu Heft 6, 11, 12.

38 EGMR, Urt. v. 12.2.2008 – 14277/04 (Guja/Moldavia), abrufbar unter: http://echr.ketse.com/doc/14277.04-en-20080212/view/, (abgerufen am 5.3.2014).

mit der Weitergabe von internen Informationen an die Medien durch einen Beamten auseinanderzusetzen hatte.[39] Laut EGMR ist gerade bei Beamten (und Angestellten des öffentlichen Dienstes) die Loyalitäts- und Zurückhaltungspflicht besonders stark ausgeprägt.[40] Daher haben sie grundsätzlich Genauigkeit und Zuverlässigkeit der Informationen zu prüfen und aufgrund ihrer Verschwiegenheitspflicht zunächst den Vorgesetzten zu informieren.[41] Nur wenn dies eindeutig zu keinem Erfolg führen kann, können sie sich an die Öffentlichkeit wenden, wobei stets zu prüfen ist, ob ihnen nicht doch ein milderes und gleich effektives Mittel zur Verfügung steht, um den Missstand zu beheben.

Für Angestellte des öffentlichen Dienstes, deren Arbeitsverhältnis auf einem privatrechtlichen Vertrag beruht, sind tarifvertraglich keine Bestimmungen zum Schutz von Whistleblowing getroffen worden. Insofern ist in diesen Fällen ein Schutzdefizit zu verzeichnen.

Der beamtenrechtliche Schutz von Whistleblowern ergibt sich aus der Rechtsfolge der Ausnahmeregelung zur Verschwiegenheitspflicht. Denn mit einer zulässigen Anzeige nach § 67 Abs. 2 S. 1 Nr. 3 BBG bzw. § 37 Abs. 2 S. 1 Nr. 3 BeamtStG begeht der Beamte kein Dienstvergehen. Die Anzeige darf kein Anlass für Disziplinar- oder Personalmaßnahmen sein.[42] Zudem sieht Art. 9 des Zivilrechtsübereinkommens vor, dass Beschäftigte, die einen begründeten Korruptionsverdacht mitteilen, angemessen vor ungerechtfertigten Nachteilen geschützt werden sollen.[43]

Insgesamt ist festzuhalten, dass Whistleblowing im öffentlichen Sektor Rechtsprobleme und Interessenkollisionen aufweist, die im zivilrechtlichen Pendant ebenfalls bekannt sind, wie die weiteren Ausführungen zeigen werden. Grundsätzlich hat jeder Beschäftigte im öffentlichen Dienst den internen Dienstweg zu durchlaufen. Nur für die Korruptionstatbestände nach §§ 331–337 StGB ist ein externes beamtenrechtliches Anzeigerecht vorgesehen. Dennoch bleiben in allen anderen Fällen praktische Unsicherheiten. Ein einheitliches Gesamtkonzept für das Whistleblowing fehlt.

Trotz gewisser Ähnlichkeiten zum privaten Sektor beschäftigt sich diese Arbeit nicht weiter mit Angehörigen des öffentlichen Dienstes, da bei diesen Beschäftigten aufgrund der gesteigerten Treuepflicht die rechtspolitische Problematik anders beurteilt werden muss als bei Arbeitnehmern aus der Privatwirtschaft.

---

39 EGMR, Urt. v. 21.7.2011 – 28274/08 (Rn. 63), NJW 2011, 3501, 3503 (Heinisch/Deutschland).

40 EGMR, Urt. v. 21.7.2011 – 28274/08 (Rn. 64), NJW 2011, 3501, 3503 (Heinisch/Deutschland).

41 EGMR, Urt. v. 21.7.2011 – 28274/08 (Rn. 65), NJW 2011, 3501, 3503 (Heinisch/Deutschland), nähere Ausführungen zum Urteil siehe Teil 4, A, IV.

42 Ähnlich *Király*, ZRP 2011, 146, 146.

43 *Herold*, ZBR 2013, 8, 13.

C. Motive des Whistleblowers und ihre Relevanz

> *"Our lives begin to end the day we become silent about things that matter."*
> *(Martin Luther King)*

Personen, die nicht wegschauen, sondern genau hinsehen und notfalls auch laut darüber reden, opfern sich selbstlos zum Nutzen einer bedeutenden Sache auf. Die einen verehren sie als „Heilige" einer säkularen Kultur.[44] Für andere handelt es sich um Verräter oder Profilneurotiker, die sich wichtigmachen und aufspielen: *Whistleblower.*

Der Preis, den Whistleblower zahlen müssen, ist meist sehr hoch: Sie werden als Lügner, geistig Verwirrte, inkompetente Wichtigtuer oder ähnlich herabwürdigend bezeichnet.[45] Ein Bericht über eine US-amerikanische Studie zeigt, dass die Konsequenzen für Whistleblower dramatische Dimensionen erreichen können:[46]

- 90 Prozent verloren ihren Job oder wurden degradiert
- 27 Prozent wurden juristisch verfolgt
- 27 Prozent brauchten psychiatrische oder medizinische Hilfe
- 17 Prozent verloren ihr Haus
- 15 Prozent ließen sich scheiden
- 10 Prozent versuchten Selbstmord zu begehen.

I. Motive des Whistleblowers

Auf die Frage, warum es Menschen gibt, die viel riskieren, um einen Missstand zu beseitigen, während andere nichts tun, gibt es keine eindeutige Antwort. Entscheidend ist wohl vor allem die Persönlichkeit: Der Whistleblower richtet sein Verhalten an Uneigennützigkeit, Gemeinwohlinteresse[47] und Zivilcourage aus. Im Zusammenhang mit der Zivilcourage ist das staatsbürgerliche Verantwortungsbewusstsein[48] hervorzuheben: Der Whistleblower sieht sich in der Verantwortung, durch Bekanntmachung der Missstände eine gesellschaftliche Diskussion anzuregen und somit die Gesellschaft für bestimmte Themen zu sensibilisieren. Er fühlt sich zudem

---

44 *Grant*, Journal of Business Ethics, Vol. 39 (2002), 391, 392.

45 *Schemmel/Ruhmannseder/Witzigmann*, Hinweisgebersysteme, S. 87 m. w. N.; *Graser*, Whistleblowing, S. 6 f.; *Groneberg*, Whistleblowing, S. 40; *Deiseroth/Derleder*, ZRP 2008, 248, 250; *Rohde-Liebenau/Peter*, AiB 2004, 615, 616.

46 Vgl. *Leisinger*, Whistleblowing und Corporate Reputation Management, S. 4 f. mit Verweis auf *Grace/Cohen*, Business Ethics: Australian Problems and Cases, S. 148. Obwohl die Studie länderbezogen ist und deswegen keine allgemeingültige Geltung erlangen kann, soll sie beispielhaft zeigen, mit welchen materiellen und immateriellen Folgen ein Whistleblower zu rechnen hat.

47 *Graser*, Whistleblowing, S. 105; *Groneberg*, Whistleblowing, S. 42, die den Whistleblower als selbstlosen Verteidiger des Allgemeinwohls darstellen.

48 *Schemmel/Ruhmannseder/Witzigmann*, Hinweisgebersysteme, S. 20.

verpflichtet, die Gesellschaft vor gesetzeswidrigen Verhaltensweisen[49] zu schützen, die enorme Folgen für die Umwelt, für Leib und Leben, für das Eigentum und nicht zuletzt für die nachfolgenden Generationen haben können. Da der Whistleblower auch Teil der Gesellschaft und Träger der grundrechtlich geschützten Rechte ist, will er sich selbst und seine Güter schützen; insbesondere wenn die Wahrung der Menschenrechte auf dem Spiel steht. Deshalb geschieht Whistleblowing in Fällen mit Folgen für die ganze Menschheit nicht nur aus rein altruistischen Gründen. Trotz alledem ist das Handeln vom Bewusstsein für Gerechtigkeit[50] getragen und dient dem Schutz der Allgemeinheit. Oft ist das Handeln mit dem Gedanken verbunden, die Gesellschaft auf den Straftäter aufmerksam zu machen, um ihr Verhalten ihm gegenüber zu überdenken. Damit geht einher, dass die Unternehmen oder Personen, die mit dem „Straftäter" kooperieren und zusammenarbeiten, ihre Zusammenarbeit mit ihm beenden und die Kontakte vorerst, bis zur Besserung der Lage, einfrieren.

Auch jobspezifische Motive spielen eine gewichtige Rolle. Arbeitnehmer besitzen eine hohe Loyalität gegenüber ihrem Unternehmen und möchten als Hinweisgeber auch den Arbeitgeber, der nicht am Missstand beteiligt ist, vor Schaden bewahren. Als Arbeitnehmer haben Whistleblower zudem ein Interesse daran, sich beruflich zu profilieren und ihre Zuverlässigkeit in betrieblichen Abläufen zum Ausdruck zu bringen.[51]

Neben dem Bild des altruistisch handelnden Whistleblowers darf nicht übersehen werden, dass es auch Whistleblower gibt, die aus rein egoistischen Motiven handeln. Dabei sind die Motive der Whistleblower u. a. Rache und Opportunismus.[52] Der Opportunist strebt vorrangig nicht die Durchsetzung seiner Ideale an, sondern die Sicherung seiner beruflichen Zukunft.[53] Er wird zum Whistleblower, um den Schutz auszunutzen, den er in einigen Ländern gesetzlich erhält. Der Whistleblower, der aus Rache agiert, ist meist schon aus dem Unternehmen ausgeschieden oder steht in keiner guten Beziehung zu seinem Arbeitgeber. Der Wunsch nach Rache wird nicht selten von der Gier nach finanziellen Vorteilen begleitet. Obwohl die Vorwürfe gegen den Arbeitgeber stimmen mögen, ist die Intention eine andere.

Die Motive bzw. die Interessen des Whistleblowers im Kartellrecht haben einen anderen Schwerpunkt. Der Kronzeuge konzentriert sich hier darauf, das wettbewerbswidrige Verhalten für die Zukunft zu beenden und dem Bußgeld der Kartellbehörde zu entgehen. Der Whistleblower ist oftmals in das gesetzeswidrige Verhalten involviert gewesen, bis er sich entschieden hat, sich selbst und die anderen

---

49 Gesetzeswidrige Verhaltensweisen sind: Verstöße gegen arbeitsrechtliche Vorschriften, Verstöße gegen das Wirtschafts- und Umweltstrafrecht aber auch im weitesten Sinne Delikte gegen Leib und Leben. Unter Wirtschaftskriminalität werden illegale Handlungen wie z. B. Diebstahl, Unterschlagung, Geldwäsche, Betrug, Korruption, Industriespionage, Computerkriminalität und Falschbilanzierung gefasst.

50 *Leisinger*, Whistleblowing und Corporate Reputation Management, S. 77.

51 *Donato*, Whistleblowing, S. 20; *Jos/Tompkins/Hays*, PAR 1989, Vol. 49, No. 6, 552, 557.

52 Siehe ausführlich *Donato*, Whistleblowing, S. 21 m. w. N.

53 *Donato*, Whistleblowing, S. 21.

beteiligten Kartellanten bei der Kartellbehörde anzuzeigen. Das Motiv, selbst von der Strafe verschont zu bleiben,[54] hat Priorität.

Setzt man sich also mit dem Wesen des Whistleblowers auseinander, wird klar, dass es einen typischen Whistleblower wohl nicht gibt. Abgesehen davon, dass es besonders schwierig ist, das wahre Motiv des Whistleblowers zu ermitteln, scheint eine genaue Abgrenzung zwischen den selbstlosen und egoistischen Beweggründen fast unmöglich. Dies ist nicht zuletzt der subjektiven Wahrnehmung der Menschen geschuldet. Je nachdem, wie der Whistleblower selbst zu Gerechtigkeit und Verantwortungsbewusstsein steht, ergeben sich die Grundlagen für seine Entscheidung.

II. Relevanz der Motive

Bei allen Versuchen, die Beweggründe zu konkretisieren, muss bedacht werden, dass Motiv und Resultat nicht immer konvergieren: tugendhafte und ehrenwerte Motive bescheren nicht immer das gewünschte positive Resultat; umgekehrt können Handlungen, die auf eigennützigen oder rachsüchtigen Motiven beruhen, im Ergebnis zum Nutzen der Allgemeinheit sein und eine unerwartet positive Folge nach sich ziehen. Positive Folgen des Whistleblowings ergeben sich in der Weise, dass das Insiderwissen an (organisationsinterne oder -externe) Dritte weitergegeben wird und dadurch Informationen über gesetzeswidrige Verhaltensweisen ans Licht kommen, die andernfalls – wenn überhaupt – erst sehr viel später aufgedeckt worden wären.[55]

Das Motiv für das Handeln ist jedoch rechtlich irrelevant. Ein Staat, der vom Rechtsstaatsprinzip geprägt ist, darf die Strafbarkeit oder Straflosigkeit von gesetzeswidrigem Handeln nicht vom Motiv des Whistleblowers abhängig machen. Gesetzesverstöße dürfen nicht geduldet werden. Erst recht dürfen diejenigen, die Gesetzesverstöße publik machen, keinen rechtlichen Konsequenzen ausgesetzt werden. Ein Erfordernis, ein Recht zu schützen (Recht auf Wahrung des Betriebsgeheimnisses), dessen Ausübung nach geltender Rechtslage Unrecht wäre, ist nicht ersichtlich. Die Motive des Whistleblowers dürfen demnach keine Rolle spielen. Es darf der Rechtsordnung grundsätzlich nicht darauf ankommen, aus welchem Grund jemand einen Rechtsverstoß eines anderen meldet, sofern dieser sachlich richtig ist oder zumindest ein berechtigter und nicht haltloser Verdacht auf einen Rechtsverstoß vorlag.[56] Der Hinweis dient nicht nur dem Schutz vor weiteren Gefahren, sondern eröffnet die Möglichkeit, die entsprechenden Sachverhalte aufzuklären und die Verantwortlichen juristisch und/oder außer-juristisch zu verfolgen.[57] Dieser positive Effekt ergibt sich unabhängig davon, ob der Whistleblower aus Rache oder aus rein

54 Siehe Bekanntmachung des Bundeskartellamtes Nr. 9/2006 über den Erlass und die Reduktion von Geldbußen und Kartellsachen – Bonusregelung -, Abschnitt B.

55 Vgl. *Göpfert/Landauer*, NZA-Beil. 1/2011, 16, 21; *Graser*, Whistleblowing, S. 8; *Reuter*, ZRP 2011, 104, 107.

56 So ähnlich *Kort*, FS Kreutz, S. 247, 261; *Thüsing/Forst*, in: Thüsing, Beschäftigtendatenschutz und Compliance, § 6, Rn. 36.

57 So ähnlich *Schulz*, Ethikrichtlinien, S. 27.

altruistischen Motiven handelt. Aber auch die Verhütung von Fehlentwicklungen ist ein gesamtgesellschaftliches Interesse von besonders hohem Rang. Daher ist ist die sich herauskristallisierende positive Bewertung des Phänomens Whistleblowing durchaus gerechtfertigt.

D. Problemaufriss und Gegenstand der Untersuchung

Ein Blick auf die veröffentlichte Rechtsprechung zeigt, dass der gesetzliche Schutz von Whistleblowern bedeutender denn je ist.

Der Ausgang des Falles *Heinisch vs. Bundesrepublik Deutschland* vor dem Europäischen Gerichtshof für Menschenrechte hat deutlich gemacht, in welche Richtung sich die deutsche Rechtsprechung zu bewegen hat. Die Interessenabwägung zwischen der Meinungsfreiheit des Whistleblowers und der Verletzung der Rücksichtnahmepflichten aus dem Arbeitsverhältnis ist von größter Bedeutung und lässt eine einheitliche Entscheidung aller Fälle nicht zu. Ein einheitlicher Katalog, der als Maßstab für die Gewichtung der jeweiligen Interessen der Beteiligten dient, besteht nicht, wäre aber wünschenswert. Es gibt auch kein Gesetz, das die Besonderheiten des Whistleblowings berücksichtigt. Der Whistleblower, der sich in den Dienst der Rechtsordnung stellt, gesetzeswidriges Verhalten offenbart und zu dessen Beendigung beiträgt, ist somit rechtlichen Konsequenzen ausgesetzt. Denn durch das Whistleblowing ergeben sich nicht nur arbeitsrechtliche, sondern auch strafrechtliche/ordnungswidrigkeitenrechtliche und haftungsrechtliche Folgen, die aufgrund fehlender Regelungen und der einhergehenden Rechtsunsicherheit für den Whistleblower unkalkulierbar sind. Die Angst vor Benachteiligungen oder aussichtslosen Gerichtsverfahren ist groß und stellt ein Hemmnis für potenzielle Hinweisgeber dar.

Zudem darf die Motivation keine Rolle spielen und dem Whistleblower den – noch zu kodifizierenden – rechtlichen Schutz verwehren.

Der Whistleblower, der Kartellrechtswidrigkeiten offenbart, wird zwar als Kronzeuge bezeichnet, jedoch sind bei ihm die gleichen Aspekte zu berücksichtigen. Er hat verstärkt mit haftungsrechtlichen Konsequenzen zu rechnen, da er anfangs an der offengelegten Tat beteiligt war. Insbesondere ist der Whistleblower in diesen Fällen meist nicht ein einzelner Arbeitnehmer, sondern das Unternehmen bzw. die Unternehmensleitung. Das Handeln des Unternehmens als Whistleblower ist daher im strafrechtlichen/ordnungs-widrigkeitenrechtlichen und haftungsrechtlichen Teil der Arbeit verstärkt zu berücksichtigen.

Es ist an der Zeit, die ungeklärten Fragen zum Schutz von Whistleblowern und die sich daraus ergebenden Folgeprobleme zu beantworten und vertretbare Lösungsansätze zu finden. Denn offensichtlich fehlt es an rechtlichem Schutz von Personen, die sich und ihre Karriere zur Aufrechterhaltung der Rechtsordnung aufopfern.

Ziel dieser Arbeit ist es daher, die Notwendigkeit eines gesetzlichen Whistleblowerschutzes aufzuzeigen.

Dazu wird der Schutz des Whistleblowers nach geltender Rechtslage (de lege lata) aufgezeigt. Darauffolgend werden mögliche zukünftige Regelungen (de lege ferenda) in Form von Gesetzesentwürfen untersucht und deren Effektivität und Praktikabilität für den Ausbau des Whistleblowerschutzes beurteilt. Dabei wird die nationale sowie europäische Rechtsprechung einbezogen.

Der erste Teil führt in die Materie des Whistleblowings ein. Hierdurch soll ein Gefühl für die Problematik und für die Dringlichkeit einer Lösung vermittelt werden. In Teil zwei wird vertieft auf den Whistleblower im Kartellrecht eingegangen. Im dritten Teil werden praxisbezogene Fälle dargestellt. Die Teile vier und fünf stellen den Whistleblowerschutz *de lege lata* und *de lege ferenda* dar. Schließlich wird im sechsten Teil eine Bewertung abgegeben und ein Ausblick auf zukünftige Regelungen gewagt.

Insbesondere werden drei Bereiche des Whistleblowerschutzes untersucht. Neben dem Arbeitsrecht werden in gleicher Weise das strafrechtliche bzw. ordnungswidrigkeitenrechtliche und das haftungsrechtliche Gebiet beleuchtet. Der Begriff Hinweisgeber wird als Synonym für den Begriff Whistleblower verwendet.

Zur Erstellung dieser Arbeit werden alle notwendigen juristischen Werke sowie nationale und europäische Gesetzesmaterialien verwendet, die bis Mai 2015 zur Verfügung standen.

Teil 2: Der kartellrechtliche Kronzeuge als Whistleblower

Der Begriff Whistleblowing dient als Oberbegriff für ein Verhalten, das der Aufdeckung von Gesetzeswidrigkeiten dient. Im Kartellrecht wird der Whistleblower als Kronzeuge bezeichnet. Die besondere Bezeichnung rührt daher, dass der am Kartell beteiligte Whistleblower bei der Offenlegung des Missstandes besondere Voraussetzungen zu erfüllen hat, um eine für ihn vorteilhafte „Gegenleistung" für seine Offenbarung zu erhalten. Eine weitere Besonderheit ergibt sich daraus, dass der Whistleblower im Kartellrecht sowohl ein Unternehmen als auch eine natürliche Person sein kann, wobei letztlich nur das Unternehmen haftbar gemacht werden kann. Bevor näher auf das Kronzeugenprogramm eingegangen wird, erfolgt eine kurze historische und rechtliche Einordnung des Kronzeugen.

A. Historische und rechtliche Einordnung

Der Begriff des Kronzeugen stammt ursprünglich aus dem Strafverfahrensrecht. Eine Vorreiterrolle nahm England ein. Der Begriff leitet sich aus dem englischen Ausdruck „*to give evidence for the crown*" ab.[58] Damit war jedermann gemeint, der für die Krone aussagte, da in der britischen Monarchie der Staatsanwalt im Namen des Staatsoberhaupts – durch die Krone symbolisiert – seine Beschuldigungen vor Gericht vortrug. Mittlerweile hat sich die Bedeutung des Begriffes gewandelt: Aufgrund der wichtigen Bedeutung eines Kronzeugen und der Verwendung von Zeugen, die selbst Straftäter sind oder sogar als Mittäter aussagen, wird heute insbesondere in der deutschen Sprache unter einem Kronzeugen ein vorbelasteter Zeuge verstanden. Stellt der Kronzeuge sich der Staatsanwaltschaft zur Verfügung und führt seine Aussage zur Verurteilung des Angeklagten, so sichert die Staatsanwaltschaft dem Kronzeugen im Gegenzug gem. § 46 b StGB[59] Strafmilderung bis

---

58 „Kronzeuge (m.) 'Hauptbelastungszeuge' (19. Jh.), Wiedergabe von engl. *king's evidence*, im englischen Strafrecht ein Mittäter, den die Krone (vertreten durch den Staatsanwalt) gegen das Versprechen der Strafmilderung oder Straffreiheit als Belastungszeugen benutzt", *Berlin-Brandenburgische Akademie der Wissenschaften* (Hrsg.), Etymologisches Wörterbuch – Digitales Wörterbuch der deutschen Sprache, Stand 2014.

59 Zuletzt geändert durch das 46. Strafrechtsänderungsgesetz – Beschränkung der Möglichkeit zur Strafmilderung bei Aufklärungs- und Präventionshilfe – v. 10.6.2013, BGBl I-2013, S. 1497 (Datum des Inkrafttretens: 1.8.2013); vertiefend dazu *Peglau*, NJW 2013, 1910.

hin zum völligen Straferlass zu und leitet unter Umständen auch Maßnahmen des Zeugenschutzes ein.[60]

Die bestehende Kronzeugenregelung im Kartellrecht verfolgt das gleiche Ziel. Grundsätzlich sollte die Sanktion, die für einen Verstoß gegen das Kartellverbot verhängt wird, nach dem Handlungsunrecht und dem verursachten Schaden bemessen werden. Sind mehrere Unternehmen als Kartellbeteiligte zu qualifizieren, müssten ihnen in gleichem Maße Sanktionen drohen. Im Kartellrecht wird der Kronzeuge jedoch anders behandelt, denn das „Nachtatverhalten" wird mitberücksichtigt.[61] So kann es zu unterschiedlichen Sanktionshöhen oder sogar zum vollständigen Erlass der Sanktion gegenüber einem Unternehmen kommen, das in gleicher Weise gehandelt hat wie das andere beteiligte Unternehmen.

Der Begriff Whistleblowing hat sich auch im Kartellrecht etabliert und beschreibt dabei die Personen oder die Unternehmen, die von der Kronzeugenregelung Gebrauch machen.[62] Diese Whistleblower sind aber von den „typischerweise" unbeteiligten Whistleblowern abzugrenzen, und zwar insoweit, als sie Zeuge der Anklage und im Gegensatz zu normalen Zeugen in den Fall involviert sind. Zwar gibt es auch Fälle, in denen der Kronzeuge an den kartellrechtswidrigen Machenschaften nicht beteiligt war, sondern der Rechtsvorgänger. Der Kronzeuge, der die Kronzeugenregelung in Anspruch nimmt, hat dann für Taten des Rechtsvorgängers einzustehen. Nach der Neuerung durch die 8. GWB-Novelle[63], die am 30. Juni 2013 in Kraft getreten ist, kann eine Geldbuße nach § 30 Abs. 1 OWiG im Fall der Gesamtrechtsnachfolge oder einer teilweisen Gesamtrechtsnachfolge durch Aufspaltung (§ 123 Abs. 1 UmwG) auch gegen den oder die Rechtsnachfolger verhängt werden.[64] Jedoch spielen diese Kronzeugen eine untergeordnete Rolle, sodass im Weiteren nicht näher auf sie eingegangen wird.

Die Kronzeugenregelung beruht auf einem gegenseitigen Geschäft:[65] Während der Kronzeuge mit seiner Aussage andere Beteiligte belastet, wird ihm ein Erlass oder die Reduzierung der Kartellgeldbuße in Aussicht gestellt. Wie der Kronzeuge verfügt der Whistleblower auch über Insiderwissen, das zur Aufdeckung von Missständen führt.

Vorbild für eine kartellrechtliche Kronzeugenregelung war das Leniency-Programm des US-Justizministeriums aus dem Jahr 1978.[66] Durch die Kronzeugenregelung sollten die Unternehmen verstärkt dazu bewogen werden, mit den

60 *Streng*, in: Kindhäuser/Neumann/Paeffgen, Kommentar StGB, § 46 b StGB, Rn. 11 f.; *Eisenberg*, Beweisrecht der StPO, Rn. 942, 948.

61 So ähnlich auch *Lutz*, BB 2000, 677, 679.

62 Vgl. *Bürkle*, DB 2004, 2158, 2159 f.

63 Achtes Gesetz zur Änderung des Gesetzes gegen Wettbewerbsbeschränkungen, v. 29.6.2013, BGBl. I-2013, S. 1738.

64 § 30 Abs. 2 a OWiG enthält die Neuerung zur Rechtsnachfolge in die Bußgeldverantwortlichkeit; vertiefend *Bosch*, NJW 2014, 1714, 1715.

65 *Groneberg*, Whistleblowing, S. 35.

66 Vgl. *Lutz*, BB 2000, 677, 678 f.

Kartellbehörden zu kooperieren. Den Unternehmen sollte ein Anreiz geliefert werden, die Beteiligung und wettbewerbswidrige Handlungen einzustellen und zur Aufklärung beizutragen.[67] 1996 veröffentlichte die Europäische Kommission ihre „eigene" *Leniency Notice*[68], die überwiegend den Regelungen des US-amerikanischen Leniency-Programms glich.[69] Doch aufgrund mangelnder Transparenz wurde die Regelung durch die *Leniency Notice* von 2002 ersetzt. Nach weiteren Überarbeitungen wurde schließlich eine neue *Leniency Notice* im Amtsblatt im Jahre 2006 veröffentlicht, die jetzt als Grundlage für die Bemessung der Geldbußen auf europäischer Ebene dient.[70]

Mit Inkrafttreten der Verordnung Nr. 1/2003 (EG)[71] wurde der Vorrang der europäischen Wettbewerbsregeln vor dem jeweiligen nationalen Kartellrecht der Mitgliedstaaten festgelegt.[72] Der deutsche Gesetzgeber implementierte die erforderlichen Regelungen erstmals in der siebten GWB-Novelle vom 7. Juli 2005.[73] Das nationale Recht ist anzuwenden, wenn es keinen grenzüberschreitenden Sachverhalt gibt. Die Bestimmungen zur Durchsetzung des Kartellverbots sind in den §§ 48, 54 f., 81 GWB zu finden.

Als Pendant zur *Leniency Notice* der Europäischen Kommission hat das Bundeskartellamt die (inhaltsgleiche) Bonusregelung[74] eingeführt, in der die Richtlinien für die Festsetzung von Geldbußen aufgeführt sind. Eine ausdrückliche Ermächtigungsgrundlage für den Erlass einer solchen Bonusregelung und für den Erlass von Bußgeldbemessungsleitlinien ist in § 81 Abs. 7 GWB zu finden.[75] Die Bekanntmachung des Bundeskartellamtes stellt die aktuelle Grundlage für den Erlass und die Reduktion von Geldbußen in Kartellsachen dar. Die Bonusregelung betrifft das verwaltungsgerichtliche Verfahren der Behörden, ein zivilrechtliches Verfahren wird nicht berücksichtigt. Nach dieser Regelung wird den „Kartellsündern" ihre Strafe in Form von Geldbußen ganz oder teilweise erlassen.

---

67 So auch *Böttcher*, Die Pflicht des Vorstandes, S. 31.

68 Mitteilung der Kommission über die Nichtfestsetzung oder die niedrigere Festsetzung von Geldbußen in Kartellsachen, ABl. C 207 vom 18.7.1996.

69 Zur Kronzeugenmitteilung siehe *Arhold*, EuZW 1999, 165, 170.

70 Mitteilung der Kommission über den Erlass und die Ermäßigung von Geldbußen in Kartellsachen, ABl. C 298/17 vom 8.12.2006.

71 Verordnung Nr. 1/2003 (EG) vom 16.12.2002 zur Durchführung der in den Artikel 81 und 82 des Vertrages niedergelegten Wettbewerbsregeln, ABl. EG 2003, Nr. L 1, S. 1.

72 Art. 3 VO 1/2003 (EG).

73 Siebtes Gesetz zur Änderung des Gesetzes gegen Wettbewerbsbeschränkungen vom 7.7.2005, BGBl. I-2005, S. 1954.

74 Bekanntmachung des Bundeskartellamtes Nr. 9/2006 über den Erlass und die Reduktion von Geldbußen in Kartellsachen – Bonusregelung – vom 7.3.2006, abrufbar unter: http://www.bundeskartellamt.de/SharedDocs/Publikation/DE/Bekanntmachungen/Bekanntmachung%20-%20Bonusregelung.html?nn=4136556, (abgerufen am 10.12.2013).

75 *Dannecker/Biermann*, in: Immenga/Mestmäcker, Wettbewerbsrecht: GWB, § 81 GWB, Rn. 469.

B. Inhalt und Wesen eines Kronzeugenprogramms

I. Repression und Prävention

Ebenso wie das Kronzeugenprogramm der EU-Kommission bezweckt die Bonusregelung des Bundeskartellamts, Kartelle von innen heraus aufzudecken.[76] Eine typische Eigenschaft aller Kronzeugenregelungen ist, dass kooperierende Unternehmen, Unternehmensvereinigungen und beteiligte natürliche Personen eine bevorzugte Behandlung bei der Festlegung der Sanktion erhalten. Der sanktionsrechtliche Anreiz bestimmter Rechtsvorteile bei der Kooperation mit den Behörden zur Aufklärung des wettbewerbswidrigen Verhaltens ist Inhalt einer solchen Kronzeugenregelung.[77] Auf diese Weise erhalten die staatlichen Stellen Informationen über die jeweilige Kartellrechtsverletzung.

Die aus der Kronzeugenregelung resultierende verminderte Geldbuße belohnt den Beteiligten dafür, dass er sich auf die Seite des „Guten" geschlagen hat und gibt Anreize zum Ausstieg aus der kartellrechtlich verbotenen Handlung.

Zudem wirkt sie darauf hin, solche wettbewerbswidrigen Absprachen nicht zu wiederholen. Nicht jeder Beteiligte kann die Kronzeugenregelung in Anspruch nehmen und somit in den Genuss von Bußgeldfreiheit kommen.[78] Denn dieses Verfahren unterliegt strengen Regelungen und Voraussetzungen, die auch in zeitlicher Hinsicht eine gewichtige Rolle spielen. So kann es dazu kommen, dass nur einem Kartellbeteiligten die Geldbuße erlassen wird, dem anderen jedoch aufgrund verspäteter Stellung des Antrags keine kooperative Hilfe zur Aufdeckung des Kartells beigemessen werden kann. Der Anreiz zum Ausstieg trägt also auch Unsicherheit in die Reihen der Täter und destabilisiert ihr gegenseitiges Vertrauen, das eine unverzichtbare Basis für verbotene Verhaltensweisen ist. Da im Falle eines funktionierenden Kronzeugenprogramms jederzeit mit kooperationsbereiten Beteiligten gerechnet werden muss, wird eine Kultur des Misstrauens geschaffen.[79]

Das Kronzeugenprogramm dient insofern nicht nur der Repression von illegalen Absprachen, sondern auch der Prävention neuer rechtswidriger Vereinbarungen.

---

76 *Dannecker/Biermann*, in: Immenga/Mestmäcker, Wettbewerbsrecht: GWB, § 81 GWB, Rn. 417.

77 *Dannecker/Biermann*, in: Immenga/Mestmäcker, Wettbewerbsrecht: GWB, § 81 GWB, Rn. 416 f.

78 Siehe dazu *Dannecker/Biermann*, in: Immenga/Mestmäcker, Wettbewerbsrecht: GWB, § 81 GWB, Rn. 423, 430. Es kommt darauf an, wer sich als erster an das Bundeskartellamt wendet und/oder wie die Qualität der Informationen zu werten ist.

79 *Denoth*, Kronzeugenregelung, S. 106; *Schneider*, Kronzeugenregelung, S. 21.

II. Public und Private Enforcement

Die Durchsetzung und Anwendung von Kartellrecht geschieht auf zwei Wegen: zum einen durch Behörden, zum anderen durch private Personen oder Unternehmen.[80]

Die hoheitliche Durchsetzung des Kartellrechts in der Europäischen Union zeichnet sich durch ein paralleles Ineinanderwirken[81] zweier Rechtsordnungen[82] aus: Einerseits erfolgt sie durch die EU-Kommission und andererseits durch die Kartellbehörden und Gerichte der Mitgliedstaaten der Europäischen Union. Um die Einhaltung der Art. 101 und 102 AEUV gewährleisten zu können, hat die Kommission die Durchsetzung der in den Artikeln niedergelegten Grundsätze zu überwachen. Zum Zwecke der effektiven Gestaltung wird der EU-Kommission durch die Verordnung Nr. 1/2003 (EG) die Befugnis erteilt, Ermittlungsverfahren durchzuführen und Strafen zu verhängen.[83] Für die Ermittlungen ist jede anerkannte Form der Untersuchung erlaubt:[84] von Befragungen der Beteiligten über Auskunftsrechte bis hin zur Durchsuchung der Räumlichkeiten und Durchsicht der gefundenen Dokumente. Darüber hinaus ist die EU-Kommission befugt, Verbots- und Verpflichtungsentscheidungen zu treffen sowie Geldbußen und Zwangsgelder festzusetzen.[85] Die Höhe der zu entrichtenden Geldbuße bemisst sich nach der Schwere der Zuwiderhandlung und deren Dauer. Die genauen Einzelheiten ergeben sich aus den Leitlinien für das Verfahren zur Festsetzung von Geldbußen[86] sowie aus der Kronzeugenmitteilung von 2006.[87]

Das Zusammenspiel von europäischem und deutschem Kartellrecht dient der Entlastung der Kommission – die EU-Kommission soll für Grundsatzfragen wettbewerbspolitischen Inhalts und die nationalen Kartellbehörden für die Großzahl der Verfahren zuständig sein.[88]

Die zivilrechtliche Durchsetzung hingegen kann nur auf der Ebene der Mitgliedstaaten erfolgen, da die Europäische Union keine eigene Zivilgerichtsbarkeit

---

80 Einen Einblick in das Verhältnis von public und private Enforcement bieten *Mundt/Meeßen*, in: Oberender, Private und öffentliche Kartellrechtsdurchsetzung, S. 39, 42.

81 Dieses Ineinanderwirken ist der Dezentralisierung geschuldet, die mit dem Erlass der Verordnung Nr. 1/2003 (EG) angestrebt wurde, siehe *Emmerich*, Kartellrecht, S. 177.

82 *Meessen*, in: Loewenheim/Meessen/Riesenkampff, Kartellrecht, Einführung, Rn. 82 f.

83 *Schmidt*, in: Immenga/Mestmäcker, EU-Wettbewerbsrecht, Kartellverfahrensverordnung 1/2003, Rn. 7.

84 Art. 17 Verordnung Nr. 1/2003 (EG); *Burrichter/Hennig*, in: Immenga/Mestmäcker, EU-Wettbewerbsrecht, Vorbemerkung zu Art. 17–22 VO Nr. 1/2003, Rn. 1, 2.

85 *Dannecker/Biermann*, in: Immenga/Mestmäcker, EU-Wettbewerbsrecht, Art. 24 VO 1/2003, Rn. 1.

86 Leitlinien für das Verfahren zur Festsetzung von Geldbußen gemäß Art. 23 Abs. 2 a) der VO Nr. 1/2003 (EG), ABl. C 210/2 vom 1.9.2006.

87 Mitteilung der Kommission über den Erlass und die Ermäßigung von Geldbußen in Kartellsachen, ABl. C 298/17 vom 8.12.2006.

88 *Zagrosek*, Kronzeugenregelungen, S. 84, 88.

unterhält und keine Kompetenz in der Zivilgerichtsbarkeit hat.[89] Daher ergeben sich die Ansprüche von Privatpersonen oder Unternehmen aus dem jeweiligen Recht der Mitgliedstaaten.[90] Schon früh hat der EuGH[91] zur privaten Rechtsdurchsetzung ausgeführt, dass die Wirksamkeit des Kartellverbots beeinträchtigt würde, wenn nicht jedermann die Möglichkeit habe, seinen durch wettbewerbswidriges Handeln entstandenen Schaden gerichtlich durchsetzen zu können. Die Einzelheiten der Durchsetzung und des Verfahrens blieben zwar Sache der nationalen Gerichte, jedoch müssten auch die vom EuGH aus Art. 4 Abs. 3 EUV hergeleiteten Grundsätze der Wirksamkeit und Gleichwertigkeit sowie die allgemeinen Grundsätze des Gemeinschaftsrechts beachtet werden.[92]

Problematisch ist in dem Zusammenhang nur, wie die privaten und öffentlich-rechtlichen Vollzugsebenen zu verzahnen sind.[93] Auf der einen Seite ist fraglich, ob bei der Festsetzung der Rechtsfolge beide Vollzugsebenen aufeinander abgestimmt werden müssen. Auf der anderen Seite – und das bildet den Schwerpunkt des wissenschaftlichen Diskurses – geht es darum, ob Aufgaben der privaten und öffentlich-rechtlichen Vollzugsebenen „vermischt/übernommen“ werden können bzw. sollen, um die Durchsetzung des Kartellrechts nach europäischen Grundsätzen gewährleisten zu können. Denn es wird – wie sich noch zeigen wird – gerne mit der „Effektivität der Kronzeugenregelung“ argumentiert.

Da die Bonusregelung Regelungen enthält, die denen des Kronzeugenprogramms weitestgehend gleichen, ergeben sich auch auf Bundesebene die gleichen Probleme, insbesondere der Konflikt zwischen der öffentlichen und privaten Kartellrechtsdurchsetzung. Zum einen soll möglichst effektiv und wirkungsvoll gegen Kartelle im Wege der behördlichen Untersuchung vorgegangen werden, zum anderen sollen die Anreize für die Kartellmitglieder, den Kartellbehörden freiwillig Informationen zu liefern und im Gegenzug dafür straffrei auszugehen, nicht zunichtegemacht werden. Der Anreiz für eine Anzeige und Kooperation mit den Behörden vermindert sich zunehmend, wenn das angezeigte Unternehmen Gefahr läuft, auf der Grundlage der von ihm gelieferten Informationen mit Schadensersatzklagen belastet zu werden.[94] Die in den angelegten Akten enthaltenen Informationen und Beweise könnten den Klägern zugänglich gemacht werden, und somit muss das Unternehmen neben

89 *Zagrosek*, Kronzeugenregelungen, S. 83 f.

90 Anstelle vieler *Frenz*, Handbuch Europarecht, Band 2, Rn. 1099 f.

91 Vgl. EuGH, Urt. v. 20.9.2001 – Rs. C-453/99, Slg. 2001, I-6297 (Rn. 26), EuZW 2001, 715, 716 (Courage/Crehan); sowie EuGH, Urt. v. 13.7.2006 – verb. Rs. C-295/04-C-298/04, Slg. 2006, I-6641 (Rn. 60), EuZW 2006, 529, 533 (Manfredi u. a.).

92 Der Grundsatz der Wirksamkeit verlangt, dass die mitgliedstaatlichen Gerichte in ihrer Durchsetzung der Rechtsansprüche in dergestalt verfahren, dass die Verwirklichung der Rechte, die das Gemeinschaftsrecht gewährt, nicht obsolet oder übermäßig erschwert wird.

93 Eingehend dazu *Thomas*, in: Oberender, Private und öffentliche Kartellrechtsdurchsetzung, S. 55, 69.

94 *Denoth*, Kronzeugenregelung, S. 4.

der Offenlegung von Unternehmensgeheimnissen mit einer Klage[95] rechnen, die es finanziell empfindlich trifft. Die durch die Kronzeugenregelung erreichte Bußgeldbefreiung verliert aus der Sicht des Unternehmens seine Wirkung, wenn die finanziellen Konsequenzen der Zivilrechtsklage schwerer ins Gewicht fallen.[96]

Es stellt sich die Frage, ob und wie den Whistleblowern, die zukünftig von der Kooperation mit den Behörden und einer Kronzeugenregelung Abstand nehmen könnten, das Risiko von Schadensersatzklagen genommen und Schutz gegeben werden kann.

C. Die Besonderheit des an der Tat beteiligten Whistleblowers

Neben den Fällen, in denen der Whistleblower als unbeteiligter Hinweisgeber tätig wird, gibt es auch Fälle, in denen der Whistleblower an dem Missstand oder der rechtswidrigen Tat mitgewirkt hat. Der Schwerpunkt wird hierbei auf den Kartellbeteiligten gelegt, der im Nachgang die Bonusregelung nutzt. Durch seine vorherige Beteiligung hat er den Missstand gefördert und dazu beigetragen, dass das gesetzeswidrige Handeln in der Form praktiziert werden konnte, in der es ohne sein Zutun nicht vorgenommen worden wäre.

I. Die Interessen des an der Tat beteiligten Whistleblowers

Was sind die Interessen und Motive eines (zunächst) an der Tat beteiligten Whistleblowers? In dem Augenblick, in dem sich der Whistleblower entschließt, die Missstände zu offenbaren, hat er sich auf die Seite „des Guten" geschlagen. Es findet also ein moralischer und emotionaler Wandel in der Person des Whistleblowers statt. Er hat sich bewusst dazu entschieden, den Missstand zu beenden und zukünftig keinen Gesetzesverstoß zu begehen. Dadurch ist das einst bestehende Gerüst der illegalen Handlungen zusammengefallen, womit die Mittäter nicht gerechnet haben.

Der Whistleblower, der sich durch die Mitteilung an die zuständige Kartellbehörde entscheidet, das Kartell zu beenden und die Behörde im Rahmen der notwendigen Zusammenarbeit über die Beteiligten zu informieren, ist eine wichtige Schlüsselfigur. Indem er Informationen zunächst in Unkenntnis der anderen Kartellanten der Behörde offenbart, erhöht sich die Wahrscheinlichkeit, die anderen Beteiligten bei der wettbewerbswidrigen Handlung aufzugreifen. Der Whistleblower leistet also einen nicht zu unterschätzenden Beitrag, kartellrechtliche Missstände aufzudecken und zu beenden. Dass sein Handeln nicht nur rein altruistischen Motiven entspringt,

---

95 So wurden dem Bundeskartellamt im Referenzzeitraum 2004 bis 2012 2055 neue Kartellzivilverfahren bekannt gegeben, darunter 480 kartellrechtliche Schadensersatzklagen allein für Deutschland, vgl. *Mundt/Meeßen*, in: Oberender, Private und öffentliche Kartellrechtsdurchsetzung, S. 39, 40.

96 *Sweeney*, Melbourne University Law Review (2006), Vol. 30, Issue 3, S. 873, 877.

sondern durchaus auch von Egoismus getragen ist, lässt den „Whistleblower-Status“ nicht entfallen. Wie schon angemerkt, handelt der Whistleblower nicht selten aus einem Bündel von Motiven.

Neben der Frage, was einen zunächst an der Tat beteiligten Whistleblower dazu bewegt, sich auf die Seite der Rechtsordnung zu stellen und ungesetzliches Handeln zu beenden, stellt sich die Frage, wie das Handeln zu würdigen ist.

Einerseits kann man die Ansicht vertreten, dass der innere Wandel des Whistleblowers außer Acht zu lassen ist. Er hat an der Straftat bzw. einer Ordnungswidrigkeit mitgewirkt, sodass er auch die Konsequenzen in vollem Umfang zu tragen hat. Das heißt, dass ihm kein arbeitsrechtlicher, strafrechtlicher/ordnungswidrigkeitenrechtlicher und zivilrechtlicher Schutz gebührt.

Andererseits ist zu bedenken, dass trotz der anfänglichen Mitwirkung und des Umstandes, dass bereits Schaden materieller und immaterieller Art entstanden ist, der Gesetzesverstoß durch das Handeln des Whistleblowers für die Zukunft beendet wurde. Nicht nur die Gefahrenabwehr, sondern auch die Prävention von entsprechenden Fehlentwicklungen sind Interessen sowohl der Gesellschaft also auch des Whistleblowers. Ihm muss deshalb, wie dem an der Tat unbeteiligten Whistleblower, hinreichend Schutz vor den rechtlichen Folgen zukommen. Ob dieser so weit wie bei einem unbeteiligten Whistleblower reichen soll, ist im Laufe der Arbeit aufzuklären.

II. Das Unternehmen als „Whistleblower“

Die Bonusregelung bezieht sich nach deren Randnummer 1[97] nicht nur auf natürliche Personen, sondern auch auf juristische Personen und Personenvereinigungen (§ 30 OWiG).[98] Demnach können sich auch Unternehmen als gesellschaftsrechtliche Einheit dazu entscheiden, das Kartell für die Zukunft zu beenden. Da dies der Regelfall ist, wird auf das Unternehmen als Whistleblower hauptsächlich eingegangen. Die Interessen und Motive sind die gleichen wie bei einer natürlichen Person. Da hinter dem Unternehmen natürliche Personen stehen,[99] können die obigen Ausführungen im übertragenden Sinne herangezogen werden. Dementsprechend muss auch die Würdigung gleich ausfallen. Es macht einen besonderen Eindruck, wenn das ganze Unternehmen als Einheit sich entscheidet, gesetzeswidriges Verhalten zu beenden und zu unterbinden. Die Intention, Missstände zu beheben, Gefahren zu beseitigen und Rechtsverstöße zu ahnden, geht vom ganzen Unternehmen aus.

Der beteiligte Whistleblower ist im besonderen Maße haftungsrechtlichen Konsequenzen ausgesetzt, da er die Folge des begangenen Gesetzesverstoßes mitverursacht hat bzw. mit zu verantworten hat. Deshalb ist bei der Frage nach

---

97 Bekanntmachung des Bundeskartellamtes Nr. 9/2006 über den Erlass und die Reduktion von Geldbußen und Kartellsachen – Bonusregelung -, Abschnitt A, Rn. 1.

98 *Dannecker/Biermann*, in: Immenga/Mestmäcker, Wettbewerbsrecht: GWB, § 81 GWB, Rn. 419.

99 Siehe zur Handlungsfreiheit *Di Fabio*, in: Maunz/Dürig, GG-Kommentar, Art. 2 Abs.1 GG, Rn. 10 m. w. N.

dem haftungsrechtlichen Schutz gegenüber Ansprüchen Dritter besonders auf den beteiligten Whistleblower einzugehen. Bei Kartellrechtswidrigkeiten kann eine natürliche Person als Whistleblower, die keine leitende Position hat, im Gegensatz zum Unternehmen als Whistleblower nur begrenzt bzw. gar nicht haftbar gemacht werden. Dementsprechend ist in diesem Teil der Untersuchung das Unternehmen gemeint, wenn von einem Whistleblower gesprochen wird, und nicht der Arbeitnehmer.

D. Vergleichbare Bonusregelung in anderen Rechtsgebieten

Fraglich ist, ob sich auch in anderen Rechtsgebieten eine vergleichbare Bonusregelung finden lässt. Wie eben erwähnt, dient diese Regelung der finanziellen und rechtlichen Besserstellung des Kronzeugen. Durch die Inanspruchnahme der besonderen kartellrechtlichen Bonusregelung kann der Whistleblower der (vollen) Geldbuße wegen Verletzung einer Ordnungswidrigkeit entkommen.

Eine allgemeine staatliche Whistleblower-Prämie gibt es in der Bundesrepublik Deutschland nicht. Laut eines Berichts des Handelsblattes[100] sollen nach dem Willen der EU-Kommission die Mitgliedstaaten der Europäischen Union künftig finanzielle Anreize für Whistleblower ausloben, deren Hinweise zur Aufdeckung von Wirtschaftsstraftaten führen. Die angedachte EU-Verordnung soll Kapitalmarktverbrechen wie Insiderhandel und Marktmanipulation bekämpfen. In dem Vorschlag wurde angeregt, dass die Mitgliedstaaten „finanzielle Anreize für Personen" schaffen, „die besonders wichtige Informationen über mögliche Verstöße gegen diese Verordnung bereitstellen".[101] Doch aufgrund weitreichender Probleme in der praktischen Umsetzung ist (zumindest) in Deutschland bis dato keine Whistleblower-Prämie eingeführt worden. Zudem bezogen sich die Überlegungen nur auf Wirtschaftsstraftaten,[102] also im Kern auf Korruptionsdelikte, das Steuerstrafrecht, Untreue, Insolvenzdelikte, Betrug und Diebstahl von geistigem Eigentum. Ob dazu auch Umweltstraftaten im weitesten Sinne zählen, ist fraglich. Auch welchen rechtlichen Wert diese Zahlung haben soll, ist unklar. Es wird von einer Art „Fangprämie" gesprochen, die weder einen schadensersatzrechtlichen noch einen haftungsrechtlichen Charakter haben soll. Die Belohnung soll lediglich einen finanziellen Anreiz darstellen, Insiderwissen offen zu legen. Probleme ergeben sich zudem, weil der

100 Vgl. Handelsblatt, Artikel vom 25.10.2012, abrufbar unter: http://www.handelsblatt.com/politik/international/wirtschaftskriminalitaet-eu-kommission-will-whistleblower-praemie-einfuehren/7301992.html, (abgerufen am 29.11.2014).

101 Vgl. *Buchert*, CCZ 2013, 144, 144.

102 Wirtschaftsstrafrecht ist der Oberbegriff für alle Strafvorschriften, die im Bereich der Wirtschaft liegende Tatbestände unter Strafe stellen. Ob eine Strafvorschrift inhaltlich Wirtschaftsstrafrecht ist, ergibt sich aus deren Schutzzweck, vgl. *Grützner/Jakob*, Compliance von A-Z, Wirtschaftsstrafrecht.

Hinweisgeber durch die Auslobung einer Whistleblower-Prämie in Konflikt mit einem im Unternehmen integrierten Hinweisgebersystem geraten kann. Mit einem funktionierenden Hinweisgebersystem kann sichergestellt werden, dass empfindliche Informationen nicht nach außen gelangen. Mit der Einführung einer staatlichen Whistleblower-Prämie würde externes Whistleblowing attraktiv werden.

Übrig bliebe nur die Anwendung der strafrechtlichen Kronzeugenregelung nach § 46 b StGB,[103] bei der in strafrechtlicher Hinsicht ein „Bonus" gewährt wird. Eine Strafrahmenverschiebung nach § 46 b StGB kann sich der Kronzeuge nur „verdienen", wenn er entweder durch freiwilliges Offenbaren seines Wissens wesentlich dazu beigetragen hat, dass eine Straftat aus dem Katalog des § 100 a Abs. 2 StPO aufgedeckt wird (Aufklärungsvariante) oder eine solche Tat verhindert wird (Präventionsvariante). Indem der Kronzeuge die Tatbestände erfüllt, kann er Strafmilderung oder (unter bestimmten Voraussetzungen) Straffreiheit erlangen. Kronzeuge im Sinne von § 46 b StGB kann jedoch nur sein, wer Täter oder Teilnehmer einer Straftat ist, die mit einer im Mindestmaß erhöhten Freiheitsstrafe oder mit einer lebenslangen Freiheitsstrafe bedroht ist. Für eine im Mindestmaß erhöhte Freiheitsstrafe kommt es nach § 46 b Abs. 1 S. 2 StGB nicht nur auf den an § 38 Abs. 2 StGB zu messenden Grundstrafrahmen nebst etwaigen Qualifikationen an, sondern auch auf Schärfungen für besonders schwere Fälle. Damit sind vor allem Regelbeispiele und zwingende Beispielfälle erfasst.[104]

Seit dem Inkrafttreten der Neuregelung des § 46 b StGB im August 2013 kann der Kronzeuge nur noch Strafmilderung erlangen, wenn er sein Wissen im Rahmen sog. „Zusammenhangstaten" mitgeteilt hat.[105] Bis zu der Neuerung konnte der Kronzeuge auch dann in den Genuss der Strafmilderung kommen, wenn keinerlei Zusammenhang zwischen der begangenen Tat und der Tat, zu der er sein Wissen offenbarte, bestand. Nun ist § 46 b StGB nur anwendbar, wenn zwischen der Tat des Kronzeugen und der Tat, auf die sich seine Angaben beziehen, ein Zusammenhang besteht;[106] der Kronzeuge also beispielsweise eine Waffe gestohlen hat (Diebstahl) und Angaben zu Personen macht, die diese Waffe – mit seinem Wissen – bei einem Raub verwendet haben (schwerer Raub).

Es fallen also nur Personen in den Anwendungsbereich der strafrechtlichen Kronzeugenregelung, die in einem Zusammenhang mit der zu untersuchenden Tat stehen und deren Hinweis von Gegenständen handelt, die in § 100 a Abs. 2 StPO aufgezählt sind. Damit scheiden regelmäßig Fälle aus, die sich z. B. um das Thema Umweltschutz drehen, obwohl die Verstöße strafrechtlich geahndet werden. Entscheidet sich ein Whistleblower – involviert oder nicht – dazu, einen

---

103 Zuletzt geändert durch das 46. Strafrechtsänderungsgesetz – Beschränkung der Möglichkeit zur Strafmilderung bei Aufklärungs- und Präventionshilfe – v. 10.6.2013, BGBl I-2013, S. 1497.

104 *Dann*, CCZ 2010, 30 mit Beispielen.

105 BT-Drs. 17/9695, S. 1.

106 Vgl. dazu *Peglau*, NJW 2013, 1910, 1912.

umweltrechtlichen Verstoß zu melden, kann er keine rechtliche Besserstellung erwarten. Weder haftungsrechtlich noch strafrechtlich erhält er einen „Bonus" für die Offenbarung des Gesetzesverstoßes. Dabei ist auch die Vielfalt der umweltrechtlichen Gesetze nicht hilfreich: Weder im KrWG (Kreislaufwirtschaftsgesetz), BBodSchG (Bundesbodenschutzgesetz), BNatSchG (Bundesnaturschutzgesetz), BImSchG (Bundesimmissionsschutzgesetz) noch im WHG (Wasserhaushaltsgesetz), TEHG (Treibhausgas-Emissionshandelsgesetz) oder sonstigen umweltrechtlichen Spezialgesetzen ist von einer Bonusregelung die Rede.

Betrifft der Hinweis des Whistleblowers eine Steuerstraftat, ist zwischen (leichteren) Steuerordnungswidrigkeiten und (schwereren) Steuerstraftaten zu unterscheiden. Dabei werden unterschiedlich abgestufte Sanktionen (Bußgelder, Geldstrafen und Freiheitsstrafen) festgelegt. Steuerstraftaten sind u. a. in den §§ 369 ff. der Abgabenordnung (AO) geregelt. Danach sind Steuerstraftaten insbesondere alle Taten, die nach den Steuergesetzen strafbar sind. Zu den Steuerstraftaten gehören u. a.:

- Steuerhinterziehung, § 370 AO[107]
- Bannbruch, § 372 AO
- gewerbsmäßiger, gewaltsamer und bandenmäßiger Schmuggel, § 373 AO
- Steuerhehlerei, § 374 AO
- Steuerzeichenfälschung, § 369 Abs.1 Nr. 3 AO i.V.m. §§ 148–150 StGB.

Welche konkrete Strafe ein Gericht im Einzelfall verhängt, ist von verschiedenen Umständen abhängig. Die konkrete Strafe wird bei der Strafzumessung ermittelt. Eine Besonderheit im Steuerstrafrecht ist die Möglichkeit, trotz einer Steuerhinterziehung Straffreiheit durch eine rechtzeitige und ordnungsgemäße Selbstanzeige (§ 371 AO) zu erhalten. Die strafbefreiende Selbstanzeige nach § 371 AO regelt einen besonderen persönlichen Strafaufhebungsgrund, der neben die Vorschriften über den Rücktritt vom Versuch und die tätige Reue tritt.[108] Geknüpft an Korrektur und Wiedergutmachung, schützt die Selbstanzeige nachträglich vor Bestrafung wegen einer begangenen Steuerhinterziehung.[109] Gemäß § 371 Abs. 3 AO tritt diese nachträgliche strafbefreiende Wirkung für einen Tatbeteiligten (Täter oder Teilnehmer) aber nur dann ein, wenn er die Steuern binnen angemessener Frist nachzahlt.[110] Demnach erlangt der Täter/Teilnehmer keine vollständige, sondern nur eine strafrechtliche Amnestie. Mit der kartellrechtlichen Bonusregelung, nach der das Bußgeld erlassen bzw. ermäßigt wird, ist die Selbstanzeige nicht vergleichbar. Die Selbstanzeige schließt nur die Bestrafung wegen Steuerhinterziehung aus. Auf

107 Der gesetzliche Strafrahmen für die (einfache) Steuerhinterziehung beträgt bis zu 5 Jahren Freiheitsstrafe oder Geldstrafe. In besonders schweren Fällen beträgt die Freiheitsstrafe 6 Monate bis zu 10 Jahren.

108 *Schmitz*, in: MüKo StGB, § 369 AO, Rn. 24.

109 *Kohler*, in: MüKo StGB, § 371 AO, Rn. 1.

110 *Jäger*, in: Klein, AO, § 371 AO, Rn. 1.

andere (Steuer-)Straftaten ist die Vorschrift des § 371 AO – soweit nicht ausdrücklich auf sie verwiesen wird[111] – nicht analog anwendbar.[112]

Bei Steuerordnungswidrigkeiten handelt es sich um geringfügige Verstöße gegen steuerliche Normen. Im Unterschied zu Steuerstraftaten, welche vorsätzlich begangen sein müssen, lässt das Gesetz für die Steuerordnungswidrigkeiten Fahrlässigkeit genügen, oftmals in Form der Leichtfertigkeit. (Steuer-) Ordnungswidrigkeiten[113] werden mit einem Bußgeld geahndet.

Im Ergebnis ist festzuhalten, dass es nur im Kartellrecht eine Bonusregelung gibt, die dem Täter die (vollständige) Zahlung des Bußgeldes erlässt. Die Offenlegung durch den Whistleblower wird deshalb in vielen Fällen nicht aus finanziellen Gründen erfolgen. Umso schwieriger ist es für diese Personen, die Gesetzesverstöße zu melden. Ob die Schaffung weiterer Bonusregelungen in anderen Rechtsgebieten sinnvoll ist, lässt sich schwer beantworten.

---

111 Bei einer leichtfertigen Steuerverkürzung gem. § 378 sind § 371 Abs. 3 und 4 entsprechend anwendbar. Alle übrigen Steuerordnungswidrigkeiten, die weder einen ausdrücklichen Verweis auf § 371 noch eine § 378 Abs. 3 Satz 1 vergleichbare Regelung enthalten, können demgegenüber nicht, auch nicht analog, von der Selbstanzeigenorm profitieren, vgl. *Kohler*, in: MüKo StGB, § 371 AO, Rn. 34.

112 *Kohler*, in: MüKo StGB, § 371 AO, Rn. 237 m. w. N.

113 Ordnungswidrigkeiten sind die leichtfertige Steuerverkürzung (§ 378 AO), die Steuergefährdung (§ 379 AO), die Gefährdung von Abzugssteuern (§ 380 AO), die Verbrauchsteuergefährdung (§ 381 AO), sowie die Gefährdung von Eingangsabgaben (§ 382 AO).

Teil 3: Aktivismus gegen den Gesetzesverstoß

Wer sich mit dem Thema Whistleblowing beschäftigt, stößt häufig auf den Begriff „Zivilcourage". Zivilcourage ist gleichbedeutend mit sozialem Mut, also einem bestimmten Typus sozial verantwortlichen Handelns. Dieser Bürgermut und die Erkenntnis, dass rechtswidriges Handeln im Unternehmen nicht geduldet werden darf, bewegen den Whistleblower dazu, gegen Gesetzesverstöße im Unternehmen vorzugehen. Die folgenden Beispielfälle befassen sich mit Gesetzesverstößen in bestimmten Branchen und Bereichen (Gesundheit, Umwelt, Steuern und Wettbewerb) und sollen exemplarisch zeigen, wie gegen Missstände im Unternehmen vorgegangen wird und welche Schäden entstehen können, wenn die Anzeichen und Hinweise eines Whistleblowers nicht wahrgenommen werden. Auch wenn eingangs betont wurde, dass Whistleblowing im öffentlichen Sektor nicht Gegenstand der Untersuchungen sein wird, betrifft der Fall im Bereich Steuern den öffentlichen Dienst, um die Vielfältigkeit von Whistleblower-Aktivitäten zu verdeutlichen.

Einige Personen, um die es im Folgenden gehen wird, erhielten für ihre Zivilcourage und ihr Engagement den Whistleblower-Preis. Die deutsche IALANA hat zusammen mit der Vereinigung deutscher Wissenschaftler (VDW) diesen Preis gestiftet. Er wird an Persönlichkeiten vergeben, die – häufig unter Inkaufnahme beträchtlicher Risiken für Arbeitsplatz und Karriere – Missstände aufdecken und nach außen bekannt machen, die ihnen in ihrer dienstlichen oder amtlichen Tätigkeit bekannt geworden sind.[114]

A. Whistleblowing im Bereich Gesundheit

I. Beispielsfall: Der Fall Strecker

Der LKW-Fahrer Miroslaw Strecker übernahm im August 2007 in Hamburg 13 Paletten tiefgefrorene Schlachtabfälle, die nach Bayern sollten.[115] Die elf Tonnen

---

114 So unter: http://www.ialana.de/arbeitsfelder/whistleblowing/whistleblower-preis/allgemeines-zum-whistleblowerpreis-und-seiner-verleihung; IALANA e.V. steht für "International Association Of Lawyers Against Nuclear Arms", (abgerufen am 10.11.2013).

115 Die Informationsgewinnung erfolgte aus dem Artikel des BMI vom 14.10.2011, abrufbar unter http://www.bmi.bund.de/SharedDocs/Standardartikel/DE/Themen/PolitikGesellschaft/ohneMarginalspalte/xy_1_2011.html,(abgerufenam28.11.2014); dem Artikel des Tagesspiegels vom 25.8.2013, abrufbar unter http://www.tagesspiegel.de/politik/zwischen-helden-und-verraetertum-deutschland-unternimmt-wenig-um-whistleblower-zu-schuetzen/8686118-3.html, (abgerufen am 28.11.2014); dem Artikel aus der Badischen Zeitung vom 30.9.2013, abrufbar unter http://www.badische-zeitung.de/deutschland-1/wie-ergeht-es-dem-whistleblower-im-gammelfleisch-skandal--75711790.html, (abgerufen am 28.11.2014).

Fleisch waren laut den Papieren mit der offiziellen Kategorie „K3" klassifiziert. Das heißt, dass das Fleisch nicht für den menschlichen Verzehr geeignet ist, aber für Katzen- und Hundefutter verwendet werden darf.

Herr Strecker hatte gefrorene Rinderaugen, vier Jahre alte Hammelleber aus Neuseeland und verdorbene Fleischlappen geladen. Das Fleisch war höchstens noch für Tierfutter zu gebrauchen – doch in der Fabrik wurden Lebensmittel für Menschen verarbeitet. Beim Abladen bemerkte er, dass der Chef sämtliche Zettel, die das Fleisch als „K3"-Ware und „Nicht für den menschlichen Verzehr geeignet" kennzeichneten, abriss und verschwinden ließ.

Er rief bei der Polizei an, wurde aber zur Berufsgenossenschaft verwiesen. Beim dritten Anruf erreichte er das Veterinäramt, das noch am selben Tag den Betrieb überprüfte. Nachdem sich die Polizei doch der Sache annahm, reagierten auch die Behörden und deckten in der Folge einen riesigen Skandal auf: Das Gammelfleisch sollte umetikettiert und an einen Döner-Lieferanten in Berlin verkauft werden. Auf diese Weise waren im Vorfeld bereits 150 Tonnen Schlachtabfälle mit rund 150.000 Euro Umsatz in Umlauf gebracht worden.[116] Die „Wurst- und Fleischfabrik" wurde vom Staatsanwalt noch am selben Tag geschlossen.

Nach einiger Zeit wurde Herr Strecker das erste Mal krank. Man riet ihm zur Kündigung. Seine Chefs teilten ihn nach seiner Genesung künftig für die schweren Touren mit vielen Ladestopps ein. Die hoch gestapelten Paletten durfte er eigentlich nicht heben, weil ihm dies der Arzt nach einer Schulteroperation geraten hatte. Seine Vorgesetzten wussten das. Nach längerer erneuter Krankheit wurde Herr Strecker 2010 von seinem Arbeitgeber gekündigt – ein Zusammenhang mit seiner couragierten Tat wird vermutet, kann aber nicht bewiesen werden.[117] Er kämpfte vor Gericht und erstritt eine Abfindung.

Miroslaw Strecker deckte einen der größten Gammelfleisch-Skandale in Deutschland auf. 2007 wurde er für seine Zivilcourage vom damaligen Bundeslandwirtschaftsminister Horst Seehofer mit der erstmals verliehenen Goldenen Plakette des Bundeslandwirtschaftsministeriums ausgezeichnet.

II. Besonderes Interesse

Betrachtet man den Fall des Miroslaw Strecker, wird offensichtlich, welche Folgen das Nichtaufdecken eines Skandals haben kann. Ungenießbare Lebensmittel sind für die Gesundheit der Menschen gefährlich und können schwerwiegende Krankheiten hervorrufen. Im vorliegenden Fall waren hochrangige Güter gefährdet, nämlich die Gesundheit und körperliche Integrität. Diese Güter sind grundrechtlich geschützt.

116 Artikel des BMI vom 14.10.2011, abrufbar unter http://www.bmi.bund.de/SharedDocs/Standardartikel/DE/Themen/PolitikGesellschaft/ohneMarginalspalte/xy_1_2011.html, (abgerufen am 28.11.2014).

117 Artikel des BMI vom 14.10.2011, abrufbar unter http://www.bmi.bund.de/SharedDocs/Standardartikel/DE/Themen/PolitikGesellschaft/ohneMarginalspalte/xy_1_2011.html, (abgerufen am 28.11.2014).

Schon deshalb hat der Whistleblower ein besonderes Interesse daran, Fehlverhalten zu offenbaren, die sich gegen grundrechtlich geschützte Güter richten.

Zwar wurden die Haupttäter wegen gewerbsmäßigen Betrugs zu zwei Jahren Haft verurteilt; zwei Komplizen erhielten Bewährungsstrafen (2 Jahre bzw. 15 Monate) und Geldstrafen (10.000 Euro bzw. 2.200 Euro). Dennoch ist das Inverkehrbringen von verdorbenem Fleisch die schwerwiegendere Tat (Straftat gegen das Lebensmittel- und Futtermittelgesetzbuch)[118], weil durch sie die Verletzung der Gesundheit der Menschen billigend in Kauf genommen wurde und sie direkte gesundheitliche Auswirkungen auf die Bevölkerung hätte haben können. Hätte man einen Kausalzusammenhang herstellen können, dass eine Person ernsthaft aufgrund des Verzehrs verdorbenen Fleisches erkrankt ist, hätte sich der Betrüger zusätzlich wegen einer Körperverletzung verantworten müssen. Der Whistleblower Miroslaw Strecker hat die Gesetzesverstöße durch die Meldung an die Polizei und die Behörden aufgehalten.

Auch wenn die Folgen und Auswirkungen des „Umetikettierens" anders gewertet werden sollten, handelt es sich in dem Fall um eine gesetzeswidrige Verhaltensweise des Arbeitgebers, die nur durch das besondere Pflichtbewusstsein und Verantwortungsgefühl des Arbeitnehmers beendet werden konnte.

B. Whistleblowing im Bereich Umweltschutz/Naturschutz

I. Beispielsfall: Der Fall Moormann

Herr Dr. Rainer Moormann arbeitete seit 35 Jahren in der Kernforschungsanlage (KFA), dem heutigen Forschungszentrum (FZJ), in Jülich. Zu seinen wissenschaftlichen Arbeitsschwerpunkten zählte über lange Zeit die Sicherheit von Kugelhaufen-Reaktoren. Ein Versuchsreaktor dieses Typs (AVR) mit einer Kapazität von 15 Megawatt war in Jülich bis 1988 in Betrieb. Herr Dr. Moormann ist durch seine Untersuchungen zu dem Schluss gelangt, dass mit der Kugelhaufen-HTR-Technologie andere, nicht minder bedrohliche Störfallmöglichkeiten und Risiken mit katastrophalen Folgen für Mensch und Umwelt verbunden sind.[119]

Herr Dr. Moormann hat aufgedeckt, dass der 1988 endgültig stillgelegte Versuchsreaktor in Jülich im Normalbetrieb jahrelang unzureichend gegen überhöhte

118 Lebensmittel- und Futtermittelgesetzbuch (LFGB) in der Fassung der Bekanntmachung v. 3.6.2013, BGBl. I-2013, S. 1426, das durch Artikel 2 des Gesetzes vom 5.12.2014, BGBl. I-2013, S. 1975, geändert worden ist. Das LFGB ist durch das Gesetz zur Neuordnung des Lebensmittel- und des Futtermittelrechts (NeuordG) vom 1.9.2005, BGBl. I-2005, S. 2618, 3007 geschaffen worden.

119 Begründung zum Whistleblower-Preis, S. 1, abrufbar unter: http://www.vdw-ev.de/images/stories/vdwdokumente/aktuelles/preistrger%20moormann.pdf, (abgerufen am 10.11.2013).

Betriebstemperaturen im Reaktorkern gesichert war.[120] Hinweisen auf zu hohe Reaktortemperaturen wurde nicht hinreichend nachgegangen. Er hat Indizien dafür vorgelegt, dass der Betreiber-Gesellschaft mutmaßlich schon seit Ende der 1970er Jahre die Problematik überhöhter Betriebstemperaturen aufgefallen war. Die Aufsichtsbehörde gab sich mit der Vorlage von Modellrechnungen durch die Betreiber-Gesellschaft zufrieden. Durch die Untersuchungen von Herrn Dr. Moormann ist auch der begründete Verdacht aufgekommen, dass der AVR Jülich am 13. Mai 1978 nur knapp einem GAU mit den verheerenden Folgen einer weitflächigen radioaktiven Verseuchung der Umwelt entging.[121] Betreiber-Gesellschaft, Forschungszentrum Jülich und Aufsichtsbehörden in Land und Bund haben sich der Aufarbeitung dieser Gefahrensituation bisher nicht hinreichend gestellt. In der Folge des 1978 als normaler Störfall eingestuften Wassereinbruchs gelangte beim Abpumpen radioaktiv hoch kontaminiertes Wasser aus dem Reaktorbehälter ins Erdreich unter dem Reaktor und ins Grundwasser. Die konkreten Auswirkungen dieser Kontamination liegen bis heute im Dunkeln. Über damit verbundene Gesundheitsgefährdungen sowie einen möglichen Zusammenhang mit gehäuften Leukämieerkrankungen im Umland herrscht Ungewissheit.

Wie intern seit Langem bekannt, ist der Reaktordruckbehälter radioaktiv hoch kontaminiert. Die genauen Ursachen für die hohe Kontamination konnten bisher nicht ermittelt werden, zumal der Reaktor mit Beton ausgegossen wurde, um den radioaktiven Staub zu binden.

Herr Dr. Moormann hat teuer für seine Zivilcourage zahlen müssen. Er wurde intern und von der externen „Kugelhaufen-Community" als Nestbeschmutzer diffamiert und als „verrückt" verleumdet. Seine Arbeitsgruppe im FZ Jülich wurde aufgelöst. Er selbst wurde in eine andere Abteilung versetzt. Dort wurde er aufgefordert, seine „nuklearfeindlichen Aktivitäten" einzustellen, da man auf Aufträge aus dem Nuklearbereich angewiesen sei.[122]

II. Exkurs: Störfälle in Hochrisikoanlagen

Das deutsche Atomhaftungsrecht ist in den §§ 25 AtG i. V. m. dem Pariser Atomhaftungsübereinkommen (PÜ) geregelt. Nach § 25 Abs. 1 AtG i. V. m. Art. 3, 6 PÜ haftet allein der Inhaber eines Kernkraftwerks für Schäden, die auf einem von seiner Anlage ausgehenden nuklearen Ereignis beruhen. Dabei handelt es sich um eine

120 Vgl. Informationen, abrufbar unter: http://www.heise.de/newsticker/meldung/Whistleblower-Preis-2011-geht-an-Kernforscher-1255724.html, (abgerufen am 11.11.2013).

121 Begründung zum Whistleblower-Preis, S. 1, abrufbar unter: http://www.vdw-ev.de/images/stories/vdwdokumente/aktuelles/preistrger%20moormann.pdf, (abgerufen am 11.11.2013).

122 Begründung zum Whistleblower-Preis, S. 2, abrufbar unter: http://www.vdw-ev.de/images/stories/vdwdokumente/aktuelles/preistrger%20moormann.pdf, (abgerufen am 11.11.2013).

Gefährdungshaftung, die weder Rechtswidrigkeit noch Verschulden voraussetzt. Zudem gibt es eine Störfall-Verordnung,[123] die in Betriebsbereichen zu beachten ist, in denen gefährliche Stoffe in bestimmten Mengen vorhanden sind. Die Betreiber solcher Anlagen haben bestimmte Vorkehrungen zu treffen, damit keine Störfälle entstehen, insbesondere haben sie Meldepflichten (§ 19 12. BImSchV) einzuhalten. Wer gegen diese Pflichten verstößt, handelt nach § 21 Abs. 1 Nr. 15 12. BImSchV ordnungswidrig.

Die wichtigsten strafrechtlichen Tatbestände in diesem Bereich sind die Tötungs-, Körperverletzungs-, Umwelt- und die Sprengstoffdelikte. Das deutsche Strafrecht kann aber nur eingeschränkt herangezogen werden, da sich juristische Personen nicht strafbar machen können.[124] Zur Strafverfolgung müssten einzelne Unternehmensangehörige herausgefiltert werden, was wegen der Aufgabenaufteilung und oftmals unübersichtlichen Verantwortungsstrukturen sehr schwierig ist.[125]

Im Umweltstrafrecht ist an § 328 StGB zu denken, insbesondere an Abs. 3, nach dessen Nr. 1 verschiedenes Verwenden (Lagern, Bearbeiten, Verarbeiten, sonstiges Verwenden) von radioaktiven Stoffen oder von gefährlichen Stoffen und Gemischen i. S. d. Art. 3 der Verordnung Nr. 1272/2008 (EG)[126] beim Betrieb einer Anlage mit Strafe bedroht ist, sofern der Täter verwaltungsrechtliche Pflichten verletzt und eine Gefahr für die Gesundheit eines anderen, fremde Sachen von bedeutendem Wert, Tiere oder Pflanzen, Gewässer, die Luft oder den Boden hervorruft.[127]

Als verwaltungsrechtliche Pflichten kommen dabei Pflichten aus dem Chemikalien- und Gefahrstoffrecht sowie dem Transportrecht in Betracht,[128] etwa gravierende Verstöße gegen Ladungs-, Informations- und Überwachungspflichten.[129] Die Vorschriften in den Gefahrgut-Verordnungen (GGVSEB, GGVSee, ADR-Übk., COTIF und GGAV)[130] legen die verwaltungsrechtlichen Pflichten fest, die bei den Beförderungsvorgängen der Güter zu beachten sind. Die einschlägigen

---

123 Störfall-Verordnung (12. Verordnung zur Durchführung des Bundes-Immissionsschutzgesetzes) vom 8.6.2005, BGBl. I-2005, S. 1598, die zuletzt durch Art. 1 der Verordnung vom 14.8.2013, BGBl. I-2013, S. 3230, geändert worden ist.

124 Vgl. aber § 30 OWiG, nach dem eine Geldbuße gegen Unternehmen festgesetzt werden kann.

125 Notfallschutz bei Kernkraft-, Chemie- und Sondermüllanlagen – Bericht zur wissenschaftlichen Fachtagung am 5.5.2011 in Berlin *Burbat*, ZUR 2011, 499, 501.

126 Verordnung (EG) Nr. 1272/2008 des Europäischen Parlamentes und des Rates vom 16. Dezember 2008 über die Einstufung, Kennzeichnung und Verpackung von Stoffen und Gemischen, zur Änderung und Aufhebung der Richtlinien 67/548/EWG und 1999/45/EG und zur Änderung der Verordnung (EG), 31.12.2008, ABl. L 353/1.

127 Inhalt des § 328 StGB in neuster Fassung nach dem Strafrechtsänderungsgesetz, 45. Strafrechtsänderungs-gesetz zur Umsetzung der Richtlinie des Europäischen Parlaments und des Rates über den strafrechtlichen Schutz der Umwelt vom 6.4.2011, BT-Drs. 17/5391; Beschlussempfehlung und Bericht des Rechtsausschusses (6. Ausschuss) zu dem Gesetzentwurf der Bundesregierung, BT-Drs. 17/7674.

128 OVG Lüneburg, Urt. v. 14.2.2003 – 7 ME 64/02, NuR 2003, 565, 566 f.

129 *Rengier*, Das moderne Umweltstrafrecht, S. 33.

130 Weitere Ausführungen siehe *Alt*, in: MüKo StGB, § 328 StGB, Rn. 43, 45.

verwaltungsrechtlichen Pflichten können sich aber auch aus den für Gewässer-, Luft- und Bodenschutz sowie aus für den Tier- und Pflanzenschutz relevanten Vorschriften ergeben.[131] Ferner ergeben sich Nachweispflichten aus §§ 50 ff. KrWG, gefahrgutspezifischen Vorschriften zur Regelung des Straßenverkehrs[132] sowie arbeitsschutzrechtlichen Vorschriften[133] gegen Gase, Nebel, Dämpfe und Stäube.

Täter im Sinne der Abs. 2 Nr. 1 und Abs. 3 kann aber nur derjenige sein, der verwaltungsrechtlich verpflichtet ist.[134] Strafrechtlich können die Pflichten insofern nach § 14 StGB übergehen. Amtsträger, die nicht selbst die Tathandlung ausführen, kommen nicht als Täter nach Abs. 1 und 3 in Betracht.[135] Sie können nach Abs. 2 Täter sein, beispielsweise, wenn sie entgegen einer Garantenpflicht die Herbeiführung einer nuklearen Explosion nicht verhindern.

III. Besonderes Interesse

Nach dem 2011 die Betreiber-Gesellschaft eine Expertengruppe mit der Aufarbeitung der Reaktorgeschichte beauftragt hatte, wurde im April 2014 der Abschlussbericht vorgelegt.[136] Demzufolge kam es über Jahrzehnte immer wieder zu Störfällen und wahrscheinlich mindestens zweimal zur Kontaminierung der Umwelt. Dem Bericht ist zudem zu entnehmen, dass man Notfallsysteme bewusst abgeschaltet hatte und die Betreiber bei Störfällen darauf verzichteten, die Störung zu melden. Es wurde offensichtlich gegen eine gesetzliche Betreiberpflicht verstoßen. Zwar war damals die heute geltende Störfall-Verordnung (12. BImSchV) noch nicht in Kraft, nach der zumindest gegen die Meldepflicht nach § 19 12. BImSchV verstoßen worden wäre. Nach dem Bericht bestand aber gleichwohl eine Pflicht gegenüber der Aufsichtsbehörde, Störfälle zu melden, zumindest aber die Pflicht zu einer Korrektur der „Störfall-Einstufung".[137]

Zwar geht es in dem oben geschilderten Fall ebenfalls um wichtige Güter wie Gesundheit und Leben eines Menschen (wenn die Umweltschäden sich auswirken), in erster Linie ist jedoch durch das Verhalten die Umwelt[138] schwer betroffen.

---

131 *Heine*, JR 1996, 300, 302 f.; *Möhrenschlager*, NStZ 1994, 566, 567; *Heine/Hecker*, in: Schönke/Schröder, Kommentar StGB, § 328 StGB, Rn. 21 f.

132 *Rengier*, Das moderne Umweltstrafrecht, S. 35 f.; *ders.*, FS Boujong, S. 791, 799; *Heine/Hecker*, in: Schönke/Schröder, Kommentar StGB, § 328 StGB, Rn. 22, 23.

133 *Alt*, in: MüKo StGB, § 328 StGB, Rn. 45, m. w. N.

134 *Ransiek*, in: Kindhäuser/Neumann/Paeffgen, Kommentar StGB, § 328, Rn. 15 mit Verweis auf Ausführungen zu § 324 a, Rn. 27.

135 *Ransiek*, in: Kindhäuser/Neumann/Paeffgen, Kommentar StGB, § 328, Rn. 15.

136 Der Bericht ist abrufbar unter: http://www.fz-juelich.de/portal/DE/UeberUns/selbstverstaendnis/verantwortung/avr/avr-expertengruppe/_node.html, (abgerufen am 6.12.2014).

137 Bericht der AVR-Expertengruppe (abrufbar siehe eben), Kurzfassung, S. 10 f.

138 Allg. zur Bedeutung des Umweltschutzes für das Arbeitsverhältnis *Schmitt-Schönenberg*, AuR 1994, 281.

Art. 20 a GG weist den Schutz der natürlichen Lebensgrundlagen als Staatsziel aus. Auch wenn der Begriff der „Staatszielbestimmung“ konturlos erscheinen mag, so besteht doch Einigkeit, dass Staatsziele ihrer wesensmäßigen Struktur nach keine anspruchsbegründende Wirkung für den Einzelnen entfalten, sondern grundsätzlich nur objektiv-rechtlich zu verstehende Verfassungsgrundsätze darstellen.[139] Dennoch ist die Umwelt ein Gut, dessen Erhaltung im Interesse eines großen Teils der Bevölkerung steht. Die Beweggründe des Whistleblowers, in Fällen tätig zu werden, in denen die Umwelt betroffen ist, liegen hauptsächlich darin, dass Umweltschäden über längere Generationen anhalten und zu Folgeproblemen für das ganze Klima in der Welt führen können. Der Umweltschutz hat einen großen Wirkungsbereich: die Erhaltung und den Schutz der Umwelt sowie die Verbesserung ihrer Qualität, den Schutz der menschlichen Gesundheit, die umsichtige und rationelle Verwendung der natürlichen Ressourcen sowie die Förderung von Maßnahmen auf internationaler Ebene zur Bewältigung regionaler oder globaler Umweltprobleme und insbesondere die Bekämpfung des Klimawandels.[140]

C. Whistleblowing im Bereich Steuern

I. Beispielsfall: Der Fall Schmenger/Wehrheim

Die Herren Rudolf Schmenger und Frank Wehrheim waren über viele Jahre Steuerfahnder im sog. „Bankenteam“ am Finanzamt Frankfurt.[141] Es war bekannt, dass Bankbedienstete entsprechend den Vorgaben und Erwartungen ihrer Vorgesetzten viele wichtige Kunden über Jahre hinweg dabei unterstützt haben, Gelder anonymisiert am deutschen Steuerfiskus vorbei nach Luxemburg, in die Schweiz oder andere Steueroasen zu transferieren und anzulegen.

Die Steuerfahndungsabteilung, in der Herr Schmenger und Herr Wehrheim mit steuerstrafrechtlichen Ermittlungsverfahren im Bankenbereich befasst waren, operierte seit Jahren sehr erfolgreich. Als sie erfuhren, dass vorgesetzte Dienststellen der hessischen Finanzverwaltung ihre Ermittlungsarbeit aus nicht nachvollziehbaren Gründen mittels einer so genannten „Amtsverfügung“ vom 30. August 2001 zu beeinträchtigen suchten, entstand ein Konflikt.[142]

Rudolf Schmenger, Frank Wehrheim und ihre Kollegen wussten aus langjähriger Erfahrung, dass Gelder häufig in kleineren Tranchen von unter 300.000 DM ins Ausland verschoben werden.[143] Aufgrund der Amtsverfügung sollte künftig jedoch

139 *Scholz*, in: Maunz/Dürig, GG-Kommentar, Art. 20 a GG, Rn. 33.

140 So lauten auch die Ziele der unionalen Umweltpolitik (Art. 191 f. AUV), siehe *Terhechte*, in: Grabitz/Hilf/Nettesheim, Das Recht der EU, Art. 3 EUV, Rn. 55.

141 *Deiseroth/Falter*, Whistleblower in der Steuerfahndung, S. 9.

142 *Deiseroth/Falter*, Whistleblower in der Steuerfahndung, S. 9; Dokument Nr. 1 (Amtsverfügung 2001/08 vom 30.8.2001 vom Finanzamt Frankfurt a. M.), in: *Deiseroth/Falter*, Whistleblower in der Steuerfahndung, S. 107.

143 *Deiseroth/Falter*, Whistleblower in der Steuerfahndung, S. 10.

nur ein steuerstrafrechtlicher Anfangsverdacht angenommen werden, wenn es sich um Summen von über 300.000 DM handelte. Es wurde von ihnen verlangt, erst in Kenntnis aller erforderlichen Daten nach Beweisen zu suchen, wobei das Finanzamt sich auf die in einer Entscheidung des LG Freiburg aufgestellten allgemeinen Grundsätze stützte.[144] Sowohl Herr Schmenger und Herr Wehrheim als auch die hessische Generalstaatsanwaltschaft hielten „die Anknüpfung eines Tatverdachts im Sinne des § 152 Abs. 2 StPO“ an bestimmte, zum Teil mehr oder weniger willkürliche Kriterien für bedenklich. Mit diesen Kriterien ließe sich ein Anfangsverdacht weder nachvollziehbar begründen noch ablehnen.[145] Ferner sprach ihre Erfahrung dafür, dass Banken, die über Jahre Beihilfe zur Steuerhinterziehung geleistet haben, auch in den Folgejahren strafbare Finanzpraktiken betreiben würden.[146]

Die Herren Schmenger und Wehrheim sowie viele ihrer Kollegen sahen deshalb die Gefahr, dass erhebliche Steueransprüche der öffentlichen Haushalte gegen Steuersünder nicht durchgesetzt und verloren gehen würden, dadurch der „Gleichheitsgrundsatz“ der Besteuerung verletzt werde und sie sich letztlich der „Strafvereitelung im Amt“ strafbar machten.[147]

Die Begebenheiten brachten Rudolf Schmenger und Frank Wehrheim dazu, ihre Bedenken offen vorzutragen. Anstatt die Kritik seitens der Leitung des Finanzamtes aufzugreifen, wurde mit Repressalien, Mobbing und Einschüchterungsversuchen gegenüber den Steuerfahndern reagiert. Mehr als ein Dutzend kritischer Steuerfahnder wurden versetzt und zwei Steuerfahnder sowie Sachgebietsleiter mussten die Steuerfahndung ganz verlassen, darunter Herr Schmenger und Herr Wehrheim.[148] Rudolf Schmenger und andere Steuerfahnder wurden zum Amtsarzt geschickt und auf der Basis schwer nachvollziehbarer psychiatrischer Gutachten als angeblich dienstunfähig „zwangspensioniert“.[149]

II. Besonderes Interesse

Dieser Fall unterscheidet sich in zwei wichtigen Punkten von den vorher genannten Fällen. Zum einen geht es hier um Steuergerechtigkeit und nicht um den Schutz hochrangiger Güter wie Leben, Gesundheit und die Umwelt, die allesamt verfassungsrechtlich geschützt sind. Zum anderen betrifft dieser Fall den öffentlichen

144 Dokument Nr. 1 (Amtsverfügung 2001/08 vom 30.8.2001 vom Finanzamt Frankfurt a. M.), in: *Deiseroth/Falter*, Whistleblower in der Steuerfahndung, S. 107.

145 LT-Drs. 16/5360, S. 39 f.

146 *Deiseroth/Falter*, Whistleblower in der Steuerfahndung, S. 10.

147 *Deiseroth/Falter*, Whistleblower in der Steuerfahndung, S. 10.

148 Begründung zum Whistleblower-Preis, S. 2, abrufbar unter: http://www.vdw-ev.de/images/stories/vdwdokumente/aktuelles/jurybegruendung%20whistleblower-preis%202009.pdf, (abgerufen am 11.11.2013).

149 Begründung zum Whistleblower-Preis, S. 2, abrufbar unter: http://www.vdw-ev.de/images/stories/vdwdokumente/aktuelles/jurybegruendung%20whistleblower-preis%202009.pdf, mit Verweis auf „Stern“ 51/2008, S. 33, (abgerufen am 11.11.2013).

Sektor. Das Bundesverfassungsgericht[150] betont zwar, dass andere, etwa volkswirtschaftliche, sozialpolitische oder ökologische Zwecke die steuerliche (Un-) Gleichbehandlung rechtfertigen können. Aber Steuerungerechtigkeit aufgrund von kriminellen Machenschaften wird keinesfalls geduldet. Noch dazu sind in diesem Fall Bankbedienstete und die Landesfinanzverwaltung in die Steuerstraftaten involviert, sodass auch ein großer Vertrauensbruch vorliegt. In diesem Fall ist das Interesse des Whistleblowers auf Gerechtigkeit und die Unterbindung von gesetzeswidrigem Verhalten in der oberen Bedienstetenebene gerichtet. Steuerhinterziehung ist ein Verstoß gegen das Steuerstrafrecht gem. § 370 AO und kann, wie in der jüngsten Presse betont[151], nicht (mehr) als Kavaliersdelikt bezeichnet werden. Die Beihilfe zur Steuerhinterziehung wird ebenfalls strafrechtlich verfolgt.

D. Whistleblowing im Bereich Wettbewerb

I. Kartellstrafrecht im Allgemeinen

In bestimmten Fällen stellt sich die Frage nach Whistleblowing bei einer strafbaren Handlung im Kartellrecht. Der Gesetzgeber hat sich im Jahr 1997[152] entschlossen, § 298 StGB (Wettbewerbsbeschränkende Absprachen bei Ausschreibungen) als Straftatbestand gegen den Wettbewerb in den 26. Abschnitt des StGB einzufügen. Geschütztes Rechtsgut ist vorrangig das Allgemeininteresse an einem freien Wettbewerb; geschützt wird aber auch das Vermögen des Veranstalters einer Ausschreibung und der (möglichen) Mitbewerber.[153] Aufgrund des abweichenden Schutzzwecks von § 263 StGB, wird § 298 StGB nicht als *lex specialis* zu § 263 StGB angesehen.[154] Neben den weiterhin anwendbaren ordnungswidrigkeitenrechtlichen Bestimmungen (insbesondere § 81 Abs. 1 bis Abs. 3 GWB) können § 298 StGB und § 263 StGB parallel zur Anwendung kommen. In der Praxis scheint allerdings

---

150 BVerfG, Urt. v. 20.4.2004 – 1 BvR 1748/99, 905/00, NVwZ 2004, 846, 849; näher dazu *Kischel*, in: BeckOK GG, Art. 3 GG, Rn. 148.

151 Siehe Artikel vom 23.3.212, abrufbar unter: http://www.wiwo.de/finanzen/steuernrecht/rein-rechtlich-steuersuendern-droht-noch-schneller-gefaengnis-seite-all/6364082-all.html, (abgerufen am 12.11.2013).

152 Eingeführt durch Art. 1 Nr. 3 des Gesetzes zur Bekämpfung der Korruption (Korruptionsbekämpfungsgesetz– KorrBekG) v. 13.8.1997, vgl. BGBl. I-1997, S. 2038. Eingehend zur Entstehungsgeschichte des § 298 StGB *Wedlich*, Submissionsabsprachen, S. 21 f.

153 *Klusmann*, in: Wiedemann, Kartellrecht, § 56, Rn. 1 mit Verweis auf *Achenbach*, WuW 1997, 958, 959; *Kleinmann/Berg*, BB 1998, 277, 279; *Wunderlich*, Die Akzessorietät des § 298 StGB zum GWB, S. 38, 70; *Kühl*, in: Lackner/Kühl, StGB-Kommentar, § 298 StGB, Rn. 1; allgemein dazu *Pasewaldt*, ZIS 2008, 84.

154 *Klusmann*, in: Wiedemann, Kartellrecht, § 56, Rn. 1 mit Verweis auf *Achenbach*, WuW 1997, 958, 959; *Kleinmann/Berg*, BB 1998, 277, 281; *Dölling*, ZStW 112 (2000), 334, 348: Idealkonkurrenz; a. A. *Walter*, JZ 2002, 254, 256.

(aufgrund der leichteren Beweisbarkeit seiner Tatbestandsmerkmale) eher § 298 StGB zum Zug zu kommen.[155]

Die Vorschrift gilt für alle Ausschreibungen, also für offene und beschränkte Ausschreibungen (Abs. 1) wie für die freihändige Vergabe nach vorausgegangenem Teilnahmewettbewerb (Abs. 2). Prinzipiell ist seine Anwendung unabhängig davon, ob es sich um einen öffentlichen oder privaten Auftraggeber handelt. Die bloße Absprache zwischen Wettbewerbern genügt nicht – vielmehr muss ein Angebot abgegeben werden, das auf einer kartellrechtswidrigen Absprache beruht.[156] Gegenüber natürlichen Personen können Taten nach §§ 263 und 298 StGB mit Geldstrafe oder mit Freiheitsstrafe bis zu fünf Jahren geahndet werden. Soweit Ordnungswidrigkeiten verfolgt werden, gilt unverändert auch insoweit der Bußgeldrahmen des § 81 Abs. 4 GWB bzw. des § 17 Abs. 4 OWiG.[157]

Neben §§ 298 und 263 StGB (Submissionsbetrug) kommen noch Straftaten wie Bestechung/Vorteilsgewährung, Untreue, Erpressung und Nötigung in Betracht.

II. Beispielsfall: Das Bierkartell 2014[158]

Das Bundeskartellamt hat Geldbußen wegen verbotener Bierpreisabsprachen in Höhe von insgesamt 106,5 Mio. € gegen die Unternehmen Bitburger Braugruppe GmbH (Bitburger), Krombacher Brauerei Bernhard Schadeberg GmbH & Co. KG (Krombacher), C. & A. Veltins GmbH & Co. KG (Veltins), Warsteiner Brauerei Haus Cramer KG (Warsteiner) und Privat-Brauerei Ernst Barre GmbH (Barre) sowie gegen sieben persönlich Verantwortliche verhängt.

Ausgelöst hatte das Verfahren ein Bonusantrag der Anheuser-Busch InBev Germany Holding GmbH (AB InBev), gegen die wegen der Anwendung der Bonusregelung des Bundeskartellamtes keine Geldbuße[159] verhängt wurde. Die Ermittlungen gegen zwei weitere Brauereikonzerne waren zu dem Zeitpunkt noch nicht abgeschlossen. Gleiches gilt für vier regionale Brauereien aus Nordrhein-Westfalen sowie den entsprechenden Regionalverband wegen der Beteiligung an einem regionalen Absprachekreis.

---

155 *Klusmann*, in: Wiedemann, Kartellrecht, § 56, Rn. 1.

156 Ausführlich *Heine/Eisele*, in: Schönke/Schröder, Kommentar StGB, § 298 StGB, Rn. 1, 11 f.

157 *Klusmann*, in: Wiedemann, Kartellrecht, § 56, Rn. 4.

158 Alle folgenden Informationen ergeben sich aus der Pressemitteilung des Bundeskartellamtes vom 13.1.2014, abrufbar unter: http://www.bundeskartellamt.de/SharedDocs/Meldung/DE/Pressemitteilungen/2014/13_01_2014_Fernsehbiere.html, (abgerufen am 15.1.2014).

159 Nach der Bonusregelung („Kronzeugenregelung“) des Bundeskartellamtes wird dem Kartellanten das Bußgeld erlassen, wenn er die Voraussetzungen nach Abschnitt B der Mitteilung erfüllt. Danach muss der Kartellant u. a. uneingeschränkt und ununterbrochen mit dem Kartellamt hinsichtlich der Aufklärung zusammenarbeiten.

In gemeinsamen Treffen und bilateralen Kontakten trafen zunächst die überregional tätigen Brauereien eine Vereinbarung über eine Preiserhöhung, über die betroffenen Gebinde (Fass- und/oder Flaschenbier) und über ihre Größenordnung. Anschließend stimmten sich einige der überregional tätigen Brauereien (AB InBev, Veltins und Warsteiner) mit in Nordrhein-Westfalen tätigen regionalen Brauereien (u. a. Barre) auf Sitzungen des regionalen Brauereiverbandes im Juni 2006 und September 2007 über diese Preiserhöhungen ab.

Im Laufe des Verfahrens haben neben AB InBev noch Bitburger, Krombacher, Veltins und Warsteiner auf Basis der Bonusregelung mit dem Bundeskartellamt kooperiert. Darüber hinaus konnte mit allen fünf mit einer Geldbuße bedachten Unternehmen eine einvernehmliche Verfahrensbeendigung (sog. Settlement[160]) erzielt werden.

Beides –Kooperation und Settlement– wurde zugunsten der jeweiligen Unternehmen bußgeldmindernd[161] berücksichtigt.

III. Besonderes Interesse

In diesem Fall war der Whistleblower in die Ordnungswidrigkeit, mithin den Gesetzesverstoß selbst involviert. Er hat als Beteiligter des Kartells an der Tat so lange mitgewirkt, bis er sich entschieden hat, gegen den Rechtsverstoß vorzugehen. Zwar können in Fällen von Kartellrechtswidrigkeiten auch unbeteiligte Whistleblower den Missstand offenbaren. Jedoch konzentriert sich diese Arbeit bei Kartelldelikten auf den an der Tat beteiligten Whistleblower. Durch das Offenbaren und die „Selbstanzeige" hat er dazu beigetragen, dass der Verstoß gegen das Kartellrecht beendet wird. Er sorgt zudem durch die Kooperation mit der zuständigen Behörde dafür, dass auch alle anderen Beteiligten das Fehlverhalten einstellen. Das dabei ein egoistisches Motiv im Vordergrund steht (Bußgeldbefreiung), ist irrelevant. Ebenfalls ist unbeachtlich, dass im vorliegenden Fall ein Unternehmen als Whistleblower agiert hat, weil sowohl Unternehmen als auch natürliche Personen im Kartellrecht Whistleblower sein können.

Zwar betrifft der Schaden, der durch die rechtswidrigen Preisabsprachen entstanden ist, nur das Vermögen im weitesten Sinne. Aber auch dieses Recht muss geschützt werden. Durch die Offenlegung des Missstandes (Kartell) hat der Whistleblower sich auf die Seite der Rechtsordnung gestellt, um künftigen Schaden am Gemeinwohl, insbesondere von unwissenden Verbrauchern, abzuwenden.

---

160 Als *Settlement* bezeichnet man die einvernehmliche Verfahrensbeendigung, siehe dazu das Merkblatt zu *Settlement*-Verfahren des Bundeskartellamtes in Bußgeldsachen vom 23.12.2013, abrufbar unter: http://www.bundeskartellamt.de/SharedDocs/Publikation/DE/Merkbl%C3%A4tter/Merkblatt-Settlement.html?nn=3591418, (abgerufen am 15.1.2014).

161 Nach der Bonusregelung („Kronzeugenregelung") des Bundeskartellamtes kann das Bußgeld reduziert werden, wenn der Kartellant die Voraussetzungen nach Abschnitt C der Mitteilung erfüllt. Danach muss der Kartellant u. a. uneingeschränkt und ununterbrochen mit dem Kartellamt hinsichtlich der Aufklärung zusammenarbeiten.

Teil 4: Der Schutz des Whistleblowers de lege lata

A. Arbeitsrechtlicher Schutz

Whistleblowing birgt Chancen und Risiken für Arbeitgeber als auch für Arbeitnehmer. Durch den Hinweis des Arbeitnehmers auf bestehende Missstände im Unternehmen bekommt der Arbeitgeber die Chance, diese ohne viel Aufsehen zu beseitigen und das gestörte Arbeitsklima wieder zu stärken. Die Chance für den Arbeitnehmer besteht darin, durch seinen Hinweis den Gesetzesverstoß zu beenden und die Wahrscheinlichkeit einer Wiederholung zu minimieren. Entscheidet sich der Arbeitnehmer für die Offenbarung eines Missstandes, muss er jedoch damit rechnen, dass der Arbeitgeber arbeitsrechtliche Maßnahmen gegen ihn ergreift, die ihn nachteilig treffen. Dem Arbeitgeber sind hinsichtlich seiner Reaktion aber Grenzen gesetzt. Im Folgenden werden die Handlungsmöglichkeiten des Arbeitgebers in einer Whistleblowing-Situation und der jeweilige Schutz des Whistleblowers gegen die einzelnen Reaktionen erläutert.

I. Derzeitige Rechtslage – der unbeteiligte Whistleblower

Die folgende Darstellung der gegenwärtigen Rechtslage soll aufzeigen, ob und in welchem Umfang der Whistleblower durch die Rechtsordnung arbeitsrechtlichen Schutz erlangt. Da im deutschen Rechtsraum keine besonderen Schutzbestimmungen[162] für den Whistleblower bestehen, bleibt nur der Rückgriff auf die allgemeinen Gesetze.

1. Das Kündigungsverbot

In arbeitsrechtlicher Hinsicht ist die naheliegendste Reaktion des Arbeitgebers eine Kündigung. Anknüpfungspunkt für arbeitsrechtliche Sanktionen ist eine Verletzung arbeitsvertraglicher Pflichten. Voraussetzung für die Wirksamkeit der Kündigung ist also das Vorliegen eines Kündigungsgrundes. Angenommen, das Whistleblowing ist „an sich" rechtmäßig, kann keine vertragliche Pflichtverletzung bestehen; es fehlt somit an einem Kündigungsgrund. Ein Hinweis auf diesen speziellen Fall im Rahmen des Kündigungsrechts ist in den gesetzlichen Bestimmungen nicht zu finden.

162 Im Allgemeinen dazu *Becker*, DB 2011, 2202; *Simon/Schilling*, BB 2011, 2421; *Leuchten*, ZRP 2012, 142; Gegen eine Notwendigkeit eines besonderen Schutzes *Rudkowski*, CCZ 2013, 204, 208; *Simonet*, RdA 2013, 236, 238 f.

Nur die Literatur verweist ansatzweise darauf, wie im Falle des Whistleblowings die mutmaßliche Pflichtverletzung zu beurteilen ist.[163]

Denkbare Pflichtverletzungen können sich zum einen aus einer Verletzung der vertraglichen Hauptleistungspflicht ergeben, zum anderen aus der Verletzung vertraglicher Nebenpflichten. Nicht nur die fristlose außerordentliche Kündigung, sondern auch eine ordentliche Kündigung kann dann in Frage kommen.[164]

In Betracht kommt demnach zunächst eine Verletzung der Hauptleistungspflicht aufgrund des Hinweises – sei es unternehmensintern oder -extern – des Arbeitnehmers auf ein gesetzeswidriges Verhalten im Unternehmen. Gemäß § 611 Abs. 1 BGB besteht die Hauptleistungspflicht darin, die arbeitsvertraglich näher konkretisierte und geschuldete Arbeitsleistung zu erbringen.[165] Erfolgt der Hinweis oder die mit ihm einhergehenden Aktivitäten während der Arbeitszeit, deren Umfang in erster Linie durch den Arbeitsvertrag geregelt wird,[166] kann darin eine Pflichtverletzung wegen nicht- oder nicht wie vereinbart erbrachter Leistung liegen.[167] Indem der Hinweisgeber während seiner Arbeitszeit Vorbereitungen trifft, um Missstände publik zu machen, oder vielleicht sogar Beweise im Unternehmen sammelt, um seinen Hinweis zu belegen, ist er (schuldhaft) nicht für den Arbeitgeber verfügbar und kommt somit seiner Arbeitspflicht nicht nach.

Eine Pflichtverletzung kann auch vorliegen, wenn der Hinweisgeber die Erfüllung seiner Arbeitspflicht verweigert. Gründe dafür können unter anderem sein, dass der Arbeitnehmer befürchtet, durch sein (Weiter-)Handeln selbst gegen gesetzliche Regeln zu verstoßen, oder er glaubt, ihm drohten infolge unternehmensinterner Regelverstöße Gefahren für Gesundheit und Leib und Leben, wenn er am Arbeitsplatz weiterhin seine Arbeitspflicht erfüllen muss.

Es kann sich aber ein Leistungsverweigerungsrecht aus § 618 BGB ergeben. Erfüllt der Arbeitgeber seine Fürsorgepflicht nach § 618 BGB nicht, kann der Arbeitnehmer die Leistung verweigern.[168] Erforderlich ist eine *objektiv* bestehende Verletzung der Schutzpflichten aus § 618 BGB.[169] Einer *unmittelbar drohenden* Gefahr bedarf es dagegen nicht. Fraglich ist, wie es sich verhält, wenn der Arbeitgeber dem Arbeitnehmer eine Weisung erteilt, sich rechtswidrig zu verhalten. Denn in diesem Fall verletzt der Arbeitgeber nicht selbst eine Schutzpflicht im Sinne von § 618 BGB,

---

163 Mit Bezug auf die Rechtsprechung des EGMR *Küttner*, Personalbuch, Whistleblowing, Rn. 3 f.; *Grabenwarter*, in: Maunz/Düring, GG-Kommentar, Art. 5 GG, Rn. 185; *Simon/Schilling*, BB 2011, 2421, 2426; *Forst*, NJW 2011, 3477, 3481; *Bauschke*, öAT 2012, 271, 272 f.; *Hergenröder*, in: MüKo BGB, § 1 KSchG, Rn. 243 f.; *Müller-Glöge*, in: Erfurter Kommentar, § 626 BGB, Rn. 64 f.; *Rolfs*, in: BeckOK Arbeitsrecht, § 1 KSchG, Rn. 295.

164 *V. Busekist/Fahrig*, BB 2013, 119, 122.

165 *Müller-Glöge*, in: MüKo BGB, § 611 BGB, Rn. 1011.

166 *Preis*, in: Erfurter Kommentar, § 611 BGB, Rn. 652 f.

167 *Preis*, in: Erfurter Kommentar, § 611 BGB, Rn. 641, 706.

168 *Henssler*, in: MüKo BGB, § 618 BGB, Rn. 91 m.w.N.

169 *Henssler*, in: Müko BGB, § 618 BGB, Rn. 91.

sondern er weist seinen Arbeitnehmer an, eine Pflicht zu verletzen – er handelt also mittelbar. Weigert sich der Arbeitnehmer, die ihm obliegende Arbeitspflicht zu erbringen, so steht dem Arbeitgeber bei (beharrlicher) Arbeitsverweigerung in der Regel ein außerordentliches fristloses Kündigungsrecht nach § 626 BGB zu.[170] Leistungsverweigerungsrechte bei gleichzeitigem Erhalt des Entgeltanspruchs werden dem Arbeitnehmer jedoch zugebilligt, wenn der Arbeitgeber z. B. gegen Arbeitsschutzvorschriften verstößt oder dem Arbeitnehmer Weisungen erteilt, deren Ausführung gegen gesetzliche Verbote (§ 134 BGB), die guten Sitten (§ 138 BGB) oder die Gewissensfreiheit[171] (Art. 4 Abs. 2 GG) verstößt. So gibt es durchaus die Möglichkeit, dass der Arbeitnehmer berechtigterweise die Arbeitstätigkeit verweigert. Die Weigerung stellt dann keine arbeitsvertragliche Pflichtverletzung dar.

Das Leistungsverweigerungsrecht spielt bei Whistleblowing-Aktivitäten also eine große Rolle. Unter welchen gesetzlichen Voraussetzungen jedoch bei einem Gesetzesverstoß im Unternehmen eine Verweigerung der vertraglich geschuldeten Leistung möglich ist, bleibt genauso unklar wie die Frage nach dem Erhalt des Vergütungsanspruches. Denn § 134 BGB behandelt nur das Schicksal von Rechtsgeschäften – auf andere Rechtshandlungen und bloße Maßnahmen bezieht sich die Vorschrift nicht.[172]

Darüber hinaus kann ein Hinweis nur dann eine arbeitsvertragliche Pflichtverletzung sein, wenn es Teil der Hauptleistungspflicht des Arbeitnehmers ist, negative Äußerungen in Bezug auf das Unternehmen zu unterlassen. Diese besondere Pflicht kann aber nicht für sämtliche Beschäftigte gelten, sondern allenfalls für Arbeitnehmer mit einem bestimmten Beschäftigungsbild.[173]

Die Verletzung einer Hauptleistungspflicht durch das Whistleblowing lässt sich also nur ausnahmsweise bejahen. Jedoch kann durchaus die Verletzung einer vertraglichen Nebenpflicht Grund für eine Kündigung sein.

Hinsichtlich einer möglichen Kündigung wegen Verletzung einer arbeitsvertraglichen Nebenpflicht ist besonders auf die Verletzung der Rücksichtnahmepflicht bzw. Verschwiegenheitspflicht einzugehen. Nebenpflichten ergeben sich zumeist aus dem Arbeitsvertrag in Verbindung mit §§ 241 Abs. 2, 242 BGB.[174] Wichtigste

---

170 BAG, Urt. v. 21.11.1996 – 2 AZR 357/95, NZA 1997, 487, 488.

171 BAG, Urt. v. 24.2.2011 – 2 AZR 636/09, NZA 2011, 1087, 1089, 1091: „Ist der Arbeitnehmer auf Grund eines offenbarten beachtlichen Glaubenskonflikts teilweise außerstande, seine arbeitsvertraglichen Verpflichtungen zu erfüllen, berechtigt dies den Arbeitgeber gleichwohl nicht zur Kündigung, wenn er den Arbeitnehmer im Betrieb oder Unternehmen entweder innerhalb des vertraglich vereinbarten Leistungsspektrums oder aber zu geänderten Vertragsbedingungen unter Vermeidung des Konflikts sinnvoll weiterbeschäftigen kann."

172 *Armbrüster*, in: MüKo BGB, § 134 BGB, Rn. 24.

173 Siehe *Schemmel/Ruhmannseder/Witzigmann*, Hinweisgebersysteme, S. 113, die als Paradebeispiel den unternehmenseigenen Pressesprecher anbringen.

174 *Dütz/Thüsing*, Arbeitsrecht, Rn. 151.

Nebenpflicht des Arbeitnehmers ist seine allgemeine Pflicht zur Rücksichtnahme auf die Interessen und Rechtsgüter des Arbeitgebers (früher: Treuepflicht).[175]

Eine andere bedeutsame Nebenpflicht ist die Verschwiegenheitspflicht.[176] Der Arbeitnehmer darf nicht über geschäftliche Belange des Arbeitgebers berichten, soweit dessen Interessen dadurch betroffen werden, es sei denn, der Verschwiegenheitsbruch ist durch die Grundrechte des Arbeitnehmers gerechtfertigt.[177] Der Arbeitnehmer darf insbesondere keine kreditschädigenden Äußerungen über seinen Arbeitgeber in der Öffentlichkeit verbreiten (§ 824 BGB).[178] Neben Tatsachen und Vorgängen, die dem Arbeitnehmer im Zusammenhang mit seiner Stellung im Betrieb bekannt geworden sind, sind auch Betriebs- und Geschäftsgeheimnisse Gegenstand der allgemeinen Verschwiegenheitspflicht, angelehnt an § 17 UWG. Indem der Hinweisgeber die Missstände der Öffentlichkeit mitteilt und damit betriebsinterne Vorgänge aufdeckt, verletzt er seine Verschwiegenheitspflicht.[179]

Ferner bestehen besondere Verschwiegenheitspflichten, die auf bestimmte Berufsgruppen, wie Ärzte und Rechtsanwälte, zugeschnitten sind.

a. *Offenbarungspflichten*

Das Whistleblowing stellt keinen Verstoß gegen eine arbeitsvertragliche Pflicht dar, soweit der Whistleblower zur Offenbarung der entsprechenden Information verpflichtet oder berechtigt ist.

Wichtig sind hier besonders die gesetzlichen Offenbarungspflichten. Neben den Zeugnispflichten im Rahmen gerichtlicher und behördlicher Verfahren, die staatsbürgerliche Pflichten darstellen, spielt die Anzeigepflicht nach § 138 StGB und die innerbetriebliche Anzeigepflicht nach dem Arbeitsschutzgesetz eine entscheidende Rolle.

Zeugnispflichten ergeben sich sowohl im Strafverfahren (vgl. §§ 48 Abs. 1, 59 StPO) als auch im Zivilprozess (vgl. §§ 373, 380, 390 ZPO). Demnach ist der Zeuge grundsätzlich verpflichtet, zur Vernehmung zu erscheinen, wahrheitsgemäß auszusagen und seine Aussage auf Verlangen zu beeiden.[180] Die Pflicht besteht auch dann, wenn der Arbeitnehmer eine Aussage zu machen hat, die zuungunsten seines Arbeitgebers ausfallen oder die zum Verstoß gegen die arbeitsvertragliche

---

175 *Dütz/Thüsing*, Arbeitsrecht, Rn. 151.

176 *Schemmel/Ruhmannseder/Witzigmann*, Hinweisgebersysteme, S. 115; *Preis*, in: Erfurter Kommentar, § 611 BGB, Rn. 710 f.; *Müller-Glöge*, in: MüKo BGB, § 611 BGB, Rn. 1088 f.; *Dütz/Thüsing*, Arbeitsrecht, Rn. 156 f.

177 *Preis*, in: Erfurter Kommentar, § 611 BGB, Rn. 715.

178 *Dütz/Thüsing*, Arbeitsrecht, Rn. 156.

179 Zur Frage, ob auch „Geheimnisse mit illegalem Inhalt“ geschützt sind, siehe Teil 4, B, I.

180 Ähnlich Vorschriften finden sich auch in anderen Verfahrensordnungen, z.B. AGG, FGO, SGG und VwGO; für die StPO: *Senge*, in: Karlsruher Kommentar StPO, § 48, Rn. 2; für die ZPO: *Huber*, in: Musielak, ZPO, § 737, Rn. 9.

Verschwiegenheitspflicht führen würde.[181] Denn Sinn des prozessualen Schweigerechts[182] ist es nicht, die Interessen des Arbeitgebers zu wahren, sondern die Konfliktsituation, in der sich der Zeuge befindet, zu lösen.[183]

§ 138 StGB bedroht die Nichtanzeige bestimmter, abschließend aufgezählter Delikte mit Strafe, sofern die Tathandlung oder der Erfolg durch eine Anzeige möglicherweise noch verhindert worden wäre. Dabei ist der Begriff der Anzeige nicht mit dem des § 158 StPO identisch, sodass es genügt, wenn der Pflichtige eine Warnung mit dem Ziel ausspricht, die Tatausführung oder den Eintritt des Taterfolgs zu verhindern.[184] Das bedeutet für den Whistleblower, dass die Anzeigeerstattung im Arbeitsrecht nicht als Pflichtverletzung gewertet werden kann, wenn die Nichtanzeige einer bevorstehenden Straftat nach Maßgabe des § 138 StGB mit Strafe bedroht ist. § 138 StGB spielt aber eine eher untergeordnete Rolle im Zusammenhang mit Whistleblowing, da die Missstände und rechtswidrigen Verhaltensweisen oft dem Bereich der Körperverletzung, dem Umweltstrafrecht und dem Wirtschaftsstrafrecht zuzuordnen sind, diese aber nicht im Katalog des § 138 StGB aufgeführt sind.

Daneben verpflichtet § 16 Abs. 1 ArbSchG die Beschäftigten, dem Arbeitgeber oder dem zuständigen Vorgesetzten jede von ihnen festgestellte unmittelbare erhebliche Gefahr für die Sicherheit und Gesundheit sowie jeden an dem Schutzsystem festgestellten Defekt unverzüglich, das heißt ohne schuldhaftes Zögern, zu melden. Der Kreis der zuständigen Vorgesetzten in diesem Sinne ist in § 13 ArbSchG festgelegt. Je nach den Umständen ist die Meldung also bei Vorstand, Geschäftsführung, Direktor, Betriebs- oder Abteilungsleiter, Meister, Polier, Vorarbeiter, Schichtführer oder Supervisor zu erstatten. Die Beschäftigten haben nach den oben angeführten Sachkundekriterien das Recht, nach pflichtgemäßem Ermessen als Adressat ihrer Meldung den Vorgesetzten auszuwählen, der nach ihrer Meinung schnell und sachkundig die notwendigen Maßnahmen veranlasst.[185] Eine unmittelbare erhebliche Gefahr liegt dann vor, wenn der Eintritt nicht mehr abgewendet werden kann oder sehr wahrscheinlich ist oder der zu befürchtende Schaden nach Art und Umfang sehr schwer wäre.[186] Im Gegensatz zu den oben genannten Offenbarungspflichten ist es dem Whistleblower hier, wenn man strikt nach dem Wortlaut geht, nur erlaubt, innerbetrieblich auf Missstände hinzuweisen, jedoch nicht außerbetrieblich. Der

181 So auch *Schemmel/Ruhmannseder/Witzigmann*, Hinweisgebersysteme, S. 125.

182 Besondere Zeugnisverweigerungsrecht bzw. Schweigerechte ergeben sich aus §§ 52, 53, 53a, 55 StPO und §§ 383, 384 ZPO.

183 Für § 52 StPO siehe *Senge*, in: Karlsruher Kommentar StPO, § 52, Rn. 1; für § 383 ZPO siehe *Huber*, in: Musielak, ZPO, § 383, Rn. 1.

184 *Hohmann*, in: MüKo StGB, § 138 StGB, Rn. 13 m. w. N.

185 *Butz*, in: Kollmer/Klindt, ArbSchG, § 16, Rn. 11.

186 *Butz*, in: Kollmer/Kindt, ArbSchG, § 15, Rn. 43. Nicht nur dann, wenn der Schaden wahrscheinlich eintritt (Gefahrenabwehr), sondern auch im Fall, dass sich ein bereits vorliegender Schaden wahrscheinlich gravierend verschlimmert (Schadensbegrenzung), ist vom Vorliegen einer unmittelbaren erheblichen Gefahr auszugehen.

Adressatenkreis der Meldung ist nur auf Personen zugeschnitten, die im Betrieb zuständig sind oder zum Betrieb gehören.

b. Anzeige- und Beschwerderechte

Ebenso wenig wie bei einer Offenbarungspflicht kann ein Hinweis auf Missstände im Unternehmen als Pflichtverletzung des Whistleblowers gewertet werden, wenn ihm ein Recht zur Anzeige oder Beschwerde zusteht. Eine gesetzliche Regelung, die es Arbeitnehmern erlaubt, auf Missstände im Unternehmen hinzuweisen, besteht nicht. Lediglich das allgemeine Recht zur Erstattung einer Strafanzeige gegenüber unternehmensexternen Stellen nach § 158 Abs. 1 StPO erlaubt jedermann, eine Anzeige zu erstatten, wenn nach Meinung des Anzeigenden Anlass für Ermittlungen der Strafverfolgungsbehörden besteht. Es ist unerheblich, ob der Anzeigeerstatter durch die angezeigte Straftat in irgendeiner Weise mittelbar oder unmittelbar selbst betroffen ist oder nicht.[187] Erforderlich ist aber die Mitteilung des Sachverhalts in der Art, das ihr zureichende tatsächliche Anhaltspunkte für eine Straftat (§ 152 Abs. 2 StPO) entnommen werden können.[188] Die bloße Wiedergabe einer angeblich verletzten Strafbestimmung ist für sich keine Anzeige.[189] Obwohl das allgemeine Anzeigerecht nach § 158 StPO keinerlei Einschränkungen vorsieht, besteht es dennoch nicht vorbehaltlos. Besteht ein Konflikt zwischen zwei vom Grundgesetz geschützten Rechtsgütern, so muss eine Gesamtabwägung der berührten Interessen unter Berücksichtigung der Umstände des Einzelfalles erfolgen.[190] Beim Whistleblowing ist beim Arbeitnehmer auf das Anzeigerecht als Ausfluss des in Art. 2 Abs. 1 GG verbürgten Rechts auf freie Entfaltung der Persönlichkeit sowie auf das Rechtsstaatsprinzip als Grundlage einzugehen.[191] Auf Seiten des Arbeitgebers steht die in Art. 12 Abs. 1 GG verbürgte Unternehmensfreiheit und die damit einhergehende Rücksichtnahmepflicht.[192] Zu dieser einzelfallbezogenen Interessenabwägung hat jüngst die europäische Rechtsprechung[193] eine wegweisende Entscheidung erlassen. Auf diese wird im nächsten Abschnitt vertieft eingegangen.

Ein besonderes Anzeigerecht ergibt sich aus § 17 Abs. 2 ArbSchG,[194] wonach die zuständige Behörde von den Beschäftigten des Betriebs zu verständigen ist, wenn

187 *Griesbaum*, in: Karlsruher Kommentar StPO, § 158, Rn. 4.

188 *Griesbaum*, in: Karlsruher Kommentar StPO, § 159, Rn. 15.

189 *Griesbaum*, in: Karlsruher Kommentar StPO, § 158, Rn. 15.

190 *Herbert/Oberrath*, NZA 2005, 193, 197, die von einer Einschränkung des Anzeigerechts nach § 158 StPO aufgrund der besonderen Beziehung zwischen Arbeitgeber und Arbeitnehmer sprechen.

191 BVerfG, Beschl. v. 25.2.1987 – 1 BvR 1086/85, NJW 1987, 1929, 1930.

192 BAG, Urt. v. 24.6.2004 – 2 AZR 63/03, NJW 2005, 619, 621.

193 EGMR, Urt. v. 21.07.2011 – 28274/08, NJW 2011, 3501 (Heinisch/Deutschland).

194 Bis 31.12.2004 galt § 21 Abs. 6 GefStoffV als lex specialis zu § 17 Abs. 2 ArbSchG. Danach konnten die Beschäftigten bei Erreichen oder Überschreiten von Grenzwerten für das Auftreten von Gefahrstoffen am Arbeitsplatz nach Ausschöpfung innerbetrieblicher Möglichkeiten, Beschwerde an die zuständige Stelle einreichen.

sie aufgrund konkreter Anhaltspunkte der Auffassung sind, dass die vom Arbeitgeber getroffenen Maßnahmen und bereitgestellten Mitteln nicht ausreichen, um die Sicherheit und den Gesundheitsschutz bei der Arbeit zu gewährleisten. Der Arbeitnehmer darf sich jedoch nicht unmittelbar an die externe Stelle (Aufsichtsbehörde) wenden, sondern muss zunächst den Arbeitgeber – erfolglos – zur Abhilfe aufgefordert haben.[195]

Zuletzt ist auf ein innerbetriebliches Beschwerderecht einzugehen: § 13 Abs. 1 AGG eröffnet Beschäftigten das Recht, sich bei den zuständigen Stellen des Betriebes, des Unternehmens oder der Dienststelle zu beschweren, wenn sie sich im Zusammenhang mit ihrem Beschäftigungsverhältnis vom Arbeitgeber, vom Vorgesetzten, anderen Beschäftigten oder Dritten benachteiligt fühlen.[196]

Zusammenfassend ist festzustellen, dass es durchaus Regelungen gibt, die das Handeln des Whistleblowers rechtfertigen und ihn in besonderen Fällen sogar dazu verpflichten. Greifen diese Rechte und Pflichten in einem Sachverhalt, kann ein Hinweis nicht als pflichtwidrig angesehen werden. Die Vorschriften haben jedoch gemeinsam, dass sie nur in besonderen Situationen gelten. Außerdem gibt es Vorschriften, die sich nur auf innerbetriebliche Hinweise beziehen, also nur das interne Whistleblowing „erlauben“. Wer also unternehmensextern auf Missstände oder Regelverstöße aufmerksam macht, läuft Gefahr, dass sein Verhalten durch den Arbeitgeber oder im Rahmen einer (gerichtlichen) Überprüfung als Verletzung arbeitsvertraglicher Pflichten eingestuft wird.[197] Eine allgemeine gesetzliche Regelung, welche ein Anzeigerecht des Arbeitnehmers wegen Gesetzesverstößen im Unternehmen festschreibt, existiert in Deutschland nicht.

2. *Sonderfall Druckkündigung*

Bei der Druckkündigung handelt es sich um eine besondere Form der Kündigung, bei der vom Arbeitgeber auf Druck – unter Androhung von Nachteilen – von Dritten (Belegschaft, Kunden, Betriebsrat) die Aussprache einer Kündigung gegenüber dem Arbeitnehmer verlangt wird. Nachteile können u. a. die Eigenkündigung oder die Nichterteilung eines Auftrags sein.[198] Es wird unterschieden zwischen echter und

---

Die aktuelle Fassung der Verordnung enthält keine entsprechende Regelung mehr, GefStoffV v. 26.11.2010, BGBl. I-2010, 1643.

195 *Wank*, in: Erfurter Kommentar, § 17 ArbSchG, Rn. 2 mit Verweis auf die Rechtsprechung des EGMR vom 21.7.2011. Vorherige Abhilfe setzt aber voraus, dass der Arbeitgeber gewillt ist Abhilfe zu leisten – dies wird in den Fällen zu verneinen sein, in denen er selbst in die Tat oder den Missstand involviert ist.

196 Erfasst werden Benachteiligungen im Hinblick auf die Rasse, der ethnischen Herkunft, des Geschlechts, der Religion oder Weltanschauung, einer Behinderung, des Alters oder der sexuellen Identität (§ 1 AGG); ausführlich dazu *Oetker*, NZA 2008, 264.

197 So auch *Schemmel/Ruhmannseder/Witzigmann*, Hinweisgebersysteme, S. 153.

198 *Hergenröder*, in: MüKo BGB, § 1 KSchG, Rn. 245.

unechter Druckkündigung. Entscheidet sich der Arbeitgeber unabhängig von dem auf ihn ausgeübten Druck für eine Kündigung und liegt ein Kündigungsgrund vor, handelt es sich um eine unechte Druckkündigung. Der Arbeitgeber hat in dieser Situation die Entscheidungsfreiheit, ob er den Arbeitnehmer kündigt oder nicht.[199] Liegt hingegen kein objektiver Grund für eine Kündigung vor und wird dem Arbeitgeber mit Nachteilen gedroht, handelt es sich um eine echte Druckkündigung. Hier muss der Arbeitgeber zunächst versuchen, die Drohungen durch andere Maßnahmen abzuwenden – er muss sich schützend vor den Arbeitnehmer stellen.[200] Dem Arbeitgeber wird damit eine interne Handlungsgrenze gesetzt. Stellt sich der Arbeitgeber auf die Seite des Druckausübenden und spricht eine Kündigung aus, ist diese aufgrund eines Verstoßes gegen den *ultima-ratio*-Grundsatz unwirksam.[201] Das Handeln des Arbeitgebers kann nur in besonderen Ausnahmefällen gerechtfertigt sein. Das ist der Fall, wenn alle Abwendungsversuche ausgeschöpft sind und der Arbeitgeber einen unzumutbaren Schaden für den ganzen Betrieb in Kauf nehmen müsste.[202] Erhält die Belegschaft vom Whistleblowing eines Arbeitnehmers Kenntnis, ist dieser also nicht davor geschützt, „Opfer" einer Druckkündigung zu werden. Er muss damit rechnen, dass Mitarbeiter sein Verhalten missbilligen und als illoyal einstufen. Je weniger Zuspruch und Akzeptanz für das Thema Whistleblowing besteht, desto stärker und schädigender das Druckmittel. Diejenigen, die gegen das ungeschriebene Gesetz der „Gemeinschaft im Betrieb" verstoßen, werden ausgeschlossen.[203] Geleitet von Angst vor erheblichen Nachteilen und Schäden für das ganze Unternehmen wird der Arbeitgeber die Druckkündigung durchaus in Erwägung ziehen, ohne dass es einen objektiven Grund für eine Kündigung gäbe.

Rechtsdogmatisch ist die Einordnung einer Druckkündigung in das System der Kündigungsgründe unklar. Insbesondere ist in der Literatur umstritten,[204] ob eine Druckkündigung als betriebsbedingte Kündigung sozial gerechtfertigt sein kann.

---

199 Die vom Dritten geschaffene Drucksituation kann in solchen Fällen höchstens bei der Interessenabwägung eine Rolle spielen, vgl. *Hergenröder*, in: MüKo BGB, § 1 KSchG, Rn. 245 m. w. N.

200 BAG, Urt. v. 19.6.1986 – 2 AZR 563/85, NZA 1987, 21, 22; BAG, Urt. v. 4.10.1990 – 2 AZR 201/90, NZA 1991, 468, 469.

201 BAG, Urt. v. 18.9.1975 – 2 AZR 311/74, JZ 1976, 323, Leitsatz 1; *Oetker*, in: Erfurter Kommentar, § 1 KSchG, Rn. 185.

202 BAG, Urt. v. 18.7.2013 – 6 AZR 420/12, NZA 2014, 109, 112; BAG, Urt. v. 31.1.1996 – 2 AZR 158/95, NZA 1996, 581, 584; BAG, Urt. v. 19.6.1986 – 2 AZR 563/85, NZA 1987, 21, 22; BAG, Urt. v. 10.10.1957 – 2 AZR 32/56, AP Nr. 1 zu § 626 BGB, Leitsatz 1.

203 *Deiseroth/Derleder*, ZRP 2008, 248, 250.

204 Zustimmend *Griebeling*, in: GK-KSchG, § 1 KSchG, Rn. 586 a; *Rolfs*, in: BeckOK Arbeitsrecht, § 1 KSchG, Rn. 422; *Henssler*, in: MüKo BGB, § 626 BGB, Rn. 253, 255; Ablehnend *Kiel*, in: Ascheid/Preis/Schmidt, Kündigungsrecht, § 1 KSchG, Rn. 521; *Krause*, in: v. Hoyningen-Huene/Linck, KSchG, § 1 KSchG, Rn. 346; *Oetker*, in: Erfurter Kommentar, § 1 KSchG, Rn. 184.

Mit seiner Entscheidung vom 18. Juli 2013[205] hat das BAG die bisherige Rechtsprechung zur betriebsbedingten Druckkündigung bestätigt und gesagt, dass der objektiv unbegründete Druck eines Vertragspartners des Arbeitgebers eine betriebsbedingte Druckkündigung rechtfertigt. Das BAG kommt zu dem Schluss, dass der Auftragsverlust eine Drucksituation erzeuge, auf die der Arbeitgeber unternehmerisch reagieren müsse, um den Fortbestand des Betriebs zu sichern. Diese Situation sei mit einer echten Druckkündigung vergleichbar. Entstünden bei der Verwirklichung der Drohung schwere wirtschaftliche Nachteile, so müsse der Arbeitgeber aus wirtschaftlichen Gründen handeln.[206]

Auch wenn die Kündigung aus betriebsbedingten Gründen grundsätzlich nur gerechtfertigt ist, wenn eine unternehmerische Entscheidung den Wegfall von Beschäftigungsbedarf zur Folge hat, und die Argumentation des BAG in diesem Fall schwer nachvollziehbar ist, bestätigt sie doch die Zulässigkeit einer sog. „echten Druckkündigung". Allerdings hat sich der Arbeitgeber zunächst schützend vor den betroffenen Arbeitnehmer zu stellen.[207]

3. *Auflösungsantrag*

Nicht mit einer Druckkündigung wegen Whistleblowings, sondern mit dem Auflösungsantrag eines Arbeitgebers beschäftigte sich vor kurzem das LAG Schleswig-Holstein.[208] Der Sachverhalt sowie die Urteilsbegründung waren zweigeteilt. Nachdem das LAG zunächst betonte, dass es eine Druckkündigung grundsätzlich als zulässig erachte, verglich es zutreffenderweise die Drucksituation in diesem Fall mit der Konstellation beim Mobbing und sprach sich gegen die Zulässigkeit einer solchen Kündigung aus. Es konnte dahingestellt bleiben, ob die beiden Zeugen wirklich ernsthaft damit drohten, den Betrieb der Beklagten zu verlassen, wenn der Kläger bleibe. Entscheidend war, dass das Bemühen der Arbeitgeberin, die Drucksituation ohne Kündigung zu lösen, als unzureichend empfunden wurde.[209] Denn eine Kündigung sollte nach Ausschöpfen aller Mittel das letzte Mittel sein. Zu Recht hat das LAG im Ergebnis eine Drucksituation der Arbeitgeberin abgelehnt, wenn das Verhalten des Arbeitnehmers geraume Zeit – im vorliegenden Fall jahrelang – geduldet wird. Anschließend setzte sich das Gericht mit dem Thema des Whistleblowings auseinander und ließ den Auflösungsantrag (§ 9 Abs. 1 S. 2 KSchG) zu, den der Arbeitgeber nach (erfolgloser) Kündigung hilfsweise beantragte. Nach Ausspruch der Kündigung hatte der Arbeitnehmer gegenüber der Agentur für

205 BAG, Urt. v. 18.7.2013 – 6 AZR 420/12, NZA 2014, 109.

206 BAG, Urt. v. 18.7.2013 – 6 AZR 420/12, NZA 2014, 109, 112; siehe dazu *Hamacher*, NZA 2014, 134 f.

207 BAG, Urt. v. 18.7.2013 – 6 AZR 420/12, NZA 2014, 109, 112.

208 LAG Schleswig-Holstein, Urt. v. 20.3.2012 – 2 Sa 331/11, BB 2012, 1862.

209 LAG Schleswig-Holstein, Urt. v. 20.3.2012 – 2 Sa 331/11, BB 2012, 1862, 1864.

Arbeit eine sog. „Kurzarbeitsmissbrauchsanzeige“[210] abgegeben. Das Gericht sah in der Anzeige des Arbeitnehmers eine Rechtfertigung für einen Auflösungsantrag: Es könne nachvollziehbar die gedeihliche Zusammenarbeit der Arbeitsvertragsparteien stören, wenn die Arbeitgeberin nicht sicher sein könne, ob künftig ohne vorherige innerbetriebliche Klärung bei Meinungsverschiedenheiten Behörden eingeschaltet oder Strafanzeigen erstattet werden.[211]

In der Urteilsbegründung spielte das Motiv des Arbeitnehmers eine große Rolle. Denn dieser war offensichtlich wegen des laufenden Kündigungsverfahrens von Revanchegedanken bestimmt.[212] So stellt die Auflösung des Arbeitsverhältnisses eine Reaktionsmöglichkeit des Arbeitgebers dar, wenn das Verhalten des Whistleblowers eine den Betriebszwecken dienliche weitere Zusammenarbeit zwischen den Parteien nicht erwarten lässt.

4. Das Benachteiligungsverbot

Zudem ist der Arbeitgeber grundsätzlich berechtigt, eine Abmahnung auszusprechen. Daraufhin kann ein negativer Eintrag in die Personalakte erfolgen. Ebenfalls kommt eine Änderungskündigung oder „einfache“ Versetzung in Frage, um den Mitarbeiter des Arbeitsplatzes zu verweisen und ihn nachteilig zu versetzen.[213] Diese und ähnliche Maßnahmen stellen eine Benachteiligung des Arbeitnehmers dar. Eine solche kann auch darin bestehen, dass dem Arbeitnehmer Vorteile vorenthalten werden, die der Arbeitgeber anderen Arbeitnehmern gewährt, die entsprechende Rechte nicht ausgeübt haben.[214]

§ 612 a BGB statuiert ein allgemeines Benachteiligungsverbot. Nach dem Maßregelungsverbot dieser Vorschrift darf der Arbeitgeber einen Arbeitnehmer bei einer Vereinbarung oder einer Maßnahme nicht benachteiligen, weil dieser in zulässiger Weise seine Rechte ausübt. Eine Maßregelung können sowohl Vereinbarungen (rechtsgeschäftliche Abmachungen) als auch Maßnahmen in Form von einseitigen rechtsgeschäftlichen (z. B. Kündigung) oder tatsächlichen Schritten sein.[215] Ob eine Benachteiligung des Arbeitnehmers nach § 612 a BGB vorliegt, ist zunächst durch einen Vergleich der Situation des Arbeitnehmers vor und nach der Maßnahme

---

210 Der Kläger hat sich zwar nicht direkt an die Polizei oder Staatsanwaltschaft gewendet, sondern er hat eine Anzeige gegenüber der Bundesagentur für Arbeit erstattet. Die E-Mail enthielt laut Ermittlungsakten aber ausdrücklich das Wort „Anzeige“.

211 LAG Schleswig-Holstein, Urt. v. 20.3.2012 – 2 Sa 331/11, BB 2012, 1862, 1866.

212 Vgl. auch *Lelley*, BB 2012, 1862, 1867.

213 *Dendorfer*, in: Moll, Arbeitsrecht, § 35, Rn. 148.

214 BAG, Urt. v. 21.9.2011 – 7 AZR 150/10, NZA 2012, 317, 321 zum Fall eines Arbeitgebers, der einem befristet beschäftigten Arbeitnehmer keinen Folgevertrag anbot, weil er seine ihm zustehenden Rechte (hier Art. 5 GG) ausgeübt hat.

215 *Fuchs*, in: BeckOK BGB, § 612 a BGB, Rn. 4.

oder Vereinbarung zu beurteilen.[216] Doch geht das Tatbestandsmerkmal „Benachteiligung“ darüber hinaus. Es ist nur erfüllt, wenn der Arbeitgeber zwischen verschiedenen, gleichermaßen rechtmäßigen Maßnahmen wählen konnte.[217] Hat er sein Verhalten an der Rechtsordnung orientiert, liegt keine Benachteiligung des Arbeitnehmers vor.[218] Dieses Verbot umfasst auch, dass ein Arbeitnehmer nicht wegen eines rechtmäßigen Hinweises benachteiligt werden darf, also bei Ausübung eines rechtmäßigen Whistleblowings.

Allerdings ist unklar, was unter einer rechtmäßigen Rechtsausübung zu verstehen ist,[219] insbesondere wann das Handeln des Whistleblowers rechtmäßig ist. Die Zulässigkeit der Rechtsausübung beurteilt sich nach der Gesamtrechtsordnung, worunter die Ausübung von Grundrechten fällt, soweit sie im Arbeitsverhältnis rechtserheblich sind.[220] Weitgehend sicher ist jedoch, wie das Tatbestandsmerkmal „Ausübung seiner Rechte“ auszulegen ist: Die Rechtsausübung kann im Erheben eines Anspruchs oder von Einreden und Einwendungen liegen.[221] Sie kann sich aber auch aus einem tatsächlichen Verhalten ergeben. Unerheblich ist, ob der Arbeitnehmer seine Rechte schriftlich oder mündlich bzw. unmittelbar oder mittelbar über einen Anwalt ausübt.[222]

Es gibt jedoch, wie sich noch zeigen wird, verschiedene Formen und Abstufungen des rechtmäßigen Verhaltens beim Whistleblowing. Erst durch eine Gesamtschau wird deutlich, ob ein Whistleblower den Gesetzesverstoß offenbaren durfte. Die Zulässigkeit der Rechtsausübung des Whistleblowers ist abhängig davon, inwieweit Abhilfen auf anderen Wegen erfolgversprechend sind.

5. Schadensersatzanspruch des Whistleblowers bei Verstoß gegen das Benachteiligungsverbot

Wird gegen das Benachteiligungsverbot verstoßen, stellt sich die Frage nach einem Anspruch auf Entschädigung, Schadensersatz oder Unterlassen der rechtswidrigen Handlung.

In Betracht kommt der Schadensersatzanspruch nach § 280 BGB. Ein Arbeitsverhältnis ist ein Schuldverhältnis i. S. d. § 280 BGB. Weil grundsätzlich gem. § 280

---

216 *Müller-Glöge*, in: MüKo BGB, § 612 a BGB, Rn. 14.

217 *Müller-Glöge*, in: MüKo BGB, § 612 a BGB, Rn. 14.

218 BAG, Urt. v. 14.2.2007 – 7 AZR 95/06, NZA 2007, 803, 805 f.; *Faulenbach*, Maßregelungsverbot, S. 86 f., 103, geht davon aus, es liege schon keine Maßnahme des Arbeitgebers vor, wenn ihm für seine Reaktion kein Handlungsspielraum eröffnet sei.

219 *Linck*, in: Ascheid/Preis/Schmidt, Kündigungsrecht, § 612 a BGB, Rn. 7, der nur darauf hinweist, dass die Rechtsausübung objektiv rechtmäßig sein muss.

220 *Preis*, in: Erfurter Kommentar, § 612 a BGB, Rn. 6.

221 *Müller-Glöge*, in: MüKo BGB, § 612 a BGB, Rn. 8; *Linck*, in: Ascheid/Preis/Schmidt, Kündigungsrecht, § 612 a BGB, Rn. 7b.

222 *Linck*, in: Ascheid/Preis/Schmidt, Kündigungsrecht, § 612 a BGB, Rn. 7b.

Abs. 1 Satz 2 BGB vermutet wird, dass die Pflichtverletzung zu vertreten ist, wird dem Whistleblower die Durchsetzung von Schadensersatzansprüchen gegen seinen Arbeitgeber deutlich erleichtert, ohne dass dem Arbeitgeber die Möglichkeit genommen wäre, sich zu entlasten.[223] Ob der Verstoß gegen das Benachteiligungsverbot eine Pflichtverletzung im Sinne von § 280 Abs. 1 BGB darstellt, kann dahingestellt bleiben; zumindest ist eine Pflichtverletzung im Sinne von § 241 Abs. 2 BGB gegeben.[224] Inwieweit eine Entschädigung für Nichtvermögensschaden zu zahlen ist, kann nur durch Heranziehung allgemeiner Vorschriften geklärt werden. Fraglich ist auch, wie ein Verstoß durch einen Mitarbeiter schadensersatzrechtlich zu behandeln ist. Für einen Anspruch aus § 280 BGB bedarf es einer Pflichtverletzung im Rahmen eines besonderes Verhältnisses (z. B eines Schuldverhältnisses). Ein solches Verhältnis zwischen Arbeitnehmern zu konstruieren, welches auch noch durch gegenseitige Pflichten in Bezug auf eine Benachteiligung bzw. das Verbot einer Benachteiligung ausgestaltet ist, ist schwierig. Übrig bliebe jedoch § 823 BGB, wobei fraglich ist, worin die Rechtsgutsverletzung und die Verletzungshandlung liegen sollen. Allerdings besteht die Möglichkeit, dem Arbeitgeber das Verhalten seiner Mitarbeiter zuzurechnen oder in dem Nichteinschreiten bzw. Nichtbeheben der Benachteiligung eine Pflichtverletzung (durch den Arbeitgeber) zu sehen. Anspruchsgegner ist dann in der Regel der Arbeitgeber.

Ein Anspruch auf Unterlassung aufgrund Diskriminierung oder Verletzung des allgemeinen Persönlichkeitsrechts kann sich hingegen aus dem AGG[225] oder §§ 823, 1004 BGB ergeben (quasi-negatorischer Unterlassungsanspruch).[226]

6. Beweislastumkehr

Aus dem Umstand, dass der Whistleblower bei der Berufung auf das Benachteiligungsverbot nach § 612 a BGB gezwungen ist nachzuweisen, dass die von ihm gerügte Benachteiligung auf einem zulässigen Whistleblowing beruht, ergibt sich, dass es einer Beweislastregelung zugunsten des Whistleblowers bedarf.[227] Als Vorbild

---

223 So *Rudkowski*, CCZ 2013, 204, 208.

224 Vgl. *Richardi/Fischinger*, in: v. Staudinger, BGB-Kommentar, § 612 a BGB, Rn. 32 „Außerdem können Verstöße gegen das Maßregelungsverbot Unterlassungs-, Beseitigungs- und Schadensersatzansprüche (§§ 280 I i.V.m. 241 II, §§ 823 II i.V.m. 612a BGB) des Arbeitnehmers auslösen."

225 § 21 AGG sieht eine eigene Anspruchsgrundlage für Schadensersatz-, Beseitigungs- und Unterlassungsansprüche bei Verstoß gegen das Diskriminierungsverbot vor; außerdem steht dem Betroffenen nach § 15 Abs. 5 AGG das Recht zu, nach anderen Vorschriften bestehende Ansprüche geltend zu machen *Schlachter*, in: Erfurter Kommentar, § 15 AGG, Rn. 19.

226 *Reichold*, in: Münchener Handbuch zum Arbeitsrecht, § 86, Rn. 27; *Thüsing*, in: MüKo BGB, § 15 AGG, Rn. 51 f.

227 *Rudkowski*, CCZ 2013, 204, 209.

könnte die Regelung des § 22 AGG dienen.[228] Hierfür spräche das Gebot der europarechtskonformen Auslegung: der Wortlaut von Art. 4 RL 97/80/EG, Art. 8 RL 2000/43/EG und Art. 10 RL 2000/78/EG differenziert nicht nach der Anspruchsgrundlage. Auch bezieht sich die Beweislastregel nicht ausdrücklich auf Ansprüche aus diesem Gesetz, sondern bezieht alle Verfahren ein, in denen eine Benachteiligung geltend gemacht wird.[229] Gleiches müsste dann bei einem Verstoß gegen das Benachteiligungsverbot gelten. Eine Beweislastumkehr ließe sich also mit einer analogen Heranziehung dieser Regeln begründen. Voraussetzung dafür ist aber eine planwidrige Regelungslücke. Diese lässt sich kaum begründen, wenn man bedenkt, dass dem Gesetzgeber die Regelungslücke bekannt war und er in Gesetzesüberarbeitungen (Schuldrechtsreform und Einführung des AGG) keinen Handlungsbedarf sah.[230] Die Beweislastregelung des § 611 a BGB a. F. bzw. dessen Nachfolgeregelung § 22 AGG kann somit nicht übertragen werden.[231] Dem Arbeitnehmer kann aber im Einzelfall eine Beweiserleichterung durch einen Anscheinsbeweis hinsichtlich der subjektiven Tatbestandsmerkmale und der Kausalität zugutekommen bei offensichtlichem Zusammenhang zwischen Benachteiligung und Rechtsausübung, wenn er sich insofern (ausnahmsweise) auf anerkannte Erfahrungssätze berufen kann.[232] Dass diese Beweisvorlage mit besonderen Erschwernissen verbunden ist, ist offensichtlich.

Eine gesetzliche Regelung, die dem Whistleblower den Beweis einer Benachteiligung erleichtert, fehlt. Ihn auf komplizierte andere Regelungen zu verweisen, die nur in besonderen Ausnahmefällen greifen, ist unzureichend und wenig hilfreich.

---

228 *Rudkowski*, CCZ 2013, 204, 209.

229 *Thüsing*, in: MüKo BGB, § 22 AGG, Rn. 5.

230 *Benecke*, NZA 2011, 481, 484; *Rudkowski*, CCZ 2013, 204, 209, die darauf hinweist, dass es keinen Grund gebe, den Whistleblower gegenüber anderen Benachteiligten besser zu stellen.

231 Vgl. BAG, Urt. v. 2.4.1987 – 2 AZR 227/86, AP BGB § 612 a Nr. 1, unter II.1.cc; BAG, Urt. v. 25.11.1993 – 2 AZR 517/93, NZA 1994, 837, 838; *Preis*, in: Erfurter Kommentar, § 612 a BGB, Rn. 22; *Krause*, SAE 2003, 205, 210; *Däubler*, in: Kittner/Däubler/Zwanziger, Kündigungsschutzrecht, § 612 a BGB, Rn. 22; *Benecke*, NZA 2011, 481, 484; a. A.: *Linck*, in: Ascheid/Preis/Schmidt, Kündigungsrecht, § 612 a BGB, Rn. 22 (wegen gemeinschaftsrechtskonformer Auslegung); *Belling/v. Steinau-Steinrück*. DB 1993, 534, 536.

232 So *Müller-Glöge*, in: MüKo BGB, § 612 a BGB, Rn. 24, mit Verweis auf BAG, Urt. v. 21.11.2000 – 9 AZR 665/99, NZA 2001, 1093, 1094; weitergehend BAG, Urt. v. 23.4.2009 – 6 AZR 189/08, NZA 2009, 974, 975 (gestufte Darlegungslast: es genügt, wenn der Sachvortrag des Arbeitnehmers die Kausalität indiziert); *Preis*, in: Erfurter Kommentar, § 612 a BGB, Rn. 22; *Däubler*, in: Kittner/Däubler/Zwanziger, Kündigungsschutzrecht, § 612 a BGB, Rn. 23.

7. Schadensersatzansprüche des Arbeitgebers

Der Whistleblower hat nicht nur mit einer Kündigung oder einer Benachteiligung zu rechnen, sondern muss auch befürchten, dass der Arbeitgeber von ihm nach den oben genannten Anspruchsnormen Ersatz des durch die Offenlegung verursachten betrieblichen und finanziellen Schadens verlangt. Selbst wenn der Whistleblower an dem rechtswidrigen Verhalten in keiner Weise beteiligt war, können ihm durch das Whistleblowing zivilrechtliche Folgen drohen: bei einem nicht berechtigten (und/oder unwahren) Hinweis kann ihn eine Schadensersatzpflicht nach der allgemeinen Regelung des §§ 280 Abs. 1 i. V. m. § 241 Abs. 2 BGB oder nach Maßgabe des § 9 UWG in Verbindung mit § 3 Abs. 1 sowie § 4 Nr. 8 und Nr. 11 UWG treffen.[233] Der Arbeitgeber wird durch die Veröffentlichung der Missstände regelmäßig einen Schaden im Sinne von §§ 280, 252 BGB erleiden, da entweder potenzielle Kunden abspringen oder die Repräsentation auf dem Markt nicht mehr den gewünschten (finanziellen) Erfolg mit sich bringt.[234] Die Pflichtverletzung besteht dabei in der Hinweiserteilung und in der damit einhergehenden Veröffentlichung der Verhaltensweisen und Betriebsgeheimnisse im Unternehmen.[235] Auch eine Haftung nach § 823 Abs. 1 BGB ist nicht ausgeschlossen. Denn die wahre, aber geschäftsschädigende Tatsachenbehauptung vermag, im Gegensatz zu unwahren Behauptungen – weil § 823 Abs. 2 BGB i. V. m. einem Schutzgesetz vorgeht – einen Eingriff in ein „sonstiges Recht" im Sinne des § 823 Abs. 1 BGB zu begründen.[236] Dagegen ist ein Gewinn nicht ersatzfähig, wenn dieser nur bei Ausübung einer rechtlich verbotenen Tätigkeit angefallen wäre.[237] Diese Konstellation wird regelmäßig bei Kartellrechtsfällen zu bejahen sein. Denn nach § 1 GWB sind Vereinbarungen zwischen Unternehmen, Beschlüsse von Unternehmensvereinigungen und aufeinander abgestimmte Verhaltensweisen, die

---

233 So auch *Schemmel/Ruhmannseder/Witzigmann*, Hinweisgebersysteme, S. 154, die als Pflichtverletzung, die den Schadensersatz begründet, aber die unberechtigte Weitergabe der Informationen meinen, die erfolgt, wenn man sich nicht an die Regeln eines im Unternehmen implementierten Hinweisgebersystems hält.

234 Zum Begriff des entgangenen Gewinns *Oetker*, in: MüKo BGB, § 252 BGB, Rn. 5, 6.

235 Ablehnend in einer Entscheidung des LAG Hamm, Urt. v. 21.7.2011 – 11 Sa 2248/10, öAT 2012, 19. Zwar sei das Ermittlungsverfahren und die dadurch einhergehende öffentliche Berichterstattung erst durch die anonymen Strafanzeigen ausgelöst worden, jedoch fehle es an den Voraussetzungen einer Schadensersatzpflicht des Anzeigeerstatters. Da ein Interesse der Allgemeinheit an der Aufklärung von Straftaten besteht, stellt die Erstattung einer Strafanzeige regelmäßig eine erlaubte und gebilligte Möglichkeit dar.

236 *Staudinger*, in: Schulze, BGB-Kommentar, § 823 BGB, Rn. 127.

237 BGH, Urt. v. 7.5.1974 – VI ZR 7/73, NJW 1974, 1374, 1376 f.; BGH, Urt. v. 6.7.1976 – VI ZR 122/75, NJW 1976, 1883, 1884; OLG Karlsruhe, Urt. v. 6.4.1993 – 18a U 138/92, NJW-RR 1993, 918, 919; *Bydlinski*, FS Deutsch, S. 63, 69 f.; *Stürner*, VersR 1976, 1012, 1013 f.; *Teichmann*, in: Jauernig, BGB, § 252 BGB, Rn. 1; *Grüneberg*, in: Palandt, BGB-Kommentar, § 252 BGB, Rn. 2; *Oetker*, in: MüKo BGB, § 252 BGB, Rn. 7.

eine Verhinderung, Einschränkung oder Verfälschung des Wettbewerbs bezwecken oder bewirken, verboten.

Eine speziell auf den Whistleblower zugeschnittene Schutzvorschrift ist in der deutschen Rechtsordnung nicht vorhanden. Stellt sich das Whistleblowing also als Pflichtverletzung dar – hauptsächlich liegt im Fall des unbeteiligten Whistleblowers eine Nebenpflichtverletzung vor –, weil keine Offenbarungspflicht oder kein Anzeigerecht die Pflichtverletzung ausschließt, ist der Tatbestand des §§ 280, 241 Abs. 2 BGB erfüllt. § 280 Abs. 1 BGB käme also grundsätzlich auch in Betracht, wenn der rechtmäßige Hinweis erteilt wurde, aber nicht durch die besonderen Rechte zur Offenlegung gerechtfertigt war.

a. Notwehr nach § 227 BGB?

Es stellt sich die Frage, ob der Whistleblower einem Schadensersatzanspruch des Arbeitgebers entgehen kann, weil er in Notwehr gehandelt hat. Lägen die Voraussetzungen des § 227 Abs. 2 BGB vor, entfiele die sonst anzunehmende Rechtswidrigkeit der Handlung.[238] Eine Schadensersatzpflicht nach den §§ 823 ff. BGB wäre damit ausgeschlossen. Der Unterschied zum strafrechtlichen Notwehrrecht liegt insbesondere in der Zielsetzung: Während das Straf- und Ordnungswidrigkeitenrecht auf die Sanktionierung besonders sozialschädlichen Verhaltens abzielt, statuiert das Zivilrecht ein Ausgleichssystem zwischen privaten Interessen, das vor allem auf Störungen der Güterzuordnung reagiert. Zwar gleicht § 227 BGB dem § 32 StGB, beide Normen schließen sich jedoch nicht aus. Ein wegen Notwehr nach § 32 StGB strafloses Verhalten kann in besonderen Konstellationen durchaus Schadensersatzpflichten aus §§ 823 f. BGB nach sich ziehen und umgekehrt.[239] § 227 BGB kommt jedoch keine Rechtfertigungswirkung im Straf- und Ordnungswidrigkeitenrecht zu.[240]

Das Whistleblowing könnte eine notwendige und gebotene Notwehrhandlung darstellen. Die Notwehrlage ist dabei in der gesetzeswidrigen Handlungsweise des Arbeitgebers zu sehen. Eine Angriffshandlung ist jedes positive Tun, das Rechte und Rechtsgüter eines anderen beeinträchtigt. Geschützt sind alle individuellen Rechte oder Rechtsgüter, z. B. die in § 823 Abs. 1 BGB genannten, aber auch das Recht am eigenen Bild[241] oder das seelische und körperliche Wohlbefinden.[242] Die Verteidigung der Rechte Dritter ist als Nothilfe von § 227 Abs. 2 BGB („von sich oder einem anderen") mit umfasst. Die Rechtsordnung als Ganzes dagegen ist ebenso wenig notwehrfähig wie Rechtsgüter der Allgemeinheit bzw. die öffentliche Sicherheit und Ordnung. Diese Rechtsgüter könnten nur bei § 34 StGB in Betracht kommen. Notwehrfähige Rechte, die der Whistleblower durch die Offenbarung (Verteidigungshandlung) schützt, sind also nicht nur Rechtsgüter, die das Leben

238 *Grothe*, in: MüKo BGB, § 227 BGB, Rn. 1.
239 *Grothe*, in: MüKo BGB, § 227 BGB, Rn. 2.
240 *Grothe*, in: MüKo BGB, § 227 BGB, Rn. 2.
241 OLG Hamburg, Beschl. v. 14.4.1972 – 1 Ws 84/72, NJW 1972, 1290.
242 *Dörner*, in: Schulze, BGB-Kommentar, § 227 BGB, Rn. 2.

oder die körperliche Unversehrtheit betreffen, sondern auch sonstige Rechte nach § 823 Abs. 1 BGB, wie z. B. dingliche Rechte oder auch Immaterialgüterrechte.[243]

Der Angriff ist rechtswidrig, wenn das Verhalten gegen ein rechtliches Ge- oder Verbot verstößt und nicht vom Gesetz ausnahmsweise gestattet wird. Begeht der Arbeitgeber einen Gesetzesverstoß, in dem er beispielsweise durch umweltverschmutzende Praktiken Grund und Boden eines anderen kontaminiert, ist eine Angriffshandlung gegeben. Fraglich ist nur, ob diese noch gegenwärtig ist. Der Angriff ist gegenwärtig, solange er unmittelbar bevorsteht, andauert oder noch nicht abgeschlossen ist.[244] In vielen Fällen, in denen der Whistleblower von der rechtswidrigen Handlung des Arbeitgebers Kenntnis erlangt, sind die „Angriffe" schon endgültig abgeschlossen, sodass es an der Gegenwärtigkeit und somit an der Notwehrlage fehlt.

In einigen Fällen dauert der rechtswidrige Angriff durch den Arbeitgeber aber noch an oder steht erst unmittelbar bevor. Dies gilt für jene Fallkonstellationen, in denen der Arbeitgeber augenscheinlich rechtswidrig die Rechtsgüter des Arbeitnehmers, also des Whistleblowers, oder eines Dritten verletzt. Dann ist eine Notwehrlage zu bejahen.

Für eine Rechtfertigung nach § 227 BGB muss die Notwehrhandlung des Whistleblowers geboten und erforderlich sein. Erforderlich ist jene Verteidigung, die zur Abwehr des Angriffs (zumindest teilweise) geeignet ist und zugleich das relativ mildeste Gegenmittel darstellt.[245] Dass Whistleblowing grundsätzlich geeignet ist, Gesetzesverstöße des Arbeitgebers zu unterbinden, steht außer Frage. Durch die Offenbarung wird der Arbeitgeber gezwungen, sein rechtswidriges Verhalten einzustellen. Ist das Whistleblowing aber das mildeste und gleichermaßen geeignetste Mittel? Es gibt verschiedene Erscheinungsformen des Whistleblowings: neben internem Whistleblowing gibt es das externe Whistleblowing gegenüber zuständigen Stellen (Behörden) oder Dritten, wie z. B. der Presse.

Deshalb ist zu unterscheiden: Grundsätzlich muss der Angegriffene unter mehreren zur Verfügung stehenden und gleich wirksamen Mitteln das für den Angreifer am wenigsten gefährlichste wählen. Eine Verhältnismäßigkeitsprüfung findet nicht statt.[246]

Dem Whistleblower stehen folgende Mittel zur Auswahl:

- Information an den Vorgesetzten oder andere Geheimnisträger innerhalb des Unternehmens (interne Stelle)
- Nutzung eines Hinweisgebersystems, sofern ein solches besteht (interne Stelle)

243 Vgl. dazu *Wagner*, in: MüKo BGB, § 823 BGB, Rn. 205 f.

244 *Dennhardt*, in: BeckOK BGB, § 227 BGB, Rn. 9.

245 BGH, Beschl. v. 21.11.2012 – 2 StR 311/12, NStZ-RR 2013, 105, 106. Zwar wird dort auf den § 32 StGB eingegangen – dieser ist jedoch bei den Ausführungen zum § 227 BGB heranzuziehen.

246 *Grothe*, in: MüKo BGB, § 227 BGB, Rn. 17.

- Hinweis an die Polizei, Staatsanwaltschaft oder sonstige Behörden (zuständige Stellen)
- Benachrichtigung der Allgemeinheit (Dritte).

Handelt es sich bei den verletzten Rechtsgütern um hochrangige Güter, wie Leben und Gesundheit des Whistleblowers oder eines Dritten, ist das geeignetste Mittel die Benachrichtigung der zuständigen Stelle – und in besonders akuten Fällen die Benachrichtigung der Allgemeinheit. Sind bei dem Gesetzesverstoß durch den Arbeitgeber weniger bedeutende Rechtsgüter betroffen, ist ein interner Hinweis geeignet, den Angriff abzuwehren. Schlägt der Hinweis an eine interne Stelle fehl, weil keine Abhilfe durch die verantwortlichen Personen geschaffen wird – und der Arbeitgeber in die Tat involviert ist –, hat der Whistleblower sich an eine zuständige Stelle zu wenden. Ungeachtet der Diskussion in der Literatur, ob § 227 BGB einen Verteidigungswillen voraussetzt, ist ein solcher bei dem Whistleblower gegeben, da er in Kenntnis der Notwehrlage handelt und bewusst den Angriff abwehren will.

Bei der Gebotenheit der Verteidigungshandlung gibt es zwar einige Einschränkungen[247] – diese greifen aber nicht im Falle des Whistleblowings.

Im Ergebnis ist festzustellen, dass Whistleblowing gerechtfertigt sein kann. Eine durch Notwehr/Nothilfe gedeckte Handlung ist nicht widerrechtlich. Sie begründet deshalb keine Schadensersatzpflicht aus unerlaubter Handlung (§ 823 BGB).

b. Schadensersatz und Rechtsstaatsprinzip

Differenzierter sieht das LAG Hamm das Problem des Schadensersatzes:[248] Es hat jüngst entschieden, dass es mit dem Rechtsstaatsprinzip nicht vereinbar ist, wenn derjenige, der in gutem Glauben und nicht leichtfertig eine Strafanzeige erstattet, Nachteile erleidet.

In dem Fall ging es um einen Schadensersatzanspruch des Arbeitgebers gegen eine ehemalige Arbeitnehmerin wegen Whistleblowings. Die Beklagten waren eine ehemalige Chefärztin und deren Lebensgefährte.[249] Im Jahr 2008 erhielten das klagende Klinikum sowie Patienten und Angehörige verstorbener Patienten mehrere, teils anonyme Schreiben, in denen von angeblichen Qualitätsmängeln und darauf zurückzuführenden Todesfällen die Rede war. Gegen mehrere Ärzte des Klinikums wurde wiederholt anonym Strafanzeige wegen vorsätzlicher bzw. fahrlässiger Tötungsdelikte erstattet. Es stellte sich im Nachhinein heraus, dass der Lebensgefährte der ehemaligen Chefärztin die anonymen Schreiben verfasst hatte. Nach Einstellung des Ermittlungsverfahrens gegen das Klinikum wegen „erwiesener Unschuld", klagte das Klinikum auf Schadensersatz.

---

247 Dazu zählen: Grobes Missverhältnis; Angriff schuldlos Handelnder, Irrender, Betrunkener; Unfugabwehr; Enge persönliche Beziehungen; Notwehrprovokation.

248 LAG Hamm, Urt. v. 21.7.2011 – 11 Sa 2248/10, ZWH 2012, 253, 255.

249 Zusammenfassung des Sachverhalts *Pacholski*, öAT 2012, 19, 19.

Das LAG Hamm bestätigte die Klageabweisung des Arbeitsgerichts Münster[250]. Die gesetzlichen Voraussetzungen eines Schadensanspruches seien nicht erfüllt. Da der Beklagte zu keinem Zeitpunkt in einem Arbeitsverhältnis zur Klägerin gestanden habe, könnten Schadensersatzansprüche gegen den Lebensgefährten nicht auf vertraglicher, sondern nur auf gesetzlicher Grundlage bestehen. Auch die ehemalige Chefärztin schulde dem Klinikum keinen Schadensersatz. Daran ändere auch der Umstand nichts, dass sie zu der Zeit in einem Arbeitsverhältnis zur Klägerin stand und deshalb auch ein vertraglicher Schadensersatzanspruch in Betracht zu ziehen sei.[251] Die Klägerin stützte sich auf § 823 Abs. 1 und Abs. 2 BGB (Verletzung eines absoluten Rechts/Verstoß gegen ein Schutzgesetz), § 824 BGB (Kreditgefährdung) und § 826 BGB (sittenwidrige vorsätzliche Schädigung). All diesen Anspruchsgrundlagen ist gemeinsam, dass der Schaden durch ein rechtswidriges und schuldhaftes Verhalten des Anspruchsgegners verursacht sein muss. Zwischen dem rechtswidrigen und schuldhaften Verhalten des Schädigers und der Rechtsbeeinträchtigung muss ein Ursachenzusammenhang bestehen.

In der Entscheidung des LAG Hamm wird auf eine Entscheidung des BVerfG[252] verwiesen, dass eine Handhabung des Schadensersatzrechts, die den gutgläubigen Strafanzeigeerstatter mit dem Risiko des Schadensersatzes für den Fall belastet, dass seine Anzeige nicht zum Beweis des behaupteten Vorwurfs führt, gegen Art. 2 Abs. 1 GG und das Rechtsstaatsprinzip verstößt. Da nicht festgestellt werden konnte, dass die Strafanzeigen bewusst wahrheitswidrig oder leichtfertig erstattet wurden, sind beide Beklagte nicht zum Schadensersatz verpflichtet.[253] Zudem besteht regelmäßig ein Interesse der Allgemeinheit an der Aufklärung von Straftaten.[254] Deshalb ist die Erstattung einer Strafanzeige regelmäßig erlaubt.

Die Entscheidung des LAG Hamm macht deutlich, dass Schadensersatzansprüche gegen den redlichen Whistleblower wegen einer Strafanzeige – unabhängig davon, ob er (noch) in einem Arbeitsverhältnis mit dem Arbeitgeber steht oder nicht – erfolglos bleiben. Zwar ist diese keine höchstrichterliche Entscheidung, jedoch zeigt sie eine gewisse Tendenz im Umgang mit solchen Schadensersatzklagen. Die Begründung des Gerichts ist untermauert mit zahlreichen Zitaten höchstrichterlicher Entscheidungen, insbesondere solchen des Bundesverfassungsgerichts. Demnach dürfte eine gegenteilige Entscheidung eines anderen Gerichts schwerlich zu begründen sein; sie ist jedoch nicht ausgeschlossen.

Es ist festzuhalten, dass eine gesetzliche Bestimmung, die den Schadensersatz in einer Whistleblower-Situation regelt, fehlt. Zwar kann sich die Rechtmäßigkeit des Whistleblowing an den dargestellten Maßstäben bei einer arbeitsrechtlichen Kündigung orientieren. Dennoch steht dies einem Schutzgesetz nicht gleich, da

250 ArbG Münster, Urt. v. 29.10.2010 – 4 Ca 272/10.
251 Rechtsprechungsticker, RDG 2012, 72, 73.
252 BVerfG, Beschl. v. 25.2.1987 – 1 BvR 1086/85, NJW 1987, 1929 f.
253 Rechtsprechungsticker, RDG 2012, 72, 73.
254 So schon BVerfG, Beschl. v. 2.7.2001 – 1 BvR 2049/00, NJW 2001, 3474, 3475.

der Arbeitnehmer nur unter erschwerten Bedingungen an die gerichtlichen Entscheidungen gelangt und er gegebenenfalls mit Interpretationsschwierigkeiten zu rechnen hat. Zudem ist keinesfalls gewährleistet, dass alle Gerichte, insbesondere die Gerichte unterer Instanzen, gleichermaßen urteilen werden. Insoweit könnte – abgesehen von der Frage nach der Gegenwärtigkeit des Angriffs durch den Arbeitgeber – in solchen Fällen nur der Rückgriff auf den Notwehrtatbestand des § 227 BGB Abhilfe schaffen.

8. *Fazit*

Die bestehende Rechtslage stellt durchaus Instrumente zur Verfügung, die die Position eines Whistleblowers stärken können – sie bieten jedoch keinen hinreichenden und umfassenden Schutz. Die Vorschriften gehen von einem (älteren) Verständnis der Pflichtverletzung und Kündigungsgründe aus und lassen wenig Raum für neue besondere Einzelfallkonstellationen. Auch eine Abstufung der einzelnen Verhaltensweisen des Whistleblowers und die Abgrenzung zwischen internem und zulässigem externem Whistleblowing sind an keiner Stelle kodifiziert oder durch Auslegung zu ermitteln.

Die Maßnahmen, mit denen gegen einen Whistleblower vorgegangen werden kann, richten sich nach den allgemeinen Regeln der – besonderen – Schuldverhältnisse. Es fehlt an einer differenzierten Betrachtung der allgemeinen Regeln. Eine Hervorhebung und Konkretisierung der Besonderheiten, die beim Whistleblowing zu beachten sind, würde zu Rechtssicherheit für beide Vertragsparteien führen. Es muss eindeutig festgelegt werden, wann Whistleblowing zulässig ist und wann nicht.

II. Rechtslage beim an der Tat beteiligten Whistleblower

Die bisherigen Ausführungen zum Schutz des Whistleblowers *de lege lata* beziehen sich nur auf den Hinweisgeber, der nicht an dem Missstand („der Tat“) beteiligt war. Fraglich ist, wie zu verfahren ist, wenn der Whistleblower sich zunächst an der rechtswidrigen Tat beteiligt hat und erst im Nachhinein von seinem Verhalten abgerückt ist.

Die Pflichtverletzung hat hier eine andere Qualität. Es geht also nicht „nur“ um das Whistleblowing an sich, sondern auch um die (Mit-)Täterschaft oder Teilnahme des Arbeitnehmers an dem offenbarten Missstand. Die Rechtsprechung und Literatur hat sich mit dieser besonderen Problematik noch nicht auseinandergesetzt. Fest steht: Die Begehung einer Straftat im Rahmen des Arbeitsverhältnisses ist grundsätzlich ein Kündigungsgrund.[255]

255 *Hergenröder*, in: MüKo BGB, § 1 KSchG, Rn. 278.

1. Die Kündigung

Neben den oben genannten Folgen, die jeden Whistleblower treffen können, tritt hinzu, dass der Arbeitnehmer sich wegen Beteiligung an einer Straftat strafbar gemacht haben kann.[256] Die Begehung einer Straftat im dienstlichen Bereich stellt grundsätzlich eine Verletzung des Arbeitsvertrages dar und kann eine verhaltensbedingte oder außerordentliche Kündigung rechtfertigen.[257] Straftaten, die *im Rahmen des Arbeitsverhältnisses* zum Nachteil des Arbeitgebers begangen werden, sind Arbeitsvertragspflichtverletzungen, die eine verhaltensbedingte Kündigung – regelmäßig sogar *ohne Abmahnung* – rechtfertigen.[258] Straftaten, die *außerhalb des Arbeitsverhältnisses* begangen werden, können die persönliche Eignung des Arbeitnehmers in Frage stellen. Die Begehung einer Straftat kann in besonderen Fällen sogar eine personenbedingte Kündigung nach sich ziehen.[259]

Demnach drohen einem an der Tat (oder dem Missstand) beteiligten Whistleblower aufgrund des Whistleblowings sowie der Beteiligung an der Tat arbeitsrechtliche Konsequenzen. Er ist gewissermaßen doppelt bestraft, obwohl die Hemmschwelle größer war, das (eigene) Verhalten zu offenbaren, da er selbst mit Konsequenzen rechnen muss.

Einen besonderen gesetzlichen Schutz gibt es in diesem Fall nicht. Es kann nur auf die allgemeinen Regeln zurückgegriffen werden. Denn ob ein die Kündigung rechtfertigender Grund gegeben ist oder nicht, bestimmt sich danach, ob eine konkrete Beeinträchtigung des Arbeitsverhältnisses gegeben ist. Das BAG zieht für die Entscheidung über die Sozialwidrigkeit das Kriterium der Zumutbarkeit heran. Eine Kündigung ist demnach sozial gerechtfertigt, wenn die Störung eine Fortsetzung des Arbeitsverhältnisses unzumutbar macht.[260] Kündigungsrechtlich relevant sind nur erhebliche Beeinträchtigungen der unternehmerischen Interessen; geringfügige

---

256 Hilft der Arbeitnehmer z. B. dem Arbeitgeber, verschmutzten und hochgiftigen Abfall falsch zu entsorgen, kann die Verwirklichung von Umweltdelikten in Betracht kommen. Behandelt ein Arbeitnehmer in einer Pflegeeinrichtung liegende Patienten nicht nach Vorschrift, kann eine Körperverletzung in Betracht kommen. Zwar macht sich der Arbeitgeber strafbar, wenn er solche Arbeitsanweisung erteilt; erkennt der Arbeitnehmer jedoch, dass durch die Praktiken gegen ein Gesetz verstoßen wird und handelt er den Anweisungen entsprechend bzw. unterstützt den Arbeitgeber, macht er sich ebenfalls strafbar.

257 *Dörner/Vossen*, in: Ascheid/Preis/Schmidt, Kündigungsrecht, § 1 KSchG, Rn. 256.

258 So schon BAG, Urt. v. 20.9.1984 – 2 AZR 633/82, AP Nr. 80 zu § 626 BGB; *Hergenröder*, in: MüKo BGB, § 626 BGB, Rn. 278.

259 Siehe zuletzt BAG, Urt. v. 20.6.2013 – 2 AZR 583/12, NZA 2013, 1345, 1346. Als Wachpolizist hatte der Kläger weitgehend die gleichen Befugnisse wie ein verbeamteter Polizist. Die Herstellung eines verbotenen Betäubungsmittels in nicht unerheblichem Umfang war mit dieser hoheitlichen Funktion unvereinbar und stellte nach der Interessenabwägung einen sozial gerechtfertigten Kündigungsgrund dar.

260 So z. B. BAG, Urt. v. 17.1.1991 – 2 AZR 375/90, NZA 1991, 557, 558.

Störungen sind hinzunehmen.[261] Eine Art „mildernder Umstand" wegen Beendigung des rechtswidrigen Verhaltens ist in keiner Vorschrift als Regelungsgegenstand zu erkennen. Auch wenn man das Prognoseprinzip[262] heranzieht oder eine Abwägung durchführt, ergibt sich kein anderes Ergebnis.

Wird eine Straftat im Rahmen des Arbeitsverhältnisses begangen, geschieht das regelmäßig zum Nachteil des Arbeitgebers und hat einen erheblichen Vertrauensverlust zur Folge. Eine Fortsetzung des Arbeitsverhältnisses ist dann oftmals nicht mehr zumutbar. Im Rahmen des Whistleblowings muss dies jedoch nicht immer der Fall sein. Der Whistleblower ist von seinem rechtswidrigen Verhalten abgerückt und hat sein Verhalten reflektiert. Dadurch ist für den Arbeitgeber ersichtlich, dass er den Vertrauensbruch beseitigen will bzw. seiner Person wieder Vertrauen geschenkt werden kann. Demnach muss der einmalige Vertrauensbruch nicht zwangsläufig zur Lösung des Arbeitsverhältnisses führen. Wenn der Arbeitnehmer sich im Rahmen des Whistleblowings dafür entscheidet, den Missstand zu beheben, muss dies positiv bewertet und geschätzt werden.

2. Schadensersatz gegenüber dem Arbeitgeber

Hat der Whistleblower an der Tat mitgewirkt, kann er wegen einer Pflichtverletzung haftbar gemacht werden. Anders als im Fall des unbeteiligten Whistleblowers, bei dem eine Verletzung der Verschwiegenheitspflicht im Raume steht (Vertrauensbereich), könnte hier eine schuldhafte Pflichtverletzung im Leistungsbereich oder Unternehmensbereich vorliegen.[263] Dieses Verhalten des Arbeitnehmers kann Schadensersatzansprüche nach sich ziehen. Da der Arbeitsvertrag ein gegenseitiger Vertrag im Sinne der §§ 320 ff. BGB ist, gelten für Leistungsstörungen im Arbeitsverhältnis grundsätzlich die allgemeinen schuldrechtlichen Vorschriften. Die arbeitsvertragliche Hauptpflicht ist die Arbeitsleistung des Arbeitnehmers. Eine Verletzung dieser Pflicht kann vorliegen, wenn der Arbeitnehmer die Arbeitsleistung nicht oder schlecht erbringt. Aber auch Verletzungen von Nebenpflichten können Schadensersatzansprüche auslösen.[264] Da die Begehung der Straftat oder die Beteiligung an dem Missstand regelmäßig nicht die Hauptleistungspflicht tangiert, kann sich ein Schadensersatzanspruch des Arbeitgebers auch hier nur aus einer Nebenpflichtverletzung ergeben. Anders wäre es nur, wenn die Begehung einer rechtswidrigen Tat eine Schlechtleistung darstellt.

---

261 *Dörner/Vossen*, in: Ascheid/Preis/Schmidt, Kündigungsrecht, § 1 KSchG, Rn. 64.

262 Auf der Basis des in der Vergangenheit liegenden vertragswidrigen Verhaltens ist zu beurteilen, ob das Vertragsverhältnis durch diese Vorkommnisse auch künftig beeinträchtigt werden wird, etwa weil mit Wiederholungen zu rechnen ist oder das Vertrauensverhältnis irreparabel zerstört ist *Stoffels*, in: BeckOK Arbeitsrecht, § 626 BGB, Rn. 72.

263 Zur Kündigung wegen Pflichtverletzung *Hergenröder*, in: MüKo BGB, § 1 KSchG, Rn. 191.

264 *Dütz/Thüsing*, Arbeitsrecht, Rn. 187.

Bei Nebenpflichtverletzungen des Arbeitnehmers kommen vertragliche Schadensersatzansprüche nach den allgemeinen Regeln in Betracht, insbesondere nach § 280 Abs. 1 BGB für die Verletzung von Nichtleistungspflichten.[265] Hat der Arbeitgeber durch die Begehung der Straftat also einen Schaden erlitten, kann er Ersatz fordern. Begeht der Arbeitnehmer eine Pflichtverletzung im Rahmen des Arbeitsverhältnisses, so wird nicht vermutet, dass der Arbeitnehmer diese Pflichtverletzung zu vertreten hat. Abweichend von der Regelung in § 280 Abs. 1 S. 2 BGB trägt bei Pflichtverletzungen der Arbeitgeber die Beweislast für das Vertretenmüssen des Arbeitnehmers, § 619 a BGB.[266] Zwar kommt grundsätzlich bei einer Schlechtleistung oder Nebenpflichtverletzung des Arbeitnehmers eine Haftungsbeschränkung[267] in Betracht. Doch wird hier davon ausgegangen, dass der Arbeitnehmer das Delikt vorsätzlich begeht; bei vorsätzlichem Handeln haftet er trotz der Haftungsbeschränkung in Form des innerbetrieblichen Schadensausgleichs voll.[268] Die Besonderheit, dass der Arbeitnehmer seine Tat durch die Offenlegung selbst anzeigt und damit eine Form der Reue zeigt, findet keine Berücksichtigung.

Daneben können Ansprüche aus §§ 823 ff. BGB gegeben sein, wenn ein geschütztes Rechtsgut schuldhaft verletzt wird.

3. *Fazit*

Mangels spezifischer Normen, muss – wie beim unbeteiligten Whistleblower – auf die allgemeinen Rechtsvorschriften zurückgegriffen werden. Dass der Arbeitnehmer als beteiligter Whistleblower freiwillig von seiner Tat abrückt, wird zu keinem Zeitpunkt berücksichtigt. Sein Verhalten wird als Straftat qualifiziert, bei der das nachträgliche Wohlverhalten ohne Bedeutung ist und zur Kündigung berechtigt. Die Aufgabe der Tat wird nicht bei der Zumutbarkeit der Kündigung in Erwägung gezogen. Es ist zwar zuzugeben, dass eine Berücksichtigung des Verhaltens des Whistleblowers nach den gegenwärtigen allgemeinen Regeln schwerlich zu begründen ist. Dennoch darf in einem demokratischen Rechtsstaat ein gesetzeswidriges Handeln nicht „geschützt“, bzw. derjenige, der dieses Verhalten öffentlich macht, (arbeitsrechtlich) nicht bestraft werden. Zwar begeht der involvierte Whistleblower eine Pflichtverletzung, jedoch offenbart er Handlungspraktiken, die gegen das Gesetz verstoßen.

Zudem ist zu beachten, dass ohne den Whistleblower die Gesetzesverstöße in Zukunft weiter bestanden hätten und mit an Sicherheit grenzender Wahrscheinlichkeit mehr Schäden an gemeinschaftlichen Rechtsgütern, aber auch an solchen des Arbeitgebers entstanden wären.

---

265 *Dütz/Thüsing*, Arbeitsrecht, Rn. 209.

266 Vgl. *Schreiber*, in: Schulze, BGB-Kommentar, § 619 a, Rn. 1.

267 Siehe dazu BAG, Urt. v. 15.11.2012 – 8 AZR 705/11, NJOZ 2013, 709, 710, mit Verweis auf die vom Großen Senat entwickelten Grundsätze zur Arbeitnehmerhaftung BAG GS, Beschl. v. 27.9.1994 – GS 1/89 (A), NZA 1994, 1083, 1084.

268 Ausführlicher dazu *Schreiber*, in: Schulze, BGB-Kommentar, § 619 a, Rn. 4 f.

Dieser Umstand muss honoriert werden.

Die derzeitige Gesetzeslage lässt aber kein anderes Ergebnis zu. Der Schutz eines Whistleblowers, der sich zunächst an der Tat oder dem Missstand beteiligt hat, aber in Nachhinein das Verhalten bewusst durch die Offenlegung eingestellt und auf eventuell andere Beteiligte aufmerksam gemacht hat, ist *de lege lata* nicht gegeben.

III. Whistleblowerschutz durch den SOX?

Im Gegensatz zur Bundesrepublik Deutschland haben ausländische Rechtsordnungen bereits Whistleblower-Regelungen eingeführt. Neben Australien haben auch die USA und Großbritannien gesetzgeberischen Handlungsbedarf gesehen. Insbesondere auf die beiden zuletzt genannten Länder wurde im Rahmen rechtsvergleichender Studien zum Thema Whistleblowing verstärkt hingewiesen. Dies sollte dazu dienen, Gestaltungsmöglichkeiten aufzuzeigen. Ein Blick auf die maßgeblichen Gesetze zeigt, dass Whistleblower-Schutzregelungen gut in arbeitsrechtliche Gesetze eingebaut werden können. Die Reglements aus den USA enthalten zudem Bestimmungen, die auch deutsche Unternehmen tangieren. Ob sich daraus auch eine besondere Handlungspflicht für deutsche Unternehmen ergibt, die an der US-amerikanischen Börse notiert sind, wird sich zeigen.

1. Whistleblowing in den USA

In den USA ist Whistleblowing seit dem 19. Jahrhundert Gegenstand diverser Bundes- und Landesgesetze. Als erstes Bundesgesetz gewährte der *False Claims Act* von 1863 Provisionszahlungen für diejenigen, die den Staat bei der Betrugsbekämpfung erfolgreich unterstützen, und schützte sie zugleich vor ungerechtfertigten Kündigungen.[269]

Der Erlass des *Sarbanes-Oxley Acts*[270] im Jahr 2002 war eine Reaktion auf die Bilanzskandale[271] und bildete die erste umfassendere gesetzliche Grundlage. Damit ist Whistleblowing[272] fester Bestandteil der unternehmensinternen sowie staatlichen Aufklärung von Wirtschaftsstraftaten und Korruption geworden.[273] Die Einrichtung

---

269 *Schürrle/Fleck*, CCZ 2011, 218, 218.

270 Public Law No. 107–204, 116 Stat. 745 et sequ. (2002) = 15 USC 7201, abrufbar unter: http://www.sec.org, (abgerufen am 14.2.2014).

271 Die bekanntesten Fälle bildeten der Energiekonzern *Enron* und der Telekommunikationsanbieter *Worldcom*, die durch Bilanzfälschungen und Wertpapierbetrug Börsenskandale auslösten, vertiefend *Donato*, Whistleblowing, S. 49, 50; Hintergrundinformationen zur Entstehungsgeschichte des SOX *Nicklisch*, Auswirkungen des Sabanes-Oxley Act, S. 22 f.; ausführlich zum Thema allgemein *Menzies*, Sarbanes-Oxley und Corporate Compliance.

272 Das Whistleblowing bezieht sich auf die Bereiche Buchführung, interne Buchführungskontrollen und Abschlussprüfungen.

273 *Reufels/Deviard*, CCZ 2009, 201, 201.

von Whistleblowing-Systemen wird an zwei Stellen geregelt. Sec. 301 (4) des *Sarbanes-Oxley Acts* verlangt vom Prüfungsausschuss („Audit Committee")[274] der betroffenen Gesellschaft die Einrichtung eines Meldesystems, das in der Lage ist, Beschwerden sowohl von eigenen Angestellten wie auch Dritten (z. B. Wettbewerbern oder Kunden) entgegenzunehmen.[275] Wie ein solches Hinweisgebersystem konkret ausgestaltet werden soll, wird nicht vorgegeben, um den Unternehmen genügend Freiraum zur Berücksichtigung unternehmensspezifischer Besonderheiten zu gewähren.[276] Darüber hinaus wird verlangt, dass die Anonymität der Beschwerden gewährleistet ist. Erfolgen die Meldungen durch Externe, z. B. Käufern, Händlern oder Investoren, ist die Anonymität nicht zwingend sicherzustellen.

Durch Sec. 806 des *Sarbanes-Oxley Acts* werden die Hinweisgeber vor Diskriminierung (in Form von Entlassungen, Zurückstufungen oder anderweitigen Benachteiligungen) geschützt. Demnach kann einem Mitarbeiter bei diskriminierenden Handlungen ein Anspruch auf Ersatz materieller und immaterieller Schäden sowie im Falle einer vorangegangenen Entlassung ein Wiedereinstellungsanspruch zustehen – der Arbeitgeber ist der Gefahr einer Geld- und/oder Haftstrafe ausgesetzt.[277] Gegenüber der amerikanischen Arbeitsschutzbehörde steht dem diskriminierten Arbeitnehmer zusätzlich ein Beschwerderecht zu.

Der Erlass des *Dodd-Frank Acts* 2010[278] sah vor, dass die SEC (Securities and Exchange Commission) mit Hilfe verwaltungsrechtlicher Vorschriften die Whistleblower-Bestimmungen zu erneuern hat. Die Änderungen[279] auf der Grundlage von Sec. 922 des *Dodd-Frank Acts* enthielten zum einen die Implementierung eines sog. „Bounty-Programms" durch die SEC, welches externen und internen Hinweisgebern unter bestimmten Voraussetzungen einen Anspruch auf Belohnung gewährt. Nach dem „Bounty-Programm" können natürliche Personen als Informanten bei Verhängung einer Geldstrafe von mindestens $ 1 Mio. eine Belohnung in Höhe von 10 bis 30 Prozent der verhängten Geldstrafe erhalten.[280] Zum anderen wurde der

---

274 Umfassend zur Zuständigkeit des „Audit Committees" *Kersting*, ZIP 2003, 233, 239; *Gruson/Kubicek*, AG 2003, 337, 340 f.

275 *Schürrle/Fleck*, CCZ 2011, 218, 218.

276 *Schemmel/Ruhmannseder/Witzigmann*, Hinweisgebersysteme, S. 71, die darauf hinweisen, dass das SEC in seinem Final Rule vom 25.4.2003 einem „one-size-fits-all"-Ansatz ausdrücklich eine Absage erteilt.

277 *Schürrle/Fleck*, CCZ 2011, 218, 218.

278 Dodd-Frank Wall Street Reform and Consumer Protection Act, Pub. L. No. 111–203, July 21, 2010, 124 Stat. 1376, 1841 § 922(a).

279 SEC Rel. 34–63237 „Proposed Rules for Implementing the Whistleblower Provisions of Section 21 F of the Securities Exchange Act of 1934," (3.11.2011), abrufbar unter: http://www.sec.gov/rules/proposed/2010/34–63237.pdf, (abgerufen am 3.3.2014).

280 Meldefähige Verstöße sind dabei solche gegen Wertpapiergesetze, inklusive jeglicher anwendbarer Regeln und Regularien, z. B. Insiderhandel, betrügerische Finanzreporte oder gegen den Foreign Corrupt Practices Act.

Schutz der Hinweisgeber vor Vergeltungsmaßnahmen, unter Vorgabe bestimmter Durchführungsbestimmungen, ausgeweitet.

Der erweiterte Schutz der Hinweisgeber zeigt sich darin, dass ihnen bei unzulässigen Gegenmaßnahmen nun ein direktes Klagerecht vor einem Bundesbezirksgericht zusteht.[281] Als Gegenmaßnahmen gelten Kündigung, Degradierung, Suspendierung, Bedrohung, Belästigung oder eine direkte oder indirekte Diskriminierung.

Eine weitere gewichtige Änderung ist der erweiterte Anwendungsbereich: Betraf der Schutz des *Sarbanes-Oxley Acts* nur Mitarbeiter börsennotierter Unternehmen oder Brokerfirmen bzw. deren Vertragspartner, sind nun auch Arbeitnehmer staatlich anerkannter Ratingorganisationen sowie von nicht börsennotierten Tochtergesellschaften US-börsengehandelter Unternehmen geschützt.[282]

2. Bedeutung für deutsche Unternehmen

Die Vorschrift Sec. 301 des *Sarbanes-Oxley Acts,* die im internationalen Kapitalmarktrecht anwendbar ist,[283] führt dazu, dass deutsche Unternehmen, die an der US-amerikanischen Börse notiert sind, zusätzlich zu den in Deutschland geltenden Regelungen des Aktien- und Kapitalmarktrechts die strengen Bestimmungen des *Sarbanes-Oxley Acts* einhalten müssen.[284] Unternehmen müssen auf allen Ebenen Whistleblower-Stellen einrichten (Sec. 301 SOX) und entsprechende Prozesse etablieren, um Sec. 404[285] des *Sarbanes-Oxley Acts* einzuhalten.[286] Diese Verpflichtung beruht aber nicht auf deutschem, sondern US-amerikanischem Recht. Das deutsche Recht sieht (noch) keine Verpflichtung der Unternehmen vor, Whistleblowing-Systeme einzurichten.

---

281 Nach dem SOX stand dem diskriminierten Arbeitnehmer gegenüber der Occupational Safety and Health Administration („OSHA"), der amerikanische Arbeitsschutzbehörde, ein Beschwerderecht zu; unterblieb eine Entscheidung der OSHA, konnte binnen 90 Tagen nach Kenntnis der Benachteiligung Beschwerde beim zuständigen Bundesbezirksgericht eingelegt werden.

282 *Schürrle/Fleck*, CCZ 2011, 218, 220.

283 *Donato*, Whistleblowing, S. 55 m. w. N.

284 *Schemmel/Ruhmannseder/Witzigmann*, Hinweisgebersysteme, S. 72 m. w. N; *Mahnhold*, NZA 2008, 737, 741; *Lanfermann/Maul*, DB 2002, 1725, 1728; *Moosmayer*, Compliance, Abschnitt D, S. 56.

285 Die Vorschriften in Sec. 404 des SOX sehen vor, dass der jährliche Finanzbericht auch einen Bericht über die internen Kontrollsysteme des Unternehmens enthalten muss und zudem auf die Verantwortlichkeit des Managements für die Einrichtung und Aufrechterhaltung angemessener interner Kontrollsysteme im Bereich der Finanzberichterstattung hinweist. Darüber hinaus ist vorgesehen, dass der Bericht eine Einschätzung des Jahresabschlussprüfers sowie ein Testat darüber enthält, ob das Unternehmen hinsichtlich seiner Finanzberichterstattung ein effektives internes Kontrollsystem unterhält.

286 *Inderst/Bannenberg/Poppe*, Compliance, S. 27.

Einen Ausnahmetatbestand von der Bindungswirkung zum *Sarbanes-Oxley Act* für die an der US-amerikanischen Börse notierten, in Deutschland ansässigen Unternehmen enthält die Schutzregelung nach Sec. 806. Der nach dieser Vorschrift dem Whistleblower gewährte, gegenüber dem deutschen Recht weitergehende Schutz unterliegt nicht dem nach Art. 3, 8 Rom I (ex-Art. 27 f. EGBGB) zu bestimmenden Arbeitsvertragsstatut, sondern ist als ausländische Eingriffsnorm (Art. 9 Rom I) mit wirtschafts- oder sozialpolitischem Gehalt gesondert anzuknüpfen.[287] Sachgerecht ist eine territoriale Anknüpfung. Diese ist zu ergänzen durch die Grundsätze der Ausstrahlungswirkung, die bei der Entscheidung über das im Falle einer Auslandsentsendung maßgebende Recht gelten. Das bedeutet, dass Sec. 806 *Sarbanes-Oxley Act* nach deutschem internationalem Privatrecht nur anzuwenden ist, wenn der Arbeitnehmer eines in den USA gelisteten deutschen Unternehmens dort nicht nur vorübergehend, sondern dauerhaft beschäftigt ist.[288] Der Arbeitnehmer, der in einem amerikanischen Betrieb integriert ist, ist dann nicht mehr von der Ausstrahlungswirkung deutscher Arbeitsgesetze erfasst.[289] Die US-amerikanische Whistleblower-Schutzregelung kann demnach nicht auf alle Arbeitnehmer der angesprochenen Unternehmen angewendet werden. Der Arbeitgeber hat die maßgeblichen Schutzvorschriften nur in besonders gelagerten Fällen einzuhalten.

Somit unterliegt der Arbeitgeber nur ausnahmsweise den strengen ausländischen Vorschriften zur arbeitsrechtlichen Behandlung von Whistleblowern. Auf Schutz durch den *Sarbanes-Oxley Act* kann der Whistleblower in Deutschland also kaum hoffen.

IV. Rechtsprechung zur „Kündigung wegen einer Strafanzeige" im Rahmen des Whistleblowings

Wie zuvor festgestellt, ist die Kündigung eine mögliche Reaktion des Arbeitgebers auf das Whistleblowing. Da die Kündigung das einschneidendste Mittel für den Arbeitnehmer darstellt, wird im Folgenden die Rechtsprechung der letzten Jahre zu diesem Thema beleuchtet. Die „bisherige Rechtsprechung" umfasst den Zeitraum bis zur *Heinisch*-Entscheidung, da diese als wegweisend anzusehen ist und sich argumentativ von den anderen Entscheidungen unterscheidet.

1. Bisherige Rechtsprechung

Die vorzunehmende Abwägung der Rechtspositionen der Parteien wurde in den letzten Jahren insbesondere vom Bundesarbeitsgericht konkretisiert. Während 1959[290] das Bundesarbeitsgericht noch die außerordentliche Kündigung eines Kraftfahrers wegen Anzeigen gegen den Arbeitgeber für wirksam hielt, weil es – ohne

287 *Reiter*, RIW 2005, 168, 174, 178.
288 *Donato*, Whistleblowing, S. 55 mit Hinweis auf *Reiter*, RIW 2005, 168, 178.
289 *Reiter*, RIW 2005, 168, 178.
290 BAG, Urt. v. 5.2.1959 – 2 AZR 60/56, NJW 1961, 44, 45.

Berücksichtigung der mittelbaren Drittwirkung der Grundrechte zwischen Privatpersonen – den Rechten des Arbeitgebers den Vorrang gab, entschied es 2003,[291] dass eine zur Kündigung berechtigende arbeitsvertragliche Pflichtverletzung eines Arbeitnehmers dann vorliege, wenn der Arbeitnehmer in einer Strafanzeige gegen den Arbeitgeber oder einen seiner Repräsentanten wissentlich oder leichtfertig falsche Angaben gemacht hatte. Es sei über die arbeitsvertragliche Rücksichtnahmepflicht ein Interessenausgleich zwischen den Grundrechten der Vertragsparteien herzustellen.[292] Des Weiteren dürfe die Anzeige des Arbeitnehmers keine unverhältnismäßige Reaktion auf ein Verhalten des Arbeitgebers sein. Eine „besondere Bedeutung" komme dabei den Motiven des Arbeitnehmers zu.[293]

2006[294] hatte sich das Bundesarbeitsgericht mit dem Fall zu beschäftigen, in dem ein Arbeitnehmer gegen die Vorstandsvorsitzende seines Arbeitgebers und deren Ehemann Strafanzeige wegen Untreue erstattet hatte, ohne sich zuvor um innerbetriebliche Abhilfe zu bemühen. Daraufhin erklärte der Arbeitgeber die außerordentliche Kündigung. Die Vorstandsvorsitzende wurde verurteilt und der Senat entschied, dass die Kündigung unwirksam sei, da es eines innerbetrieblichen Hinweises mangels Erfolgsaussicht nicht bedurft habe, die Straftaten schwerwiegend seien und die Anzeige im öffentlichen Interesse gelegen habe.[295] Der Senat betonte, dass die Strafanzeige im Hinblick auf die arbeitsvertragliche Rücksichtnahmepflicht keine unverhältnismäßige Reaktion des Arbeitnehmers darstellen dürfe.[296]

Im Jahr 2001[297] befand das Bundesverfassungsgericht über die Verfassungsbeschwerde eines Arbeitnehmers, dem fristlos gekündigt worden war, weil er im Rahmen eines von Amts wegen eingeleiteten staatsanwaltlichen Ermittlungsverfahrens gegen seinen Arbeitgeber als Zeuge ausgesagt und der Staatsanwaltschaft freiwillig Unterlagen übergeben hatte. Die Kammer war der Ansicht, die Bejahung eines Kündigungsgrundes sei nicht mit Art. 2 Abs. 1 GG in Verbindung mit dem Rechtsstaatsprinzip vereinbar.[298] Die Zeugenaussage sei eine staatsbürgerliche Pflicht. Eine zivilrechtliche Entscheidung, die dies verkenne oder missachte, berücksichtige nicht hinreichend die Grundrechte des Arbeitnehmers und verletze ihn daher in seinem Recht aus Art. 2 Abs. 1 GG in Verbindung mit dem Rechtsstaatsprinzip.[299] Im Übrigen kann der Entscheidung auch entnommen werden, dass die Strafanzeige eines Arbeitnehmers grundsätzlich geeignet ist, einen wichtigen Grund im Sinne des

291 BAG, Urt. v. 3.7.2003 – 2 AZR 235/02, NJW 2004, 1547.
292 BAG, Urt. v. 3.7.2003 – 2 AZR 235/02, NJW 2004, 1547, 1549.
293 BAG, Urt. v. 3.7.2003 – 2 AZR 235/02, NJW 2004, 1547, 1549.
294 BAG, Urt. v. 7.12.2006 – 2 AZR 400/05, NJW 2007, 2204.
295 BAG, Urt. v. 7.12.2006 – 2 AZR 400/05, NJW 2007, 2204, 2205.
296 BAG, Urt. v. 7.12.2006 – 2 AZR 400/05, NJW 2007, 2204, 2205.
297 BVerfG, Beschl. v. 2.7.2001 – 1 BvR 2049/00, NZA 2001, 888.
298 BVerfG, Beschl. v. 2.7.2001 – 1 BvR 2049/00, NZA 2001, 888, 889.
299 BVerfG, Beschl. v. 2.7.2001 – 1 BvR 2049/00, NZA 2001, 888, 890.

§ 626 BGB darzustellen und dass insbesondere „haltlose Vorwürfe aus verwerflichen Motiven“ eine Kündigung rechtfertigen können.[300]

Zwar stellen die oben genannten Entscheidungen nur einen Ausschnitt der Rechtsprechung dar, es kann aber trotzdem festgehalten werden, dass die deutschen Gerichte seit der Entscheidung des BVerfG die Kündigung wegen einer Strafanzeige gegen den Arbeitgeber an den Grundrechten der Beteiligten messen müssen.

Bei der Interessenabwägung haben im Laufe der Jahre folgende Kriterien besondere Berücksichtigung gefunden: innerbetrieblicher Hinweis, sachliche Berechtigung des Vorwurfs, drohende eigene Strafbarkeit, öffentliches Interesse an der Strafverfolgung, Motivation des Arbeitnehmers und Folgen für den Arbeitgeber. Während das Bundesarbeitsgericht vornehmlich die Motivation des Arbeitnehmers berücksichtigt, misst das Bundesverfassungsgericht der sachlichen Berechtigung des Vorwurfs große Bedeutung zu.[301]

Diese Kriterien können nur teilweise der Maßstab für ein richtiges und angemessenes Whistleblowing des Arbeitnehmers sein, da sie nur rudimentär benannt sind. Die wenigen Urteile können keinen Handlungsmaßstab schaffen. Zudem wird der Motivation des Whistleblowers zu viel Beachtung geschenkt. Letztlich dürfte es nach dem Gedanken des Rechtsstaatsprinzips irrelevant sein, aus welchem Motiv heraus der Whistleblower handelt, solange der Hinweis nicht offensichtlich falsch ist.

Ob überdies die Abwägungskriterien eine Richtlinie für personelle Entscheidungen des Arbeitgebers sein können, ist unklar. Es fehlt ein Leitfaden, die Kriterien verhältnismäßig anzuwenden und zu gewichten. Spätestens seit der *Heinisch*-Entscheidung[302] des Europäischen Gerichtshofs für Menschenrechte sind diese „Indizien“ katalogartig als Maßstab für die Abwägung in der Arbeitsgerichtsbarkeit verankert worden. Ob dieser Abwägungsmaßstab dem Rechtsanwender nun hinreichende Orientierung bietet, ist fraglich.

Im Folgenden wird näher auf die *Heinisch*-Entscheidung eingegangen.

2. Der Fall Heinisch vs. Bundesrepublik Deutschland

a. Sachverhalt

Brigitte Heinisch arbeitete seit 2002 als Altenpflegerin in einer Berliner Pflegeeinrichtung. Zu der GmbH, deren Mehrheitsgesellschafterin das Land Berlin ist, gehören 12 Pflegeeinrichtungen und 9 große Kliniken.

Die Einrichtungen waren geplagt von permanentem Personalmangel, was sich auch nach außen hin deutlich durch die Defizite in der pflegerischen Versorgung der Pflegebedürftigen zeigte.[303] In diesem Fall bedeutete „Personalmangel“ jedoch nicht

300 BVerfG, Beschl. v. 2.7.2001 – 1 BvR 2049/00, NZA 2001, 888, 889.

301 *Forst*, NJW 2011, 3477, 3479.

302 EGMR, Urt. v. 21.7.2011 – 28274/08, NJW 2011, 3501 (Heinisch/Deutschland).

303 *Deiseroth/Falter*, Whistleblower in Altenpflege und Infektionsforschung, S. 40.

ein unzureichendes Angebot auf dem Arbeitsmarkt, sondern den mit den Pflegekassen vereinbarten Personalschlüssel nicht einzuhalten.[304] Durch die permanente Unterbesetzung kam es zu ständigem Zeitdruck, häufigen Überstunden und einem daraus resultierenden hohen Krankenstand.

Was der Personalmangel für die Bewohner und Bewohnerinnen der Einrichtung bedeutete, verdeutlichte der Medizinische Dienst der Krankenkassen, der im Auftrag der Pflegekassen die Einrichtungen überprüfte:[305]

- Bewohner/innen, die nicht mehr selbstständig zur Toilette gehen können, lagen stundenlang in ihren nassen und völlig verschmutzten Inkontinenzmaterialien,
- Bewohner/innen, die unruhig oder unbequem waren und dadurch den Tagesablauf störten, wurden durch Fixiergurte oder andere freiheitsentziehende Maßnahmen ruhig gestellt, ohne medizinische Indikation und nicht selten ohne richterliche Genehmigung,
- Bewohner/innen, die nicht mehr ohne Hilfe essen und trinken konnten, wurden nicht ausreichend mit Nahrung und Flüssigkeit versorgt,
- Körperpflege und psychosoziale Betreuung fand nicht oder nur unzureichend statt.

Brigitte Heinisch und ihre Kollegen versuchten trotz Überstunden und Einspringen an freien Wochenenden vergeblich diese prekäre Situation in den Griff zu bekommen. Frau Heinisch schrieb daraufhin ab 2003, unterstützt von ihren Kolleginnen, mehrere Überlastungsanzeigen,[306] die aber zu keiner Veränderung führten.[307]

Infolge der Überlastung wurde Frau Heinisch wiederholt krank und zeitweise arbeitsunfähig.

In einem Antwortschreiben[308] vom 22. November 2004 wies die Arbeitgeberin jegliche Vorwürfe zurück und versicherte einen ordnungsgemäßen Umgang mit den Bewohnern der Pflegeeinrichtung. Sie beschrieb die Handlungsweise der Brigitte Heinisch als verleumderisch. Am 7. Dezember 2004 erstattete Frau Heinisch

304 *Deiseroth/Falter*, Whistleblower in Altenpflege und Infektionsforschung, S. 40. Personalschlüssel ist im Bereich der Kinderbetreuung oder Sozialarbeit eine Angabe der Anzahl der Personen, die für die Betreuung anderer Personen zur Verfügung stehen.

305 *Deiseroth/Falter*, Whistleblower in Altenpflege und Infektionsforschung, S. 40.

306 Eine Überlastungsanzeige ist eine schriftliche Information an den Arbeitgeber über unhaltbare Arbeitsbedingungen und die Aufforderung zu deren Abstellung.

307 Überlastungsanzeige von 2003 und 2004 abrufbar unter: http://www.vdw-ev.de/index.php/en/component/content/article/23-detaillierte-informationen-zur-vdw/die-jungen-vdwler-der-vdw-nachwuchs/59-whistleblower-dokumente, (abgerufen am 12.12.2013).

308 Antwortschreiben, abrufbar unter: http://www.vdw-ev.de/index.php/en/component/content/article/23-detaillierte-informationen-zur-vdw/die-jungen-vdwler-der-vdw-nachwuchs/59-whistleblower-dokumente, (abgerufen am 12.12.2013).

Strafanzeige[309] bei der Staatsanwaltschaft Berlin gegen „die verantwortlichen Personen der Vivantes-GmbH" wegen besonders schweren Betrugs nach § 263 Abs. 3 StGB, weil die Arbeitgeberin die in ihrer Werbung angepriesene hochwertige Pflege nicht erbringe und das Personal dazu anhalte, Leistungsnachweise zu fälschen.[310]

Kurze Zeit später erhielt Frau Heinisch aufgrund verschiedener krankheitsbedingter Fehlzeiten eine ordentliche, krankheitsbedingte Kündigung. Nach Beteiligung an einer Flugblattaktion Ende Januar 2005, die mit Hilfe der Gewerkschaft *ver.di* die Missstände deutlich machen sollte, folgte am 9. Februar 2005 die fristlose (hilfsweise fristgemäße) Kündigung. In dem Flugblatt wurde neben der Einladung zu einem Solidaritätskreis auch von der Strafanzeige berichtet. Erst dadurch erfuhr die Arbeitgeberin von der gegen sie gerichteten Anzeige. Im Anschluss daran wurde ein neues Flugblatt herausgegeben, in dem über die Kündigung informiert wurde; außerdem wurde in einer Fernsehsendung sowie in zwei Artikeln, die in verschiedenen Zeitungen erschienen, über den Fall berichtet.

Es begann ein Rechtsstreit, der durch alle Instanzen ging. Frau Heinisch wurde in der Zeit zwischen den Überlastungsanzeigen gemobbt, und obwohl man wusste, dass sie zwei behinderte Kinder hatte, musste sie 5 bis 6 Wochen hintereinander arbeiten.[311] Anschließend hatten viele Arbeitgeber Vorbehalte, sie einzustellen.[312]

Am 25. Februar 2005 reichte Frau Heinisch beim Arbeitsgericht Berlin Klage gegen ihre fristlose Kündigung vom 9. Februar 2005 ein.[313]

b. Die Entscheidungen der deutschen Gerichte

aa. Arbeitsgericht Berlin

Auf die Klage der Beschwerdeführerin gegen die fristlose Kündigung stellte das Arbeitsgericht Berlin[314] mit (Teil-)Urteil fest, dass das Arbeitsverhältnis durch die Kündigung vom Februar 2005 nicht beendet worden sei.

Nach Ansicht der Richter war die Kündigungsschutzklage begründet. Die von der Beklagten ausgesprochene außerordentliche Kündigung sei wie die hilfsweise

309 Kopie der Strafanzeige, abrufbar unter: http://www.vdw-ev.de/index.php/en/component/content/article/23-detaillierte-informationen-zur-vdw/die-jungen-vdwler-der-vdw-nachwuchs/59-whistleblower-dokumente, (abgerufen am 12.12.2013).

310 Weiter hieß es: „Die V-GmbH bereichere sich auf Kosten der Bewohner und Angehörigen und nimmt bei dem herrschenden Pflegemangel die medizinische und hygienische Unterversorgung der Bewohner in Kauf [...]", vgl. Sachverhalt, AuR 2007, 51, 52.

311 Aus der Dankesrede von Brigitte Heinisch, in: *Deiseroth/Falter*, Whistleblower in Altenpflege und Infektionsforschung, S. 60.

312 *Deiseroth/Falter*, Whistleblower in Altenpflege und Infektionsforschung, S. 42.

313 Der Vollständigkeit halber ist noch zu erwähnen, dass mit einem Schreiben vom 25.4.2005 die Arbeitgeberin das Arbeitsverhältnis erneut außerordentlich, hilfsweise ordentlich, kündigte.

314 ArbG Berlin, Urt. v. 3.8.2005 – 39 Ca 4775/05, BeckRS 2011, 77275.

ausgesprochene ordentliche Kündigung unwirksam. Es liege weder ein wichtiger Kündigungsgrund im Sinne des § 626 Abs. 1 BGB vor, noch sei die Kündigung im Sinne des § 1 Abs. 1 KSchG sozial gerechtfertigt.[315]

Das Gericht führte aus, dass das Arbeitsverhältnis aus wichtigen verhaltensbedingten Gründen nur dann ohne Einhaltung einer Kündigungsfrist außerordentlich gekündigt werden könne, wenn das Verhalten des Arbeitnehmers und die andauernde Beeinträchtigung des Arbeitsverhältnisses derart schwerwiegend seien, dass dem Arbeitgeber selbst die Fortsetzung des Arbeitsverhältnisses bis zum Ablauf der ordentlichen Kündigungsfrist nicht zugemutet werden kann.[316]

Es stellte fest, das Vorbringen der Beklagten genüge nicht den Anforderungen einer verhaltensbedingten Kündigung:

> *„Es könne dabei dahinstehen, ob die Klägerin – wie von Beklagtenseite behauptet – Dienstpläne, die in der Folgezeit in der RBB-Sendung Abendschau gezeigt wurden, an Dritte weitergab und Strafanzeige gegen die Geschäftsführung der Beklagten wegen Betrugs und Nötigung erstattete, ob entsprechend der Verhaltensweise an sich gehalten sind, eine verhaltensbedingte Kündigung zu rechtfertigen und ob die von der Beklagten insoweit gerügten Pflichtverletzungen der Klägerin tatsächlich im für die gerichtliche Prüfung der Wirksamkeit der Kündigung vom 9. Februar 2005 allein maßgeblichen Zeitpunkt, dem des Zugangs dieses Kündigungsschreibens, bei der Klägerin bereits vorlagen, denn die aufgeführten Vorwürfe waren wie die Verteilung des zweiten Flugblattes nach Zugang der Kündigung vom 9. Februar 2005 nach Beklagtenvortrag ‚nicht Bestandteil der Kündigung'.“*[317]

Das Gericht betonte zudem, dass die Klägerin ihre arbeitsvertraglichen Pflichten nicht verletzt habe, da die Äußerungen auf dem Flugblatt vom Grundrecht auf Meinungsfreiheit gedeckt seien.

Mit der überragenden Bedeutung des Grundrechts aus Art. 5 Abs. 1 GG wäre es unvereinbar, wenn das Grundrecht in der betrieblichen Arbeitswelt, welche die Lebensgrundlage zahlreicher Staatsbürger wesentlich bestimmt, gar nicht oder nur eingeschränkt anwendbar wäre. Unter Berücksichtigung des Art. 5 Abs. 1 GG, der für eine freiheitlich demokratische Staatsordnung schlechthin konstituierend sei, liege keine Verletzung der vertraglichen Rücksichtnahmepflicht und der im Grundgesetz geschützten Interessen der Beklagten vor, denn der Wortlaut des Flugblattes setze sich zwar polemisch mit der Beklagten auseinander, die Grenzen strafrechtlich relevanten Verhaltens würden hingegen nicht überschritten – zumal ein gewisser Personalmangel augenscheinlich auch objektiv vorliege.[318]

Die Klägerin habe mit dem Schreiben an die Geschäftsführung, das auf die unzumutbaren Umstände hinwies, vielmehr in Wahrnehmung berechtigter Interessen gehandelt. Sie habe verbleibende höherrangige unternehmensinterne

---

315 ArbG Berlin, Urt. v. 3.8.2005 – 39 Ca 4775/05, BeckRS 2011, 77275.
316 ArbG Berlin, Urt. v. 3.8.2005 – 39 Ca 4775/05, BeckRS 2011, 77275.
317 ArbG Berlin, Urt. v. 3.8.2005 – 39 Ca 4775/05, BeckRS 2011, 77275.
318 Vgl. ArbG Berlin, Urt. v. 3.8.2005 – 39 Ca 4775/05, BeckRS 2011, 77275.

Interventionsmöglichkeiten zur Bewirkung von ihr für notwendig erachteter Veränderungen der Betriebsorganisation genutzt, nachdem ihre Überlastanzeigen erfolglos geblieben waren und Handlungsmöglichkeiten auf näheren Ebenen der Betriebshierarchie ausgeschöpft schienen.[319] Dies rechtfertige somit auch keine Kündigung.

Nach Ansicht des Arbeitsgerichts Berlin war die Kündigung also unwirksam.

bb. Landesarbeitsgericht Berlin

Das Landesarbeitsgericht Berlin[320] hob in der Berufung das Urteil des Arbeitsgerichts Berlin auf und stellte fest, dass die Kündigung rechtmäßig gewesen sei. Die Strafanzeige der Beschwerdeführerin stelle einen wichtigen Grund im Sinne von § 626 BGB dar.

Im Rahmen des arbeitsrechtlichen Verhältnisses seien die vertraglichen Rücksichtnahmepflichten zu beachten und zu konkretisieren:

> *„Zunächst darf der Arbeitnehmer die Strafanzeige nicht auf wissentlich oder leichtfertig unwahre Tatsachen stützen. Abgesehen von diesen Fällen darf sich die Anzeige des Arbeitnehmers nicht als eine unverhältnismäßige Reaktion auf ein Verhalten des Arbeitgebers oder seines Repräsentanten darstellen. Dabei können als Indizien für eine unverhältnismäßige Reaktion des anzeigenden Arbeitnehmers sowohl die Berechtigung der Anzeige als auch die Motivation des Anzeigenden oder ein fehlender innerbetrieblicher Hinweis auf die angezeigten Missstände sprechen“.*[321]

Das Gericht betonte weiter, dass die Motive des Arbeitnehmers eine besondere Bedeutung verdienten und die Erstattung der Anzeige eine unverhältnismäßige Reaktion sein könne, wenn sie ausschließlich den Arbeitgeber schädigen bzw. „fertig machen“ wolle. Durch ein derartiges pflichtwidriges Verhalten nehme der Arbeitnehmer keine Verfassungsrechte wahr, sondern verhalte sich – jedenfalls gegenüber dem Arbeitgeber – rechtsmissbräuchlich.[322]

Das Gericht führte aus, dass einer innerbetrieblichen Klärung nicht generell der Vorrang gebühre. Es sei im Einzelfall zu bestimmen, wann dem Arbeitnehmer eine vorherige innerbetriebliche Anzeige ohne weiteres zumutbar sei und ein Unterlassen ein pflichtwidriges Verhalten darstelle:

> *„Eine vorherige innerbetriebliche Meldung und Klärung ist dem Arbeitnehmer unzumutbar, wenn er Kenntnis von Straftaten erhält, durch deren Nichtanzeige er sich selbst einer Strafverfolgung aussetzen würde. Entsprechendes gilt auch bei schwerwiegenden Straftaten und vom Arbeitgeber selbst begangenen Straftaten. Hier muss regelmäßig die*

---

319 Vgl. ArbG Berlin, Urt. v. 3.8.2005 – 39 Ca 4775/05, BeckRS 2011, 77275.

320 Vgl. LAG Berlin, Urt. v. 28.3.2006 – 7 Sa 1884/05, AuR 2007, 51.

321 Vgl. LAG Berlin, Urt. v. 28.3.2006 – 7 Sa 1884/05, AuR 20007, 51, 52; so schon BAG, Urt. v. 3.7.2003 – 2 AZR 235/02 – NZA 2004, 427, 430.

322 Vgl. LAG Berlin, Urt. v. 28.3.2006 – 7 Sa 1884/05, AuR 2007, 51, 52.

Pflicht des Arbeitnehmers zur Rücksichtnahme auf die Interessen des Arbeitgebers zurücktreten."

Das Gericht kommt danach jedoch zu dem Schluss, dass bei Anwendung dieses Maßstabes sich die von der Klägerin erstattete Strafanzeige als grober Verstoß gegen ihre arbeitsvertraglichen Rücksichtnahmepflichten erweise, mithin als wichtiger Grund für eine außerordentliche Kündigung an sich geeignet sei.[323] Die Klägerin habe nämlich ihre Anzeige leichtfertig auf Tatsachen gegründet, die im Prozess nicht dargelegt werde konnten und schon insoweit keine berechtigten Interessen wahrgenommen. Zudem stelle sich die gesamte Anzeige als unverhältnismäßige Reaktion auf die Weigerung der Beklagten dar, den von der Klägerin behaupteten Personalmangel anzuerkennen.[324] Das LAG argumentiert, dass die Klägerin mit dieser Anzeige und einer sich daraus ergebenden öffentlichen Diskussion eine Kampagne gegen die Beklagte zu eröffnen bezweckte. Die Klägerin habe für den von ihr erhobenen Vorwurf nicht ansatzweise einen erwiderungsfähigen und einem Beweis zugänglichen Sachverhalt dargestellt, vielmehr habe sie mit den von ihr erhobenen Vorwürfen wie dem Abrechnungsbetrug und der gewagten Konstruktion eines Betruges zu Lasten der Angehörigen und Bewohner Aufsehen erregen und Druck auf die Beklagte ausüben wollen.[325]

Unter Berücksichtigung aller Umstände des Einzelfalls und unter Abwägung der Interessen der Vertragsparteien sei es der Beklagten auch nicht zuzumuten, das Arbeitsverhältnis bis zum Ablauf der ordentlichen Kündigungsfrist fortzusetzen,[326] wodurch sich die streitgegenständliche Kündigung vom 9. Februar 2005 als rechtswirksam erweise.

cc. Bundesarbeitsgericht/Bundesverfassungsgericht

Das Landesarbeitsgericht hat die Klage abgewiesen und die Revision gegen das Urteil nicht zugelassen. Hiergegen wendete sich Frau Heinisch nun mit einer Nichtzulassungsbeschwerde, die sich auf Divergenz, grundsätzliche Bedeutung einer entscheidungserheblichen Rechtsfrage und Verletzung des Anspruchs auf rechtliches Gehör stützte.

Das Bundesarbeitsgericht wies die Nichtzulassungsbeschwerde mit Beschluss vom 6. Juni 2007 zurück. Als Grundsatzbeschwerde entspreche ihre Begründung nicht den gesetzlichen Anforderungen.[327] Dies gelte auch für die Rüge der Verletzung des Anspruchs auf rechtliches Gehör.[328] Unter dem Gesichtspunkt der Divergenz sei die Beschwerde ebenfalls unbegründet.[329]

323 Vgl. LAG Berlin, Urt. v. 28.3.2006 – 7 Sa 1884/05, AuR 2007, 51, 52.
324 Vgl. LAG Berlin, Urt. v. 28.3.2006 – 7 Sa 1884/05, AuR 2007, 51, 52.
325 Vgl. LAG Berlin, Urt. v. 28.3.2006 – 7 Sa 1884/05, AuR 2007, 51, 52.
326 Vgl. LAG Berlin, Urt. v. 28.3.2006 – 7 Sa 1884/05, AuR 2007, 51, 53.
327 BAG, Beschl. v. 6.6.2007 – 4 AZN 487/06, BeckRS 2011, 77276.
328 BAG, Beschl. v. 6.6.2007 – 4 AZN 487/06, BeckRS 2011, 77276.
329 BAG, Beschl. v. 6.6.2007 – 4 AZN 487/06, BeckRS 2011, 77276.

Die eingelegte Verfassungsbeschwerde wurde vom Bundesverfassungsgericht[330] ohne weitere Begründung nicht zur Entscheidung angenommen.

c. *Die Rechtsprechung des Europäischen Gerichtshofs für Menschenrechte*

Am 9. Juni 2008 hat die Beschwerdeführerin beim Europäischen Gerichtshof für Menschenrechte Beschwerde eingelegt und gerügt, die Kündigung habe ihr in Art. 10 EMRK garantiertes Recht auf Freiheit der Meinungsäußerung verletzt und außerdem sei das Verfahren vor dem Landesarbeitsgericht nicht fair gewesen. Am 27. Juli 2011 hat der Gerichtshof einstimmig die Beschwerde wegen der Verletzung des Anspruches auf ein faires Verfahren für unzulässig, im Übrigen für zulässig erklärt und festgestellt, dass Art. 10 EMRK verletzt sei sowie Deutschland nach Art. 41 EMRK verurteilt, binnen drei Monaten an die Beschwerdeführerin 10.000 Euro als Ersatz für einen Nichtvermögensschaden und 5000 Euro für Kosten und Auslagen zu zahlen.[331]

Oberflächlich betrachtet behandelt die Entscheidung des EGMR den Fall des Whistleblowings in einer neuartigen Tiefe und Breite. Bei genauerem Hinsehen aber zeigt sich, dass die Bedeutung dieser Entscheidung überschätzt wird. Denn der EGMR hat in der Entscheidung lediglich jene Kontrollmaßstäbe angewendet, die der deutschen Rechtsprechung schon bekannt waren. Dennoch ist der Gerichtshof zu einem anderen Ergebnis gekommen, was die Bedeutung einer vertieften Auseinandersetzung mit dem Thema Whistleblowing unterstreicht. Allein wegen der erstmaligen Konkretisierung der Verhaltensmaßstäbe und der Aufstellung von richtungsweisenden Abwägungskriterien kann die Entscheidung als „Paukenschlag" bezeichnet werden.

Bevor auf die einzelnen Entscheidungspunkte des Gerichtshofs eingegangen wird, soll zunächst die Bedeutung der EMRK für das deutsche Recht erläutert werden.

aa. Die Bedeutung der EMRK und der Entscheidungen des EGMR im deutschen Recht

Die EMRK und ihre Zusatzprotokolle sind völkerrechtliche Verträge, denen der Bundesgesetzgeber gem. Art 59 Abs. 2 GG durch förmliches Gesetz zugestimmt hat.[332] Dadurch hat er sie in die innerstaatliche Rechtsordnung übernommen und ihnen rechtliche Geltung geschenkt. Die Europäische Menschenrechtskonvention ist 1950 von der Bundesrepublik ratifiziert worden[333] und besitzt den Rang einfachen Bundesrechts.[334] Die Vertragsstaaten der EMRK sind gem. Art. 56 Ziff. 3 EMRK

330 BVerfG, Beschl. v. 6.12.2007 – 1 BvR 1905/07.
331 EGMR, Urt. v. 21.7.2011 – 28274/08, NJW 2011, 3501 (Heinisch/Deutschland).
332 *Schlachter*, RdA 2012, 108, 109.
333 Bekanntmachung der aktuellen Fassung der EMRK in BGBl. II-2002, S. 1054.
334 BVerfG, Beschl. v. 14.10.2004 – 2 BvR 1481/04, NJW 2004, 3407, 3408, 3411.

verpflichtet, das Konventionsrecht in ihrem Hoheitsgebiet zu wahren. Alle staatlichen Stellen einschließlich der Gerichte haben das Konventionsrecht anzuwenden.[335]

Die nationalen Gerichte haben deshalb die Bestimmungen der Konvention bei der Interpretation des nationalen Rechts, auch der Grundrechte und der rechtsstaatlichen Garantien, zu berücksichtigen[336] und im Rahmen methodisch vertretbarer Auslegung zu beachten und anzuwenden. Da das Grundgesetz prinzipiell völkerrechtsfreundlich auszulegen ist, macht das BVerfG in seinen Entscheidungen deutlich,[337] dass die EMRK auch die Auslegung der Grundrechte beeinflusst. Die deutschen Grundrechte müssen daher selbst als Ausprägung der Menschenrechte verstanden werden, die sie in Form einer „Mindestausprägung" garantieren.[338] Die Auslegung nationalen Rechts am Maßstab des Konventionsrechts ist als Bestandteil der Bindung an Recht und Gesetz nach Art. 20 Abs. 3 GG zu verstehen. Die Reichweite der von den Rechtsanwendern geforderten Auslegungsanstrengungen bezieht sich sowohl auf die EMRK (als niedergeschriebenes Recht) als auch auf die Interpretation durch den EGMR. Das Bundesverfassungsgericht[339] betont, dass es keineswegs ausschließlich verpflichtet ist, diese Kooperation von nationalem und Konventionsrecht zu gewährleisten, sondern dass vielmehr alle Fachgerichte dazu verpflichtet sind, die EMRK und die Rechtsprechung des EGMR in ihren Entscheidungen ausreichend zu berücksichtigen. Mithin sind alle deutschen Gerichte verpflichtet, sich bei Entscheidungen mit Menschenrechtsbezug auch an den einschlägigen Urteilen des Gerichtshofs für Menschenrechte zu orientieren.

Eine unzureichende Berücksichtigung der EMRK verletzt den Grundrechtsträger in seinem Grundrecht in Verbindung mit dem Rechtsstaatsprinzip.[340]

bb. Wesentliche Eckpunkte der Heinisch-Entscheidung

Zunächst geht der Gerichtshof allgemein auf Art. 10 EMRK ein, indem er anhand von älteren Entscheidungen die ausschlaggebenden Kriterien aufzeigt.

Das Recht auf Meinungsäußerungsfreiheit nach Art. 10 EMRK schließt die Freiheit mit ein, Informationen und Ideen ohne behördliche Eingriffe empfangen und weitergeben zu können. Darunter fällt auch das Whistleblowing.[341]

---

335 EGMR, Urt. v. 3.2.2011 – 18136/02 (Rn. 38), NZA 2012, 199, 200 f. (Siebenhaar/Deutschland).

336 BVerfG, Urt. v. 29.5.1990 – 2 BvR 254/88, NJW 1990, 2741, 2743.

337 BVerfG, Urt. v. 14.10.2004 – 2 BvR 1481/04, NJW 2004, 3407, 3410 f. Es sind, wie das BVerfG es formuliert „grundsätzlich die vom Gerichtshof in seiner Abwägung berücksichtigten Aspekte auch in die verfassungsrechtliche Würdigung, namentlich die Verhältnismäßigkeit, einzubeziehen, und es hat eine Auseinandersetzung mit den vom Gerichtshof gefundenen Abwägungsergebnissen stattzufinden."; bestätigt durch BVerfG, Urt. v. 4.5.2011 – 2 BvR 2365/09, NJW 2011, 1931, 1934 f.

338 *Schlachter*, RdA 2012, 108, 109.

339 BVerfG, Urt. v. 21.7.2010 – 1 BvR 420/09, NJW 2010, 3008, 3015.

340 BVerfG, Urt. v. 14.10.2004 – 2 BvR 1481/04, NJW 2004, 3407, 3410 f.

341 So schon EGMR, Urt. v. 12.2.2008 – 14277/04 (Rn. 70), (Guja/Moldawien).

Der Gerichtshof hatte schon früher entschieden, dass die Freiheit der Meinungsäußerung auch am Arbeitsplatz gilt, auch dann, wenn auf die Beziehung zwischen Arbeitgeber und Arbeitnehmer Privatrecht anzuwenden sei.[342] Der Staat habe die Verpflichtung, die Rechte auch im Verhältnis von Privatpersonen zu schützen.[343]

In dieses Recht werde eingegriffen, wenn an seine Ausübung Nachteile wie die fristlose Kündigung geknüpft werden und staatliche Regelungen keinen Schutz vor solchen Nachteilen böten. Ebenfalls stelle es einen Eingriff dar, wenn deutsche Gerichte die Entlassung der Beschwerdeführerin in ihrem Urteil für rechtmäßig erachteten. Lasse der Staat tatbestandliche Eingriffe zu, müssten diese sich im Rahmen dessen halten, was nach dem Konventionsrecht zulässig sei.

Ein solcher Eingriff könne das hier in Frage stehende Recht aus Art. 10 EMRK verletzen, wenn er nicht „gesetzlich vorgesehen" sei, kein „berechtigtes Ziel" im Sinne von Art. 10 Abs. 2 EMRK verfolge und nicht „in einer demokratischen Gesellschaft notwendig" sei, um dieses Ziel zu erreichen.[344]

Das Prüfprogramm nach der EMRK gleicht der nationalen Prüfung nach dem Kündigungsrecht – es ist die Verhältnismäßigkeit zu prüfen. Abgestellt wird auf § 626 BGB. § 626 BGB ist die Grundlage für die fristlose Kündigung. Die Regelung, nach der jeder Vertragsteil berechtigt ist, dem anderen zu kündigen, verfolge auch ein legitimes Ziel, nämlich den Schutz des geschäftlichen Rufs und der Interessen des Arbeitgebers.[345] Der EGMR prüft dann im Rahmen einer Interessenabwägung, ob der Eingriff „in einer demokratischen Gesellschaft notwendig" ist. Der Gerichtshof richtet sich nach seiner ständigen Rechtsprechung[346] und stellt klar, dass Informationen eines Angestellten des öffentlichen Dienstes über rechtswidriges Verhalten oder Straftaten am Arbeitsplatz unter bestimmten Voraussetzungen vom Anwendungsbereich des Art. 10 EMRK erfasst würden.[347] Gleiches gelte für einen Arbeitnehmer der Privatwirtschaft.

Im Rahmen der Abwägung komme durch die Erstattung der Anzeige die Verletzung einer vertraglichen Rücksichtnahmepflicht nach § 241 Abs. 2 BGB in Betracht, die einen wichtigen Grund im Sinne des § 626 BGB darstellen könne.[348] Ob diese Pflicht tatsächlich verletzt wurde, sei im Rahmen der Abwägung der betroffenen, grundrechtlich geschützten Interessen der Parteien festzustellen.

---

342 EGMR, Urt. v. 26.2.2009 – 29492/05 (Rn. 85), (Kudeshkina/Russland).

343 EGMR, Urt. v. 29.2.2000 – 39293/98 (Rn. 38), (Fuentes Bobo/Spanien).

344 EGMR, Urt. v. 21.7.2011 – 28274/08 (Rn. 46), NJW 2011, 3501, 3502 (Heinisch/Deutschland).

345 EGMR, Urt. v. 21.7.2011 – 28274/08 (Rn. 48), NJW 2011, 3501, 3502 (Heinisch/Deutschland).

346 EGMR, Urt. v. 15.2.2005 – 68416/01 (Rn. 87), NJW 2006, 1255, 1258 f. (Steel and Morris/Vereinigtes Königreich).

347 EGMR, Urt. v. 21.7.2011 – 28274/08 (Rn. 62), NJW 2011, 3501, 3503 (Heinisch/Deutschland).

348 EGMR, Urt. v. 21.7.2011 – 28274/08 (Rn. 64), NJW 2011, 3501, 3503 (Heinisch/Deutschland).

Auf der Seite des Gekündigten stehe das sich aus dem Rechtsstaatsprinzip (Art. 20 Abs. 3 GG) ergebende Recht, sich an Strafverfolgungsbehörden zu wenden, und zwar auch dann, wenn sich (nur) der Verdacht auf eine Straftat gegen einen Vertragspartner des Anzeigenden richte. Daneben könne sich der Gekündigte auf das Recht auf Meinungsfreiheit berufen. Tatsachenbehauptungen fielen zumindest dann unter Art. 5 Abs. 1 GG bzw. Art. 10 EMRK, wenn sie mit Werturteilen verbunden oder für die Bildung von Meinungen relevant seien.[349] Bei der Prüfung, ob der Eingriff in die Freiheit der Meinungsäußerung verhältnismäßig war, müsse, neben dem grundsätzlichen Versuch betriebsinterner Abhilfe durch den Arbeitnehmer, berücksichtigt werden, ob dem Beschwerdeführer andere wirksame Mittel zur Verfügung standen, die Missstände abzustellen, die er offenbaren wollte (bzw. offenbart hat).[350] Ebenfalls müsse bei der Prüfung im Rahmen des Art. 10 Abs. 2 EMRK der Aspekt des „öffentlichen Interesses“ besonders beachtet werden. Außerdem sei die Freiheit der Meinungsäußerung mit Pflichten und Verantwortung verbunden, sodass jeder, der Informationen weitergeben will, diese Umstände – soweit möglich – sorgfältig zu prüfen habe.[351] Die Weitergabe von Informationen wegen persönlichem Groll oder Feindschaft oder Erwartung finanzieller Vorteile, rechtfertige keinen starken Schutz – wichtig sei der gute Glaube, das öffentliche Interesse und die Überzeugung von der Wahrheit der Information.[352]

Problematisch könnte dieser Gesichtspunkt werden, wenn die Anzeige nicht anonym erstattet wurde, da die Argumentation dann fundierter auszufallen hat als bei anonymem Handeln.[353]

Auf Seiten des Kündigenden gehe es um den Schutz des guten Rufs des Unternehmens[354] sowie um die unternehmerische Freiheit nach Art. 12 Abs. 1 GG, die dem Arbeitgeber das Recht gebe, nur mit solchen Mitarbeitern zu arbeiten, die das Unternehmen fördern und es vor Schaden bewahren.

Daraus folgt, dass eine fristlose Kündigung des Hinweisgebers jedenfalls dann als unverhältnismäßig einzustufen ist, wenn ihn entweder eine Pflicht zum Handeln trifft (z. B. nach § 138 StGB), der Vorwurf auf Tatsachen beruht, die Anzeige nicht aus zu missbilligenden Motiven erfolgt und die innerbetriebliche Abhilfe im Vorfeld erfolglos geblieben ist.

---

349 BVerfG, Urt. v. 22.6.1982 – 1 BvR 1376/79, NJW 1983, 1415, 1416.

350 Vgl. EGMR, Urt. v. 21.7.2011 – 28274/08 (Rn. 65), NJW 2011, 3501, 3503 (Heinisch/Deutschland) mit Verweis auf EGMR, Urt. v. 12.2.2008 – 14277/04 (Rn. 73), (Guja/Moldawien).

351 Vgl. EGMR, Urt. v. 20.5.1999 – 21980/93 (Rn. 65), JuS 2000, 805, 806 (Bladet Tromsø/Norwegen).

352 EGMR, Urt. v. 21.7.2011 – 28274/08 (Rn. 69), NJW 2011, 3501, 3503 (Heinisch/Deutschland); EGMR, Urt. v. 12.2.2008 – 14277/04 (Rn. 77), (Guja/Moldawien).

353 *Schlachter*, RdA 2012, 108, 110.

354 EGMR, Urt. v. 21.7.2011 – 28274/08 (Rn. 64), NJW 2011, 3501, 3503 (Heinisch/Deutschland).

Diese grundsätzlichen Abwägungskriterien werden vom EGMR konkretisiert und auf den Fall *Heinisch* zugeschnitten.

(1) Das öffentliche Interesse an der Information

Die von der Beschwerdeführerin weitergegebenen Informationen müssen von öffentlichem Interesse sein. Dies war vorliegend der Fall.[355] Der Gerichtshof betonte die Besonderheit des Falles, indem er feststellte, dass es sich um alte, kranke Patienten in Pflegeheimen handelte, die häufig nicht in der Lage seien, selbst auf die Missstände in der Pflege aufmerksam zu machen. Die Weitergabe von Informationen über Mängel der Pflege sei daher durch Dritte dringend geboten, um Missbräuche zu verhindern.[356] Kontrollen durch besondere Dienste, wie den medizinischen Dienst der Krankenkassen, stellen kein ausreichendes Instrument dar, insbesondere weil diese Kontrollen nach vorheriger Ankündigung stattfinden.[357] Besonders offensichtlich ist das öffentliche Interesse in diesem Fall, weil es um eine Pflegeeinrichtung geht, die in Händen der öffentlichen Hand liegt. Es geht um das Vertrauen in die angemessene Erbringung von Leistungen im Rahmen der öffentlichen Daseinsvorsorge durch den Staat.[358]

(2) Andere Möglichkeiten der Aufdeckung

Des Weiteren ist bei der Interessenabwägung zu klären, ob eine andere Möglichkeit als die Erstattung der Anzeige gegen den Arbeitgeber bestand. Der EGMR verwies hier auf das Urteil des BAG[359] vom 3. Juli 2003, nach dem von einem Arbeitnehmer eine vorherige innerbetriebliche Klärung vernünftigerweise nicht erwartet werden kann, wenn der Arbeitgeber Kenntnis von der Straftat hat, eine Abhilfe keinen Erfolg verspricht oder der Arbeitnehmer sich durch die Nichtanzeige selbst der Strafverfolgung aussetzen würde.

Der Gerichtshof stellt klar: Habe der Arbeitnehmer den Arbeitgeber auf die gesetzeswidrige Praxis hingewiesen und sorge dieser nicht für Abhilfe, bestehe keine Loyalitätspflicht mehr gegenüber dem Arbeitgeber.[360]

Diese Erwägungen wurden im Fall *Heinisch* herangezogen. Da die Beschwerdeführerin mehrmals durch Beschwerden an den Arbeitgeber zu erkennen gegeben

---

355 EGMR, Urt. v. 21.7.2011 – 28274/08 (Rn. 71), NJW 2011, 3501, 3503 (Heinisch/Deutschland).

356 EGMR, Urt. v. 21.7.2011 – 28274/08 (Rn. 71), NJW 2011, 3501, 3503 (Heinisch/Deutschland).

357 *Schlachter*, RdA 2012, 108, 111.

358 EGMR, Urt. v. 21.7.2011 – 28274/08 (Rn. 71), NJW 2011, 3501, 3503 (Heinisch/Deutschland).

359 BAG, Urt. v. 3.7.2003 – 2 AZR 235/02, NZA 2004, 427, 430.

360 EGMR, Urt. v. 21.7.2011 – 28274/08 (Rn. 73), NJW 2011, 3501, 3504 (Heinisch/Deutschland).

hat, welche Umstände in der Einrichtung herrschten, hat sie ihre Loyalitätspflicht in ausreichendem Maße erfüllt.

(3) Wahrheit der offengelegten Informationen

Weiter hebt der EGMR hervor, dass die weitergegebenen Informationen „echt", also tatsächlich zutreffend sein müssen. Die Freiheit der Meinungsäußerung sei mit Pflichten und Verantwortung verbunden, und jeder, der Informationen weitergeben wolle, müsse, soweit ihm das nach den Umständen möglich sei, prüfen, ob sie genau und zuverlässig seien, besonders dann, wenn der Informant zur Vertraulichkeit und Loyalität gegenüber dem Arbeitgeber verpflichtet sei.[361] Der EGMR stellt fest, dass die Argumente des deutschen Gerichts, es bestünden Zweifel an der Richtigkeit der in der Strafanzeige aufgestellten Behauptungen, weil die Beschwerdeführerin sie im Ermittlungsverfahren nicht weiter spezifiziert und keine weiteren Zeugen benannt habe, nicht haltbar seien.[362] Sie habe objektive Umstände dargelegt, die nachweisbar der Wahrheit entsprachen. Zudem habe sie bei der Überlastungsanzeige tatsachenbasiert und gutgläubig gehandelt,[363] denn ihre krankheitsbedingten Fehlzeiten sprächen für das Vorliegen belastender Umstände.[364] Der Mangel an Beweisen könne zwar zur Folge haben, dass vorläufige Ermittlungsverfahren eingestellt werden – er rechtfertige aber nicht den Schluss, dass die Angaben in der Strafanzeige einer Tatsachengrundlage entbehrten oder von Anfang an leichtfertig gewesen wären.[365] Da es keine betriebsinterne Anlaufstelle gegeben habe, sei die Beschwerdeführerin gezwungen gewesen, betriebsexterne Unterstützung zu suchen, auch wenn dies mit einer Rufschädigung des Pflegeheims verbunden war. Dies müsse aber hinter dem Informationsbedürfnis der Öffentlichkeit zurücktreten.[366]

(4) Die subjektive Vermutung – „guter Glaube"

Die Beschwerdeführerin hatte vorgetragen, dass sie die Strafanzeige hauptsächlich wegen der möglichen Gefahren für die Gesundheit der Bewohner der Pflegeeinrichtung erstattet habe. Die nationalen Gerichte meinten dagegen, sie habe nur Druck auf ihren Arbeitgeber ausüben wollen, da sie keine Tatsachengrundlage

---

361 EGMR, Urt. v. 13.5.1992- 18957/91, Decisions and Reports, Bd. 73, S. 225, 230 f. (Haseldine/Vereinigtes Königreich).

362 EGMR, Urt. v. 21.7.2011 – 28274/08 (Rn. 81), NJW 2011, 3501, 3504 (Heinisch/Deutschland).

363 Die Motivation der Erstattung der Anzeige bezieht auch das BAG in die Abwägung mit ein, vgl. BAG, Urt. v. 4.7.1991 – 2 AZR 80/91, Rn. 20.

364 Vgl. auch *Schlachter*, RdA 2011, 108, 111.

365 EGMR, Urt. v. 21.7.2011 – 28274/08 (Rn. 81), NJW 2011, 3501, 3504 (Heinisch/Deutschland).

366 *Schlachter*, RdA 2011, 108, 111.

für den Abrechnungsbetrug habe vorbringen können, und daher nicht gutgläubig gehandelt habe.[367]

Der Gerichtshof lässt dieses Argument nicht gelten. Er habe keinen Zweifel daran, dass die Beschwerdeführerin in gutem Glauben gehandelt habe und der Überzeugung war, es liege im öffentlichen Interesse, die angeblichen Straftaten ihres Arbeitgebers den Strafverfolgungsbehörden anzuzeigen. Sie sei zudem überzeugt davon gewesen, dass ihr kein anderes, diskreteres Mittel zur Verbesserung der Lage zur Verfügung stünde.[368] Des Weiteren hätten schon frühere Berichte des medizinischen Dienstes der Krankenkassen den schlechten Zustand beschrieben, woraus die Beschwerdeführerin herleiten konnte, dass sich an der Situation nichts ändern werde. Sie sah die Strafanzeige als letztes Mittel zur Abhilfe der Mängel in der Altenpflege und nicht als grundlosen persönlichen Angriff auf ihren Arbeitgeber.[369]

Diese Erwägungen reichen nach Ansicht des Gerichtshofs[370] aus, um von einem guten Glauben der Beschwerdeführerin auszugehen, als sie die Strafanzeige gegen den Arbeitgeber erstattete.

(5) Leichtfertigkeit der Anzeige

Der EGMR weist zudem auf den Umstand hin, dass sich die Beschwerdeführerin vor der Anzeigeerstattung mit einem Anwalt beraten habe; mit der Einholung von Rechtsrat sei eine „Leichtfertigkeit" der Anschuldigungen ausgeschlossen.[371] Die Anzeige der Beschwerdeführerin habe einen tatsächlichen Hintergrund und sei nicht wissentlich oder leichtfertig falsch gewesen. Nach ihren Erfahrungen mit vielen ergebnislosen betriebsinternen Beschwerden habe sie annehmen können, dass die Strafanzeige das letzte Mittel zur Verbesserung der Pflegesituation sei.[372] Der EGMR betont – anders als das LAG –, dass alleine die mangelnde Beweisbarkeit der erhobenen Vorwürfe nicht zur Annahme einer leichtfertigen Anzeige führen könne.[373]

---

367 *Schlachter*, RdA 2011, 108, 111.

368 EGMR, Urt. v. 21.7.2011 – 28274/08 (Rn. 83), NJW 2011, 3501, 3504 (Heinisch/Deutschland).

369 EGMR, Urt. v. 21.7.2011 – 28274/08 (Rn. 84), NJW 2011, 3501, 3505 (Heinisch/Deutschland).

370 EGMR, Urt. v. 21.7.2011 – 28274/08 (Rn. 87), NJW 2011, 3501, 3505 (Heinisch/Deutschland).

371 EGMR, Urt. v. 21.7.2011 – 28274/08 (Rn. 86), NJW 2011, 3501, 3505 (Heinisch/Deutschland).

372 So schon zum Punkt „Wahrheit der Informationen" und „guter Glaube", EGMR, Urt. v. 21.7.2011 – 28274/08 (Rn. 84), NJW 2011, 3501, 3504, 3505 (Heinisch/Deutschland).

373 EGMR, Urt. v. 21.7.2011 – 28274/08 (Rn. 79, 80), NJW 2011, 3501, 3504 (Heinisch/Deutschland).

cc. Die Bindungswirkung der Entscheidung

Die Entscheidung des Europäischen Gerichtshofs für Menschenrechte hat nach den Art. 42, 44 EMRK für die Parteien nur formelle Rechtskraft.[374] Daneben kommt dem Tenor nach Maßgabe des Art. 46 EMRK auch materielle Rechtskraft zu.[375] Zwar hat die Europäische Menschenrechtskonvention in Deutschland den Rang eines einfachen Bundesgesetzes, allerdings kann sie nach Ansicht des BVerfG nicht durch einfaches Gesetz abbedungen werden. Es ist viel mehr zu beachten, dass das Konventionsrecht die Auslegung des Bundesrechts, insbesondere der Grundrechte, beeinflusst.[376] Deshalb ist die Frage schwierig zu beantworten, ob die Entscheidung des EMRK eine Vorbildfunktion für parallel gelagerte Fälle hat. Nach Ansicht des BVerfG besteht keine absolute Bindung deutscher Gerichte an die Entscheidungen des Gerichtshofs.[377] Es gehört aber zur Bindung an Gesetz und Recht gem. Art. 20 Abs. 3 GG, die EMRK und die Entscheidungen des EGMR im Rahmen methodisch vertretbarer Gesetzesauslegung zu berücksichtigen. Bei der Berücksichtigung von Entscheidungen des Gerichtshofs haben die staatlichen Organe die Auswirkungen auf die nationale Rechtsordnung und ihre Rechtsanwendung einzubeziehen.

Den deutschen Gerichten verbleibt also ein nicht unerheblicher Spielraum, von der Rechtsauffassung des Gerichtshofs im Einzelfall abzuweichen. Jedoch dürfen die geforderten Schutzstandards nicht unterschritten werden.

dd. Fazit

Zusammenfassend sind insbesondere zwei Gesichtspunkte hervorzuheben, die in der Entscheidung besonders betont wurden und ein abweichendes Ergebnis von der Entscheidung des LAG Berlin zulassen: das besondere öffentliche Interesse an der Aufklärung und Aufdeckung von Missständen im Pflegebereich (genauer gesagt: das öffentliche Vertrauen in die Qualitätsstandards der Altenpflege ausgeführt durch eine staatlich gehaltene Gesellschaft) und die Ablehnung der beweisrechtlichen Argumentation für das Vorliegen einer „leichtfertigen" Falschanzeige. Deshalb kommt der Gerichtshof unter Abwägung aller betroffenen Interessen zu dem Ergebnis, dass der Eingriff in das Recht der Beschwerdeführerin auf Freiheit der Meinungsäußerung, insbesondere in ihr Recht auf Weitergabe von Informationen, „in einer demokratischen Gesellschaft [nicht] notwendig" war.[378] Das LAG Berlin hat in seinem ausführlich begründeten Urteil vom 28. März 2006 die entsprechenden Rechtssätze angewandt, jedoch die beweisrechtliche Situation anders gewertet. Denn nach den Unterlagen des LAG zum Zeitpunkt des Verfahrens konnte der vermeintliche

---

374 Vgl. *Forst*, NJW 2011, 3477, 3479.

375 Vgl. *Forst*, NJW 2011, 3477, 3479.

376 U. a. BVerfG, Urt. v. 14.10.2004 – 2 BvR 1481/04, NJW 2004, 3407, 3408.

377 BVerfG, Urt. v. 14.10.2004 – 2 BvR 1481/04, NJW 2004, 3407, 3408, 3409; wesentlich bestätigt durch BVerfG, Urt. v. 4.5.2011 – 2 BvR 2365/09, NJW 2011, 1931, 1945.

378 EGMR, Urt. v. 21.7.2011 – 28274/08 (Rn. 93), NJW 2011, 3501, 3505 (Heinisch/Deutschland).

Abrechnungsbetrug weder im Rahmen des Strafverfahrens noch im Rahmen des Kündigungsschutzprozesses näher dargelegt und bewiesen werden, worin das LAG eine „polemische Diktion der Strafanzeige“ sah.[379] Der EGMR hat demgegenüber befunden, dass die Arbeitnehmerin bereits vor der Strafanzeige die für den Vorwurf des Betrugs relevanten Tatsachen mitgeteilt habe.[380] Im Nachhinein lässt sich schwer beurteilen, wie es zu dieser Subsumtion gekommen ist und ob dieses Ergebnis auf eine zukünftige Sonderrechtsprechung des EGMR zum Whistleblowing für öffentliche Unternehmen hinweist.[381] Fest steht, dass eine Pflichtverletzung nur gegeben ist, wenn falsche Informationen wissentlich und/oder leichtfertig weitergegeben werden – diesen Tatbestand sah der Gerichtshof nicht erfüllt. Die Abwägung hat deshalb ergeben, dass in einer demokratischen Gesellschaft das öffentliche Interesse an Informationen über Mängel in der Heimpflege für Senioren in einer staatlichen Einrichtung so wichtig ist, dass es das Interesse des Unternehmens am Schutz des guten Rufs im Geschäftsverkehr und seiner wirtschaftlichen Interessen überwiegt.[382] Die fristlose Kündigung war deshalb unverhältnismäßig hart.

Zwar war die Arbeitgeberin ein Unternehmen in staatlicher Hand (das Land Berlin war Anteilseigner), trotzdem hat der Gerichtshof in seiner Argumentation zu Art. 10 EMRK nicht zwischen Arbeitgebern aus der Privatwirtschaft und Arbeitgebern aus dem öffentlichen Sektor unterschieden.[383] Der Gerichtshof musste auch nicht differenzieren, denn das Recht aus Art. 10 EMRK ist in zweifacher Hinsicht zu gewährleisten: der Staat ist verpflichtet die Meinungsfreiheit gegenüber Eingriffen des Staates (Abwehrrecht) und im Rahmen der Drittwirkung gegenüber Eingriffen privater Dritter zu schützen.[384] Demnach sind die aufgestellten Kriterien in jedem Arbeitsverhältnis anzuwenden. In der *Heinisch*-Entscheidung hat der Gerichtshof die für Art. 10 EMRK relevante Frage, ob ein Unternehmen privatrechtlich oder öffentlich-rechtlich organisiert ist, nicht weiter spezifiziert. Allerdings steht fest,

---

379 Vgl. *Mengel*, CCZ 2011, 229, 230.

380 „Es stimmt zwar, dass die rechtliche Einordnung des Verhaltens der Arbeitgeberin als schwerer Betrug erstmals in der vom Rechtsanwalt der Beschwerdeführerin verfassten Strafanzeige vom 7. Dezember 2004 Erwähnung fand, der Gerichtshof stellt aber fest, dass die Beschwerdeführerin in ihren früheren Beschwerden gegenüber ihrer Arbeitgeberin durchaus auf den Sachverhalt, auf dem ihre anschließende Strafanzeige basierte, und zwar einschließlich der Tatsache, dass Leistungen nicht ordnungsgemäß dokumentiert worden seien, hingewiesen hatte.“, EGMR, Urt. v. 21.7.2011 – 28274/08 (Rn. 72), NJW 2011, 3501, 3503 f. (Heinisch/Deutschland).

381 So *Mengel*, CCZ 2011, 229, 231.

382 So im Ergebnis EGMR, Urt. v. 21.7.2011 – 28274/08 (Rn. 93, 94), NJW 2011, 3501, 3505 (Heinisch/Deutschland).

383 Vgl. Ausführungen EGMR, Urt. v. 21.7.2011 – 28274/08 (Rn. 64), NJW 2011, 3501, 3503 (Heinisch/Deutschland).

384 So auch *Schubert*, German Yearbook of international Law 2011(54), S. 753, 758.

dass der Staat sich seiner Verpflichtung nicht entledigen kann, wenn er seine Aufgaben an ein privates Unternehmen delegiert.[385]

Die nationalen Gerichte sind nun angehalten, Wege zu finden, die Ansätze des EGMR in ihre Rechtsprechungspraxis zu integrieren. Diese Grundsätze sind dem BAG nämlich nicht fremd, auch wenn der EGMR vertieft auf die Dogmatik der Meinungsfreiheit eingegangen ist. Die Abwägungskriterien sind nun für die Überprüfung von Whistleblower-Fällen entscheidend[386] und können als Richtschnur für alle Arbeitsverhältnisse dienen. Der Gerichtshof hat nicht eindeutig festgehalten, das Recht auf Meinungsfreiheit bei einem Arbeitgeber aus dem privaten Sektor weiter einzuschränken. Auch wenn der Staat nicht als Arbeitgeber tätig ist, und somit kein *besonderes* öffentliches Interesse an den Qualitätsstandards in öffentlich-rechtlichen Pflegeeinrichtungen betroffen ist, so hat er doch den Schutz desjenigen Bürgers zu gewährleisten, der zum Schutz der durch die Konvention garantierten Rechte der anderen Bürger Missstände seines (privaten) Arbeitgebers öffentlich macht.[387]

Neben den besonderen gesetzlichen Vorschriften, die dem Whistleblower das Recht geben, Sachverhalte zu offenbaren oder anzuzeigen, kann sich ein solches Recht auch aus den Grundrechten des Anzeigenden ergeben. Der arbeitsrechtliche Schutz des Whistleblowers ist aber trotzdem sehr kritisch zu sehen: Er ist nur in besonderen Fällen gegeben. Der arbeitsrechtliche Schutz des Whistleblowers ist *de lege lata*, auch im Hinblick auf andere Repressalien und deren Folgen, nicht ausreichend. Denn es besteht die Gefahr versteckter Sanktionen oder Benachteiligungen, gegen die sich der Arbeitnehmer nur schwer zur Wehr setzen kann, da sich regelmäßig kaum nachweisen lässt, dass die Maßnahmen eine Reaktion auf den erfolgten Hinweis darstellen.[388] Zudem genügt es nicht, dass nur Gerichte die Kriterien anzuwenden haben, sondern auch der Arbeitgeber muss im Vorhinein wissen, wie er sich in bestimmten Situationen zu verhalten hat, um Kündigungen zu verhüten. Die Entscheidung bezieht weder Stellung dazu, wie der Arbeitgeber sich zu verhalten hat, noch, welche anderen Arten des Whistleblowings sowie Hinweisgegenstände zulässig sind.

Im Ergebnis hat die *Heinisch*-Entscheidung das deutsche Recht nicht wie erwartet erneuert. Trotz allem sollte eine Kodifizierung der Kriterien und Handlungsweisen erwogen werden. Der Gerichtshof hat in seiner Folgeentscheidung *Sosinowska vs. Polen*[389] nahezu die gleichen Abwägungskriterien angewandt, obwohl die

385 *Meyer-Ladewig*, EMRK, Art. 1, Rn. 9 m.w.N.

386 *Schubert*, German Yearbook of international Law 2011(54), S. 753, 759.

387 *Schubert*, German Yearbook of international Law 2011(54), S. 753, 761.

388 So auch *Graser*, Whistleblowing, S. 167 f.; *Schmitt*, Whistleblowing, S. 95.

389 EGMR, Urt. v. 18.10.2011 – 10247/09 (Sosinowska/Polen). Hier hatte sich eine Lungenspezialistin unter Berufung auf Art. 10 EMRK gegen eine disziplinarrechtliche Strafe gewandt, die ihr auferlegt worden war, nachdem sie das Fehlverhalten und die mangelnde Sachkompetenz ihrer Vorgesetzten gegenüber dem Klinikdirektor, Kollegen und externen Experten – unter Bezugnahme auf einzelne konkrete diagnostische und therapeutische Entscheidungen – gerügt hatte.

Heinisch-Entscheidung zu diesem Zeitpunkt noch nicht rechtskräftig war. Dies spricht für Kontinuität und Beständigkeit der Kriterien. In der Folgeentscheidung wird der Ansatz, das öffentliche Interesse an der Offenbarung eines Missstandes als wichtigen Faktor in Rechnung zu stellen, weitergeführt.

3. Whistleblowing gegenüber sonstigen Dritten

Von den bereits genannten Fällen ist derjenige zu unterscheiden, der die direkte Informationsweitergabe an Dritte betrifft, also etwa an die Presse, Nicht-Regierungsorganisationen oder die unmittelbare Öffentlichkeit. Die „zuständigen Behörden" sind dabei nicht „sonstige Dritte". Sowohl die Dritten als auch die zuständigen Behörden sind Adressaten von externem Whistleblowing. Jedoch ist das Ergebnis der Interessenabwägung bei der Hinweiserteilung an Dritte ein anderes.[390] Die Weitergabe der Informationen an die unmittelbare Öffentlichkeit (Dritte), ohne den Versuch zu unternehmen, den Sachverhalt zunächst an eine zuständige Behörde zu melden, muss im Regelfall ausgeschlossen werden oder zumindest als „ultima ratio" angesehen werden. Fraglich ist demnach, wie der Schutz des Whistleblowers ausgeprägt ist, wenn er die Hinweise nach „Außen" gibt.

Bei der Abwägung sind die Interessen anders zu gewichten als im oben genannten Fall. Den Interessen des Arbeitnehmers kann nicht mehr so viel Gewicht beigemessen werden. Denn zur Ausübung des staatsbürgerlichen Rechts gem. Art. 2 Abs. 1 GG in Verbindung mit Art. 20 Abs. 3 GG gehört nicht die Einschaltung einer nicht-staatlichen Stelle, auch wenn im Ergebnis ein staatliches Verfahren in Gang kommen sollte.[391] Folgt aufgrund eines externen Whistleblowings eine arbeitsrechtliche Maßnahme (Kündigung), fällt die Abwägung regelmäßig zugunsten des Arbeitgebers aus. Dem ist zuzustimmen, wenn die geforderte und zumutbare innerbetrieblich Abhilfe nicht versucht wird. Anders sind die Fälle zu behandeln, in denen eine externe Meldung den einzigen (Aus)-Weg darstellt. Allein die Meinungsfreiheit nach Art. 5 Abs. 1 GG könnte greifen – bei anonymen Whistleblowern ist dies bereits fraglich. Denn nach der Rechtsprechung des BAG im Jahr 2004 fällt eine solche anonyme Anzeige nicht in den Schutzbereich des Art. 5 Abs. 1 GG – ihr fehlt es gerade an dem konstituierenden Element der Subjektivität.[392] Ohne die deutlich erkennbare persönliche Zuordnung kann eine anonyme Äußerung nicht an der geistigen Auseinandersetzung teilnehmen.[393] Anders entschied der BGH 2009: Eine Beschränkung der Meinungsäußerungsfreiheit auf Äußerungen, die einem bestimmten Individuum zugeordnet werden können, ist mit Art. 5 Abs. 1 S. 1 GG

---

390 So auch *Rudkowski*, CCZ 2013, 204, 207.

391 Etwas überspitzt *Rudkowski*, CCZ 2013, 204, 207: „Durch die Wendung an nichtstaatliche Stellen erkennt der Arbeitnehmer weder das staatliche Gewaltmonopol noch das Rechtsstaatsprinzip allgemein an: Er misstraut den Behörden und entscheidet sich gegen gesetzlich festgelegte Sanktionen."

392 BAG, Urt. v. 3.7.2003 – 2 AZR 235/02, NZA 2004, 427, 430.

393 BAG, Urt. v. 3.7.2003 – 2 AZR 235/02, NZA 2004, 427, 430.

nicht vereinbar.[394] Die Verpflichtung, sich namentlich zu einer bestimmten Meinung zu bekennen, könnte dazu führen, dass der Einzelne aus Furcht vor Repressalien oder sonstigen negativen Auswirkungen seine Meinung nicht äußert. Dieser Gefahr der Selbstzensur soll durch das Grundrecht auf freie Meinungsäußerung entgegengewirkt werden.[395]

Es ist festzuhalten, dass ein Rückgriff auf Art. 5 Abs. 1 GG möglich bleibt. Dies ist insofern von Bedeutung, als der EGMR in seinem Urteil besonders auf die Meinungsfreiheit des Arbeitnehmers einging und diesem Recht besondere Aufmerksamkeit beigemessen hat. In Art. 5 Abs. 1 GG einen besonderen Rechtfertigungsgrund für Whistleblowing an nicht-staatliche Stellen zu sehen, liegt daher nahe.

Zudem ist an Sachverhalte zu denken, an denen die Öffentlichkeit ein besonderes Interesse hat, weil es um hochrangige Güter eines jeden Einzelnen geht. Ist ein Rechtsgut akut gefährdet, ist der Gang zur Behörde nicht zielführend. Während sich die Behörde mit dem Sachverhalt befasst und eventuell Maßnahmen einleitet, kann es schon zu spät sein. Es bedarf in diesen Situationen einer schnellen Reaktion und Warnung. Diese kann nur erreicht werden, wenn die relevanten Informationen nach außen gelangen, z. B. mit Hilfe von Nicht-Regierungsorganisationen oder besonderen Meldestellen. Sie können sich durch Pressmitteilungen, Internetauftritte oder sonstigen Informationsveranstaltungen direkt an die Öffentlichkeit wenden und z. B. Warnungen vor gefährlichen Produkten, verschmutzten/belasteten Lebensmitteln oder akuten umweltschädlichen Auswirkungen aussprechen. Deshalb ist den Interessen des Whistleblowers auch in diesem Fall ein besonderes Gewicht beizumessen.

Es ist jedoch zu bedenken, dass Rechte und Interessen des Arbeitgebers umso mehr betroffen sind, da durch die Einschaltung sonstiger Dritter die herrschenden Zustände im Unternehmen in der Öffentlichkeit bekannt gemacht werden. Rufschädigungen oder finanzielle Schäden sind die logische Folge. Erweisen sich die Anschuldigungen als unwahr, könnte der Ruf des Arbeitgebers unbegründet beschädigt worden sein.[396] Eine Behebung des schon eingetretenen Schadens ist dann kaum möglich. Deswegen ist grundsätzlich der Gang zur Behörde dem Gang an die Presse bzw. sonstigen Dritten vorzuziehen– soweit keine akute und unmittelbare Gefährdung droht. Aufgrund der gravierenden Gefährdung der Arbeitgeberinteressen muss dem Arbeitgeber wenigstens die Gelegenheit gegeben werden, vom Missstand oder Rechtsverstoß Kenntnis zu erlangen und gegebenenfalls einzuschreiten. Diese Möglichkeit erhält er, wenn der Whistleblower den Gang zur Behörde wählt, denn die Behörde wird sich im Rahmen der Untersuchung mit dem Arbeitgeber

394 BGH, Urt. v. 23.6.2009 – VI ZR 196/08, NJW 2009, 2888, 2892; *Grabenwarter*, in: Maunz/Düring, GG-Kommentar, Art. 5 Abs. 1 GG, Rn. 86; *Starck*, in: v. Mangoldt/Klein/Starck, Kommentar zum GG, Art. 5 GG, Rn. 32; *Fechner*: in, Stern/Becker, GG-Kommentar, Art. 5 GG, Rn. 83 m. w. N.

395 BGH, Urt. v. 23.6.2009 – VI ZR 196/08, NJW 2009, 2888, 2892.

396 So auch *Rudkowski*, CCZ 2013, 204, 208.

auseinandersetzen, wohingegen die Presse meist vorrangig die Befriedigung der Neugier der Leserschaft im Blick hat.

Vor diesem Hintergrund kann lediglich in Ausnahmefällen die Einschaltung sonstiger Dritter zulässig sein. Ein solcher Fall könnte vorliegen, wenn durch die Rechtsverstöße Leben und Gesundheit von Menschen oder die Sicherheit und Umwelt gefährdet würden.[397] Die Weitergabe von Informationen an die Öffentlichkeit muss jedenfalls gestattet und gerechtfertigt sein, wenn der Arbeitnehmer rechtzeitige und hinreichende Hilfe auch von staatlicher Seite nicht erwarten kann.

Auch bei der Offenlegung von Gesetzesverstößen gegenüber Dritten ist der Whistleblower also unzureichend geschützt. Weder gesetzliche Regelungen noch die Rechtsprechung zeigen einem Whistleblower geschützte Verhaltensweisen auf. Zwar wurde gerichtlich festgestellt, dass vorrangig betriebliche Abhilfe zu ersuchen ist; wann aber externes Whistleblowing an Dritte zulässig ist, ist unklar. Dies führt zur Unsicherheit des Whistleblowers. Der Whistleblower kann daher meist nur schwer einschätzen, ob und wann er sich direkt an eine unternehmensexterne Stelle wenden darf, weil alle anderen Maßnahmen unzumutbar sind. Die Festlegung eines Stufenverhältnisses zwischen internem und externem Whistleblowing gegenüber Behörden sowie sonstigen Dritten könnte Abhilfe schaffen. Wer unternehmensextern auf Gesetzesverstöße aufmerksam machen will, läuft derzeit Gefahr, dass dieses Verhalten als Verletzung arbeitsvertraglicher Pflichten eingestuft wird.

B. Strafrechtlicher und ordnungswidrigkeitenrechtlicher Schutz

Es stellt sich auch die Frage nach dem strafrechtlichen und dem ordnungswidrigkeitenrechtlichen Schutz eines Whistleblowers. Von zentraler Bedeutung für die Strafbarkeit des Whistleblowers sind die Rechtfertigungstatbestände: Neben einer (mutmaßlichen) Einwilligung kommt der rechtfertigende Notstand nach § 34 StGB in Betracht. Die Notwehr nach § 32 StGB scheidet regelmäßig aus, weil es sich bei dem Rechtsverstoß des Arbeitgebers nicht um einen akuten und unmittelbaren Angriff[398] auf die Rechtsgüter des Whistleblowers oder des Dritten handelt. § 32 StGB schützt nur Individualinteressen – nicht Interessen der Allgemeinheit – und geht von einem anderen Prinzip aus,[399] das für eine Interessenabwägung keinen Raum lässt. Zudem beruht die Notwehrhandlung nach § 32 StGB nicht auf dem Prinzip der Solidarität mit dem Opfer, sondern auf dem Selbstschutz des Täters

---

397 So auch der Gesetzentwurf zum Hinweisgeberschutzgesetz, § 6 Abs. 2 HinwGebSchG-E, BT-Drs. 17/8567; ähnlich *Leuchten*, ZRP 2012, 142, 144.

398 Zwar wird in Abschnitt A dieses Teils der Arbeit angedeutet, dass ausnahmsweise ein gegenwärtiger Angriff im Sinne von § 227 BGB vorliegen kann – hier steht jedoch § 34 StGB als passendere Vorschrift zur Verfügung.

399 *Erb*, in: MüKo StGB, § 34 StGB, Rn. 26.

vor dem Angreifer.[400] § 227 BGB kommt keine Rechtfertigungswirkung im Straf- und Ordnungswidrigkeitenrecht zu;[401] §§ 228, 904 BGB sind schon tatbestandlich ausgeschlossen.

§ 34 StGB schützt jedes beliebige Rechtsgut, unabhängig davon, in welcher Form das Rechtsgut den Schutz durch die Rechtsordnung erfahren hat, also nicht nur strafrechtlich geschützte Rechtsgüter, sondern jedes anerkannte Rechtsgut, das einer Gefährdung ausgesetzt sein kann.[402]

I. Schutz des Whistleblowers als Tatunbeteiligter

Publikationen, die sich mit dem Thema Whistleblowing und dem strafrechtlichen Schutz beschäftigen, weisen auf Eines deutlich hin: Die Einführung eines Hinweisgebersystems minimiert das Strafbarkeitsrisiko des Whistleblowers.[403] Ein funktionierendes und wirksames, innerbetriebliches Hinweisgebersystem kann dazu führen, dass grundsätzlich strafbare Handlungen, wie z. B. der Geheimnisverrat, nicht strafbar sind, weil der Hinweis von der Unternehmensleitung gedeckt sein wird.[404] Daraus ergibt sich ein strafrechtlicher Rechtfertigungstatbestand. Auch im Übrigen wäre die Gefahr der Strafverfolgung durch die Einführung eines Hinweisgebersystems äußerst gering, da in vielen Fällen schon der objektive Tatbestand des § 203 StGB bzw. § 17 UWG nicht erfüllt sein würde.[405]

Diese Intention ist nachvollziehbar, jedoch besteht momentan keine gesetzliche Pflicht zur Implementierung eines innerbetrieblichen Hinweisgebersystems oder eines Compliance-Programms mit einer integrierten Whistleblower-Hotline.[406] Sollte ein Hinweisgebersystem in einem Unternehmen implementiert werden, ist dies zu begrüßen. Dennoch ist nicht klar, wie dieses System ausgestaltet ist und ob dadurch dem Whistleblower ausreichend Schutz zukommt. Daher ist auch ausreichender Schutz auf gesetzlicher Ebene zu gewährleisten.

---

400 *Neumann*, in: Kindhäuser/Neumann/Paeffgen, Kommentar StGB, § 34, Rn. 13.

401 Siehe *Grothe*, in: MüKo BGB, § 227 BGB, Rn. 2.

402 *Erb*, in: MüKo StGB, § 34 StGB, Rn. 55.

403 Instruktiv dazu *Zimmermann*, ArbRAktuell 2012, 58, 61; *Donato*, Whistleblowing, S. 137 f.; *Schulz*, Ethikrichtlinien, S. 175 f. („Whistleblower-Klausel"); *Lutterbach*, Whistleblowing, S. 48 f.; *Moosmayer*, Compliance, Abschnitt D, S. 56 f.; *Mengel*, CCZ 2008, 85, 88 f.; *Schemmel/Ruhmannseder/Witzigmann*, Hinweisgebersysteme, S. 89 f.; *Zimmer/Seebacher*, CCZ 2013, 31, 33.

404 *Schemmel/Ruhmannseder/Witzigmann*, Hinweisgebersysteme, S. 111.

405 *Schemmel/Ruhmannseder/Witzigmann*, Hinweisgebersysteme, S. 112.

406 Zwar wurde von der Regierungskommission und dem Bundesjustizamt ein Regelwerk „Deutscher Corporate Governance Kodex" veröffentlicht, der jährlich der nationalen und internationalen Entwicklung im Unternehmensbereich angepasst wird. Ein rechtlicher Zwang, den Empfehlungen des Kodex zu folgen, besteht im Ergebnis jedoch nicht. Näheres dazu in Teil 5, A.

1. Strafbarkeit nach dem StGB

Offenbart der unbeteiligte Whistleblower den Gesetzesverstoß, ist er strafrechtlichen Konsequenzen ausgesetzt, die sich unter anderem aus dem Strafgesetzbuch ergeben.

Neben dem Tatbestand des § 17 UWG, dessen persönlicher Anwendungsbereich sämtliche Unternehmensbeschäftigte[407] mit einschließt, drohen auch andere besondere Vorschriften dem Verrat von Geheimnissen mit Strafe.

Einzelnen Berufsgruppen ist aufgrund eines berufsspezifischen Vertrauensverhältnisses eine besondere Geheimhaltungspflicht auferlegt, deren Verletzung § 203 StGB unter Strafe stellt. Danach macht sich strafbar, wer ein fremdes Geheimnis, namentlich ein zum persönlichen Lebensbereich gehörendes Geheimnis oder ein Betriebs- oder Geschäftsgeheimnis offenbart, das dem Täter in einer besonderen beruflichen Funktion anvertraut worden oder sonst bekannt geworden ist.[408] Zu den angesprochenen Personen gehören unter anderem Ärzte, Anwälte, Steuerberater und auch das Klinikpersonal. Der Kreis tauglicher Täter ist relativ eng gefasst: Zum einen muss der Täter aus dem im Katalog genannten Berufsträgerkreis stammen. Zum anderen werden nur Geheimnisse erfasst, welche diese Personen gerade in dieser Eigenschaft (und nicht etwa als Privatperson) erlangt haben.[409] Demnach macht sich ein Whistleblower nicht strafbar, wenn er nicht zu dem genannten Täterkreis gehört oder von den Informationen in sonstiger Weise Kenntnis erlangt hat. § 17 UWG ist *lex specialis* zu § 203 StGB.[410] Tateinheit kann aber vorliegen, wenn das Unternehmensgeheimnis zugleich Geheimnis einer Privatperson ist.[411]

In besonderen Fällen kann noch eine Strafbarkeit nach § 164 StGB (falsche Verdächtigung) gegeben sein. Denn in gewissen Fällen ist es dem Whistleblower nicht möglich oder gar unzumutbar, die Stichhaltigkeit seines Hinweises abschließend zu prüfen. Die Anschuldigungen können sich also im Nachhinein in einigen Punkten als falsch erweisen. Neben dem Merkmal des Verdächtigens als Tathandlung muss das betreffende Verhalten des Whistleblowers auch dazu geeignet sein, ein behördliches Verfahren in Gang zu setzen oder eine andere behördliche Maßnahme herbeizuführen.[412] Dies ist beim (externen) Whistleblowing regelmäßig der Fall, sodass eine Strafbarkeit wegen falscher Verdächtigung in Betracht kommt.

Ein Whistleblower berichtet über ein strafrechtlich relevantes Fehlverhalten von Personen aus dem Unternehmen gegenüber internen Stellen, Ermittlungsbehörden oder der Öffentlichkeit. Dadurch werden die Persönlichkeitsrechte der betroffenen Personen unmittelbar berührt. In Frage kommen also auch die Ehrschutzdelikte

---

407 *Diemer*, in: Erbs/Kohlhaas, Strafrechtliche Nebengesetze, § 17 UWG, Rn. 18.
408 *Lenckner/Eisele*, in: Schönke/Schröder, Kommentar StGB, § 203 StGB, Rn. 4.
409 *Lenckner/Eisele*, in Schönke/Schröder, Kommentar StGB, § 203 StGB, Rn. 12.
410 *Cierniak/Pohlit*, MüKo StGB, § 203 StGB, Rn. 143.
411 *Cierniak/Pohlit*, MüKo StGB, § 203 StGB, Rn. 143.
412 *Zopfs*, in: MüKo StGB, § 164 StGB, Rn. 23.

nach §§ 185 ff. StGB, wie Beleidigung, üble Nachrede und Verleumdung.[413] Bei diesen gibt es einen besonderen, auf die Meinungsfreiheit zugeschnittenen Rechtfertigungsgrund. Nach § 193 StGB sind Äußerungen, die zur Ausführung oder Verteidigung von Rechten oder zur Wahrnehmung berechtigter Interessen gemacht werden, nur insofern strafbar, als das Vorhandensein einer Beleidigung aus der Form der Äußerung oder aus den Umständen, unter welchen sie geschah, hervorgeht.[414] Ein „berechtigtes Interesse" ist sowohl das eigene Interesse als auch das Interesse der Allgemeinheit an der Verfolgung verübter Straftaten.[415] Es genügt, dass beim Whistleblower tatsächliche Anhaltspunkte für die Begehung einer Straftat durch einen anderen vorliegen, sodass auch strafprozessual ein Anfangsverdacht angenommen werden kann.[416] Stellt sich dann bei der Ermittlung heraus, dass der Verdacht unbegründet ist, ist die vorher getätigte Anzeige des Whistleblowers trotzdem nach § 193 StGB gerechtfertigt.[417] Dies steht auch im Einklang mit der Wertung des Bundesarbeitsgerichts.[418]

Wie gerade angedeutet, können den Whistleblower, je „nachdem", welchen Weg er einschlägt, Konsequenzen treffen. Zwar scheitert die Strafbarkeit nach dem StGB letztlich meist an den Voraussetzungen des subjektiven Tatbestands oder dem Eingreifen eines Rechtfertigungsgrundes.[419] Dennoch ist die Einleitung eines Ermittlungsverfahrens gegen den Whistleblower nicht ausgeschlossen. Auch wenn das Verfahren nach § 170 Abs. 2 StPO (Einstellung des Verfahrens) oder §§ 153 ff. StPO (Einstellung des Verfahrens/Absehen von Strafverfolgung) eingestellt wird,[420] besteht das Risiko, ins Visier der Strafverfolgungsbehörden zu geraten und damit verbundenen psychischen sowie physischen Belastungen ausgesetzt zu sein.

Hauptsächlich steht jedoch die Strafbarkeit wegen Verletzung des Geschäfts- und Betriebsgeheimnisses im Raum, die gesondert im folgenden Abschnitt angesprochen wird.

---

413 *Zimmermann*, ArbRAktuell 2012, 58, 60.

414 *Lenckner/Eisele*, in: Schönke/Schröder, Kommentar StGB, § 193 StGB, Rn. 1.

415 So z. B. BVerfG, Beschl. v. 25.1.1961 – 1 BvR 9/57, NJW 1961, 819, 821; BGH, Urt. v. 22.12.1959 – VI ZR 175/58, NJW 1960, 476, 477; *Kühl*, in: Lackner/Kühl, StGB-Kommentar, § 193 StGB, Rn. 7; andeutend *Lenckner/Eisele*, in: Schönke/Schröder, Kommentar StGB, § 193 StGB, Rn. 13.

416 *Lenckner/Eisele*, in: Schönke/Schröder, Kommentar StGB, § 193 StGB, Rn. 20.

417 *Zimmermann*, ArbRAktuell 2012, 58, 61.

418 Vgl. BAG, Urt. v. 3.7.2003 – 2 AZR 235/02 , NZA 2004, 427, 429; *Zimmermann*, ArbRAktuell 2012, 58, 61.

419 So auch *Schemmel/Ruhmannseder/Witzigmann*, Hinweisgebersysteme, S. 111.

420 Vgl. *Schemmel/Ruhmannseder/Witzigmann*, Hinweisgebersysteme, S. 111.

2. *Strafbarkeit nach dem UWG*

Aus der dienstvertraglichen Loyalitätspflicht folgt regelmäßig eine Geheimhaltungs- bzw. Verschwiegenheitspflicht über interne Vorgänge und Tatsachen.[421] Das größte strafrechtliche Risiko droht den an der Tat unbeteiligten Hinweisgebern im Hinblick auf Vorschriften, die den Verrat von Betriebs- und Geschäftsgeheimnissen[422] unter Strafe stellen. Der Whistleblower macht sich nach § 17 UWG strafbar, wenn er etwa zur Untermauerung seiner Behauptungen Originale oder Kopien von Geschäftsunterlagen an Dritte weitergibt[423] oder jemandem zu Zwecken des Wettbewerbs, aus Eigennutz, zugunsten eines Dritten oder in der Absicht, dem Inhaber des Unternehmens Schaden zuzufügen, solche Geheimnisse mitteilt. Die Vorschrift bezweckt in erster Linie, Unternehmen vor Verletzungen ihrer Geschäfts- und Betriebsgeheimnisse zu schützen (Integritätsinteresse). Bei der Ermittlung des Geheimnisses kommt es darauf an, ob der Betriebsinhaber ein berechtigtes wirtschaftliches Interesse an der Geheimhaltung hat. Eine Legaldefinition des Geheimnisbegriffes gibt es jedoch nicht.[424] Entwickelt aus der Norm des § 17 UWG sind nach gefestigter Rechtsprechung und herrschender Lehre unter Betriebs- und Geschäftsgeheimnissen alle auf ein Unternehmen bezogenen Tatsachen, Umstände und Vorgänge, die nicht offenkundig, sondern nur einem begrenzten Personenkreis zugänglich sind, und an deren Nichtverbreitung der Rechtsträger ein berechtigtes Interesse hat, zu verstehen.[425]

Während früher noch ein Teil der Literatur[426] „illegalen Geheimnissen"[427] den Schutz des § 17 UWG von vornherein versagte, ist sie heute überwiegend der

421 *Linck*, in: Schaub, Arbeitsrechtshandbuch, § 53, Rn. 51.

422 Einig ist man sich darüber, dass dieses Gut verfassungsrechtlich geschützt ist. Uneinig ist man sich aber über die Grundlage: für die Einschlägigkeit des Art. 12 Abs. 1 GG u. a BVerfG, Beschl. v. 14.3.2006 – 1 BvR 2087/03 u. a. NVwZ 2006, 1041, 1042; *Wolff*, NJW 1997, 98, 99; für die Einschlägigkeit des Art. 14 Abs. 1 GG *Siekmann*, ZIP 1994, 651, 652; für die Einschlägigkeit des Art. 2 Abs. 1 GG BGH, Urt. v. 8.2.1994 – VI ZR 286/93, NJW 1994, 1281, 1282.

423 *Zimmermann*, ArbRAktuell 2012, 58, 59.

424 *Beyerbach*, Unternehmensinformation, S. 89, 90. Lediglich § 93 StGB enthält eine Legaldefinition des Staatsgeheimnisses.

425 BGH, Beschl. v. 21.1.2014 – EnVR 12/12, RdE 2014, 276, 282; BGH, Urt. v. 4.9.2013 – 5 StR 152/13, NStZ 2014, 325, Leitsatz 1; BAG, Urt. v. 16.3.1982 – 3 AZR 83/79, NJW 1983, 134, Leitsatz 2; *Köhler*, in: Köhler/Bornkamm, UWG, § 17, Rn. 4; *Henssler*, in: MüKo BGB, § 626 BGB, Rn. 194; *Többens*, NStZ 2000, 505, 506; *Beyerbach*,Untern ehmensinformation, S. 90 m. w. N.

426 So z. B. *Rützel*, GRUR 1995, 557, 560; *Kotthoff/Gabel*, in: HK-WettbR, § 17 UWG, Rn. 8; *Richters/Wodtke*, NZA-RR 2003, 281, 282.

427 Der Sprachgebrauch „illegales Geheimnis" ist so gesehen falsch, denn nicht das Geheimnis ist illegal, sondern sein Gegenstand. Trotzdem wird der Begriff „illegales Geheimnis" zwecks Vereinheitlichung genutzt.

Meinung,[428] dass es grundsätzlich bedeutungslos ist, ob das Geheimnis einen sitten- oder gesetzeswidrigen Inhalt hat, also ein „illegales Geheimnis" ist (z. B. geheim gehaltene Schmiergeldpraxis; Produktion unter Verstoß gegen Umweltschutzvorschriften; Kartellbeteiligung). Die Strafbarkeit entfällt somit – wie es früher der Fall gewesen wäre[429] – nicht, wenn der Whistleblower etwa Kartellabsprachen oder Steuerhinterziehungen offenlegt.[430] Es sind also auch „illegale Geheimnisse" von § 17 UWG umfasst.[431] Für diese Ansicht sprechen hauptsächlich drei Gründe: Erstens würde eine Nicht-Einbeziehung von illegalen Geheimnissen im Widerspruch zur Rechtsordnung stehen. Sowohl in §§ 93, 97 a StGB[432] – mit Ausnahme der Klassifizierungen in § 93 Abs. 2 StGB[433] – als auch in § 203 StGB[434] können Gegenstand von Geheimnissen Illegalitäten sein. Das berechtigte schutzwürdige Interesse einer Person an der Geheimhaltung einer Tatsache besteht unabhängig davon, welchen Inhalt das Geheimnis hat – ein berechtigtes schutzwürdiges Interesse kann demnach im Rahmen des § 203 StGB auch an der Wahrung eines „illegalen Geheimnisses" bestehen.[435] Da grundsätzlich vom Standpunkt des Geheimnisgeschützten auszugehen ist, spielt es objektiv keine Rolle, ob das Rechtsgut rechtlich missbilligt wird, es sich also um einen Gesetzesverstoß handelt. Der Tatbestand des § 203 StGB erfasst also auch eine Straftat oder deren Planung.[436] Die Bewertung des Geheimnisses wird dem

---

428 *Köhler*, in: Köhler/Bornkamm, UWG, § 17, Rn. 9; *Rengier*, in: Fezer, UWG, § 17, Rn. 21; *Dittrich*, in: Müller-Gugenberger/Bieneck, Wirtschaftsstrafrecht, § 33, Rn. 51; *Harte-Bavendamm*, in: Harte-Bavendamm/Henning-Bodewig, UWG, § 17, Rn. 5 f.; *v. Pelchrzim*, CCZ 2009, 25, 26; a. A. *Diemer*, in: Erbs/Kohlhaas, Strafrechtliche Nebengesetze, § 17 UWG, Rn. 16; *Möhrenschlager*, in: Wabnitz/Janovsky, Handbuch WStR, Kap. 13, Rn. 10; *Rützel*, GRUR 1995, 557 f.; *Engländer/Zimmermann*, NZWiSt 2012, 328, 330 f.

429 Vgl. *Koch*, ZIS 2008, 500, 503.

430 Es kann nämlich durchaus sein, dass auch „illegale" Tatsachen wirtschaftlich betrachtet einen Wert für das Unternehmen darstellen können. Deswegen sollte ihnen der Geheimhaltungscharakter nicht sofort abgesprochen werden, vgl. *Herbert/Oberrath*, NZA 2005, 193, 196; *Brammsen*, in: MüKo UWG, § 17, Rn. 22; *Ohly*, in: Ohly/Sosnitza, UWG, § 17, Rn. 12; *Mayer*, GRUR 2011, 884, 887.

431 *Köhler*, in: Köhler/Bornkamm, UWG, § 17, Rn. 9; *Ohly*, in: Ohly/Sosnitza, UWG, § 17, Rn. 12; *Mayer*, GRUR 2011, 884, 887; *Rengier*, in: Fezer, UWG, § 17, Rn. 21; *Koch*, ZIS 2008, 500, 503.

432 *Paeffgen*, in: Kindhäuser/Neumann/Paeffgen, Kommentar StGB, § 93 StGB, Rn. 32.

433 Das „illegale Geheimnis" fällt trotz der normativen Einschränkung in § 93 Abs. 2 StGB grundsätzlich unter Abs. 1 und dementsprechend auch unter dessen Schutz. Das bedeutet, dass alle Gegenstände, die nicht unter Abs. 2 fallen und illegal sind, den Schutz des Abs. 1 StGB genießen.

434 *Kargl*, in: Kindhäuser/Neumann/Paeffgen, Kommentar StGB, § 203 StGB, Rn. 8 mit Verweis auf BVerfG, Beschl. v. 24.5.1977 – 2 BvR 988/75, NJW 1977, 1489, 1491.

435 *Cierniak/Pohlit*, in: MüKo StGB, § 203 StGB, Rn. 21.

436 *Lenckner/Eisele*, in: Schönke/Schröder, Kommentar StGB, § 203 StGB, Rn. 7; *Kargl*, in: Kindhäuser/Neumann/Paeffgen, Kommentar StGB, § 203 StGB, Rn. 8.

Betroffenen überlassen. Dass illegale Geheimnisse strafrechtlich geschützt sind, ist demnach keinesfalls ungewöhnlich.[437] Dies lässt sich auf Gemeinwohlerwägungen zurückführen und dient insbesondere der Verschwiegenheit der in § 203 StGB aufgeführten Berufsgruppen.[438]

Zweitens darf der Arbeitnehmer nicht als Kontrollorgan[439] des Arbeitgebers „rekrutiert" werden. Ihm könne nicht die Befugnis erteilt werden, die Gesetzmäßigkeit von innerbetrieblichen Vorgängen zu beurteilen und zu entscheiden, ob dieser Vorgang offenzulegen sei oder nicht. Würden die Geheimnisse illegalen Inhalts also nicht in den Schutzbereich des § 17 UWG fallen, hätte der Arbeitnehmer die Möglichkeit, selbst zu entscheiden, welche Geheimnisse illegal sind oder nicht. Eine falsche Entscheidung ist dabei nicht ausgeschlossen.

Der dritte Grund entspringt der strafrechtlichen Dogmatik. Ohne die Einbeziehung von „illegalen Geheimnissen" in den Schutzbereich des § 17 UWG entsteht eine Strafbarkeitslücke in der Verwertungsalternative des § 17 Abs. 2 Nr. 2 UWG. Denn gerade mit illegalen Geheimnissen wird am „Markt" gehandelt. Ein Profitinteresse des Arbeitnehmers ist nämlich auch bei Weitergabe von „illegalen Geheimnissen" gegeben, wenn die Informationen an Dritte, insbesondere an Wettbewerber des Arbeitgebers, „verkauft" werden.[440] Der Konkurrent kann dann – durch Aufdeckung der illegalen Informationen und der sich ergebenden behördlichen Untersuchung – eine bestehende Wettbewerbssituation für sich zum Vorteil verändern und positiven Nutzen ziehen. Deswegen ist bei Umständen, die die Wettbewerbsfähigkeit beeinflussen können, anzunehmen, dass der Betriebsinhaber auch an ihnen, also den „illegalen Geheimnissen", ein Geheimhaltungsinteresse hat.[441]

Die genannten Gründe führen zum Ergebnis, „illegale Geheimnisse" mit in den Schutzbereich des § 17 UWG aufzunehmen und in der Offenlegung dieser Geheimnisse eine Verletzung von Betriebs- und Geschäftsgeheimnissen zu sehen.[442] Ein Geheimhaltungsinteresse des Unternehmens besteht auch an Informationen über rechtswidrige Sachverhalte.

---

437 Siehe auch *Koch*, ZIS 2008, 500, 503 m. w. N; a. A. *Engländer/Zimmermann*, NZWiSt 2012, 328, 333, die darauf hinweisen, dass aufgrund des anders gelagerten Schutzzweckes eine andere Interpretation des Begriffs des Unternehmensgeheimnisses gerechtfertigt ist.

438 *Lenckner/Eisele*, in: Schönke/Schröder, Kommentar StGB, § 203 StGB, Rn. 3.

439 Der Arbeitnehmer ist weder „Sittenrichter noch Kontrollorgan gegenüber dem Arbeitgeber", *Otto*, wistra 1988, 125, 126 m. w. N.; *Többens*, NStZ 2000, 505, 506; *Mayer*, GRUR 2011, 884, 887.

440 So ähnlich *Rützel*, GRUR 1995, 557, 561, der aber zu dem Ergebnis kommt, dass die Einbeziehung illegaler Geheimnisse in den Begriff des Unternehmensgeheimnisses sich u. a. nicht durch das Bestehen einer Strafbarkeitslücke rechtfertige.

441 Auch *Többens*, NStZ 2000, 505, 506.

442 Eine Alternative wäre die Sachverhalte nicht zu schützen, die gegen die guten Sitten oder die öffentliche Ordnung verstoßen oder eine Straftat von erheblicher Bedeutung verwirklichen vgl. *Beyerbach*, Unternehmensinformation, S. 101.

Folgt man der Meinung,[443] dass die Norm nicht dem Interesse der Allgemeinheit an einem unverfälschten Wettbewerb dient, sondern nur dem Geheimhaltungsbedürfnis des betroffenen Unternehmens, kommt man zu keinem anderen Ergebnis. Nur wenn man § 17 UWG als Vermögensdelikt versteht und den juristisch-ökonomischen Vermögensbegriff[444] vertritt, müsste den illegalen Geheimnissen die Vermögensqualität abgesprochen werden.[445]

Entscheidend ist neben dem Mitteilungsgegenstand die fehlende Befugnis zur Weitergabe. Unbefugt handelt jener, der bei der Offenlegung nicht durch ein gesetzliches Anzeigerecht geschützt ist oder einer Auskunftspflicht unterliegt.[446] Beim Whistleblowing wird es sich meist um Fälle handeln, in denen der objektive Tatbestand erfüllt ist. Bei der Weitergabe der Informationen handelt es sich um eine unbefugte – weil nicht vom geschützten Anzeigegenstand des § 138 StGB umfasste – Bekanntmachung.[447] Denn nicht selten betreffen die offengelegten Sachverhalte Straftaten, die nicht im Katalog des § 138 StGB aufgezählt sind, wie z. B. Umweltdelikte.

In subjektiver Hinsicht ist der Tatbestand nur erfüllt, wenn neben einer Vorsatzform auch ein unrechtssteigernder Beweggrund hinzukommt (überschießende Innentendenz).[448] Oft ist das Handeln der Whistleblower von einer moralischen Pflicht zum Handeln für die Gemeinschaft getragen. Aufgrund der Vielfältigkeit der Motive ist jedoch nicht auszuschließen, dass alle vier in § 17 UWG genannten Beweggründe[449] in Betracht kommen.

3. Die Rechtfertigung nach § 34 StGB

Fraglich ist, ob der Whistleblower vor den beschriebenen möglichen Konsequenzen durch die Rechtsordnung geschützt wird. Neben der Strafbarkeit nach dem StGB steht auch die Strafbarkeit nach dem UWG im Raum. Bei Vorliegen des Tatbestandes

---

443 BGH, Urt. v. 24.1.2006 – XI ZR 384/03, NJW 2006, 830, 838; *Beater*, Unlauterer Wettbewerb, Rn. 1876; *Brammsen*, MüKo UWG, § 17, Rn. 4; *Mayer*, GRUR 2011, 884, 885; a. A. *Diemer*, in: Erbs/Kohlhaas, Strafrechtliche Nebengesetze, § 17 UWG, Rn. 2; *Ohly*, in: Ohly/Sosnitza, UWG, § 17, Rn. 1; *Köhler*, in: Köhler/Bornkamm, UWG, § 17, Rn. 2.

444 Danach zählen zum Vermögen nur die geldwerten Güter der Person, die nicht rechtlich missbilligt werden.

445 *Engländer/Zimmermann*, NZWiSt 2012, 328, 333.

446 *Ohly*, in: Ohly/Sosnitza, UWG, § 17, Rn. 28.

447 Zu den einzelnen Punkten siehe *Schemmel/Ruhmannseder/Witzigmann*, Hinweisgebersysteme, S. 95 f.

448 *Janssen/Maluga*, in: MüKo StGB, § 17 UWG, Rn. 58.

449 Nach § 17 Abs. 1 Satz 1 UWG sind die Beweggründe (1.) zu Zwecken des Wettbewerbs, (2.) aus Eigennutz, (3.) zugunsten eines Dritten oder (4.) in der Absicht, dem Inhaber des Unternehmens Schaden zuzufügen.

ist an eine mögliche Rechtfertigung nach § 34 StGB zu denken.[450] Zwar ist das UWG ein strafrechtliches Nebengesetz, jedoch ist § 34 StGB nach gleichen Maßstäben zu prüfen.

Dem Notstand im Sinne des § 34 StGB liegt, soweit es um die erforderliche Güterabwägung zwischen Erhaltungs- und Eingriffsgut geht, das Prinzip des überwiegenden Interesses zugrunde.[451] Wesentliche Elemente des rechtfertigenden Notstands sind die Notstandslage, die Notstandshandlung, das subjektive Rechtfertigungselement des Notstandtäters und die Interessenabwägung.

Die Notstandslage besteht in einer gegenwärtigen Gefahr für Leben, Leib, Freiheit, Ehre, Eigentum oder ein anderes Rechtsgut, die nicht anders abgewendet werden kann als durch Einwirkung auf gleichermaßen anerkannte rechtliche Interessen.

a. Gefahr für ein notstandsfähiges Rechtsgut

Geschützt ist jedes Rechtsgut des Einzelnen und der Allgemeinheit,[452] soweit es in der konkreten Situation schutzwürdig und schutzbedürftig ist. Neben den beispielhaft aufgezählten Gütern Leben, Leib, Freiheit, Ehre und Eigentum kann als anderes Rechtsgut jedes rechtlich geschützte Interesse in Frage kommen, gleichgültig von welchem Teil der Rechtsordnung es diesen Schutz erfährt.[453] Dazu zählen auch zivilrechtlich geschützte Rechtsgüter nach § 823 BGB, wie z. B. der Persönlichkeitsschutz. Im Wirtschaftsstrafrecht kommen als Erhaltungsrechtsgüter insbesondere das (Gläubiger-) Vermögen (§§ 399 ff. AktG, §§ 263, 263a, 265b, 266b, 305a StGB, § 148 GenG etc.), das Eigentum (§ 305a StGB etc.), das öffentliche Vertrauen (§ 399 AktG, §§ 264 a, 331 ff. StGB, §§ 147 GenG, §§ 82, 84, 85 GmbHG etc.) und die Lauterkeit des Wettbewerbs (§§ 298,[454] 299 StGB etc.) in Betracht.[455]

§ 34 StGB setzt weiterhin eine Gefahr für das Rechtsgut voraus. Eine Gefahr liegt vor, wenn ein Zustand gegeben ist, in dem aufgrund tatsächlicher Umstände

---

450 § 34 StGB liegt insbesondere dann vor, wenn es um die Wahrnehmung des Strafverfolgungsinteresses geht, *Ebert-Weidenfeller*, in: Achenbach/Ransiek, Wirtschaftsstrafrecht, S. 327.

451 *Kühl*, in: Lackner/Kühl, StGB-Kommentar, § 34 StGB, Rn. 1.

452 Eine Beschränkung aus Individualinteressen wie bei § 32 StGB würde dem Wesen des Notstandes nicht entsprechen. Einer Rechtfertigung ist dann jedoch unter dem Gesichtspunkt der Erforderlichkeit enge Grenzen gesetzt: Zulässig ist danach privates Handeln zum Schutz der Allgemeinheit wegen der primären Zuständigkeit staatlicher Organe nur im äußersten Notfall *Perron*, in: Schönke/Schröder, Kommentar StGB, § 34 StGB, Rn. 10 m. w. N.

453 *Perron*, in: Schönke/Schröder, Kommentar StGB, § 34 StGB, Rn. 9.

454 Nur wenn speziellen Rechtfertigungsgründe nach §§ 2, 3 GWB nicht vorliegen, ist eine Rechtfertigung nach den strafrechtlichen Rechtfertigungsgründen in Betracht zu ziehen, *Dannecker*, in: Kindhäuser/Neumann/Paeffgen, Kommentar StGB, § 298 StGB, Rn. 84.

455 *Lutterbach*, Whistleblowing, S. 94.

die Wahrscheinlichkeit des Eintritts eines schädigenden Ereignisses besteht.[456] Wahrscheinlich ist der Eintritt, wenn die Möglichkeit naheliegt oder begründete Besorgnis besteht – eine bloß allgemeine Möglichkeit hingegen ist nicht ausreichend.[457] Dieses Wahrscheinlichkeitsurteil knüpft an die im Handlungszeitpunkt vorliegenden Umstände an und prognostiziert die zu erwartende Gesamtentwicklung.[458] Maßgeblich ist dabei nach überwiegender Ansicht der Literatur die Sicht eines objektiven Beobachters, der in Kenntnis der Umstände die Situation *ex ante* beurteilt.[459] Damit ist der Standpunkt eines Beobachters gemeint, dem die im kritischen Augenblick wesentlichen Umstände bekannt sind.

Hinsichtlich des Wahrscheinlichkeitsgrads dieses objektiven, sachkundigen *ex ante*-Urteils genügt eine nur ganz entfernte Möglichkeit ebenso wenig wie die nur „gedankliche Möglichkeit".[460] Vielmehr reicht es aus, wenn die Wahrscheinlichkeit einen über die allgemeinen Lebensrisiken hinausgehenden Grad erreicht hat, von dem an man sich vernünftigerweise auf die Möglichkeit des schädigenden Ereignisses einzustellen pflegt.[461] Als Orientierungshilfe für den Whistleblower wird in Betracht gezogen,[462] den prozessualen Begriff des Anfangsverdachts nach § 152 Abs. 2 StPO heranzuziehen. Ein Anfangsverdacht besteht, wenn es nach zureichenden tatsächlichen Anhaltspunkten möglich erscheint, dass eine verfolgbare Straftat vorliegt.[463]

b. Gegenwärtigkeit

Problematischer ist die Gegenwärtigkeit der Gefahr. Dies ergibt sich daraus, dass die Sachverhalte, die der Whistleblower offenbaren möchte, oft vergangene, das heißt beendete Straftaten umfassen oder der Täter schon aus dem Unternehmen ausgeschieden ist. Gegenwärtig ist eine Gefahr nur, wenn bei natürlicher Weiterentwicklung der Dinge der Eintritt des Schadens sicher oder höchstwahrscheinlich ist, falls nicht alsbald Abwehrmaßnahmen ergriffen werden. Der ungewöhnliche Zustand kann nach menschlicher Erfahrung und natürlicher Weiterentwicklung

---

456 BGH, Urt. v. 25.3.2003 – 1 StR 483/02, NJW 2003, 2464, 2466. Nach h. M. ist der Gefahrbegriff bei § 34 StGB nicht anders als sonst im StGB zu verstehen *Kühl*, in: Lackner/Kühl, StGB-Kommentar, § 34 StGB, Rn. 2.

457 *Perron*, in: Schönke/Schröder, Kommentar StGB, § 34 StGB, Rn. 12.

458 *Lackner*, in: Lackner/Kühl, StGB-Kommentar, § 34 StGB, Rn. 2.

459 BGH, Urt. v. 25.3.2003 – 1 StR 483/02, NJW 2003, 2464, 2466; *Perron*, in: Schönke/Schröder, Kommentar StGB, § 34 StGB, Rn. 12, der das ex ante-Urteil nur auf die in der Handlungssituation gegebenen Umstände stützen will; *Kühl*, in: Lackner/Kühl, StGB-Kommentar, § 34 StGB, Rn. 2; *Momsen*, in: BeckOK StGB, § 34 StGB, Rn. 4; *Kretschmer*, Jura 2005, 662, 663; *Roxin*, AT I § 15, Rn. 12; *Wessels/Beulke/Satzger*, StrafR AT, Rn. 304.

460 *Perron*, in: Schönke/Schröder, Kommentar StGB, § 34 StGB, Rn. 15 m. w. N.

461 *Perron*, in: Schönke/Schröder, Kommentar StGB, § 34 StGB, Rn. 15.

462 *Lutterbach*, Whistleblowing, S. 95.

463 *Pfeiffer*, Kommentar StPO, § 152 StPO, Rn. 1a.

jederzeit in einen Schaden umschlagen.[464] Auch die Dauergefahr fällt unter den Begriff der Gefahr nach § 34 StGB.[465] Dem Whistleblower ist also noch eine zusätzliche Möglichkeit gegeben, die er positiv nutzen kann. Eine Dauergefahr liegt vor, wenn nicht ausgeschlossen ist, dass der Eintritt des Schadens noch eine Weile auf sich warten lässt, sich aber jederzeit aktualisieren kann.[466] Gegenwärtig ist eine solche Dauergefahr, wenn sie so dringend ist, dass sie nur durch unverzügliches Handeln wirksam abgewendet werden kann.[467]

Für den Whistleblower ergibt sich hinsichtlich der zu schützenden Rechtsgüter folgende Lage: entweder es handelt sich bei den Gegenständen seiner Offenbarung um dauerhaft gefährdete Rechtsgüter oder es muss eine hinreichend konkrete Wiederholungsgefahr[468] bestehen, um von einer gegenwärtigen Gefahr sprechen zu können. Typische illegale Schmiergeldpraktiken[469] oder die dauerhafte und sich immer wiederholende Umwelt- und Gesundheitsschädigung durch unsachgemäße Entsorgung von Abfällen könnten daher grundsätzlich als gegenwärtige Gefahr erfasst werden. Eine Notstandslage für den Whistleblower besteht somit nur nicht in den Fällen, in denen nur ein vager Hinweis auf eine Gefahr besteht oder sich diese als nicht (mehr) gegenwärtig erweist.

c. *Nicht anders abwendbar*

Nach § 34 StGB darf die Gefahr nicht anders abwendbar sein als durch die Begehung der Tat. Inhaltlich entspricht dieses Merkmal der Erforderlichkeit bei der Notwehr nach § 32 StGB. Erforderlich ist demgemäß, was zur Abwendung der Gefahr geeignet ist und unter Berücksichtigung aller aus der *ex ante*-Sicht eines sachkundigen objektiven Beobachters erkennbaren Umstände als der sicherste Weg zur Erhaltung des gefährdeten Gutes erscheint.[470] Unter mehreren geeigneten Mitteln ist das relativ mildeste zu wählen.[471] Besteht eine Ausweichmöglichkeit oder ist staatliche Hilfe zu erlangen, so ist davon Gebrauch zu machen. Ist das mildeste Mittel zugleich das aussichtsreichste, so ist dieses auch das allein erforderliche. Das Gleiche gilt für das geeignetste unter mehreren gleich oder annähernd gleich schweren Mitteln und umgekehrt für die am wenigsten gravierende unter mehreren (annähernd) gleich geeigneten Maßnahmen.[472] Vor allem aber ist nach der grundsätzlichen Möglichkeit,

---

464 BGH, Urt. v. 25.3.2003 – 1 StR 483/02, NJW 2003, 2464, 2466.

465 BGH, Urt. v. 15.5.1979 – 1 StR 74/79, NJW 1979, 2053, 2054.

466 BGH, Urt. v. 15.5.1979 – 1 StR 74/79, NJW 1979, 2053, 2054.

467 BGH, Urt. v. 25.3.2003 – 1 StR 483/02, NJW 2003, 2464, 2466.

468 Eine Wiederholungsgefahr kann dann angenommen werden, wenn die Begehung weiterer deliktischer Handlungen höchst wahrscheinlich ist und naheliegt *Lutterbach*, Whistleblowing, S. 97.

469 *Lutterbach*, Whistleblowing, S. 97.

470 BGH, Urt. v. 25.3.1952 – 1 StR 172/51, BGHSt 2, 242.

471 OLG Düsseldorf, Urt. v. 25.10.2005 – III-5 Ss 63/05- 33/05 I, NJW 2006, 630, 631.

472 *Perron*, in: Schönke/Schröder, Kommentar StGB, § 34 StGB, Rn. 20a.

den Erfolg abzuwenden, zu fragen.[473] Ausreichend ist es, wenn die Schadensabwendung nicht ganz unwahrscheinlich ist.[474]

Erteilt der Whistleblower einen Hinweis, so hat dieses Verhalten zunächst nur mittelbaren Einfluss auf die Notstandslage, da er selbst nicht unmittelbar eingreift. Sein Handeln kann aber trotzdem zur Gefahrenabwendung geeignet sein, und zwar immer in den Fällen, in denen der Adressat (oder der Adressatenkreis) des Hinweises Einflussmöglichkeiten auf die Auslöser der gegenwärtigen Gefahr besitzt. Gemäß der obigen Definition genügt es, wenn durch das Handeln des Whistleblowers zu dem Zeitpunkt eine nicht ganz unwahrscheinliche Chance besteht, die Gefahr der Rechtsgutsverletzung zu beseitigen.

Probleme können sich bei Prüfung der Erforderlichkeit ergeben. Der Whistleblower hat nämlich zwischen den ihm zur Verfügung stehenden Handlungsalternativen zu wählen. Jedoch kann der Whistleblower nur wählen, wenn er von seiner Wahlmöglichkeit Kenntnis hat und die mildere Handlungsalternative mindestens gleich effektiv ist.

Es stehen dem Whistleblower mehrere geeignete Mittel zur Verfügung:[475]

- Information des Vorgesetzten oder anderer Geheimnisträger innerhalb des Unternehmens, sofern diese nicht selbst Verantwortliche der Straftat sind
- Nutzung eines bestehenden Hinweisgebersystems
- Hinweis an die Polizei, Staatsanwaltschaft oder Finanzbehörde
- Benachrichtigung der Allgemeinheit.[476]

Die Benachrichtigung der Allgemeinheit stellt einen Sonderfall dar. In vielen Fällen wird ein Hinweis an die Öffentlichkeit nicht das mildeste Mittel sein, jedoch besonders effektiv, da er den größten Adressatenkreis erreicht. Da ein Hinweis an die staatlichen Behörden wohl fast gleich effektiv sein wird (nur der Eingriff in das Rechtsgut relativ schwer wiegt), ist die Frage nach dem besten, also geeignetsten und mildesten Mittel schwer zu beantworten. Eine Rechtfertigung nach § 34 StGB ist also im Rahmen einer Interessenabwägung festzustellen.[477]

d. Interessenabwägung

Nach § 34 S. 1 StGB ist die Tat nicht rechtswidrig, wenn bei Abwägung der widerstreitenden Interessen, namentlich der betroffenen Rechtsgüter und des Grades der ihnen drohenden Gefahren, das geschützte Interesse das beeinträchtigte wesentlich überwiegt.

473 *Michalowski*, ZStW 109 (1997), 519, 532.

474 *Perron*, in: Schönke/Schröder, Kommentar StGB, § 34 StGB, Rn. 19; *Erb*, in: MüKo StGB, § 34 StGB, Rn. 91 f.

475 Ausführlich dazu *Lutterbach*, Whistleblowing, S. 99.

476 Gemeint sind: Presse, Whistleblowing-Stiftungen und Vereinigungen, Internetblogs, Fernsehsender.

477 So auch *Lutterbach*, Whistleblowing, S. 100.

Bei der Prüfung des Rangverhältnisses der Güter ist eine Gesamtwürdigung aller Umstände erforderlich. Im Allgemeinen ist von einer Hierarchie auszugehen, nach der formalen Ordnungsbelangen eine geringere Bedeutung zukommt als „handfesten" Rechtsgütern. Unter letzteren sind Eigentum und Vermögen im Allgemeinen von geringerem Gewicht als Persönlichkeitswerte, von denen wiederum das Leben den höchsten Rang einnimmt, gefolgt von Gesundheit, persönlicher Freiheit und sonstigen Persönlichkeitswerten.[478]

Weiterhin ist der Grad der den Rechtsgütern drohenden Gefahren zu berücksichtigen, und zwar sowohl für das geschützte Rechtsgut als auch für das beeinträchtigte. Damit ist gemeint, dass die Gefahr abzuwägen ist, der die betroffenen Rechtsgüter mit oder ohne Vornahme der Notstandshandlung jeweils ausgesetzt sind.[479]

Abzuwägen sind die betroffenen Rechtsgüter bzw. Interessen mit den Erhaltungsrechtsgütern, welche durch das Whistleblowing geschützt werden sollen.

aa. Einzelne Rechtsgüter – Erhaltungsrechtsgüter –

Neben den vorrangig behandelten Wirtschaftsstraftaten darf nicht vergessen werden, dass die Gesetzesverstöße, die aufgedeckt werden sollen, auch im Bereich der Körperverletzung nach §§ 223 StGB angesiedelt sein können. Denn nicht selten haben die Missstände weitreichende Folgen für die körperliche Integrität und die Gesundheit; im schlimmsten Fall kann sogar eine Lebensgefährdung die Folge sein. Es kann beispielsweise in „gesundheitsorientierten" Betrieben die Gefahr bestehen, dass Arbeitnehmer oder Patienten direkt einer Körperverletzung ausgesetzt werden, aber auch außerhalb des Betriebs kann durch Nichtbeachtung von Schutz- oder Abfallvorschriften die breite Bevölkerung Gesundheitsschädigungen erleiden. Schutzgut der §§ 223 ff. StGB ist das körperliche Wohl, das sowohl durch körperliche als auch durch seelische Einwirkungen verletzt werden kann.[480]

Das Persönlichkeitsrecht kann auch ein Rechtsgut sein, dass der Whistleblower durch seine Offenbarung schützen will. Unter Persönlichkeitsrecht wird das Recht des Einzelnen auf Achtung seiner Menschenwürde und auf Entfaltung seiner individuellen Persönlichkeit verstanden.[481] Das betrifft die Rücksichtnahme auf das Wohl und die berechtigten Interessen des Arbeitnehmers, insbesondere auf Schutz vor Gesundheitsgefahren[482] und Einhaltung von menschenwürdigen Arbeitsbedingungen. Das Rechtsgut schützt auch den persönlichen Bereich vor unbefugtem Eindringen oder Ausforschen, wie z. B. dem Zusenden von SPAMs auf den privaten PC oder Telefonwerbung.[483] Ergreift der Arbeitgeber unerlaubterweise Maßnahmen,

478 So *Erb*, in: MüKo StGB, § 34 StGB, Rn. 112.
479 *Erb*, in: MüKo StGB, § 34 StGB, Rn. 129.
480 *Eser*, in: Schönke/Schröder, Kommentar StGB, § 223 StGB, Rn. 1.
481 BGH, Urt. v. 2.4.1957 – VI ZR 9/56, NJW 1957, 1146, 1147.
482 *Schaub/Koch*, in: Schaub, Arbeitsrecht von A-Z, Persönlichkeitsrecht.
483 Vgl. bzgl. der Telefonwerbung BGH, Urt. v. 6.10.1972 – I ZR 54/71, NJW 1973, 42.

die das Persönlichkeitsrecht seiner Arbeitnehmer oder Dritter verletzen, begeht er einen rechtswidrigen Eingriff.

In dem Zusammenhang sind auch die Delikte zu nennen, die Taten gegen die Umwelt unter Strafe stellen. Schutzgut der §§ 324 ff. StGB ist die Umwelt in ihrer Funktion als gegenwärtige und künftige Lebensgrundlage des Menschen.[484] Das Interesse am Erhalt der einzelnen Umweltmedien (Wasser, Boden, Luft) und Umweltgüter (Tiere und Pflanzen) ist auf den Menschen bezogen, was besonders deutlich wird bei den Tatbeständen, die wie §§ 325, 325 a, 330 a StGB auf den Schutz der körperlichen Integrität des Menschen abstellen.[485]

Das von § 298 StGB geschützte Rechtsgut ist das immer wieder bestätigte Vertrauen des Einzelnen in die Funktionsfähigkeit des freien und fairen Wettbewerbs, vor allem der redlichen Emittenten eines Angebots und der Veranstalter einer Ausschreibung in die Gewährleistung eines regelhaften, von untereinander abgesprochenen Angeboten unbeeinträchtigten Wettbewerbsverfahrens zur Beschaffung von Waren oder Dienstleistungen.[486] § 299 StGB schützt vorrangig das Allgemeininteresse an „lauteren", also fairen Wettbewerbsbedingungen.[487] Im Mittelpunkt steht die Sicherung des Wettbewerbs vor unlauteren Einflussnahmen. Daneben sind aber auch potenzielle Vermögensinteressen von Mitbewerbern und Geschäftsherrn geschützt.[488]

Geschütztes Rechtsgut des § 263 StGB ist ausschließlich das Vermögen,[489] nicht die Redlichkeit im Geschäftsverkehr und auch nicht die Dispositionsfreiheit als solche – geschützt ist auch ausländisches Staatsvermögen.[490] Wegen des großen Dunkelfeldes, aber auch wegen der relativ hohen Schadenssummen ist das Whistleblowing hier besonders relevant.[491]

bb. Einzelne Rechtsgüter – Eingriffsrechtsgüter –

§ 17 UWG schützt den Geheimbereich eines Unternehmens vor einem unredlichen Eingriff[492] – ohne Rücksicht darauf, aus welchem Grund Geschäftsgeheimnisse verraten oder erlangt werden. Aufgrund der weiten Auslegung sowie der Besonderheit in Abs. 5 ist geschütztes Rechtsgut auch das Betriebs- und Geschäftsgeheimnis als individuelles Rechtsgut sowie der Wettbewerb als Institution der

484 *Rengier,* StrafR BT II, § 47, Rn. 10.
485 *Ransiek,* in: Kindhäuser/Neumann/Paeffgen, Kommentar StGB, Vorb. zu §§ 324 f. StGB, Rn. 7.
486 *Hohmann,* in: MüKo StGB, § 298 StGB, Rn. 1.
487 *Heine/Eisele,* in: Schönke/Schröder, Kommentar StGB, § 299 StGB, Rn. 2.
488 *Heine/Eisele,* in: Schönke/Schröder, Kommentar StGB, § 299 StGB, Rn. 2 m. w. N.
489 Vgl. BGH, Beschl. v. 18.7.1961 – 1 StR 606/60, NJW 1961, 1876, 1876.
490 *Kühl,* in: Lackner/Kühl, StGB-Kommentar, § 263 StGB, Rn. 2 m. w. N.
491 *Lutterbach,* Whistleblowing, S. 102.
492 BGH, Urt. v. 24.11.1959 – 1 StR 439/59, NJW 1960, 207, 207.

Wirtschaftsordnung und damit als soziales Rechtsgut.[493] Durch die Einführung der Schutzzwecktrias in § 1 UWG hat der Gesetzgeber zudem klargestellt, dass die Marktteilnehmer, insbesondere die Verbraucher und die Mitbewerber, durch das UWG gleichermaßen und gleichrangig geschützt werden.[494] Als Betriebs- und Geschäftsgeheimnisse werden alle auf ein Unternehmen bezogene Tatsachen, Umstände und Vorgänge verstanden, die nicht offenkundig, sondern nur einem begrenzten Personenkreis zugänglich sind, und an deren Nichtverbreitung der Rechtsträger ein berechtigtes Interesse hat.[495] Betriebsgeheimnisse umfassen im Wesentlichen technisches Wissen im weitesten Sinne; Geschäftsgeheimnisse betreffen vornehmlich kaufmännisches Wissen. Wie schon im vorherigen Abschnitt erläutert, fallen auch „illegale Geheimnisse" unter § 17 UWG.

Für die Bestimmung des Rechtsguts des § 203 StGB muss auf gewichtige Einzelelemente abgestellt werden, die für dessen Bestimmung erhebliche Relevanz entfalten. Unter anderem werden Theorien zur Bestimmung zur Hilfe genommen,[496] bei der folgende Themen im Mittelpunkt stehen: persönliche Geheimsphäre des Einzelnen, materielle „Privatheit" und allgemeines Vertrauen in die Verschwiegenheit der Angehörigen bestimmter Berufe bzw. der Träger bestimmter Funktionen. In erster Linie ist jedoch das Individualinteresse an der Geheimhaltung bestimmter Tatsachen geschützt.[497] Im Vordergrund steht der Individualschutz des Bürgers – allenfalls mittelbar ist auch das Vertrauen der Allgemeinheit in die Verschwiegenheit von Amtsträgern und andere Bedienstete und damit die Funktionsfähigkeit der Verwaltung geschützt.[498]

cc. Rangverhältnis

Die durch die Notstandshandlung betroffenen Güter sind gegenüberzustellen, wobei sowohl die unmittelbar als auch die nur mittelbar betroffenen Rechtsgüter zu berücksichtigen sind. Das menschliche Leben darf dabei gegen ein anderes Leben aufgrund des absoluten Lebensschutzes nicht abgewägt werden.[499] Auch genießt die körperliche Integrität Vorrang gegenüber einem „materiellen" Rechtsgut.[500] Kann die Gefahr nur dadurch abgewendet werden, dass das Betriebsgeheimnis offenbart wird,

---

493 *Diemer*, in: Erbs/Kohlhaas, Strafrechtliche Nebengesetze, § 17 UWG, Rn. 1.

494 *Janssen/Maluga*, in: MüKo StGB, § 17 UWG, Rn. 9 f.; kritisch zur Einbeziehung des Verbraucherschutzes siehe *Otto*, GRUR 1982, 274, 279.

495 BVerfG, Beschl. v. 14.3.2006 – 1 BvR 2087/03 und 1 BvR 2111/03, MMR 2006, 375, 376.

496 *Cierniak/Pohlit*, in: MüKo StGB, § 203 StGB, Rn. 2, 3 m. w. N.

497 So schon BGH, Urt. v. 25.03.1993 – IX ZR 192/92, NJW 1993, 1638, 1638 wo es um die Individualsphäre eines Patienten ging.

498 *Lenckner/Eisele*, in: Schönke/Schröder, Kommentar StGB, § 203 StGB, Rn. 3.

499 *Neumann*, in: Kindhäuser/Neumann/Paeffgen, Kommentar StGB, § 34 StGB, Rn. 74 m. w. N.

500 *Erb*, in: MüKo StGB, § 34 StGB, Rn. 116; *Perron*, in: Schönke/Schröder, Kommentar StGB, § 34 StGB, Rn. 23.

ist der Eingriff trotz des daraus resultierenden Schadens gerechtfertigt, weil die Art und die Intensität der Gefahr für Rechtsgüter wie die körperliche Integrität höher zu bewerten ist. Alle anderen Rechtsgüter, vor allem die hier in Betracht kommenden wirtschaftlichen Rechtsgüter, sind jedoch einer Abwägung zugänglich. Ein eindeutiges Rangverhältnis der Rechtsgüter des § 17 UWG (Betriebs- und Geschäftsgeheimnis) wie auch der §§ 203, 263, 298, 299 StGB – sowohl der Eingriffsrechtsgüter als auch der Erhaltungsrechtsgüter – lässt sich allerdings nicht aufstellen. Höchstens im Hinblick auf das Vermögen als Inbegriff aller wirtschaftlichen Güter lässt sich wegen des niederen Rangs dieses Rechtsguts ein anderes Rangverhältnis herleiten.

dd. Grad der drohenden Gefahren

Weiterhin ist im Rahmen der Interessenabwägung der Grad der den Rechtsgütern drohenden Gefahren zu berücksichtigen, und zwar sowohl für das geschützte Rechtsgut als auch für das beeinträchtigte.[501] Als relevante Gesichtspunkte können Art, Ursprung, Intensität und Nähe der Gefahr sowie Art und Umfang der drohenden Werteinbußen eine Rolle spielen.[502] Je höher der Gefahrengrad für ein Rechtsgut im Verhältnis zur Wahrscheinlichkeit der Beseitigungsmöglichkeit, desto größer ist die Schutzbedürftigkeit.[503]

Je nachdem, an welchen Adressaten sich der Whistleblower mit dem Hinweis wendet, ist der Grad der drohenden Rechtsgutsverletzung höher oder niedriger. Deshalb ist zwischen der innerbetrieblichen Offenlegung, der Offenlegung gegenüber Ermittlungsbehörden und der Benachrichtigung der Allgemeinheit zu unterscheiden.[504]

Die höchste Wahrscheinlichkeit für einen Schaden an den Eingriffsrechtsgütern ist gegeben, wenn der Whistleblower an die Öffentlichkeit geht und die Missstände und Machenschaften der breiten Allgemeinheit bekannt macht. Zwar ist diese Art der Offenlegung am effektivsten, jedoch auch am unkontrollierbarsten hinsichtlich des Schadenumfangs.

Im Gegensatz dazu ist die Verletzung eines Eingriffsrechtsgutes bei einer innerbetrieblichen Meldung am geringsten. Das Geheimnis gelangt nicht an die Öffentlichkeit und bei Bestehen eines Hinweisgebersystems kann eine zeitnahe Behebung der Missstände erreicht werden. Jedoch ist die Implementierung eines Hinweisgebersystems oder Ähnlichem keine Pflicht in Deutschland und deswegen kann nur unter Vorbehalt darauf abgestellt werden. Des Weiteren geht die Effektivität eines solchen Whistleblower-Systems ganz verloren, wenn die verantwortlichen Personen selbst als Täter zu qualifizieren sind, da dann kaum mit Abhilfe zu rechnen ist.

---

501 *Erb*, in: MüKo StGB, § 34 StGB, Rn. 129.

502 *Erb*, in: MüKo StGB, § 34 StGB, Rn. 130 f.

503 *Perron*, in Schönke/Schröder, Kommentar StGB, § 34 StGB, Rn. 27; *Erb*, in: MüKo StGB, § 34 StGB, Rn. 130.

504 Ausführlich dazu *Lutterbach*, Whistleblowing, S. 104 f.

Dementsprechend würde der Erfolg des Whistleblowers vom Zufall abhängen – von der Person des Verantwortlichen.

Die Offenlegung der Hinweise gegenüber Ermittlungsbehörden liegt zwischen den beschriebenen Fällen: Zum einen werden die berechtigten Interessen des Unternehmens geschützt, weil die Geheimnisse nicht an die breite Öffentlichkeit getragen werden, zum anderen ist diese Art der Offenlegung besonders effektiv für die Erhaltung der Rechtsgüter des Whistleblowers und der Allgemeinheit, da die Behörden im Regelfall gut und schnell wirkungsvolle Maßnahmen ergreifen können. Der Grad der drohenden Gefahren ist im mittleren Bereich anzusiedeln.

Die Offenlegung von brisanten Hinweisen an die Ermittlungsbehörden stellt somit eine rechtfertigende Notstandshandlung dar.

Aus der Abwägung herausgenommen wurden jedoch jene Rechtsgüter, die das Leben und die körperliche Integrität zum Inhalt haben und allgemeinen Vorrang genießen. Aus diesem Umstand ist zu schließen, dass ein Hinweis, der Verstöße gegen diese Rechtsgüter zum Gegenstand hat, erlaubt ist. Legt der Whistleblower also eine Gefahr für das Leben oder die körperliche Integrität offen, ist dieser Hinweis aufgrund der erheblichen Bedeutung und des besonderen Vorrangs dieser Rechtsgüter zulässig. Eine rechtfertigende Notstandshandlung ist in dieser Konstellation zu bejahen.

ee. Bewertung

Ein wesentliches Überwiegen der Erhaltungsrechtsgüter gegenüber den Eingriffsrechtsgütern des § 17 UWG ist bei Nutzung eines Hinweisgebersystems und bei einer Mitteilung gegenüber Ermittlungsbehörden gegeben. Grundsätzlich ist die Benachrichtigung der Allgemeinheit und der Medien keine gerechtfertigte Notstandshandlung. Wendet sich der Whistleblower direkt an die Öffentlichkeit, steht dies grundsätzlich in keinem Verhältnis zu den drohenden Gefahren für die Rechtsgüter des § 17 UWG. Ausnahmen ergeben sich, wenn besonders bedeutende und schützenswerte Rechtsgüter im Spiel sind, wie etwa das Leben oder die körperliche Integrität.

§ 203 StGB und § 17 UWG sind nicht unmittelbar vergleichbar. Der stärkere Persönlichkeitsbezug bei § 203 StGB gebietet strengere Anforderungen an eine Rechtfertigung. Das bedeutet, dass ein Hinweisgeber, der in den „Täterkreis" des § 203 StGB fällt, höhere Anforderungen erfüllen muss, um sein Handeln zu rechtfertigen. Zudem handelt es sich bei § 17 UWG um Nebenstrafrecht und die Geheimnisse des § 203 StGB sind durch ein prozessuales Zeugnisverweigerungsrecht in § 53 StPO zusätzlich geschützt. Daraus ergibt sich eine deutliche Abstufung zwischen den Geheimnisschutzvorschriften.[505] Im konkreten Einzelfall und in ihrem konkreten Ausmaß müssen sich die Erhaltungsrechtsgüter am Maßstab des § 138 StGB und

505 *Lutterbach*, Whistleblowing, S. 113.

des § 139 Abs. 3 StGB orientieren.[506] Nur bei bevorstehendem (wirtschaftlich) hohem Schaden kann eine gerechtfertigte Offenlegung von Hinweisgegenständen in Frage kommen.[507]

Ein anderes Ergebnis würde sich nur ergeben, wenn man die „illegalen Geheimnisse" aus dem Schutzbereich des § 17 UWG herausnähme. Und zwar nicht durch Auslegung, sondern durch eine Gesetzesänderung. Eine Kodifikation, die „gesetzeswidrige Geheimnisse" nicht unter den Tatbestand des Betriebs- und Geschäftsgeheimnisses fallen lässt, würde die derzeitige prekäre Lage auflösen. Im Hinblick auf den Whistleblowerschutz würde dies auch sinnvoll sein: Er hätte Gewissheit, dass er strafrechtlich nicht wegen der Offenlegung eines Gesetzesverstoßes verfolgt werden kann.

Notwendig ist dies jedoch nicht. Das Problem kann auch im Rahmen der Rechtfertigung gelöst werden, sofern die angesprochenen Maßstäbe angewendet werden. Denn auch wenn man „gesetzeswidrige Geheimnisse" aus dem Tatbestand des § 17 UWG ausschließen würde, ergäbe sich das Stufenverhältnis zwischen internem und externem Whistleblowing. Eine Reform des § 17 UWG wäre zwar wünschenswert und würde die Rechtslage vereinfachen. Ausschlaggebend ist, dass ein Ergebnis zugunsten des Whistleblowers erzielt wird. Prioritär ist die Straflosigkeit bei der Offenlegung von Gesetzesverstößen. Ob seine Handlung schon nicht tatbestandsmäßig oder (nur) gerechtfertigt ist, ist zweitrangig.

e. Subjektives Rechtfertigungselement

Subjektiv fordert § 34 StGB, das der Täter handelt, um die Gefahr von sich oder einem anderen Bedrohten abzuwenden, sog. Rettungswille. Dabei darf der Rettungswille nicht neben anderen Motiven völlig zurücktreten. Das heißt, dass auch andere Beweggründe eine Rolle spielen können. Beseitigt der Täter jedoch unwissend eine Gefahrenlage, so bleibt sein Verhalten rechtswidrig.[508] Dass Whistleblowing auch aus eigennützigen Motiven geschieht und nicht aus reinem Altruismus, ist deshalb nicht schädlich. Liegen die oben genannten Voraussetzungen vor, wird die Rechtfertigung im Regelfall nicht am subjektiven Element scheitern.

f. Gesamtresümee

Grundsätzlich kann der Whistleblower einer Strafbarkeit entkommen. Die Prüfung der Rechtfertigungskriterien und insbesondere die in jedem Fall individuell durchzuführende Abwägung kann jedoch nicht von einem Whistleblower erwartet werden. Der Whistleblower braucht klare gesetzliche Bestimmungen, die ihm

506 Im Ergebnis *Kargl*, in: Kindhäuser/Neumann/Paeffgen, Kommentar StGB, § 203 StGB, Rn. 66.
507 *Lutterbach*, Whistleblowing, S. 125. Die Aufdeckung einer langjährigen Schmiergeldpraxis oder einer sog. „schwarzen Kasse" erfüllt die Voraussetzungen, nicht aber Einzeltaten auf geringem monetärem Niveau.
508 *Kühl*, in: Lackner/Kühl, StGB-Kommentar, § 34 StGB, Rn. 5.

aufzeigen, wann Whistleblowing strafrechtlich bedenkenlos ist und welche Hinweisgegenstände zulässig sind. Insbesondere die Kriterien der Abwägung müssen in einer Regelung erkennbar gemacht werden, sodass er schon im Vorfeld entscheiden kann, ob das betreffende Rechtsgut überwiegt und eine interne oder externe Offenbarung angebracht ist. Eine gänzlich neue Vorschrift braucht es in der Hinsicht nicht – es genügt die Integrierung eines Hinweises auf die Rechtfertigungstatbestände und das Stufenverhältnis zwischen internem und externem Whistleblowing in einem Schutzgesetz, um die strafrechtliche Situation beim Whistleblowing zu verdeutlichen. Die Überlegung, § 17 UWG zu reformieren und den Gegenstand des Geheimnisses zu kodifizieren, kann eine Alternative sein. Würde gesetzlich vorgeschrieben, dass nur jenes Geheimnis unter den Geheimnisschutz des § 17 UWG fällt, das keinen Gesetzesverstoß zum Inhalt hat, wäre der Whistleblower straffrei. Die tatbestandliche Erfüllung von § 17 UWG wäre dann ausgeschlossen.

II. Schutz des Whistleblowers als Tatbeteiligter

In strafrechtlicher Hinsicht kommen bei einem zunächst an der Tat beteiligten Whistleblower neben dem oben genannten Straftatbeständen auch noch jene hinzu, die durch die Beteiligung verwirklicht sein können.

1. Strafbarkeit nach dem StGB

Wegen der Vielfalt können hier nicht alle in Betracht kommenden Delikte erörtert werden. Von der Körperverletzung bis hin zu Umweltstraftaten kann alles verwirklicht sein. Auch das Kartellstrafrecht und sein Sonderstraftatbestand § 298 StGB[509] ist zu beachten. Zur Verwirklichung des Tatbestandes bedarf es der Abgabe eines Angebots in einem Ausschreibungsverfahren über Waren oder gewerbliche Dienstleistungen, die auf einer rechtswidrigen Absprache beruht.[510] Die Absprache muss darauf abzielen, den Veranstalter des Vergabeverfahrens zur Annahme eines bestimmten Angebots zu veranlassen. Die wettbewerbsbeschränkende Absprache selbst bildet als Zuwiderhandlung gegen das Verbot wettbewerbsbeschränkender Vereinbarungen eine Kartellordnungswidrigkeit gem. § 81 GWB. Neben wettbewerbsbeschränkenden Absprachen bei Ausschreibungen (§ 298 StGB) ist die besondere Art des Betrugs in Form des Submissionsbetrugs nach § 263 StGB hervorzuheben.[511] Die Täuschung des Veranstalters eines Vergabeverfahrens besteht in der Angebotsabgabe durch den Veranstalter. Mit der Angebotsabgabe ist

509 § 298 StGB sieht vor, dass sich derjenige strafbar macht, der bei einer Ausschreibung über Waren oder gewerbliche Leistungen ein Angebot abgibt, das auf einer Absprache beruht, die den Ausschreibenden zur Annahme eines bestimmten Angebots veranlassen soll.

510 *Kühl*, in: Lackner/Kühl, StGB-Kommentar, § 298 StGB, Rn. 3 f.

511 Ausführlich dazu *Klusmann*, in: Wiedemann, Kartellrecht, § 56, Rn. 12 f.

die konkludente Erklärung verbunden, dass dieses Angebot ohne eine vorherige Absprache zwischen den Bietern zustande gekommen ist.[512]

Vorrangig ist aber auf die Besonderheiten der Täterschaft und Teilnahme einzugehen, da der Whistleblower oft in seiner Position als Arbeitnehmer eine strafrechtlich eher „untergeordnete Rolle“ einnimmt und selten als Haupttäter agiert.

Der Whistleblower muss zunächst ein geeigneter Täter sein. Problematisch ist dies bei sog. eigenhändigen Delikten[513] und bei Sonderdelikten.[514] Bei Sonderdelikten kommt der Whistleblower nur als Täter in Betracht, wenn er eine bestimmte Eigenschaft aufweist, also eine bestimmte Täterqualifikation hat. Diese ergibt sich in den meisten Fällen aus einer außerstrafrechtlichen Pflichtenstellung.[515] Die allgemeine Täterschaft ergibt sich unmittelbar aus der Tatbestandsverwirklichung. Wer die mit Strafe bedrohte Handlung also selbst begeht (soweit möglich) und in seiner Person sämtliche Merkmale des objektiven und subjektiven Unrechtstatbestandes erfüllt, ist Täter im Sinne von § 25 Abs. 1 Alt. 1 StGB.[516] Mittäterschaft ist hingegen die gemeinschaftliche Begehung einer Straftat durch bewusst gewolltes Zusammenwirken.[517] Bei der Teilnahme besteht die Besonderheit, dass der Whistleblower mit

512 BGH, Urt. v. 11.7.2001 – 1 StR 576/00, NJW 2001, 3718, 3719; worin die Vermögensverfügung zu sehen ist (Eingehungsbetrug vs. Erfüllungsbetrug) wird nicht einheitlich entschieden, vgl. *Achenbach*, in: Achenbach/Ransiek, Wirtschaftsstrafrecht, S. 338 f. m. w. N.

513 Bei den eigenhändigen Delikten ergibt nach herkömmlicher Auffassung die Auslegung des betreffenden Tatbestands, dass *nur die eigenhändige Vornahme der strafbaren Handlung* den Unwert des Delikts realisiert (z. B. § 154 Abs. 1 StGB, § 173 Abs. 1 StGB, § 174 Abs. 1 StGB, § 176 Abs. 1 StGB, § 179 Abs. 1 StGB, § 182 Abs. 1 StGB, § 316 Abs. 1 StGB, § 323a Abs. 1 StGB, § 339 StGB) *Heintschel-Heinegg*, in: BeckOK StGB, Lexikon, Deliktstypen, G, Rn. 15. Wer die Ausführungshandlung nicht persönlich vornimmt, kann nicht Täter, Mittäter oder mittelbarer Täter, sondern nur Teilnehmer sein *Wessels/Beulke/Satzger*, StrafR AT, Rn. 40.

514 *Echte Sonderdelikte* sind Straftaten, die überhaupt nur ein Sonderpflichtiger verwirklichen kann, z. B. § 331 Abs. 1 StGB, § 339 StGB. Die Sonderpflicht wirkt bei dieser Deliktsgruppe *strafbegründend*, vgl. § 28 Abs. 1 StGB. *Unechte Sonderdelikte* sind Allgemeindelikte, die für den Fall, dass sie durch einen Sonderpflichtigen verwirklicht werden, besondere Rechtsfolgen vorsehen. Zumeist wird der Strafrahmen erhöht. Die Sonderpflicht wirkt *strafschärfend*, vgl. § 28 Abs. 2 StGB, *Wessels/Beulke/Satzger*, StrafR AT, Rn. 39.

515 *Heintschel-Heinegg*, in: BeckOK StGB, Lexikon, Deliktstypen, Q, Rn. 37.

516 *Wessels/Beulke/Satzger*, StrafR AT, Rn. 508.

517 Jeder Beteiligte ist als „gleichberechtigter Partner“ Mitträger des gemeinsamen Tatentschlusses und der gemeinsamen Tatbestandsverwirklichung, so dass die einzelnen Tatbeiträge sich zu einem einheitlichen Ganzen vervollständigen und der Erfolg jedem voll zuzurechnen ist, *Wessels/Beulke/Satzger*, StrafR AT, Rn. 526 m. w. N.

einem sog. Doppelvorsatz[518] handeln muss. Demnach reicht es nicht aus, dass der Whistleblower dem Haupttäter bewusst nur bei dessen vorsätzlicher Tat behilflich ist. Er muss sowohl bei seiner Gehilfenhandlung als auch bezüglich der Haupttat mit Vorsatz handeln.[519] Nur dann kommt eine Teilnahme in Betracht.

Neben der Möglichkeit des Rücktritts sehen einzelne Vorschriften selbst bei vollendeter Straftat die Erlangung von Straffreiheit durch tätige Reue vor – andere Vorschriften eröffnen dem Gericht die Möglichkeit, die Strafe zu mildern oder ganz von Strafe abzusehen.[520] Abgesehen vom klassischen Rücktritt, der nur möglich ist, wenn der Versuch nicht fehlgeschlagen oder das Delikt nicht vollendet[521] ist,[522] stellt sich hier die Frage, ob schon das Handeln des Whistleblowers den Ausschluss der Strafbarkeit rechtfertigen kann. Aufgrund der gefestigten strafrechtlichen Dogmatik und der engen Voraussetzungen einer Rücktrittshandlung, aber auch aufgrund der „Neuheit" des Phänomens Whistleblowing im deutschen Rechtsraum gibt es darauf noch keine Antwort.

2. *Schutz durch das StGB*

Anders als bei der Prüfung der Rechtfertigung des unbeteiligten Whistleblowers ist hier vor allem zu berücksichtigen, dass der Whistleblower zunächst bewusst als (Mit-)Täter oder Teilnehmer eine (andere) Tat ausgeführt hat – ohne Rechtfertigungsgrund – und im Nachhinein Strafbefreiung durch das Whistleblowing erlangen will. Diese ist nur denkbar durch einen Rücktritt oder tätige Reue.

518 *Joecks*, in: MüKo StGB, § 26 StGB, Rn. 54; *Joecks*, in: MüKo StGB, § 27 StGB, Rn. 90, der in beiden Fällen der Meinung ist, dass die Begrifflichkeit „Doppelvorsatz" überflüssig ist.

519 Teilnehmer ist, wer einen anderen zu dessen vorsätzlich begangener rechtswidriger Tat vorsätzlich bestimmt (Anstiftung, § 26) oder ihm zu einer solchen Tat vorsätzlich Hilfe leistet (Beihilfe, § 27) *Wessels/Beulke/Satzger*, StrafR AT, Rn. 505.

520 Bsp. für tätige Reue: § 139 Abs. 4 § 264 Abs. 5, § 264a Abs. 2, § 265b Abs. 2, § 306e Abs. 2, § 314a Abs. 3, § 298 Abs. 3 StGB; Bsp. für Strafmilderung: § 83a, § 98 Abs. 2, § 142 Abs. 4, § 261 Abs. 10, § 306e Abs.1 StGB.

521 Eine Ausnahme bildet § 24 Abs. 2 Satz 2 Alt. 2 StGB, der diejenigen Fälle erfasst, in denen der Tatbeitrag des Zurücktretenden zwar für den Versuch, aber nicht mehr für die Vollendung kausal geworden ist: sei es, dass der Beteiligte seinen Beitrag im Versuchsstadium vollständig neutralisiert hat, oder dass der Beitrag von den übrigen Beteiligten nicht benutzt wird bzw. sich als überflüssig erweist, näher dazu *Eser/Bosch*, in: Schönke/Schröder, Kommentar StGB, § 24 StGB, Rn. 97 f.

522 *Wessels/Beulke/Satzger*, StrafR AT, Rn. 627, 628; die Rücktrittsregelung von § 24 Abs. 1 S. 1 StGB beruht auf der Grundunterscheidung von unbeendetem und beendetem Versuch mit jeweils unterschiedlichen und daher jeweils eindeutig festzustellenden Erfordernissen, vgl. *Eser/Bosch*, in: Schönke/Schröder, Kommentar StGB, § 24 StGB, Rn. 6.

a. Der Rücktritt

Strafbefreiung durch Rücktritt vom Versuch ist nach § 24 Abs. 1 StGB nur zu erlangen, wenn die Tat nicht vollendet, der objektive Unrechtstatbestand also nicht vollständig verwirklicht wird.

Kommt es trotz der Rücktrittshandlung bzw. der Rücktrittsbemühungen des Täters zum Eintritt des tatbestandsmäßigen Erfolges, kann eine Straflosigkeit nur in Betracht kommen, wenn die objektive Zurechenbarkeit des konkreten Erfolges zu verneinen ist.[523]

Sollte es doch dazu kommen, dass die Tat im Versuchsstadium steckenbleibt, weil noch nicht alles Erforderliche zur Tatvollendung getan wurde, kann eine Strafbefreiung in Frage kommen, wenn der Täter freiwillig die weitere Ausführung der Tat aufgibt oder deren Vollendung verhindert (§ 24 Abs. 1 S. 1) oder wenn er sich freiwillig und ernsthaft bemüht, die Vollendung zu verhindern (§ 24 Abs. 1 S. 2). Zu beachten ist hier aber wiederum, dass diese Art des Rücktritts nur möglich ist, wenn es sich um einen Alleintäter handelt. Sind mehrere an der Tat beteiligt, wie es beim Whistleblower als „unterstützender" Täter im Rahmen des Arbeitsverhältnisses regelmäßig der Fall sein wird, so wird der rücktrittswillige Beteiligte – Täter oder Teilnehmer – nach § 24 Abs. 2 StGB nicht bestraft, wenn er freiwillig die Vollendung der Tat, an deren Versuch er beteiligt war, verhindert oder wenn er sich ernsthaft um die Verhinderung der Vollendung bemüht, falls die Tat ohne sein Zutun nicht vollendet oder unabhängig von seinem früheren Tatbeitrag begangen wird. Die Verhinderung ist auch durch Unterlassen weiterer Mitarbeit möglich, wenn ohne Mitwirkung des Beteiligten die Vollendung der Tat unmöglich wird oder wenn nur der Zurücktretende die Vollendung noch herbeiführen könnte.[524]

Für den Whistleblower wäre also ein Rücktritt noch möglich, wenn der Rechtsverstoß ohne sein Zutun gar nicht verwirklicht werden könnte, z. B. die Umweltverschmutzung nicht stattfindet, weil der Whistleblower den von ihm vorbereiteten Abfall nach Anweisung seines Vorgesetzten kurz vor der Entsorgung doch nicht unsachgemäß entsorgt und im Zuge dessen lieber die Umweltbehörden informiert, um die Tat nicht durch einen anderen Mitarbeiter zur Vollendung kommen zu lassen. Aber wie sich zeigt, sind solche Fälle schwer zu konstruieren, weil die Tat des Whistleblowers selbst bereits das Versuchsstadium erreicht haben muss, um zurücktreten zu können.

Der Rücktritt im Vorbereitungsstadium ist nach den allgemeinen Zurechnungs- und Teilnahmegrundsätzen zu behandeln. Danach erlangt derjenige keine Strafbefreiung, der eine Straftat mitgeplant und bereits durch eigene Handlungen gefördert hat und sich noch im Vorbereitungsstadium vom gemeinsam Vorhaben lossagt, wenn die übrigen Beteiligten die geplante Tat ohne ihn ausführen und dabei aus

523 *Wessels/Beulke/Satzger*, StrafR AT, Rn. 627; *Rudolphi*, in: SK-StGB, § 24 StGB, Rn. 16, 28.

524 *Otto*, Jura 1992, 423, 430; *Kudlich*, JuS 1999, 449, 450; *Kühl*, in: Lackner/Kühl, StGB-Kommentar, § 24 StGB, Rn. 25.

seinen fortwirkenden Tatbeiträgen Nutzen ziehen.[525] Der Rücktrittswillige muss seinen Tatbeitrag vollständig rückgängig machen – denn durch das „Überbleibsel" seines Beitrags können die anderen Beteiligten immer noch die Tat zur Vollendung bringen. Eine Strafbarkeit wegen Beihilfe kann die Folge sein.[526]

Angenommen, der Whistleblower hat die Schwelle zum Versuch überschritten und kann wirksam zurücktreten, stellt sich die Frage nach der Freiwilligkeit seines Handelns. Die Freiwilligkeit stellt ein wichtiges Kriterium dar und ist nur gegeben, wenn der Rücktrittswillige nicht durch zwingende Hinderungsgründe veranlasst wird, sondern der Rücktritt eigenen autonomen Motiven des Täters entspringt.[527] Als Motive kommen dabei Gewissensbisse, Reue, Scham, Mitleid mit dem Opfer, seelische Erschütterung und Angst vor Strafe in Betracht.[528]

Da der Whistleblower regelmäßig handelt, um die Allgemeinheit zu informieren und sie vor Schäden materieller und immaterieller Art zu schützen, kann nicht davon ausgegangen werden, dass der Whistleblower nicht aus seiner eigenen Entscheidung heraus handelt und nicht „Herr seiner Entschlüsse"[529] ist.

Fraglich ist, ob durch die Offenlegung des Whistleblowers die Tat eigenständig verhindert werden muss oder ob es genügt, wenn erst durch das Eingreifen der Behörden, die den Hinweis erhalten haben, die Vollendung der Tat verhindert werden kann. Zwar ist der Rücktritt ein persönlicher Strafaufhebungsgrund, dennoch kann nicht vom Rücktrittswilligen verlangt werden, dass er ohne technische oder menschliche Hilfe die Tat verhindert.[530] Er verfügt meist gar nicht über die nötigen Mittel – das kann ihm jedoch nicht vorgeworfen werden. Erforderlich ist das ernsthafte Bemühen um die Vollendungsverhinderung oder das Unschädlichmachen des Tatbeitrages sowie die Freiwilligkeit.

Je nach Sachverhalt ist es durchaus möglich, dass der Whistleblower durch die Offenbarung der Missstände oder des Gesetzesverstoßes, an denen er auch beteiligt war, noch zurücktreten kann. In vielen bekannt gewordenen Fällen war der Whistleblower jedoch entweder Unbeteiligter oder die Tat wurde schon vollendet und der Whistleblower versuchte, durch die Offenlegung ein Wiederholen für die Zukunft zu verhindern.

---

525 *Zaczyk*, in: Kindhäuser/Neumann/Paeffgen, Kommentar StGB, § 24 StGB, Rn. 117.

526 BGH, Beschl. v. 11.3.1999 – 4 StR 56/99, NStZ 2000, 449, 450.

527 *Herzberg/Hoffmann-Holland*, in: MüKo StGB, § 24 StGB, Rn. 117.

528 *Zaczyk*, in: Kindhäuser/Neumann/Paeffgen, Kommentar StGB, § 24 StGB, Rn. 73 mit Beispielen und weiteren Nachweisen.

529 Siehe dazu BGH, Urt. v. 17.12.1992 – 4 StR 532/92, NStZ 1993, 279, 279.

530 Die Tatverhinderung schließt die Einbeziehung Dritter nicht aus, solange die Nichtvollendung dem Zurücktretenden zurechenbar ist *Beckemper*, in: BeckOK StGB, § 24 StGB, Rn. 64.

b. Die tätige Reue

Ist das Delikt vollendet, so ist § 24 StGB nicht anwendbar. Einzelne Vorschriften verlagern den Vollendungszeitpunkt sehr weit nach vorne, sehen aber dafür bei vollendeter Straftat die Erlangung von Straffreiheit durch sog. tätige Reue vor. In anderen Vorschriften wird dem Gericht in diesen Fällen die Möglichkeit eröffnet, die Strafe zu mildern oder von Strafe abzusehen. Tätige Reue ist nur möglich, wenn das Gesetz dies vorsieht.

Eine relevante Vorschrift ist dabei § 298 Abs. 3 StGB.[531] Straflos bleibt danach, wer freiwillig die Angebotsannahme durch den Veranstalter oder die spätere Leistungserbringung durch den Auftraggeber verhindert (§ 298 Abs. 3 S. 1) bzw. sich bei Ausbleiben der Annahme des Angebots oder der Erbringung der Leistung aus anderen Gründen freiwillig und ernsthaft bemüht, die Annahme des Angebots oder das Erbringen der Leistung des Ausschreibenden zu verhindern (§ 298 Abs. 3 S. 2).

Die tätige Reue hat einen sehr weiten Anwendungsbereich. Auch wenn die Schädigung des Wettbewerbs schon eingetreten ist und nicht mehr rückgängig gemacht werden kann, ist sie noch möglich, und zwar dann, wenn die Leistungserbringung in Form von Geldzahlung nach Durchführung des Auftrags verhindert wird.[532] Deshalb ist einschränkend zu verlangen, dass der Täter die Leistungserbringung durch den Veranstalter vollständig verhindert; eine bereits erfolgte Teilzahlung versperrt demzufolge den Weg des Täters zur Strafbefreiung.[533]

Im Hinblick auf wettbewerbsbeschränkende Absprachen nach § 298 StGB, die notwendigerweise mehrere Beteiligte voraussetzen, ist immer an die Regelung des § 24 Abs. 2 StGB zu denken, deren Grundsätze entsprechend auf die tätige Reue anzuwenden sind.[534] Die Definitionen der Merkmale „Freiwilligkeit", „Verhindern" und „ernsthaftes Bemühen" sind ebenfalls aus § 24 StGB abzuleiten. Die Regelung des § 298 Abs. 3 StGB gilt nur für Straftaten nach § 298 StGB und nicht für Betrug, Urkundenfälschung und andere Straftaten.[535]

Bei Submissionsabsprachen als Kartellrechtsverstoß kann daher trotz Vollendung Straffreiheit zu erlangen sein. Jedoch ist diese Möglichkeit nur auf Submissionsabsprachen begrenzt, andere wettbewerbswidrige Delikte sind nicht erfasst. Da Submissionskartelle regelmäßig dem Ziel dienen, den Preiswettbewerb außer Kraft zu setzen, liegt die Sozialschädlichkeit nicht primär in dem betrügerisch

---

531 Erläuterungen sind ähnlich wie bei den betrugsähnlichen Straftatbeständen §§ 264 Abs. 4, 264 a Abs. 3, 265 b Abs. 2 StGB (Subventions-, Kapitalanlage- und Kreditbetrug), die auch eine Regelung für tätige Reue enthalten.

532 *Dannecker*, in: Kindhäuser/Neumann/Paeffgen, Kommentar StGB, § 298 StGB, Rn. 85.

533 *Dannecker*, in: Kindhäuser/Neumann/Paeffgen, Kommentar StGB, § 298 StGB, Rn. 85 m. w. N.

534 *Hohmann*, in: MüKo StGB, § 298 StGB, Rn. 116; *Kühl*, in: Lackner/Kühl, StGB-Kommentar, § 298 StGB, Rn. 8.

535 *Dannecker*, in: Kindhäuser/Neumann/Paeffgen, Kommentar StGB, § 298 StGB, Rn. 87.

herbeigeführten Vermögensschaden des Ausschreibenden, sondern in den volkswirtschaftlichen Nachteilen solcher Absprachen.[536] Obwohl die „normalen" Preiskartelle ebenfalls ein hohes Risiko für die Gesellschaft bergen, sieht der Gesetzgeber hier keine Vergleichbarkeit, sonst wäre hierfür ein ähnlicher Tatbestand geschaffen worden. Auch eine analoge Anwendung wird nicht diskutiert. Demnach bleibt kein Raum für die Anwendung der Grundsätze der tätigen Reue auf andere Kartelltypen.

Der Whistleblower, der ehemals als Kartellant tätig war und durch die Offenlegung des Preiskartells dessen Beendigung anstrebt bzw. weiteres Handeln für die Zukunft unterbinden will, ist strafrechtlich nicht geschützt. Das könnte insbesondere daran liegen, dass die Begehung wettbewerbswidriger Handlungen in Form eines Kartells – außer in Form eines Submissionskartells – nicht strafbar im Sinne des Strafgesetzbuches ist. Neben der strafrechtlichen Verfolgung nach § 298 StGB besteht, soweit der Täter für ein Unternehmen oder eine Unternehmensvereinigung handelte, die Möglichkeit der Auferlegung einer durch die deutschen Kartellbehörden festzusetzenden Unternehmensgeldbuße nach § 81 GWB i. V. m. §§ 9, 30, 130 OWiG.

3. Ahndung nach dem OWiG

Hat der an dem Missstand beteiligte Whistleblower keine Straftat, sondern eine Ordnungswidrigkeit verübt, ist das OWiG heranzuziehen. Konsequenzen für den unbeteiligten Whistleblower folgen aus dem OWiG nicht. Die Unterscheidung zwischen Straftaten und Ordnungswidrigkeiten bestimmt sich danach, ob das Gesetz als Rechtsfolge Strafe oder Geldbuße androht bzw. die Tat als ordnungswidriges Verhalten bezeichnet. Wird Strafe angedroht, handelt es sich um eine Straftat. Wird eine Geldbuße angedroht, handelt es sich um eine Ordnungswidrigkeit.

Ist ein missbilligtes Verhalten von einem geringeren sozialethischen Gewicht, kann der Gesetzgeber dieses Verhalten als Ordnungswidrigkeit bezeichnen und in einem gesonderten Gesetz regeln.[537]

Daneben hält das Gesetz eine bedeutsame Zurechnungsvorschrift bereit. Diese ist insofern von besonderer Bedeutung, als nicht nur natürliche Personen, sondern auch Unternehmen Whistleblowing betreiben können. Insbesondere ist hierbei auf Unternehmen einzugehen, die an einem Kartell beteiligt sind. Obwohl eine juristische Person oder eine Personenvereinigung nicht selbst handeln kann, sondern nur mittels ihrer Organe oder Vertreter, und somit nicht als Rechtssubjekt[538] im Sinne des klassischen Strafrechts in Frage kommt, gestattet § 30 OWiG die Verhängung

---

536 *Dannecker*, in: Kindhäuser/Neumann/Paeffgen, Kommentar StGB, § 298 StGB, Rn. 7.

537 *Bohnert*, OWiG Kommentar, § 1, Rn. 4; der Gesetzgeber hat die „allgemeinen" Spielregeln zur Verfolgung und Ahndung von Ordnungswidrigkeiten im OWiG festgehalten. Besondere ordnungswidrigkeitenrechtliche Tatbestände finden sich in den jeweiligen Gesetzen, wie z. B. § 81 GWB.

538 Im Mittelpunkt des Rechtsgeschehens steht der Mensch als Rechtssubjekt. Anknüpfungspunkt im Strafrecht ist somit das mit sozialschädlichen Folgen verbundene menschliche Verhalten *Wessels/Beulke/Satzger*, StrafR AT, Rn. 81 f.

einer Geldbuße gegen diese.[539] Den betroffenen juristischen Personen und Personenvereinigungen wird das Handeln ihrer Organe und Vertreter zugerechnet.[540] Nach Abs. 1 Nr. 1 des § 30 OWiG, der auch den Täterkreis nennt, ist die Verletzung einer betriebsbezogenen Pflicht vonnöten. Als Bezugstat kommt nur eine Straftat oder Ordnungswidrigkeit in Betracht, durch die Pflichten verletzt werden, welche die juristische Person oder die Personenvereinigung trifft – insbesondere zählen dazu alle in § 81 GWB genannten Ge- und Verbote.

Eine vergleichbare Zurechnung des Handelns von Repräsentanten findet in § 9 OWiG statt. Die Vorschrift regelt in sachlicher Übereinstimmung mit § 14 StGB die sog. Organ- und Vertreterhaftung und führt zu einer Ausweitung der bußgeldrechtlichen Haftung auf Personen, die für den eigentlichen Normadressaten handeln.[541] Normadressaten des § 9 Abs. 1 Nr. 1 OWiG sind ausschließlich die vertretungsberechtigten Organe der juristischen Person sowie die Mitglieder eines solchen Organs. Im Gegensatz zum Strafrecht gilt im OWiG der Begriff des Einheitstäters, was bedeutet, dass nicht zwischen Täterschaft und Teilnahme unterschieden wird, sondern jeder bußgeldrechtlich belangt werden kann, auch wenn das besondere persönliche Merkmal (§ 9 OWiG) nur bei einem Beteiligten vorliegt.[542] Nach § 9 OWiG ist deshalb ein Gesetz, nach dem besondere persönliche Merkmale die Strafbarkeit begründen, auf bestimmte Vertreter und Beauftragte anzuwenden, auch wenn diese Merkmale nicht bei ihnen, aber bei dem Vertretenen bzw. dem Betriebsinhaber vorliegen.[543] Beteiligt sich jemand an einem Sonderdelikt, der selbst weder die von dem Tatbestand geforderte Rolle einnimmt, noch über die Merkmalszurechnung nach § 9 OWiG an ihm teilhat, kommt es darauf an, ob die Haupttat eine Ordnungswidrigkeit oder eine Straftat ist. Das Ordnungswidrigkeitenrecht schreibt eine umfassende Zurechnung unter den Beteiligten vor. Es kommt nur darauf an, dass überhaupt (unmittelbar oder über § 9 OWiG) ein Sonderpflichtiger an der Tat beteiligt ist.[544]

---

539 *Bohnert,* OWiG Kommentar, § 30, Rn. 1, 5. § 30 überträgt das Delikt einer natürlichen Person auf eine JP oder PV, als hätte diese das Delikt begangen. Die natürliche Person muss hierfür einen Deliktstatbestand erfüllt haben und Repräsentant der JP oder PV sein und eine betriebsbezogene Pflicht verletzt haben.

540 *Cramer/Pananis,* in: Loewenheim/Meessen/Riesenkampff, Kartellrecht, § 81 GWB, Rn. 35.

541 *Bohnert,* OWiG Kommentar, § 9, Rn. 1.

542 *Cramer/Pananis,* in: Loewenheim/Meessen/Riesenkampff, Kartellrecht, § 81 GWB, Rn. 13.

543 So z. B. bei der Vorenthaltung von Sozialversicherungsbeitragen gem. § 266 a Abs. 1 StGB: Das Tätermerkmal „Arbeitgeber“ ist auf bestimmte Leitungspersonen eines Unternehmens anzuwenden, wenn eigentlich der Arbeitsvertrag mit dem Rechtsträger des Unternehmens geschlossen worden ist, wenn aber diese Leistungsperson in ihrer Leitungsfunktion die tatbestandsmäßige Handlung des Vorenthaltens ausgeführt hat, *Achenbach,* in: Achenbach/Ransiek, Wirtschaftsstrafrecht, S. 26.

544 *Achenbach,* in: Achenbach/Ransiek, Wirtschaftsstrafrecht, S. 31.

Das StGB enthält hingegen in § 28 StGB eine Regelung, die die Strafe des Teilnehmers nach Maßgabe des § 49 Abs. 1 StGB mildern kann, wenn strafbegründende besondere persönliche Merkmale des Täters beim Teilnehmer fehlen.[545]

Über § 130 OWiG kann darüber hinaus gegen den Inhaber eines Betriebs wegen einer vorsätzlich oder fahrlässig begangenen Aufsichtspflichtverletzung eine Geldbuße verhängt werden. § 130 OWiG ist also ein echtes Unterlassungsdelikt. Zwar lässt die Vorschrift weitgehend offen, was im Einzelnen von der Aufsichtspflicht umfasst ist, jedoch sind nach Abs. 1 Satz 2 dieser Vorschrift „auch" die Bestellung, sorgfältige Auswahl und Überwachung von Aufsichtspersonen gemeint. Eine Konkretisierung der Pflicht ist nur nach den Besonderheiten des Einzelfalls möglich.[546] Die Details der Aufsichtspflichtverletzung waren häufig Gegenstand der Rechtsprechung des BGH und der Oberlandesgerichte zum Kartellordnungswidrigkeitenrecht nach dem GWB.[547] Die Besonderheit dieser Norm liegt darin, dass die Haftung des Unternehmens nicht an die Vorschrift anknüpft, die im Unternehmen konkret verletzt wurde, sondern an das Unrecht, dass aus der Verletzung einer besonderen Aufsichtspflicht resultiert. Der objektive Tatbestand des § 130 OWiG setzt daher voraus, dass die zur Verhinderung von Zuwiderhandlungen gegen betriebs- und unternehmensbezogene Pflichten erforderlichen und zumutbaren Aufsichtsmaßnahmen[548] nicht vorgenommen werden. Der Vorsatz bzw. die Fahrlässigkeit muss sich dementsprechend nur darauf beziehen. Die Regelung fußt auf dem Gedanken, dass die Betriebsinhaber bzw. die vertretungsberechtigten Organe der juristischen Personen regelmäßig nicht alle Aufgaben im Unternehmen persönlich bewältigen können und daher Aufgaben an Mitarbeiter delegieren dürfen. Die verantwortlichen Personen müssen aber verpflichtet bleiben, angemessene Aufsichts- und Kontrollmaßnahmen zu schaffen, die die Pflichterfüllung sicherstellen.[549] Als Adressaten der Zurechnung des besonderen persönlichen Merkmals der Unternehmensinhaberschaft sind taugliche Täter auch die dort angeführten Organe, Organmitglieder, Vertreter und Beauftragten. Ziel der in § 130 OWiG statuierten Aufsicht muss es sein, Zuwiderhandlungen gegen solche, den Inhaber treffende Pflichten zu verhindern, deren Verletzung mit Strafe oder Geldbuße bedroht ist.[550]

---

545 *Achenbach* verweist in dem Zusammenhang auf den rechtswissenschaftlichen Streit über den Begriff des „besonderen persönlichen Merkmals", der sich nicht mit § 14 StGB deckt *Achenbach*, in: Achenbach/Ransiek, Wirtschaftsstrafrecht, S. 31.

546 Zu den in Betracht kommenden einzelnen Aufsichtsmaßnahmen *Achenbach*, in: Achenbach/Ransiek, Wirtschaftsstrafrecht, S. 39.

547 OLG Düsseldorf, Urt. v. 5.4.2006 – VI-2 Kart 5/05 OWi, VI-2 Kart 6/05 OWi, 2 Kart 5/05 OWi, 2 Kart 6/05 OWi, WUW/E DE-R 1893, 1896 f.; BGH, Urt. v. 24.3.1987 – KRB 8/86, WUW/E BGH 2394, 2397.

548 Siehe zu den Aufsichtspflichten *Cramer/Pananis*, in: Loewenheim/Meessen/Riesenkampff, Kartellrecht, § 81 GWB, Rn. 29 f.

549 *Cramer/Pananis*, in: Loewenheim/Meessen/Riesenkampff, Kartellrecht, § 81 GWB, Rn. 25 f.

550 *Wittig*, Wirtschaftsstrafrecht, S. 80.

Die Bemessung der Geldbuße bestimmt sich nach § 17 OWiG. § 17 Abs. 1 OWiG betont, dass grundsätzlich die im jeweiligen Gesetz angedrohte Geldbuße zu Grunde zu legen ist. Der Regelung des Verfalls nach § 29 a OWiG kommt lediglich subsidiärer Charakter zu, weil der wirtschaftliche Vorteil, den der Täter oder ein Dritter aus der Ordnungswidrigkeit gezogen hat, in der Regel bereits nach § 17 Abs. 4 bzw. § 30 Abs. 3 OWiG abgeschöpft wird.

Die Zurechnung von Zuwiderhandlungen in Unternehmen geschieht also auf drei Ebenen:[551]

- auf der ersten Ebene erfolgt die Sanktionierung der individuell handelnden Person,
- auf der zweiten Ebene wird die für die Tat des unmittelbar Handelnden verantwortliche Person in der Unternehmensleitung zur Rechenschaft gezogen,
- auf der dritten Ebene wird das Unternehmen selbst sanktioniert.

Neben den allgemeinen Regeln des Ordnungswidrigkeitenrechts (OWiG) gibt es Gesetze, die Ordnungswidrigkeiten für bestimmte Bereiche regeln. Da diese Arbeit auch den Schutz des kartellrechtlichen Whistleblowers untersucht, muss auf die ordnungswidrigkeitenrechtlichen Folgen nach dem GWB eingegangen werden. Die Bußgeldtatbestände des § 81 GWB enthalten überwiegend Sonderdelikte, bei denen die bußgeldbewehrten Pflichten von vornherein nur juristischen Personen und Personenvereinigungen auferlegt sind, die selbst nicht in sanktionsrechtlich relevanter Weise handeln können. Gem. § 81 Abs. 1 i. V. m Abs. 4 GWB wird ein Verhalten mit einer Kartellordnungswidrigkeit bedroht, das gegen Art. 101 oder Art. 102 AEUV[552] verstößt. Gegen die in diesen Vorschriften niedergelegten Grundsätze verstößt, wer als „Unternehmen" rechtswidrige Vereinbarungen trifft oder eine beherrschende Stellung missbräulich ausnutzt. Für das deutsche Kartellrecht gelten nahezu die gleichen Grundsätze. Die Tatbestände der Zuwiderhandlungen sind in § 81 Abs. 2 und 3 GWB zu finden. Neben der Zuwiderhandlung gegen das Kartellverbot und gegen das Verbot der Ausnutzung einer marktbeherrschenden Stellung zählt § 81 Abs. 2 Nr. 1 GWB weitere Tatbestände einer Zuwiderhandlung auf.[553]

Auch für Unternehmen besteht also ein Risiko, ordnungswidrigkeitenrechtlich belangt zu werden. Durch die Vielfalt der Zurechnungsvorschriften, die auch im Kartellordnungswidrigkeitenrecht gelten, kann jeder Beteiligte – gleich in welcher Form er gehandelt hat – bußgeldrechtlich zur Rechenschaft gezogen werden. Denn es darf nicht vergessen werden, dass auch ein Unternehmen oder Repräsentanten als Whistleblower agieren können. Bei maßgeblicher Tatbeteiligung kann das betroffe-

---

551 Vgl. *Achenbach*, JuS 1990, 601, 602.

552 In Art. 101 und 102 AEUV sind die europäischen Wettbewerbsgrundsätze (Kartellverbot, missbräuchliche Ausnutzung einer beherrschenden Stellung) verankert, die dem deutschen Recht gleichen.

553 Ausführlich dazu *Achenbach*, in: Achenbach/Ransiek, Wirtschaftsstrafrecht, S. 359 f; Zuwiderhandlungen gegen vollziehbare Anordnungen regelt Abs. 2 Nr. 2.

ne Unternehmen durch das Offenlegen des Sachverhalts selbst sanktioniert werden. Da das Unternehmen strafrechtlich nicht selbst handeln kann, kann es auch nicht bestraft werden. Es verbleibt nur die Verhängung eines Bußgeldes. Ob eine schärfere Strafandrohung zu einer veränderten Handlungspraxis innerhalb der Unternehmen führt oder ob ein Unternehmensstrafrecht nützlich und rechtspolitisch notwendig ist, wird diskutiert.[554]

4. *Ordnungswidrigkeitenrechtlicher Schutz*

Die Verfolgung und Ahndung nach dem OWiG betrifft sowohl die natürliche Person als Whistleblower als auch das Unternehmen, das wie ein Whistleblower agiert. Dies gilt natürlich nur, soweit der Whistleblower in irgendeiner Weise an den Gesetzesverstößen beteiligt war und eine Ordnungswidrigkeit begangen wurde. Fraglich ist, ob durch das Whistleblowing und damit das nachträgliche Wohlverhalten dem Whistleblower auch hier Amnestie zukommen kann.

a. *Allgemeines Ordnungswidrigkeitenrecht*

Nach § 1 OWiG ist eine Ordnungswidrigkeit eine rechtswidrige und vorwerfbare Handlung, die den Tatbestand eines Gesetzes verwirklicht, das die Ahndung mit einer Geldbuße zulässt. Wie das Strafrecht hält auch das Ordnungswidrigkeitenrecht besondere strafbefreiende Tatbestände bereit.

Nach § 15 OWiG ist eine durch Notwehr gebotene Handlung nicht rechtswidrig. § 15 Abs. 2 definiert Notwehr als die erforderliche Verteidigungshandlung, um einen gegenwärtigen rechtswidrigen Angriff von sich oder einem anderen abzuwenden. Der rechtfertigende Notstand nach § 16 OWiG stellt einen zweiten Rechtfertigungsgrund dar. Die Regelungen entsprechen den § 32 und § 34 StGB.[555] Es handelt hiernach nicht rechtswidrig, wer in einer gegenwärtigen, nicht anders abwendbaren Gefahr für ein geschütztes Rechtsgut oder rechtliches Interesse agiert, wenn bei Abwägung der widerstreitenden Interessen das verteidigte Interesse das beeinträchtigte Interesse wesentlich überwiegt. Daneben können gesetzliche Rechtfertigungsgründe aus allen Rechtsbereichen in das Ordnungswidrigkeitenrecht hineinwirken, auch ungeschriebene, sofern sie gewohnheitsrechtlich anerkannt sind.[556] Die Voraussetzungen der Rechtfertigung richten sich nach den Grundsätzen des StGB und können vergleichend herangezogen werden.[557] Unter die schützenswerten Interessen fallen neben den herkömmlichen Rechtsgütern fast alle individuellen Positionen tatsächlicher wie rechtlicher Art.[558] Rechtsgut im Sinne von § 16 OWiG

554 Vgl. Ausführungen dazu *Leipold*, ZRP 2013, 34, 35.
555 *Bohnert*, OWiG Kommentar, § 15, Rn. 1.
556 *Bohnert*, OWiG Kommentar, § 15, Rn. 1.
557 Siehe ausführlich dazu *Bohnert*, OWiG Kommentar, § 15, Rn. 3 f.
558 *Bohnert*, OWiG Kommentar, § 15, Rn. 8.

sind alle Güter, die einen Rechtswert haben[559] – Leben, Leib, Freiheit und Eigentum sind lediglich Beispiele.

Auch das Ordnungswidrigkeitenrecht sieht also eine Straffreiheit aufgrund eines gerechtfertigten Handelns vor. Ist der Whistleblower ein (ehemaliger) Beteiligter einer Ordnungswidrigkeit, könnte ein Rechtfertigungsgrund für sein Handeln sprechen, insbesondere weil es im Ordnungswidrigkeitenrecht die behördliche Erlaubnis als Rechtfertigungsgrund gibt. Viele Ahndungstatbestände enthalten nämlich Wendungen wie „ohne behördliche Erlaubnis“ oder „unter Verstoß gegen ein behördliches Verbot“.

Diese Konstellation greift aber nicht bei Kartelldelikten. Im Fall des Kartellanten liegt die Rechtsverletzung in der Verletzung eines wettbewerbsrechtlichen Ge- oder Verbots und nicht, wie beim unbeteiligten Whistleblower, im Whistleblowing an sich. Nur dort kommt eine Rechtfertigung des Handelns in Frage, weil der Betroffene erst durch das Whistleblowing einen (maßgeblichen) Rechtsverstoß begeht. Der Kartellant aber hat schon vor dem Zeitpunkt des Whistleblowings eine Norm verletzt. Zwar gibt es auch im Ordnungswidrigkeitenrecht eine Rücktrittsregelung (vgl. § 13 OWiG). Jedoch hilft im Falle eines ehemaligen Kartellanten – und zumeist auch bei Whistleblowern, die an einer anderen Ordnungswidrigkeit beteiligt waren –, dessen Tat schon über das Versuchsstadium hinaus ist, einer Rücktrittsregelung nicht weiter. Vorschriften über die tätige Reue enthält das Ordnungswidrigkeitenrecht, soweit ersichtlich, nur in § 378 Abs. 3 AO.

b. § 81 Abs. 7 GWB und die Bonusregelung

Zwar kommen für die „spezielle“ Ordnungswidrigkeit des § 81 GWB (Bußgeldvorschrift im Kartellrecht) ergänzend die Vorschriften des OWiG in Betracht. Dies gilt insbesondere für die §§ 9, 14, 29 a, 30 und 130 OWiG. Jedoch hält das Kartellordnungswidrigkeitenrecht eine besondere Vorschrift bereit, die sich auf das Bußgeld auswirkt, das gegen den Kartellbeteiligten verhängt werden soll: Die Bonusregelung des Bundeskartellamtes.

Die Bekanntmachung des Bundeskartellamts Nr. 68/2000[560] vom 17. April 2000 war der erstmalige Versuch, eine Richtlinie für die Festsetzung von Bußgeldern gegenüber aufklärungsbereiten Kartellmitgliedern zu erarbeiten. Knapp sechs Jahre später wurde im März 2006 die „alte“ Bonusregelung durch die Bekanntmachung Nr. 9/2006[561] ersetzt und gilt seitdem als aktuelle Grundlage für den Erlass und

---

559 *Bohnert*, OWiG Kommentar, § 16, Rn. 3 mit der Anmerkung, dass der Begriff des Rechtsguts zu eng sei, denn der Gesetzestext sieht jedes rechtlich geschützte Interesse als notstandsfähig an.

560 Bekanntmachung des Bundeskartellamtes Nr. 68/2000 vom 17.4.2000 über Richtlinien des Bundeskartellamtes für die Festsetzung von Geldbußen – Bonusregelung -, abrufbar unter http://www.bundeskartellamt.de, (abgerufen am 20.10.2013).

561 Bekanntmachung des Bundeskartellamtes Nr. 9/2006 vom 7.3.2006 über den Erlass und die Reduktion von Geldbußen in Kartellsachen – Bonusregelung -, abrufbar

die Reduktion von Geldbußen in Kartellsachen. Gründe waren unter anderem die hohe Intransparenz und die Rechtsunsicherheit der Beteiligten, ob ihnen tatsächlich eine Vergünstigung zuteilwürde.[562] Die neue Bonusregelung findet auf alle Anträge Anwendung, die nach März 2006 gestellt worden sind.[563] Ebenso wie das Kronzeugenprogramm der Europäischen Kommission bezweckt die Bonusregelung des Bundeskartellamtes, durch Anreize – in Form von Amnestie – die Kartellbeteiligten zu motivieren, aus Kartellen auszusteigen, diese zu beenden oder bei Beteiligung das Kartell zu melden.[564] Durch die Meldung an die Wettbewerbsbehörden und dem gleichzeitigen Ausstieg kann zukünftigen Kartellen effektiv begegnet werden.

Im Gegensatz zur alten Regelung geht die Bekanntmachung Nr. 9/2006 auf eine ausdrückliche Ermächtigungsgrundlage im GWB zurück, die mit der 7. GWB-Novelle[565] in das Gesetz aufgenommen wurde. In § 81 Abs. 7 heißt es:

> *„Das Bundeskartellamt kann allgemeine Verwaltungsgrundsätze über die Ausübung seines Ermessens bei der Bemessung der Geldbuße, insbesondere für die Feststellung der Bußgeldhöhe als auch für die Zusammenarbeit mit ausländischen Wettbewerbsbehörden, festlegen."*

Damit ermächtigt § 81 Abs. 7 GWB das Bundeskartellamt ausdrücklich zum Erlass einer Bonusregelung, und gibt dieser eine gesetzliche Grundlage.[566] Soweit das Bundeskartellamt auf der Grundlage von § 81 Abs. 7 GWB einen Verwaltungsgrundsatz erlässt, ist es aufgrund der Selbstbindung an die Einhaltung von Recht und Gesetz gebunden.[567] Die Gerichte sind aber regelmäßig nicht an solche Verwaltungsgrundsätze gebunden.[568]

Die Bonusregelung, die nach ihrer Randnummer 1 sowohl für natürliche Personen als auch für Unternehmen gilt, unterscheidet zwischen zwei Fallgruppen: dem Erlass (Abschnitt B) und der Reduktion einer Geldbuße (Abschnitt C). Die Einstufung erfolgt danach, ob eine Selbstanzeige vor oder nach Einleitung des Ermittlungsverfahrens stattgefunden hat, sowie danach, welche Rolle der Betroffe-

---

unter http://www.bundeskartellamt.de/SharedDocs/Publikation/DE/Bekanntmachungen/Bekanntmachung%20-%20Bonusregelung.html?nn=4136556, (abgerufen am 20.10.2013).

562 Zu weiteren Gründen der Neufassung *Engelsing*, ZWeR 2006, 179, 183 f.

563 Rn. 25 der Bekanntmachung Nr. 9/2006.

564 *Dannecker/Biermann*, in: Immenga/Mestmäcker, Wettbewerbsrecht: GWB, § 81 GWB, Rn. 417.

565 Siebtes Gesetz zur Änderung des Gesetzes gegen Wettbewerbsbeschränkungen vom 7. Juli 2005, BGBl. I-2005, S. 1954.

566 *Dannecker/Biermann*, in: Immenga/Mestmäcker, Wettbewerbsrecht: GWB, § 81 GWB, Rn. 418, 469.

567 *Herzog/Grzeszick*, in: Maunz/Dürig, GG-Kommentar, Art. 20 GG, Rn. 59 f.

568 *Bechtold*, Kartellgesetz, § 81 GWB, Rn. 41; *Raum*, in: Langen/Bunte, Deutsches KartellR, § 81 GWB, Rn. 148; vgl. OLG Düsseldorf, Beschl. v. 19.1.2000 – 2b Ss (OWi) 290/99 – (OWi) 2/00 I, NStZ-RR 2000, 218, 219.

ne in dem Kartell und bei der Aufklärung des Kartells gespielt hat. In jedem Fall muss der Kartellbeteiligte allgemeinen Kooperationspflichten nachkommen, die in Abschnitt D der Bonusregelung näher beschrieben werden. Soweit alle Voraussetzungen[569] vorliegen, verzichtet das Bundeskartellamt generell auf die Festsetzung einer Geldbuße.

Abschnitt F Randnummer 24 stellt zudem klar, dass das Bundeskartellamt verpflichtet bleibt, Verfahren gegen natürliche Personen gemäß § 41 OWiG an die Staatsanwaltschaft abzugeben, wenn es sich bei der Tat um eine Straftat handelt.

Nach derzeitiger Rechtslage existiert somit ein Instrument, den Whistleblower ordnungswidrigkeitenrechtlich in Kartellsachen zu schützen. Indem der Whistleblower das Kartell gegenüber der Kartellbehörde offenbart, kann er in den Genuss der Bußgeldreduzierung oder gar des Bußgelderlasses kommen. Im Gegenzug für seine Selbstanzeige und „Auslieferung" wird ihm Schutz gewährt. Er ist vom Bußgeld (teilweise) befreit und hat – soweit keine Straftat im Spiel ist – keine weiteren strafrechtlichen oder ordnungswidrigkeitenrechtlichen Konsequenzen zu befürchten. Die Bonusregelung des Bundeskartellamtes stellt eine echte Kronzeugenregelung dar. Es wurde erkannt, dass Whistleblowing in Kartellsachen einen positiven Nebeneffekt hat: die Bekämpfung verbotener Absprachen zwischen Wettbewerbern über Preise, Absatzquoten und Marktaufteilungen. Die Bonusregelung „unterstützt" die Whistleblower in ihrem Handeln und erhöht die Bereitschaft eines Arbeitnehmers bzw. eines Unternehmens als Whistleblower zu agieren.

C. Haftungsrechtlicher Schutz gegenüber Ansprüchen Dritter

Im Folgenden wird untersucht, ob und inwieweit der Whistleblower vor zivilrechtlichen Schadensersatzansprüchen geschützt ist.

Bei der Beurteilung der Frage muss wiederum unterschieden werden, ob der Whistleblower sich an der offengelegten Tat beteiligt hat oder sonst involviert war, oder ob er nur aufgrund des Whistleblowings an sich in Anspruch genommen werden kann. Es werden die in Betracht kommenden Anspruchsgrundlagen aufgezeigt und geklärt, ob Schutzmechanismen bestehen. Besonderes Augenmerk wird dabei auf Ansprüche gegen den Whistleblower als ehemaliger Kartellant und die Problematik der Akteneinsicht des Anspruchsberechtigten in die Kronzeugenakten gelegt.

I. Schutz vor zivilrechtlichen Schadensersatzansprüchen gegen den an der Tat unbeteiligten Whistleblower

Hat der Arbeitgeber gegen ein Gesetz verstoßen, erleiden Dritte dadurch regelmäßig einen Schaden. Die Geltendmachung von Schadensersatzansprüchen, etwa wegen

569 Ausführlich *Danneker/Biermann*, in: Immenga/Mestmäcker, Wettbewerbsrecht: GWB, § 81 GWB, Rn. 513 f.

Verletzung von Leib und Gesundheit oder Vermögen, wird erfolglos sein, wenn der Whistleblower an der Tat nicht beteiligt war. Der unbeteiligte Whistleblower hat keinen Bezug zu der Tat und kann dafür auch nicht belangt werden. Jedoch könnte es eine Norm geben, die den Whistleblower als Arbeitnehmer dazu verpflichtet zu handeln, wenn er den Missstand erkennt, um die Allgemeinheit vor Schäden zu bewahren.

Es gibt keine allgemeine Pflicht einer einzelnen Person, die Allgemeinheit vor Schäden zu schützen. Niemand ist verpflichtet, sich oder seine Güter zu opfern, um die Allgemeinheit zu retten. Dies folgt schon aus den Vorschriften zum strafrechtlichen Unterlassen, nach denen grundsätzlich die Zumutbarkeit des Handelns zu prüfen ist.[570] Danach ist grundsätzlich eine Person nur zu Hilfe verpflichtet, wenn es ihr zumutbar ist. Aber auch eine Verkehrssicherungspflicht[571] als besondere Pflicht zum Schutz allgemeiner Güter besteht nicht,[572] da der unbeteiligte Whistleblower schon keine Gefahr verursacht hat.

Eine erfolgreiche Geltendmachung eines Schadensersatzanspruches durch einen Dritten gegenüber einem an der Tat unbeteiligten Whistleblower ist somit ausgeschlossen, eines besonderen Schutzes bedarf es also nicht.

II. Schutz vor zivilrechtlichen Schadensersatzansprüchen gegen den an der Tat beteiligten Whistleblower

Zivilrechtliche Schadensersatzansprüche kommen vermehrt bei dem involvierten Whistleblower in Betracht. Ist der Whistleblower an dem Missstand in irgendeiner Weise beteiligt gewesen oder hat er durch seine Beihilfe die Tat gefördert und ist dadurch ein Schaden entstanden – gleich welcher Art –, kann ein Dritter den Whistleblower haftbar machen.

570 *Heuchemer*, in: BeckOK StGB, § 13 StGB, Rn. 73; *Sternberg-Lieben/Hecker*, in: Schönke/Schröder, Kommentar StGB, § 323 c StGB, Rn. 18.

571 Fallgruppen, die eine Verkehrssicherungspflicht begründen können: Eröffnung eines Verkehrs; Eingriffe in den bereits bestehenden Verkehr oder die Teilnahme daran; Verantwortlichkeit für gefährliche Sachen; Übernahme einer Aufgabe (vgl. als gesetzliche Fälle die §§ 831 II, 832 II, 834, 838); Ausübung eines besonderen Berufes oder Gewerbes, ausführlicher *Staudinger*, in: Schulze, BGB-Kommentar, § 823, Rn. 64.

572 Die Verkehrssicherungspflicht lässt sich in ihrem Grundtatbestand als allg. Rechtspflicht umschreiben, wonach derjenige, der in seinem Verantwortungsbereich Gefahren schafft oder andauern lässt, alle geeigneten, erforderlichen und zumutbaren Vorkehrungen treffen muss, um Gefahren von Dritten abzuwenden. Eine solche Pflicht kann nur angenommen werden, soweit sich nach sachkundigem Urteil die naheliegende Möglichkeit der Schädigung von Rechtsgütern anderer ergibt, vgl. *Staudinger*, in: Schulze, BGB-Kommentar, § 823, Rn. 60.

1. Ansprüche des Dritten gegen den beteiligten Whistleblower

Kommt ein Dritter bei Ausführung einer betrieblichen Tätigkeit zu Schaden, haftet ihm der Arbeitnehmer im Außenverhältnis voll, insbesondere nach § 823 BGB. Dabei muss ein gesetzlich genanntes Rechtsgut oder ein sonstiges Recht des Dritten verletzt sein und der Arbeitnehmer muss in zurechenbarer Weise die Rechtsgutsverletzung zu verantworten haben.[573] Es können Verletzungen der Gesundheit nach § 823 Abs. 1 (z. B. bei umweltverschmutzenden Praktiken) eine Rolle spielen, aber auch die Verletzung des Vermögensinteresses,[574] das durch ein Schutzgesetz nach § 823 Abs. 2 geschützt sein kann (z. B. § 263 StGB als Schutzgesetz).

Nach den Grundsätzen des innerbetrieblichen Schadensausgleichs hat der Arbeitnehmer aber grundsätzlich gegenüber seinem Arbeitgeber einen Freistellungsanspruch, und zwar dann, wenn der Arbeitnehmer – unterstellt der Arbeitgeber wäre der Geschädigte – auch nicht oder nicht voll haften würde.[575] Dies gilt aber nur, wenn die Grundsätze des innerbetrieblichen Haftungsausgleichs greifen. Bei der vorsätzlichen Begehung einer Straftat und den sich daraus ergebenden Schäden greifen die Grundsätze nicht.[576] Allerdings muss auch der Schaden vom Vorsatz erfasst sein,[577] sodass ein „einfacher“ vorsätzlicher Pflichtverstoß nicht genügt. Der geschädigte Dritte kann demnach gegen den Arbeitnehmer vorgehen, wenn aufgrund der Straftat eines der in § 823 BGB geschützten Rechtsgüter verletzt wurde.[578] Der Schwerpunkt wird dann wohl auf der Verletzung eines Schutzgesetzes im Sinne des § 823 Abs. 2 BGB liegen.

2. Tätige Reue im Zivilrecht?

Zwar wird meist in Fällen, in denen der Arbeitnehmer als Whistleblower agiert und an der Tat beteiligt ist, der Arbeitgeber als Mit- oder Haupttäter ebenfalls zivilrechtlichen Ansprüchen ausgesetzt sein. Dies ändert jedoch nichts daran, dass der Whistleblower in Anspruch genommen wird, obwohl er den Gesetzesverstoß beendet hat.

Wie sich nachträgliches Wohlverhalten auf den Rechtsnachteil – hier Schadensersatz an einen Dritten – auswirkt, wurde zwar vereinzelt im Schrifttum untersucht,[579] kann aber aufgrund der veralteten Rechtslage nicht mehr herangezogen werden.

---

573 *Teichmann*, in: Jauernig, BGB, § 823, Rn. 20.

574 So auch *Alexander*, Schadensersatz und Abschöpfung, S. 123.

575 *Schreiber*, in: Schulze, BGB-Kommentar, § 619 a, Rn. 8 m. w. N.

576 St. Rspr. BAG, Urt. v. 18.1.2007 – 8 AZR 250/06, NZA 2007, 1230, 1235; BAG, Urt. v. 18.4.2002 – 8 AZR 348/01, NZA 2003, 37, 39 f.; BAG, Urt. v. 23.1.1997 – 8 AZR 893/95, NZA 1998, 140 f.; *Henssler*, in: MüKo BGB, § 619 a BGB, Rn. 38; *Linck*, in: Schaub, Arbeitsrechtshandbuch, § 59, Rn. 24, 48.

577 Siehe BAG, Urt. v. 18.4.2002 – 8 AZR 348/01, NJW 2003, 377, 380 f.

578 *Wagner*, in: MüKo BGB, § 823 BGB, Rn. 115.

579 Siehe *Knütel*, Tätige Reue im Zivilrecht.

Die Frage, ob ein „nachträgliches Wohlverhalten" eine bereits eingetretene Rechtsfolge ungeschehen machen kann oder ob dies dem Betroffenen die Rechte wieder entzieht/beschränkt, die ihm aufgrund des Fehlverhaltens schon erwachsen waren, ist unklar. Wieso sollte die Rückkehr zur Rechtstreue nicht belohnt werden? Der Whistleblower, der zunächst an der Tat mitgewirkt hat, ist spätestens durch das Whistleblowing wieder zu gesetzmäßigem Verhalten zurückgekehrt. Ihm keine haftungsrechtliche Entlastung zuzusprechen, ist unangemessen. Das Gesetz sieht jedoch eine solche „Belohnung" nicht vor – auch die Rechtsprechung hält sich zurück.

Im Ergebnis erhält also der zunächst an der Tat beteiligte Whistleblower derzeit keinen haftungsrechtlichen Schutz durch die Rechtsordnung.

3. Ansprüche des Dritten gegen den am Kartell beteiligten Whistleblower

Die haftungsrechtliche Problematik des Whistleblowers im Kartellrecht stellt den Schwerpunkt dieses Abschnitts dar. Die Interessen des Whistleblowers (Kronzeugen), der Behörde und des Geschädigten sind dabei in Ausgleich zu bringen. Unter welchen Voraussetzungen kann ein geschädigter Dritter vom Whistleblower Schadensersatz verlangen und welche Probleme ergeben sich im Hinblick auf die besondere Stellung des Whistleblowers?

Wenn im Folgenden vom Whistleblower die Rede ist, ist damit das Unternehmen gemeint, weil der Kreis der Ersatzpflichtigen im Kartellrecht begrenzt ist. Zwar können auch einzelne Organe oder einzelne Gesellschafter bzw. die Geschäftsleitung einen Kartellrechtsverstoß begehen.[580] Jedoch wird das Verhalten der Organe dem Unternehmen, soweit es in der Rechtsform einer Handelsgesellschaft oder einer juristischen Person organisiert ist, nach § 31 BGB zugerechnet. Bei einem Verstoß eines Gesellschafters ergibt sich die Haftung aus § 31 BGB in Verbindung mit dem weiten Täterbegriff des § 9 OWiG. Im Übrigen haften die Handelnden aus der Geschäftsleitung nur, wenn sie selbst den jeweiligen Deliktstatbestand erfüllen können.[581] Werden andere Personen für ein Unternehmen in kartellrechtswidriger Weise tätig, bleibt nur der Rückgriff auf § 831 BGB.[582] Entscheidend ist dann, ob das Unternehmen bzw. die zuständigen Organe ihre Organisations- und Aufsichtspflicht schuldhaft verletzt haben, was in der Regel zu bejahen ist, wenn Arbeitnehmer gegen Gesetze verstoßen. Ersatzpflichtig ist also in erster Linie der Träger des Unternehmens. Eine direkte Inanspruchnahme des Arbeitnehmers, der keine leitende Position bekleidet, ist nicht möglich.

580 *Emmerich*, in: Immenga/Mestmäcker, Wettbewerbsrecht: GWB, § 33 GWB, Rn. 30, 31.
581 *Emmerich*, in: Immenga/Mestmäcker, Wettbewerbsrecht: GWB, § 33 GWB, Rn. 31.
582 *Wagner*, in: MüKo BGB, § 831 BGB, Rn. 14.

a. Grundlage kartellrechtlicher Schadensersatzklagen

Nach § 33 Abs. 3 GWB kann wegen Schadensersatz in Anspruch genommen werden, wer vorsätzlich oder fahrlässig einen Verstoß im Sinne von § 33 Abs. 1 GWB begeht, also eine kartellrechtliche Vorschrift oder eine kartellbehördliche Verfügung im Sinne von § 33 Abs. 1 GWB verletzt.[583] § 33 Abs. 1 GWB unterscheidet nicht mehr zwischen Verstößen gegen nationales und EG-Kartellrecht, wodurch ein Ausweichen auf § 823 Abs. 2 BGB bei Verstößen gegen Gemeinschaftskartellrecht obsolet wurde. Gegenüber § 823 Abs. 2 BGB bildet der kartellrechtliche Schadensersatzanspruch nunmehr die speziellere Anspruchsgrundlage.[584] Dagegen ist die Generalklausel des § 826 BGB neben § 33 GWB anwendbar. Für Kartellrechtsverstöße, die vor dem 1. Juli 2005 begangen wurden, gilt § 33 GWB aber nicht.[585] Für Altfälle greift § 823 Abs. 2 BGB in Verbindung mit § 1 GWB, Art. 101 und 102 AEUV. Das im GWB und AEUV verkörperte Kartellverbot zieht einen großen Kreis an Aktivlegitimierten (entsprechend dem § 33 Abs. 3 GWB) nach sich.[586]

§ 33 Abs. 3 Satz 1 i. V. m. § 33 Abs. 1 GWB ist seit der 7. GWB-Novelle also einheitliche Anspruchsgrundlage für Schadensersatzansprüche wegen schuldhaften Verstoßes gegen die Vorschriften des GWB, Art. 101 und Art. 102 AEUV sowie kartellbehördliche Verfügungen. Mangels spezialgesetzlicher Regelungen bestimmt sich der Inhalt und Umfang des Schadensersatzanspruchs geschädigter Dritter gegen das kartellbeteiligte Unternehmen aus § 33 Abs. 3 GWB i. V. m. §§ 249, 252 BGB. Der Anspruch ist der Sache nach ein deliktischer Anspruch, so dass die allgemeinen Vorschriften der §§ 823 ff., 249 ff. BGB anwendbar sind, sofern nicht die kartellrechtlichen Sonderbestimmungen aus § 33 Abs. 3 S. 2 bis 5 GWB eingreifen.[587] Dies gilt insbesondere für das Mitverschulden nach § 254 BGB, die Art des Schadensersatzes und den Schadensumfang.[588] Die Berechnung der konkreten Schadenshöhe erfolgt auf Grundlage der Differenzhypothese:[589] Der Geschädigte ist so zu stellen, wie er stünde, wenn es den Kartellverstoß nicht gegeben hätte. Der konkrete Schaden besteht aus der Differenz zwischen dem tatsächlich gezahlten Kartellpreis und dem hypothetischen Wettbewerbspreis zuzüglich eines entgangenen Gewinns[590] und

---

583 Die Bestimmungen des GWB unterliegen einem ganz eigenen Sanktionssystem, vgl. *Alexander*, Schadensersatz und Abschöpfung, S. 339.

584 *Emmerich*, in: Immenga/Mestmäcker, Wettbewerbsrecht: GWB, § 33 GWB, Rn. 113; *Rehbinder*, in: Loewenheim/Meessen/Riesenkampff, Kartellrecht, § 33 GWB, Rn. 56, der betont, dass auch § 823 Abs. 1 BGB unter dem Gesichtspunkt des Eingriffs in das Recht am eingerichteten und ausgeübten Gewerbebetrieb hinter § 33 GWB zurücktritt, da diese Regelung nach allgemeiner Meinung nur subsidiär gilt.

585 *Zimmer/Logemann*, WuW 2006, 982, 984 f.

586 BGH, Urt. v. 28.6.2011 – KZR 75/10, NJW 2012, 928, 928.

587 *Alexander*, Schadensersatz und Abschöpfung, S. 390.

588 *Rehbinder*, in: Loewenheim/Meessen/Riesenkampff, Kartellrecht, § 33 GWB, Rn. 31.

589 OLG Karlsruhe, Urt. v. 28.1.2004 – 6 U 183/03, NJW 2004, 2243, 2244.

590 Vgl. *Hellwig*, in: Basedow, Private Enforcement, S. 121 f.

der Zinsen in Höhe von 5 Prozent über dem Basiszinssatz (§§ 33 Abs. 2 Satz 4, 5 GWB i. V. m. § 288 BGB).[591] Da sich die hypothetischen Wettbewerbspreise nicht immer ermitteln lassen, steht es dem Richter nach § 33 Abs. 3 Satz 3 GWB frei, eine Schätzung des Schadens nach § 287 ZPO[592] vorzunehmen.

Gemäß §§ 830, 840 BGB haften dabei alle Kartellanten gesamtschuldnerisch[593] – auch der Kronzeuge ist in die Haftung mit eingeschlossen.[594] Deshalb kann grundsätzlich gegenüber jedem Kartellbeteiligten ein Schadensersatzanspruch geltend gemacht werden. Durch den gemeinsamen Vollzug der Kartellabsprache und das wettbewerbswidrige Verhalten trägt jeder einzelne zur Schadensentstehung bei, sodass ein Geschädigter nach §§ 840 Abs. 1, 421 f. BGB auch ausschließlich vom Kronzeugen den Ersatz des Schadens in voller Höhe verlangen kann.

Daneben kommen bereicherungsrechtliche Ansprüche wegen arglistiger Täuschung nach § 123 Abs. 1 BGB in Betracht, die bei der Rückabwicklung die Rechtsfolge des §§ 812, 818 BGB auslösen und bei Verletzung einer bestehenden Aufklärungspflicht einen Schadensersatzanspruch nach § 311 Abs. 2 BGB (c. i. c.) nach sich ziehen.[595] Die Darlegungs- und Beweislast für den Rechtsverstoß trägt der Schadensersatzkläger.[596]

Im Falle sog. *follow on*-Klagen[597] sind die Zivilrichter insoweit an die rechtskräftige Entscheidung des Bundeskartellamtes, der Europäischen Kommission sowie der Wettbewerbsbehörden anderer Mitgliedstaaten gebunden (§ 33 Abs. 4 GWB). Diesem Gedanken entspricht auch Art. 16 Abs. 1 der Verordnung Nr. 1/2003 (EG), wonach mitgliedstaatliche Gerichte keine Entscheidungen über Vereinbarungen, Beschlüsse oder Verhaltensweisen (im Sinne der Art. 101 oder 102 AEUV) erlassen dürfen, die bereits Gegenstand einer Entscheidung der Kommission sind und der Entscheidung der Kommission zuwiderlaufen würden.[598] Zwar befreit § 33 Abs. 4

591 EuGH, Urt. v. 13.7.2006 – verb. Rs. C-295/04-C-298/04, Slg. 2006, I-6641 (Rn. 95), EuZW 2006, 529, 535 (Manfredi u. a.).

592 § 287 ZPO bezieht sich dabei auf die haftungsausfüllende Kausalität und damit auf die Feststellung, ob ein Schaden eingetreten ist, welchen Umfang er hat und ob er auf dem entsprechenden Verhalten beruht *Meyer*, GRUR 2006, 27, 30.

593 BGH, Urt. v. 28.6.2011 – KZR 75/10, NJW 2012, 928, 935; zum Gesamtschuldnerausgleich i. S. der §§ 426 Abs. 1 S. 1, 254 Abs. 1 BGB *Dreher*, FS Möschel, S. 149, 156 f.; *Krüger*, Kartellregress, S.77 f.

594 *Zöttl/Schlepper*, EuZW 2012, 573, 573.

595 BGH, Beschl. v. 28.1.2010 – VII ZR 50/09, ZfBR 2010, 368, 369; *Bornkamm*, in: Langen/Bunte, Deutsches KartellR, § 33 GWB, Rn. 99; *Zöttl/Schlepper*, EuZW 2012, 573, 574; a. A. OLG Düsseldorf, Urt. v. 20.2.2009 – 22 U 135/08, NJW-Spezial 2011, 14, unter Verneinung des Anfechtungsgrundes.

596 BGH, Beschl. v. 28.1.2010 – VII ZR 50/09, ZfBR 2010, 368, 369.

597 *Follow on*-Klagen sind Klagen, bei denen sich der Kläger die Bindungswirkung der Bußgeldentscheidung einer Wettbewerbsbehörde für deutsche Gerichte bezüglich der Rechtsverletzung nach § 33 Abs. 4 GWB zunutze macht.

598 Zu den Grenzen der Wortlautauslegung in Bezug auf das Merkmal „Zuwiderlaufen" *Imgrund*, Die Bindung der deutschen Zivilgerichte, S. 95 f.

GWB den Kläger nicht von seiner Pflicht, den Schaden sowie die Kausalität zwischen Verstoß und eingetretenem Schaden und das Verschulden nachzuweisen. Jedoch erübrigt die Tatbestandswirkung nach § 33 Abs. 4 GWB die grundlegende Feststellung eines Kartellverstoßes, die oftmals erhebliche Schwierigkeiten bereitet.[599] Außerdem wird durch die Bindungswirkung eine Vergeudung der knappen Ressourcen im Justizwesen durch doppelte Prüfungen derselben Sach- und Rechtsfragen vermieden.

Gemäß § 33 Abs. 1 Satz 3 GWB ist derjenige anspruchsberechtigt, der durch den Kartellrechtsverstoß als Mitbewerber oder sonstiger Marktteilnehmer „betroffen" ist. Betroffen ist der direkte Abnehmer der kartellbehafteten Produkte, also die unmittelbare Marktgegenseite, wie die unmittelbaren Lieferanten, Abnehmer und Endverbraucher. Lange Zeit war umstritten, ob auch der indirekte Abnehmer anspruchsberechtigt ist. Unter einem indirekten Abnehmer versteht man z. B. die Kunden der Kunden von Kartellmitgliedern und die Endverbraucher – also den letzten in einer Vertriebskette. Mit Blick auf die Rechtsprechung des EuGH und den *effet utile* hat der BGH[600] entschieden, dass indirekte Abnehmer mit in den Kreis der Anspruchsberechtigten einzubeziehen seien. Nach europäischem Recht müsse „jedermann" Ersatz des Schadens verlangen können, der ihm durch einen Verstoß gegen Art. 101 oder 102 AEUV entstehe.[601] Verhaltensweisen, die sich auf die Marktgegenseite insgesamt auswirken, von der Schadensersatzsanktion auszunehmen, wäre mit der Pflicht der nationalen Gerichte, dem Kartellverbot volle Wirksamkeit zu verleihen,[602] nicht vereinbar und würde zu einer zweckwidrigen Entlastung gerade solcher Kartelltäter führen, die Schäden mit großer Breitenwirkung verursachen.[603] Des Weiteren sind nach § 33 Abs. 2 Nr. 1 GWB auch rechtsfähige Verbände zur Förderung gewerblicher oder selbstständiger beruflicher Interessen anspruchsberechtigt, wenn ihnen eine erhebliche Zahl von betroffenen Unternehmen im Sinne des Absatzes 1 Satz 3 angehört und sie insbesondere nach ihrer personellen, sachlichen und finanziellen Ausstattung imstande sind, ihre satzungsmäßigen Aufgaben der Verfolgung gewerblicher oder selbstständiger beruflicher Interessen tatsächlich wahrzunehmen. Ansonsten sind Verbände grundsätzlich nicht anspruchsberechtigt.

---

599 *Berrisch/Burianski*, WuW 2005, 878, 881.

600 BGH, Urt. v. 28.6.2011 – KZR 75/10, NJW 2012, 928.

601 BGH, Urt. v. 28.6.2011 – KZR 75/10, NJW 2012, 928, 930, unter Verweis auf den EuGH, Urt. v. 13.7.2006 – verb. Rs. C-295/04-C-298/04, Slg. 2006, I-6619 (Rn. 60, 61), EuZW 2006, 529, 531 (Manfredi u. a.).

602 BGH, Urt. v. 28.6.2001 – KZR 75/10, NJW 2012, 928, 929 f. mit Verweis auf EuGH, Urt. v. 20.9.2001 – Rs. C-453/99, Slg. 2001, I-6297 (Rn. 26), EuZW 2001, 715 (Courage/Crehan) und EuGH, Urt. v. 13.7.2006 – verb. Rs. C-295/04-C-298/04, Slg. 2006, I-6619 (Rn. 60), EuZW 2006, 529 (Manfredi u. a.).

603 BGH, Urt. v. 28.6.2001 – KZR 75/10, NJW 2012, 928, 929 f.; vgl. *Bulst*, NJW 2004, 2201, 2202; *Berrisch/Burianski*, WuW 2005, 878, 881; *Emmerich*, in: Immenga/Mestmäcker, Wettbewerbsrecht: GWB, § 33 GWB, Rn. 16.

Umstritten war ebenfalls, wie mit dem *passing-on*-Einwand umzugehen ist. Im Rahmen des Vorteilsausgleichs[604] ist zu fragen, ob die Weitergabe der auf der Kartellvereinbarung beruhenden Preiserhöhung an die nachgelagerte Marktstufe angerechnet werden muss und dieser Schadensposten damit für die unmittelbare Marktgegenseite nicht mehr ersatzfähig ist. Mit Blick auf die erforderliche Kausalität zwischen Schädigung und Vorteil und einer wertenden Betrachtung spricht einiges für einen Ausschluss der *passing-on defense*.

Der Ausschluss kann jedoch dazu führen, dass der Schädiger mehrfach in Anspruch genommen[605] und der Direktabnehmer ungerechtfertigt bereichert wird.[606] § 33 Abs. 3 Satz 2 GWB lässt die Frage nach der Zulassung des Einwands offen. Die Rechtsprechung hat die Lücke gefüllt, der BGH erlaubt grundsätzlich den *passing-on*-Einwand.[607] Um eine mögliche Mehrfachbelastung des Beklagten in Grenzen zu halten, lässt der BGH den Einwand der Schadensabwälzung zu und verweist den Schädiger auf die Möglichkeit der Streitverkündung.[608]

Danach sind dem Geschädigten zufließende Vorteile aus dem Weiterverkauf der Kartellprodukte bzw. der Produkte, zu denen sie weiterverarbeitet wurden, auf seinen Schaden anzurechnen, wenn der Vorteil bei wertender Betrachtung adäquat kausal auf dem schädigenden Ereignis (Kartellabsprache) beruht, die Anrechnung dem Geschädigten zumutbar ist und den Schädiger nicht unangemessen entlastet.[609] Damit hat der BGH die Rechtsunsicherheit beseitigt, ob der Einwand der Vorteilsanrechnung zulässig ist.

Zur Haftung bei Erwerb von einem Kartellaußenseiter hat der Europäische Gerichtshof in einer Grundsatzentscheidung am 5. Juni 2014[610] entschieden, dass Kartellbeteiligte (auch) für einen Schaden haften, der durch die Verfälschung des Marktpreises infolge des Kartells entstanden ist. Damit hat der EuGH so genannte Preisschirmeffekte („Umbrella-Pricing“) anerkannt und den Umfang der Schadensersatzhaftung von Kartellteilnehmern neu bestimmt.

Für das deutsche Recht ist die Frage, ob die Kartellbeteiligten für den Schaden haften, der einem Angehörigen der Marktgegenseite dadurch entstanden ist, dass er das Produkt nicht von einem Kartellbeteiligten selbst, sondern von einem Kartellaußenseiter erworben hat, dieser aber infolge eines Preisschimeffekts ebenfalls einen erhöhten Preis verlangt hat, höchstrichterlich nicht entschieden. Im Schrifttum[611]

604 Näher dazu *Bornkamm*, in: Langen/Bunte, Deutsches KartellR, § 33 GWB, Rn. 112; vertiefend *Soyez*, EuZW 2012, 100.

605 *Kleinlein/Schubert*, WuW 2012, 345, 345.

606 *Bulst*, ZWeR 2012, 70, 80.

607 BGH, Urt. v. 28.6.2011 – KZR 75/10, NJW 2012, 928, 932.

608 BGH, Urt. v. 28.6.2011 – KZR 75/10, NJW 2012, 928, 934.

609 BGH, Urt. v. 28.6.2011 – KZR 75/10, NJW 2012, 928, 934.

610 EuGH, Urt. v. 5.6.2014 – Rs. C-557/12, EuZW 2014, 586 (Kone); siehe auch Anmerkung *Schoene*, GRUR-Prax 2014, 293, 294.

611 *Alexander*, Schadensersatz und Abschöpfung, S. 388 f; *Bulst*, Schadensersatzansprüche, S. 255; *Meeßen*, Schadensersatz, S. 256 f; a. A. *Stöber*, EuZW 2014, 257, 258 f.

wird eine Haftung der Kartellbeteiligten mit der Begründung verneint, dass die Preisfestsetzung des Kartellaußenseiters auf dessen autonomer Entscheidung beruhe, weshalb sie den Kartellbeteiligten nicht zugerechnet werden könne. Diese Ansicht übersieht jedoch, dass in einem solchen Fall die Vorgaben des Europarechts zu berücksichtigen sind. Diese Erkenntnis hat im Aufzugskartell-Fall den österreichischen OGH im Jahr 2012 zu einem Vorabentscheidungsverfahren an den EuGH veranlasst.[612] Der EuGH antwortete auf die Vorlagefrage, dass Art. 101 AEUV dahin auszulegen sei, dass er einer Auslegung und Anwendung des innerstaatlichen Rechts eines Mitgliedstaates entgegenstehe, wonach es aus Rechtsgründen kategorisch ausgeschlossen sei, dass die an einem Kartell beteiligten Unternehmen zivilrechtlich für Schäden haften, die daraus resultieren, dass ein an diesem Kartell nicht beteiligtes Unternehmen in Anbetracht der Machenschaften des Kartells seine Preise höher festgesetzt habe, als es dies ohne das Kartell getan hätte.[613] In der Urteilsbegründung weist der Gerichtshof darauf hin, dass die praktische Wirksamkeit des Verbots wettbewerbswidriger Absprachen beeinträchtigt wäre, wenn der Einzelne nicht Ersatz des ihm durch einen Verstoß gegen die Wettbewerbsregeln entstandenen Schadens verlangen könne. Ein Kartell kann zur Folge haben, dass Unternehmen, die ihm nicht angehören, ihre Preise an den durch das Kartell entstandenen Marktpreis anpassen, was den Kartellbeteiligten nicht verborgen bleiben kann. Deshalb könne eine Entscheidung über die Festsetzung eines Angebotspreises, auch wenn sie als völlig autonome Entscheidung anzusehen ist, unter Heranziehung eines durch das Kartell verfälschten Marktpreises getroffen werden.[614] Ist also erwiesen, dass das Kartell nach den Umständen des konkreten Falles und insbesondere den Besonderheiten des betreffenden Marktes eine Erhöhung der geltenden Preise durch nicht am Kartell beteiligte Wettbewerber zur Folge haben kann, müssen die durch diese Preissteigerung Geschädigten von den Kartellbeteiligten den Ersatz des ihnen entstandenen Schadens verlangen können, auch wenn keine vertragliche Beziehung zwischen ihnen bestand.[615] Um den Kartellbeteiligten jedoch keine uferlose Haftung aufzuerlegen, ist für die Bestimmung, welche Schäden von der Haftpflicht umfasst sind, ein „ursächlicher Zusammenhang“[616] zu fordern. Die Anwendung dieses Begriffs ist grundsätzlich Aufgabe des innerstaatlichen Rechts des einzelnen

612 OGH Wien, Beschl. v. 17.10.2012 – 7 Ob 48/12b, EuZW 2013, 80, Leitsatz, WuW 2013, 453.

613 EuGH, Urt. v. 5.6.2014 – Rs. C-557/12 (Rn. 37), (Kone); so auch schon Ansicht der Generalanwältin *Kokott* in ihrem Schlussantrag vom 30.1.2014, NZKart 2014, 117 (Schlussantrag Kone).

614 EuGH, Urt. v. 5.6.2014 – Rs. C-557/12 (Rn. 29), (Kone).

615 Vgl. EuGH, Urt. v. 5.6.2014 – Rs. C-557/12 (Rn. 34), (Kone).

616 Generalanwältin *Kokott* zieht in ihrem Schlussantrag den Maßstab heran, den der EuGH in Bezug auf die außervertragliche Haftung der Unionsorgane nach Art. 340 Abs. 2 AEUV anlegt: Es müsse demnach ein „hinreichend unmittelbarer Kausalzusammenhang“ zwischen dem Fehlverhalten und dem Schaden bestehen, NZKart 2014, 117, Rn. 34 (Schlussantrag Kone).

Mitgliedstaates.[617] Für das deutsche Recht sind die §§ 249 ff. BGB und die Regeln des allgemeinen deutschen Schadensrechts maßgeblich,[618] die im Grundsatz auf § 33 GWB Anwendung finden.[619]

Auch wenn im Einzelfall zu entscheiden ist, ob die Festlegung überhöhter Preise durch Kartellaußenseiter adäquat-kausal auf einem Kartellverstoß beruht, besteht nun grundsätzlich die Möglichkeit, dass Geschädigte von Beteiligten eines Preiskartells nach § 33 Abs. 1 S. 1, Abs. 3 S.1 GWB auch für die auf Preisschirmeffekten beruhenden Schäden Ersatz erhalten können.

b. Änderungen nach der 8. GWB-Novelle vom 26. Juni 2013

Um die gesellschaftspolitische Anpassung und vor allem auch die Erfüllung europarechtlicher Vorgaben zu gewährleisten, ist eine regelmäßige Novellierung der gesetzlichen Lage angebracht. Eine aktuelle Neuerung im Wettbewerbsrecht ist die 8. GWB-Novelle vom 26. Juni 2013.[620]

Die 8. Novelle des GWB ist am 29. Juni 2013 im Bundesgesetzblatt verkündet worden. Die Novelle soll die wettbewerblichen Rahmenbedingungen modernisieren und optimieren sowie die Durchsetzung des GWB effizienter gestalten. Zudem sollen Unterschiede zwischen der deutschen und europäischen Fusionskontrolle verringert werden. Die Novelle führt auch zu einzelnen Änderungen im Verfahrens- und Sanktionsrecht. Der letztgenannte Bereich und die einhergehenden Änderungen werden im Folgenden näher skizziert.

aa. Verwaltungsverfahren

Die Novelle stellt in verwaltungsverfahrensrechtlicher Hinsicht klar, dass das Bundeskartellamt bei einem Verstoß gegen Kartellrecht auch Abhilfemaßnahmen erlassen kann, die in die Substanz des Unternehmens eingreifen (sog. strukturelle Maßnahmen). Darüber hinaus wird gesetzlich verankert, dass die Kartellbehörde im Rahmen einer Abstellungsverfügung auch eine Rückerstattung der infolge kartellrechtswidrigen Verhaltens erzielten Vorteile anordnen kann.

bb. Bußgeldrecht

Die Ahndung von Kartellrechtsverstößen erfolgt nach dem deutschen Ordnungswidrigkeitenrecht (OWiG). Bei Kartellrechtsverstößen kann das Bundeskartellamt eine

---

617 EuGH, Urt. v. 5.6.2014 – Rs. C-557/12 (Rn. 24, 32), (Kone).

618 Ausführlicher *Stöber*, EuZW 2014, 257, 259.

619 *Alexander*, Schadensersatz und Abschöpfung, S. 156 f., 390; *Lübbig*, in: MüKo GWB, § 33 GWB, Rn. 78.

620 Achtes Gesetz zur Änderung des Gesetzes gegen Wettbewerbsbeschränkungen vom 26.6.2013, BGBl. I-2013, S. 1738.

Geldbuße von bis zu 10% des gesamten Konzernumsatzes verhängen.[621] Nach einem Urteil des BGH[622] im Februar 2013 handelt es sich im Gegensatz zum europäischen Recht dabei nicht um eine Kappungsgrenze, sondern nach verfassungskonformer Auslegung um einen Bußgeldrahmen. In der Bekanntmachung des Bundeskartellamts vom 25. Juni 2013 sind nun Leitlinien[623] festgelegt, wie das Bundeskartellamt schwerwiegende Kartellrechtsverstöße zu ahnden hat und welche Kriterien für die Bußgeldzumessung herangezogen werden.

Praktische Bedeutung über das Kartellrecht hinaus hat die Änderung des § 30 OWiG. Nach § 30 Abs. 2 a OWiG hat der Gesamtrechtsnachfolger für Bußgelder zu haften, die der Rechtsvorgänger verwirkt hat. Der Gesamtrechtsnachfolger haftet also, wenn und weil der ursprünglich haftende Rechtsträger nicht mehr existiert. Entgegen dem Vorschlag des Bundesrates, ist in das Gesetz keine Regelung zur kartellrechtlichen Aufsichtspflicht der Muttergesellschaft über ihre Tochterunternehmen aufgenommen worden. Die Bundesregierung hat im Gesetzgebungsverfahren erklärt, dass die bestehenden Regelungen ausreichend sind.[624]

cc. Akteneinsichtsrecht

Das Akteneinsichtsrecht, das in einem Entwurf in § 81 b GWB Ref-E angedacht wurde, ist in der 8. GWB-Novelle nicht berücksichtigt worden. Es geht insbesondere um die Frage, wie und in welchem Umfang den Geschädigten ein Akteneinsichtsrecht in Bonusanträgen gewährt werden soll. Mit Hilfe dieses Rechts soll den Geschädigten der Weg zur Schadensersatzklage erleichtert werden. Diese Frage ist nun mangels gesetzlicher Regelung von der Rechtsprechung zu beantworten. Ein kurzer Überblick soll zeigen, was im Entwurf zum § 81 b GWB vorgesehen war.

(1) Entwurf eines § 81 b GWB

Der Referentenentwurf zur 8. GWB-Novelle sah einen § 81 b GWB vor, der die Vertraulichkeit von Aufklärungsbeiträgen regeln sollte.[625] Der Schutz von Informationen,

---

621 Grundlage ist Art. 23 II VO 1/2003 und § 81 Abs. 4 Satz 2 GWB; kritisch dazu *Buntscheck*, EuZW 2007, 423, 425 f.

622 BGH, Urt. v. 26.2.2013 – KRB 20/12, NJW 2013, 1972, 1973.

623 Bekanntmachung des Bundeskartellamts vom 25. Juni 2013 – Leitlinien für die Bußgeldzumessung in Kartellordnungswidrigkeitenverfahren, abrufbar unter: http://www.bundeskartellamt.de/SharedDocs/Publikation/DE/Leitlinien/Bekanntmachung%20-%20Bu%C3%9Fgeldleitlinien-Juni%202013.pdf?__blob=publicationFile&v=5, (abgerufen am 4.4.2014).

624 Siehe Gegenäußerung der Bundesregierung, BT-Drs. 17/9852 (Anlage 4), S. 49, unter 1 b).

625 Referentenentwurf für ein 8. Gesetz zur Änderung des Gesetzes gegen Wettbewerbsbeschränkungen, S. 17, abrufbar unter: http://www.bmwi.de/BMWi/Redaktion/PDF/G/gwb-8-aenderung-referentenentwurf,property=pdf,bereich=bmwi,sprache=de,rwb=true.pdf, (abgerufen am 11.11.2013).

die gegenüber den Kartellbehörden im Wege des Bonusverfahrens offenbart werden, ist aktuell kaum vorhanden. Schadenersatzkläger verlangen Akteneinsicht in die gefertigten Unterlagen, um ihren Schaden beweisen bzw. beziffern zu können.

Im Referentenentwurf war mit § 81 b GWB Ref-E eine Regelung enthalten, die Akteneinsicht in Bonusanträge generell ausschloss.[626] Darin hieß es in Absatz 1:

> *„Akteneinsicht in einen Antrag auf Erlass oder Reduktion einer Geldbuße und die dazu übermittelten Beweismittel nach § 406e der Strafprozessordnung, auch in Verbindung mit § 46 Absatz 1 des Gesetzes über Ordnungswidrigkeiten, findet nicht statt."*

Der Referentenentwurf hatte sich für eine allgemeine Regelung und nicht für eine Abwägung im Einzelfall entschieden.[627] Zur Sicherstellung der Effektivität von Bonusprogrammen sei eine solche Regelung in abstrakter Weise sinnvoll und auch möglich.[628]

(2) Fehlgeschlagene Implementierung

Im Regierungsentwurf und in der aktuellen Fassung des GWB ist weder von einem § 81 b GWB noch von einem Akteneinsichtsrecht die Rede.

Möglicherweise hielt man das Problem nach den Entscheidungen der Gerichte für erledigt. Die aktuelle Diskussion in der Wissenschaft verdeutlicht aber, dass dies nicht der Fall ist.

Zudem ist nicht sicher, ob eine Regelung wie die des § 81 b GWB Ref-E das „Dilemma" des Akteneinsichtsrechts lösen würde, da auch Wettbewerbsbehörden anderer Mitgliedstaaten Interesse an Informationen haben. § 81 b GWB Ref-E würde eine solche Weitergabe nicht unterbinden, da §§ 50 a bis 50 c GWB unberührt blieben.[629] Nach dem Urteil des EuGH im Fall *Donau Chemie*[630] kann auch bezweifelt werden, ob eine Regelung wie § 81 b GWB Ref-E im Anwendungsbereich des Art. 101 AEUV europarechtskonform gewesen wäre.[631]

In der Bekanntmachung der Gegenäußerung der Bundesregierung[632] auf die Vorschläge des Bundesrates wird auch zum Anspruch auf Akteneinsicht kurz Stellung

---

626 Referentenentwurf für ein 8. Gesetz zur Änderung des Gesetzes gegen Wettbewerbsbeschränkungen, S. 17, abrufbar unter: http://www.bmwi.de/BMWi/Redaktion/PDF/G/gwb-8-aenderung-referentenentwurf,property=pdf,bereich=bmwi,sprache=de,rwb=true.pdf, (abgerufen am 11.11.2013).

627 Siehe *Fritzsche*, DB 2012, 845, 852.

628 *Fritzsche*, DB 2012, 845, 852; Referentenentwurf für ein 8. Gesetz zur Änderung des Gesetzes gegen Wettbewerbsbeschränkungen, S. 51, abrufbar unter: http://www.bmwi.de/BMWi/Redaktion/PDF/G/gwb-8-aenderung-referentenentwurf,property=pdf,bereich=bmwi,sprache=de,rwb=true.pdf, (abgerufen am 11.11.2013); anders *Fornasier/Sanner*, WuW 2011, 1067, 1072.

629 So *Fritzsche*, DB 2012, 845, 852.

630 EuGH, Urt. v. 6.6.2013 – Rs. C-536/11, JZ 2013, 734 (Donau Chemie u. a.).

631 So auch *Bosch/Fritsche*, NJW 2013, 2225, 2229.

632 Gegenäußerung der Bundesregierung, BT-Drs. 17/9852, S. 49, 1 c).

genommen. Der Vorschlag des Bundesrats lief darauf hinaus, den Umfang der Akteneinsicht bei Bonusanträgen im Gesetz gegen Wettbewerbsbeschränkungen klarzustellen. Die Bundesregierung vermochte sich laut Gegenäußerung einem solchen Vorschlag nicht anzuschließen. Danach teile die Bundesregierung zwar die Einschätzung des Bundesrates, dass die Bonusregelung in Deutschland eine sehr wichtige Rolle bei der Kartellverfolgung spiele.[633] Jedoch habe das AG Bonn[634] in seiner Entscheidung das Recht der Akteneinsicht auf Grundlage des § 406 e StPO schon sehr weit eingeschränkt, wonach keine Bedürftigkeit für eine Regelung mehr bestehe.[635] Die Bundesregierung betont weiterhin, dass sie die Rechtsprechung der Gerichte zu Akteneinsichtsanträgen bei Kartellrechtsverfahren weiter verfolgen (bis März 2013) und entsprechende Maßnahmen ergreifen werde, sobald sich Bedarf an einer Regelung ergebe.[636]

Eine Einführung ist also vorläufig gescheitert.

dd. Anonymes Hinweisgebersystem

Das Bundeskartellamt hat der Verfolgung und Ahndung illegaler Absprachen, insbesondere der Verfolgung von „Hardcore-Kartellen", stets eine hohe Priorität eingeräumt. Um dieses Ziel weiterhin erreichen zu können und die Kartellverfolgung so effektiv wie möglich zu gestalten, wurden verschiedene Instrumente eingeführt: Eines ist das anonyme Hinweisgebersystem, das 2012 eingerichtet wurde[637] und in die Zeit der Novellierung fällt. Auf der Internetseite des Bundeskartellamtes wird auf die nötige Hilfe der Hinweisgeber hingewiesen und die Annahme der Information unter Nutzung eines Links angeboten. Die Information kann durch schriftlichen oder telefonischen Kontakt übermittelt werden. Überdies wird betont, dass die Weitergabe der Informationen auch anonym erfolgen kann. Das Bundeskartellamt betont, dass solche Insider-Kenntnisse sehr wertvoll für die Aufdeckung und Ahndung von Kartellen sein können und dabei helfen, weitere Schäden zu verhindern. Für diesen Fall hat das Bundeskartellamt ein standardisiertes Hinweisgebersystem eingerichtet – eine technische Rückverfolgung des Hinweises ist unmöglich. Das System ist von einem öffentlich bestellten und vereidigten Sachverständigen zertifiziert und wird auch in der Korruptionsbekämpfung von bekannten Unternehmen sowie bei Landeskriminalämtern und Polizeibehörden verwendet.[638]

---

633 Gegenäußerung der Bundesregierung, BT-Drs. 17/9852, S. 49, 1 c).

634 AG Bonn, Beschl. v. 18.1.2012 – 51 Gs 53/09, GRUR-RR 2012, 178.

635 Gegenäußerung der Bundesregierung, BT-Drs. 17/9852, S. 49, 1 c).

636 Gegenäußerung der Bundesregierung, BT-Drs. 17/9852, S. 49, 1 c).

637 Siehe http://www.bundeskartellamt.de/DE/Kartellverbot/Anonyme_Hinweise/anonymehinweise_artikel.html?nn=3591496, (abgerufen am 4.4.2014).

638 Siehe http://www.bundeskartellamt.de/DE/Kartellverbot/Anonyme_Hinweise/anonymehinweise_artikel.html?nn=3591496, der auf die Seite der Business Keeper AG verweist, die das Hinweisgebersystem entwickelt hat, (abgerufen am 4.4.2014).

Zusammenfassend kann festgestellt werden, dass das aktuelle Problem der Akteneinsicht in der Politik durchaus erkannt wurde. Eine Implementierung einer gesetzlichen Vorschrift ist nicht gelungen. Hilfe bei der Lösung des Problems können jedoch gerichtliche Entscheidungen bieten, die in jüngster Zeit vermehrt diese Thematik zum Gegenstand hatten.

4. Schutz des kartellrechtlichen Whistleblowers durch Begrenzung des Akteneinsichtsrechts

Die Bonusregelung des Bundeskartellamts sichert die Effektivität und Attraktivität der Kartellrechtsdurchsetzung. Indem die Antragsteller die Sicherheit bekommen, ganz oder zumindest teilweise von dem Bußgeld verschont zu bleiben, wird ihnen der Ausstieg aus der Beteiligung erleichtert. Doch die jüngste Rechtsprechung zum Akteneinsichtsrecht eines Dritten nach § 406 e StPO in Verbindung mit § 46 OWiG zwecks Vorbereitung einer Schadensersatzklage hat gezeigt, dass private und behördliche Kartellrechtsdurchsetzung sich gegenseitig behindern können. Je einfacher die Durchsetzung privater Kartellschadensersatzansprüche, desto unattraktiver sind Kronzeugenprogramme. Aber gerade die Kronzeugenprogramme helfen dem Whistleblower, sich zu offenbaren und den Missstand publik zu machen. Sie geben ihm die Sicherheit, trotz der vorherigen Teilnahme eine „Begünstigung" zu erlangen. Ist mit einer erhöhten Inanspruchnahme des Whistleblowers durch die Einsicht in die Akten zu rechnen, ist der Whistleblower haftungsrechtlich schutzlos. Denn trotz der Offenbarung des Gesetzesverstoßes ist er das Ziel vorzeitiger und umfänglicher Inanspruchnahme durch Dritte. In dem Zusammenhang stellt sich die Frage nach dem Verhältnis zwischen dem *private* und *public enforcement*.

a. Das Akteneinsichtsrecht im Rahmen von Kronzeugenverfahren

Das Akteneinsichtsrecht hat erheblichen Einfluss auf die Effektivität von Kronzeugenregelungen. Die Kartellbehörden haben den Konflikt aufzulösen, der sich aus den widerstreitenden Interessen des Klägers (möglichst viel Informationen für eine Schadensersatzklage erhalten) und des Whistleblowers (weitgehender Verschluss der an die Behörde gelieferten Informationen) ergibt. Kronzeugenerklärungen beinhalten detaillierte Informationen über die Struktur eines Kartells bzw. über den spezifischen „Tatbeitrag" des Kartellanten sowie die Mitwirkung des oder der übrigen Beteiligten.[639] Wird dem Kartellgeschädigten erlaubt, uneingeschränkte Einsicht in die Akten zu nehmen, besteht nicht nur die Gefahr, dass sensible Informationen, wie etwa Geschäftsgeheimnisse, an die Öffentlichkeit treten, sondern auch, dass der Kronzeuge als Whistleblower der erste Kartellbeteiligte ist, der Ziel von Schadensersatzklagen wird.[640] Die Folge ist eine erhebliche Abschreckungswirkung.

---

639 *Schroll*, Effektivität der Kronzeugenprogramme, S. 186.
640 *Schroll*, Effektivität der Kronzeugenprogramme, S. 163; *Böge*, in: Basedow, Private Enforcement, S. 217, 223; *Kersting*, ZWeR 2008, 252, 263; *Schroeder*, FS Bechtold,

Die Dokumente bzw. Akten, die im Rahmen eines Kronzeugenverfahrens angelegt werden, können sich in verschiedenen Händen befinden. Diese unterschiedliche Betrachtung ist wichtig, da abhängig von den individuellen Besitzverhältnissen unterschiedliche Anspruchsgrundlagen zu erwägen sind. Daher werden zunächst die grundsätzlichen Zugriffsmöglichkeiten auf nationaler Seite betrachtet, um dann das Weißbuch der EU-Kommission und die aktuelle Rechtsprechung zum Akteneinsichtsrecht darzustellen. Sind Akten im Besitz der EU-Kommission, ergibt sich ein besonderes Normenverhältnis im Hinblick auf die Einsichtsrechte Dritter, das gesondert erläutert wird.

aa. Zugriff auf Dokumente im Besitz des Bundeskartellamtes

Möchte der Kartellgeschädigte im Rahmen seiner privaten Schadensersatzklage Akten einsehen, gelingt ihm das nicht als Verfahrensbeteiligter. Als geschädigter Dritter hat er jedoch die Möglichkeit, nach §§ 406 e Abs. 1, 475 StPO i. V. m. § 46 Abs. 1 OWiG seinen Anwalt mit der Aufgabe zu betrauen, die dem Gericht vorliegenden Ermittlungsakten – u. a. Akten des Bundeskartellamtes – einzusehen. Dabei muss jedoch ein berechtigtes Interesse dargelegt werden. Dann ist eine Einsicht in die Akten während jedes Verfahrensstadiums, auch in einer frühen Phase des Ermittlungsverfahrens, möglich.[641] Auch wenn alle Voraussetzungen vorliegen,[642] wird das Recht auf Akteneinsicht nicht schrankenlos gewährt. Nach § 406 e Abs. 2 StPO kann das Einsichtsbegehren versagt werden, soweit überwiegende schutzwürdige Interessen des Beschuldigten oder anderer Personen entgegenstehen und/oder der Untersuchungszweck gefährdet erscheint bzw. durch die Akteneinsicht das Verfahren erheblich verzögert wird.

Gemäß § 1 Abs. 1 IFG[643] hat jeder, d. h. jede natürliche und juristische Person des Privatrechts, gegenüber den Behörden des Bundes einen voraussetzungslosen Anspruch auf Zugang zu amtlichen Informationen. Der Zweck des IFG besteht dabei in einer Steigerung der Transparenz des Verwaltungshandelns, um die effektive Wahrnehmung von Bürgerrechten zu gewährleisten.[644] Das IFG gewährt jedoch ausschließlich den Zugang zu amtlichen Informationen, sodass Informationen aus Ordnungswidrigkeitenverfahren – wie die Kronzeugendokumente – nicht über das

---

S. 437, 439; ebenso Kommentar des BDI, S. 4, in: Public consultation on amendment of the Leniency Notice – comments received, October 2006.

641 *Schaefer*, NJW-Spezial 2007, 327, 328; *Schroll*, Effektivität der Kronzeugenprogramme, S. 204.

642 Als Anspruchssteller muss die Person als „Verletzter" i. S. d. Norm zu qualifizieren sein. Ebenfalls muss darüber hinaus der Verletzte ein berechtigtes Interesse darlegen können: die Akteneinsicht muss gerade zur Interessenwahrnehmung des Verletzten erforderlich sein, vgl. *Kiethe*, wistra 2006, 50, 51.

643 Gesetz zur Regelung des Zugangs zu Informationen des Bundes (Informationsfreiheitsgesetz) vom 5.9.2005, BGBl. I-2005, S. 2722.

644 Gesetzentwurf Informationsfreiheitsgesetz, BT-Drs. 15/4493 v. 14.12.2004, Begründung A. II.

IFG eingesehen werden können, sondern höchstens auf Grundlage von spezialgesetzlichen Regelungen.[645]

bb. Akteneinsicht durch Auskunftsersuchen der Gerichte

Wird dem Geschädigten (über seinen Anwalt) keine Einsicht in die Akten der Kartellbehörde gewährt, besteht die Möglichkeit, Kronzeugendokumente, die sich im Besitz der Behörden befinden, durch das mit der Schadensersatzklage befasste Gericht nach den §§ 273 Abs. 2 Nr. 2 und 432 Abs. 1 ZPO in den Prozess einzuführen. Nach § 273 Abs. 2 Nr. 2 ZPO kann zur Vorbereitung jedes Termins der Vorsitzende oder ein von ihm bestimmtes Mitglied des Prozessgerichts Behörden oder Träger eines öffentlichen Amtes um Mitteilung von Urkunden oder um Erteilung amtlicher Auskünfte ersuchen. Gemäß § 432 Abs. 1 ZPO können die Schadensersatzkläger (Beweisführer) förmlichen Beweis durch den Antrag antreten, zu der Beweisfrage bei der Kartellbehörde eine amtliche Auskunft einzuholen oder die Kartellbehörden um Mitteilung einer Urkunde zu ersuchen. Daneben können die Zivilgerichte die Kartellbehörden auch von Amts wegen anfragen. Sowohl § 273 ZPO als auch § 432 ZPO setzen jedoch voraus, dass der Antragsteller die benötigte Urkunde so genau bezeichnet, dass die Behörde das Ersuchen ordnungsgemäß erledigen und die betreffende Urkunde auffinden kann.[646] Folglich muss der Schadensersatzkläger das beweiserhebliche Dokument möglichst konkret benennen. Ob ein bloßer Verweis des Geschädigten bzw. des Klägers auf die Kronzeugenerklärung bzw. den Antrag auf Kronzeugenbehandlung ausreicht, ist fraglich, dürfte aber im Hinblick auf die Durchsetzung der Rechte des Kartellgeschädigten und ein effektives *private enforcement* zu bejahen sein.[647]

cc. Exkurs: Datenübermittlung

Das OLG Hamm[648] entschied, dass Kronzeugenanträge und sonstige Kooperationsbeiträge in der staatsanwaltschaftlichen Akte dem Zivilgericht im Schadensersatzverfahren zugänglich sind. Die Gewährung von Einsicht in die bei der Staatsanwaltschaft geführten Ermittlungsakten richte sich nach den §§ 474 Abs. 1, 477 Abs. 2 und Abs. 4, 478 StPO. Die Tatbestandswirkung des § 33 Abs. 4 GWB macht nach Ansicht des Gerichts das Akteneinsichtsgesuch „nicht erforderlich“

---

645 Der Anspruch aus §§ 406 e, 475 StPO i.V.m. § 46 Abs. 1 OWiG ist subsidiär, vgl. *Jüntgen*, WuW 2007, 128, 131; *Schroll*, Effektivität der Kronzeugenprogramme, S. 239.

646 Für § 432 ZPO: *Reichold*, in: Thomas/Putzo, ZPO, § 432, Rn. 2; für § 273 ZPO: *Greger*, in: Zöller, ZPO, § 273, Rn. 3, 7.

647 So auch *Schroll*, Effektivität der Kronzeugenprogramme, S. 240.

648 OLG Hamm, Beschl. v. 26.11.2013 – 1 VAs 116/13 – 120/13 und 122/13, BB 2014, 526.

im Sinne des § 474 Abs. 1 StPO.[649] Sowohl der für den Zivilprozess maßgebliche Beibringungsgrundsatz als auch die Systematik der abgestuften Akteneinsicht in § 147, § 406e, § 474 und § 475 StPO stehen der Aktenübersendung an ein Zivilgericht nicht entgegen. Außerdem stellen Bonusanträge in Kronzeugenprogrammen trotz der den Kartellanten zugesicherten Vertraulichkeit keine ungewöhnliche Art von Daten im Sinne des § 477 Abs. 4 S. 2 StPO dar.[650]

Das BVerfG,[651] das sich mit einer hierauf eingelegten Verfassungsbeschwerde auseinandersetzen musste, entschied, dass ein Verstoß gegen den Schutz von Betriebs- und Geschäftsgeheimnissen aus Art. 12 Abs. 1 GG nicht vorliege. Die angegriffenen Entscheidungen würden das Grundrecht der Beschwerdeführerin nicht verkennen. Im zu entscheidenden Fall begegne das Zusammenspiel der §§ 474, 477 StPO und § 273 Abs. 2 Nr. 2 ZPO in der Auslegung des OLG, gegen die sich die Beschwerdeführerin wendete, keinen verfassungsrechtlichen Bedenken.[652]

dd. Zugriff auf Dokumente im Besitz des Kronzeugen

Neben der Möglichkeit, Zugriff auf Unterlagen zu erhalten, die sich im Besitz der Behörden befinden, können die Dokumente eingesehen werden, die im Besitz des Kronzeugen verblieben sind. Gemäß § 273 Abs. 2 Nr. 5 ZPO können deutsche Gerichte zur Vorbereitung des Termins Anordnungen gemäß §§ 142, 144 ZPO erlassen, Urkunden oder sonstige Unterlagen vorzulegen, die sich im Besitz einer Partei oder eines Dritten befinden. Jedoch kann der Richter wegen § 142 Abs. 1 ZPO Urkunden zu Beweiszwecken nicht unabhängig von einem schlüssigen Parteivortrag anfordern.[653] Es bedarf eines substantiierten Parteivortrags.[654] Angesichts der Ausführungen des Gerichtshofs[655] und der neuen Entwicklung zum Akteneinsichtsrecht ist aber davon auszugehen, dass ein mit einer Schadensersatzklage befasstes Gericht aufgrund des strukturellen Informationsdefizits und der Informationsasymmetrie der geschädigten Dritten keine allzu strengen Anforderungen an die Substantiierung des Parteivortrags stellen wird.[656]

Zudem stehen die Anordnungen nach §§ 142, 144 ZPO im Ermessen des Gerichts. Die Erwägung, dass Zivilgerichte zum Schutz der Effektivität von Kronzeugenprogrammen Anordnungen zur Vorlegung oder Inaugenscheinnahme von Kronzeugendokumenten im Rahmen des Ermessens ablehnen, ist aufgrund der aktuellen

649 OLG Hamm, Beschl. v. 26.11.2013 – 1 VAs 116/13 – 120/13 und 122/13, BB 2014, 526, 530.

650 OLG Hamm, Beschl. v. 26.11.2013 – 1 VAs 116/13 – 120/13 und 122/13, BB 2014, 526, Leitsatz 3.

651 BVerfG, Beschl. v. 6.3.2014 – 1 BvR 3541/13 u. a., NJW 2014, 1581.

652 BVerfG, Beschl. v. 6.3.2014 – 1 BvR 3541/13 u. a., NJW 2014, 1581, 1581.

653 BGH, Urt. v. 1.8.2006 – X ZR 114/03, NJW-RR 2007, 106 f.

654 Ausführlich dazu *Schroll*, Effektivität der Kronzeugenprogramme, S. 217 f.

655 BGH, Urt. v. 1.8.2006 – X ZR 114/03, NJW-RR 2007, 106, 107.

656 *Schroll*, Effektivität der Kronzeugenprogramme, S. 219.

Rechtsprechung nicht mehr haltbar.[657] Denn Zivilgerichte sind im Gegensatz zu Kartellbehörden nicht ausschließlich der objektiven Wirtschaftsaufsicht, sondern vor allem dem effektiven Individualrechtsschutz verpflichtet.

Sowohl die Rechtsprechung auf nationaler wie auf europäischer Ebene als auch die EU-Kommission haben sich eingehend mit der Problematik der privaten Rechtsdurchsetzung, insbesondere dem Akteneinsichtsrecht im Rahmen privater Schadensersatzklagen, beschäftigt.

Die EU-Kommission hat schon im Jahr 2008 versucht, Lösungsansätze zu liefern.

b. Weißbuch der Europäischen Kommission „Schadensersatzklagen wegen der Verletzung des EG-Wettbewerbsrechts"

Die EU-Kommission hatte im Dezember 2005 das Grünbuch über Schadensersatzklagen wegen Verletzung des EU-Wettbewerbsrechts vorgelegt. Darin wurden Änderungen für die nationalen Rechtsordnungen im Bereich der kartellrechtlichen Schadensersatzklagen empfohlen und begründet. Im April 2008 wurde schließlich auf der Basis des Grünbuches[658] das Weißbuch[659] über Schadensersatzklagen wegen Verletzung des EU-Wettbewerbsrechts (damals EG-Wettbewerbsrechts) publiziert.

Die Gründe für die Vorlage dieses Weißbuches liegen in den Prinzipien des Gemeinschaftsrechts. Danach muss jeder Bürger und jedes Unternehmen, die aufgrund einer Zuwiderhandlung gegen EU-Wettbewerbsvorschriften der Art. 101 und 102 AEUV (ex-Art. 81 und 82 EG-Vertrag) einen Schaden erleiden, vom Rechtsverletzer Schadensersatz fordern können.[660] Die Kommission kam schon 2005 in ihrem Grünbuch zu dem Schluss, dass der Missstand eines nicht geltend gemachten oder zugesprochenen Schadensersatzes auf diverse Hindernisse in den materiellen und verfahrensrechtlichen Vorschriften der Mitgliedstaaten zurückzuführen sei. Derartige Schadensersatzfälle wiesen eine Reihe von besonderen Merkmalen auf, denen das traditionelle Haftungs- und Verfahrensrecht nur unzureichend Rechnung trage – dadurch bestehe ein hohes Maß an Rechtsunsicherheit.[661]

Den ineffektiven Schadensersatzklagen im Wettbewerbsrecht kann dadurch begegnet werden, dass sowohl die Gemeinschaft als auch die Mitgliedstaaten Rahmenbedingungen schaffen, die einen Mindeststandard bei der Durchsetzung von Schadensersatzklagen im Zusammenhang mit den Artikel 101 und 102 AEUV (ex-Artikel 81 und 82 EG-Vertrag) gewährleisten. In dem Weißbuch werden konkrete

---

657 So schon *Jüntgen*, WuW 2007, 128, 133 f.

658 Grünbuch der Europäischen Kommission über Schadensersatzklagen wegen Verletzung des EU-Wettbewerbsrechts vom 19.12.2005, KOM (2005), 672 endgültig.

659 Weißbuch der Europäischen Kommission über Schadensersatzklagen wegen Verletzung des EG-Wettbewerbsrechts vom 2.4.2008, KOM (2008), 165 endgültig.

660 So auch EuGH, Urt. v. 20.9.2001 – Rs. C-453/99, Slg. 2001, I-6297 (Rn. 24, 26), EuZW 2001, 715, 716 (Courage/Crehan) und EuGH, Urt. v. 13.7.2006 – verb. Rs. C-295/04-C-298/04, Slg. 2006, I-6619 (Rn. 59, 61), EuZW 2006, 529 , 532 (Manfredi u. a.).

661 Weißbuch der EU-Kommission, KOM (2008), 165 endgültig, Abschnitt 1.1.

Vorschläge unterbreitet, die Hindernisse bei Durchsetzung von wettbewerbsrechtlichen Schadenersatzansprüchen zu beseitigen.

aa. Prinzipien und Ziele des Weißbuches

Vorrangiges Ziel des Weißbuches ist, die rechtlichen Rahmenbedingungen für die Geschädigten zu verbessern, damit sie ihre im Gemeinschaftsrecht verankerten Rechte besser durchsetzen können. Wichtiges Leitprinzip ist die vollständige Entschädigung der Geschädigten.[662] Ein bedeutender Mechanismus ist unter anderem, dass den Geschädigten die Kosten der Wettbewerbsverstöße abgenommen und durch die Rechtsverletzer getragen werden. Wirksame Instrumente zur privaten Rechtsdurchsetzung (*private enforcement*) erhöhen die Wahrscheinlichkeit, Rechtsverletzer vollständig zur Verantwortung zu ziehen. Des Weiteren schrecken sie wettbewerbswidrig handelnde Akteure ab, da sie damit rechnen müssen, bei Aufdeckung ihrer Machenschaften zusätzlich mit einer privaten Schadensersatzklage belastet zu werden. Diese Abschreckung wiederum könnte die Einhaltung der EG-Wettbewerbsvorschriften durch die potenziellen Rechtsverletzer fördern.

Die Kommission lässt sich zudem davon leiten, dass für eine wirksamere Durchsetzung von Schadensersatzansprüchen ein europäischer Rechtsrahmen erforderlich ist. Deshalb werden in dem Weißbuch angemessene Maßnahmen vorgeschlagen, die sich auf die europäische Rechtskultur und -tradition stützen.[663]

Ein weiteres Leitprinzip besteht darin, einen gerechten und ausgewogenen Ausgleich zwischen der behördlichen und der privaten Durchsetzung mittels Schadensersatzklagen zu schaffen, ohne dass das *public enforcement* ersetzt oder gefährdet wird.

Im letzten Absatz des Abschnitts 1.2 des Weißbuches bekräftigt die Kommission noch einmal, dass es jedem Opfer eines Wettbewerbsverstoßes prinzipiell möglich sein muss, seinen Schadensersatzanspruch wirksam geltend zu machen. Deshalb beziehen sich die im Weißbuch der Kommission vorgeschlagenen Maßnahmen grundsätzlich auf alle Gruppen von Geschädigten und alle Formen von Verstößen gegen Artikel 101 und 102 AEUV (ex-Artikel 81 und 82 EG-Vertrag) sowie auf alle Wirtschaftszweige. Die Kommission hält es zudem für angezeigt, sowohl Folgeklagen wie auch eigenständige Klagen zu berücksichtigen.

bb. Vorgeschlagene Maßnahmen und rechtspolitische Optionen

In Abschnitt 2 des Weißbuches werden konkrete Maßnahmen vorgeschlagen, die eine Verbesserung der Durchsetzung privater Schadensersatzklagen gewährleisten sollen. Allen Opfern soll ein Zugang zu wirksamen Rechtsschutzinstrumenten gegeben werden.

---

662 Weißbuch der EU-Kommission, KOM (2008), 165 endgültig, Abschnitt 1.2.
663 Weißbuch der EU-Kommission, KOM (2008), 165 endgültig, Abschnitt 1.2.

Im Folgenden werden nur Maßnahmen erläutert, die für das Verhältnis des Whistleblowerschutzes zum Akteneinsichtsrecht/Beweismittelzugang des Geschädigten relevant sind.

(1) Klagebefugnis

In der *Courage/Crehan*-Entscheidung des Europäischen Gerichtshofs wurde von den Richtern festgehalten, dass „jedermann", dem durch einen Kartellrechtsverstoß ein Schaden entstanden ist, vor einzelstaatlichen Gerichten Ersatz verlangen kann.[664] Dieser Grundsatz gilt auch für indirekte Abnehmer, also für diejenigen Abnehmer, die keinen direkten Kontakt mit dem Rechtsverletzer hatten, aber dennoch unter Umständen einen erheblichen Schaden erlitten haben, weil auf sie in der Vertriebskette rechtswidrige Preisaufschläge abgewälzt wurden.

Weiterhin empfiehlt die EU-Kommission Maßnahmen, um den kollektiven Rechtsschutz zu fördern. Es muss eine Bündelung der individuellen Schadensersatzforderungen ermöglicht werden. Insbesondere bei relativ geringwertigen Streuschäden schrecken einzelne Verbraucher, aber auch kleinere Unternehmen, häufig vor Individualklagen zurück angesichts der mit einem Gerichtsverfahren verbundenen Kosten, Verzögerungen, Unwägbarkeiten, Risiken und Belastungen.

Die Kommission hat zwei Lösungsvorschläge, um einen kollektiven Rechtsschutz zu gewährleisten:[665]

- Verbandsklagen, die von qualifizierten Einrichtungen für eine Gruppe bezeichneter oder, in eher begrenzten Fällen, identifizierbarer Einzelpersonen erhoben werden.[666]
- Opt-in-Gruppenklagen,[667] zu denen sich einzelne Opfer ausdrücklich zusammenschließen, um ihre jeweiligen Schadensersatzansprüche in einer einzigen Klage zusammenzufassen.

---

664 EuGH, Urt. v. 20.9.2001 – Rs. C-453/99, Slg. 2001, I-6297 (Rn. 24, 26), EuZW 2001, 715, 716 (Courage/Crehan), bestätigt durch Entscheidung des EuGH, Urt. v. 13.7.2006 – verb. Rs. C-295/04-C-298/04, Slg. 2006, I-6619 (Rn. 61), EuZW 2006, 529, 532 f. (Manfredi u. a.).

665 Weißbuch der EU-Kommission, KOM (2008), 165 endgültig, Abschnitt 2.1; vgl. auch *Heinemann*, in: Zäch/Heinemann/Kellerhals, The Development of Competition Law, S. 306 f.

666 Diese Einrichtungen werden entweder a) im Vorhinein offiziell von einem Mitgliedstaat benannt oder b) von einem Mitgliedstaat ad hoc für einen bestimmten Wettbewerbsverstoß ermächtigt, im Namen einiger oder aller ihrer Mitglieder Verbandsklagen einzureichen.

667 „*Opt-in*-Gruppenklagen" sind Klagen im Namen von mehreren namentlich erwähnten Geschädigten, denen sich weitere Geschädigte anschließen können. Im Gegensatz dazu sind „*Opt-out*-Klagen" Klagen, bei denen ein einzelner Geschädigter Klage im Namen der ganzen Gruppe erheben kann, während die übrigen Geschädigten dieser Gruppe noch nicht bestimmt sind.

Da qualifizierte Einrichtungen nicht immer in der Lage oder bereit sein werden, allen Schadensfällen mit Hilfe einer Verbandsklage nachzugehen, müssen Verbandsklagen durch Opt-in-Klagen ergänzt werden, um einen wirksamen Schutz gewährleisten zu können.[668]

(2) Zugang zu Beweismitteln

In Bezug auf die Sachverhaltsfeststellung und Bewertung sind Wettbewerbsfälle außergewöhnlich aufwendig. Viele zentrale Beweismittel, die für die Begründung eines wettbewerbsrechtlichen Schadensersatzanspruches erforderlich sind, werden häufig geheim gehalten und sind, da sie sich in der Sphäre der Beklagten oder Dritter befinden, den Klägern nicht hinreichend bekannt.[669]

Der Vorschlag der Kommission geht dahin, ein Mindestniveau für die Offenlegung von Beweismitteln zwischen den Streitparteien festzulegen. Um den in der Richtlinie 2004/48/EG zur Durchsetzung der Rechte des geistigen Eigentums zugrunde liegenden Ansatz fortzuführen und der strukturellen Informationsasymmetrie entgegenzuwirken, sollte der Zugang zu Beweismitteln nach Ansicht der Kommission auf der Grundlage eines Tatsachenvortrags gewährt werden. Ebenfalls sind die Plausibilität des Vortrags und die Verhältnismäßigkeit des Offenlegungsbegehrens gerichtlich zu prüfen.

Die Kommission schlägt daher Folgendes vor:[670]

- Die einzelstaatlichen Gerichte sollten unter bestimmten Voraussetzungen befugt sein, die Prozessparteien oder Dritte anzuweisen, genau bezeichnete Kategorien von relevanten Beweismitteln offenzulegen.
- Ein solcher Offenlegungsbeschluss sollte unter anderem voraussetzen, dass der Kläger:
    - alle Tatsachen und Beweismittel, die ihm vernünftigerweise zugänglich sind, dargelegt hat, und diese plausible Gründe für die Annahme enthalten, dass er durch einen Wettbewerbsverstoß des Beklagten Schaden erlitten hat;
    - zur Überzeugung des Gerichts nachgewiesen hat, dass es ihm unter vernünftigerweise zumutbaren Anstrengungen nicht möglich ist, die für eine Begründetheit der Klage weiterhin erforderlichen Beweise anderweitig beizubringen;
    - die verschiedenen Kategorien von Beweismitteln, für die er eine Offenlegung beantragt, genau genug bezeichnet hat und
    - das Gericht überzeugt hat, dass die beantragte Offenlegung sowohl für die Klage erheblich als auch erforderlich und verhältnismäßig ist.

---

668 Weißbuch der EU-Kommission, KOM (2008), 165 endgültig, Abschnitt 2.1, letzter Absatz.

669 Weißbuch der EU-Kommission, KOM (2008), 165 endgültig, Abschnitt 2.2.

670 Weißbuch der EU-Kommission, KOM (2008), 165 endgültig, Abschnitt 2.2. sowie Kapitel 3 des Arbeitspapiers der Kommissionsdienststellen.

Die Kommission fordert zudem, dass ein angemessener Schutz für Unternehmenserklärungen im Rahmen von Kronzeugenprogrammen und für die Untersuchungen von Wettbewerbsbehörden gewährleistet werden sollte. Um die Beweismittel vor Vernichtung zu schützen oder der Verweigerung der angeordneten Offenlegung entgegenzukommen, sollen die Gerichte befugt sein, hinreichend abschreckende Sanktionen zu verhängen.[671]

(3) Verhältnis zwischen Kronzeugenprogrammen und Schadensersatzklagen

Sowohl für die behördliche als auch für die private Durchsetzung des Wettbewerbsrechts ist es von Bedeutung, dass Kronzeugenprogramme ihre Attraktivität behalten.[672] Es muss daher ein angemessener Schutz vor Offenlegung von Informationen sichergestellt werden, damit der Antragsteller im Rahmen der Unternehmenserklärungen nicht schlechter gestellt wird als die anderen Beteiligten. Eine drohende Offenlegung schränkt die Effektivität und Qualität der Angaben des Antragstellers ein.

Der Vorschlag der Kommission sieht deshalb vor:[673]

- Der Schutz sollte für alle Unternehmenserklärungen gelten, in denen eine Kronzeugenbehandlung für einen Verstoß gegen Artikel 101 AEUV (ex-Artikel 81 EG-Vertrag) beantragt wurde.
- Der Schutz sollte unabhängig davon gelten, ob dem Antrag auf Kronzeugenbehandlung stattgegeben wird oder der Antrag abgewiesen wird oder die Wettbewerbsbehörde gar nicht über den Antrag entscheidet.

Eine weitere Maßnahme, um Kronzeugenprogramme attraktiv zu halten, könnte eine Begrenzung der zivilrechtlichen Haftung von Kronzeugen sein, denen die Geldbuße erlassen wird. Deshalb regt die Kommission eine Diskussion an,[674] die zivilrechtliche Haftung jener Kronzeugen, denen eine Geldbuße erlassen wurde, auf Schadensersatzansprüche ihrer direkten und indirekten Vertragspartner zu begrenzen.

cc. Umsetzung des Weißbuches

Das Weißbuch setzt keine verbindlichen Regeln fest und die EU-Kommission hat auch nicht verlauten lassen, wie die nächsten Entwicklungsschritte bei der privaten Rechtsdurchsetzung aussehen sollten. Lediglich zu einer Stellungnahme wurde auf

---

671 Darunter fällt auch die Möglichkeit, im Verfahren der Schadensersatzklage nachteilige Schlussfolgerungen für die betroffene Partei zu ziehen, Weißbuch der EU-Kommission, KOM (2008), 165 endgültig, Abschnitt 2.2, letzter Absatz sowie Kapitel 3 des Arbeitspapiers der Kommissionsdienststellen.

672 Weißbuch der EU-Kommission, KOM (2008), 165 endgültig, Abschnitt 2.9.

673 Weißbuch der EU-Kommission, KOM (2008), 165 endgültig, Abschnitt 2.9. sowie Kapitel 10 Abschnitt B.1 des Arbeitspapiers der Kommissionsdienststellen.

674 Weißbuch der EU-Kommission, KOM (2008), 165 endgültig, Abschnitt 2.9, letzter Absatz mit Verweis auf Kapitel 10 Abschnitt B.2 des Arbeitspapiers der Kommissionsdienststellen.

der letzten Seite des Weißbuches eingeladen. Die bei der EU-Kommission eingegangenen Stellungnahmen sind öffentlich zugänglich.[675] Ob eine Richtlinie zum kartellrechtlichen Schadensersatz die Vorschläge des Weißbuches hinreichend ersetzen oder sogar verbessern kann, wird in einem der nachfolgenden Abschnitte näher erläutert. Ein erster Schritt in Richtung einer rechtlich verbindlichen Regelung für kartellrechtliche Schadensersatzklagen ist somit getan.

c. *Der Fall Pfleiderer*

Das Verhältnis zwischen *private* und *public enforcement* ist nicht eindeutig geklärt.

Die Kommission erkennt an, dass ein Gleichgewicht zwischen den Formen der Aufklärung und Durchführung gefunden werden muss und betont, dass die private Durchsetzung mittels Schadensersatzklagen die behördliche Durchsetzung ergänzen, nicht aber ersetzen oder gefährden soll. Um aber private Kartellschadensersatzklagen erfolgreich auf den Weg bringen zu können, muss der Kläger genügend Informationen haben, um seinen Schaden beziffern zu können. Dies kann ihm nur gelingen, wenn er Einsicht in die Akten des Verfahrens erlangt. Es stellt sich also die Frage nach der Zulässigkeit der Akteneinsicht in Kronzeugenunterlagen, um eine Klage vorzubereiten. Im Folgenden werden Entscheidungen erläutert, die eine Antwort auf die Frage geben können. Begonnen wird mit dem Fall *Pfleiderer*.

aa. Die Entscheidung des Bundeskartellamtes

Das AG Bonn[676] hat mit seinem Beschluss vom 18. Januar 2012 in der Rechtssache „Pfleiderer-AG/BKartA" eine Grundsatzentscheidung getroffen. Es entschied, dass Kartellgeschädigte zur Vorbereitung einer privaten Schadensersatzklage keine Einsicht in die Kronzeugenunterlagen erhalten sollen und das Bundeskartellamt in der Folge berechtigt ist, Kartellgeschädigten die Einsicht in die Unterlagen zu verweigern.[677]

Bis zum Beschluss des AG Bonn sind zwei Verfahrensstadien durchlaufen worden.

Das Bundeskartellamt hatte 2008 gegen die am Kartell beteiligten Unternehmen (Dekorpapierhersteller) Geldbußen in Höhe von insgesamt 62 Mio. Euro wegen Preis- und Kapazitätsstilllegungsabsprachen verhängt.[678] Als Kundin der am Kartell

---

675 Stellungnahmen zum Weißbuch sind verfügbar unter: http://ec.europa.eu/competition/antitrust/actionsdamages/white_paper_comments/iv_de.pdf, (abgerufen am 15.3.2014).

676 AG Bonn, Beschl. v. 18.1.2012 – 51 Gs 53/09, GRUR-RR 2012, 178 (Pfleiderer II).

677 Zur weiteren Information vgl. Pressemitteilung des BKartA vom 30.1.2012, abrufbar unter: http://www.bundeskartellamt.de/SharedDocs/Meldung/DE/Pressemitteilungen/2012/30_01_2012_Pfleiderer.html, (abgerufen am 20.11.2013).

678 Vgl. Pressemitteilung des BKartA vom 5.2.2008, abrufbar unter: http://www.bundeskartellamt.de/SharedDocs/Meldung/DE/Pressemitteilungen/2008/05_02_2008_Dekopapierhersteller.html, (abgerufen am 20.11.2013).

beteiligten Dekorpapierhersteller beantragte die Pfleiderer-AG am 26. Februar 2008 beim Bundeskartellamt Einsicht in die Verfahrensakten des Bundeskartellamtes nach § 406 e StPO i. V. m. § 46 OWiG, um die private Schadensersatzklage vorzubereiten. § 406 e Abs. 1 StPO erlaubt einem Rechtsanwalt oder einer Rechtsanwältin die Einsicht in Akten des Verfahrens, um zum Vorteil des Verletzten Beweise oder Informationen zu erlangen. Dies ist nur möglich, wenn ein berechtigtes Interesse dargelegt wird. Gemäß § 406 e Abs. 2 StPO kann dem Berechtigten die Akteneinsicht versagt werden, soweit überwiegende schutzwürdige Interessen des Beschuldigten oder anderer Personen entgegenstehen.

Im vorliegenden Fall versagte das Bundeskartellamt die Akteneinsicht in die Kronzeugenunterlagen, da andernfalls das Bonusprogramm an Wirksamkeit verlieren würde.[679] Das Bundeskartellamt lehnte (zumindest teilweise) zum Schutz des Kronzeugenprogramms den Antrag auf Akteneinsicht ab.[680]

Gegen diese Entscheidung wandte sich die Pfleiderer-AG am 27. November 2008 mit Antrag an das AG Bonn. Am 4. August 2009 setzte das AG Bonn das Verfahren aus und legte dem EuGH gem. Art. 267 AEUV die Frage zur Vorabentscheidung vor, ob kartellrechtliche Bestimmungen des Unionsrechts, insbesondere die Artikel 11 und 12 der Verordnung Nr. 1/2003 (EG) sowie Artikel 10 Abs. 2 in Verbindung mit Artikel 3 Abs. 1 lit. g EG dahingehend auszulegen seien, dass Geschädigte eines Kartells zur Geltendmachung zivilrechtlicher Ansprüche keine Akteneinsicht in Bonusanträge und von Bonusantragstellern in diesem Zusammenhang freiwillig herausgegebene Informationen und Unterlagen erhalten dürfen, die eine mitgliedstaatliche Behörde im Rahmen eines nationalen Bonusprogramms erhalten hat.[681]

bb. Die Entscheidung des EuGH

Gemäß dem Tenor des Urteils sind die kartellrechtlichen Bestimmungen der Union, insbesondere die Verordnung Nr. 1/2003 (EG) des Rates vom 16. Dezember 2002 zur Durchführung der in den Artikel 101 und 102 AEUV niedergelegten Wettbewerbsregeln dahingehend auszulegen, dass sie es nicht verbieten, dass eine durch einen Verstoß gegen das Wettbewerbsrecht der Union geschädigte und Schadensersatz fordernde Person Zugang zu Dokumenten eines Kronzeugenverfahrens erhält, die den Urheber dieses Verstoßes betreffen – es ist jedoch Sache der Gerichte der Mitgliedstaaten, auf der Grundlage des jeweiligen nationalen Rechts unter Abwägung

679 Vgl. *Mäger/Zimmer/Milde*, WuW 2009, 885, 893; *Seitz*, GRUR-RR 2012, 137, 138.

680 *Seitz*, GRUR-RR 2012, 137, 138; so sieht es auch der Präsident des BKartA, *Mundt*, FS Möschel, S. 427, 438, der aufgrund der höheren Effektivität für einen „Vorrang“ der behördlichen Kartellverfolgung vor privatrechtlichen Schadensersatzansprüchen plädiert.

681 AG Bonn, EuGH-Vorlagebeschl. v. 4.8.2009 – 51 Gs 53/09, NZG 2010, 60 f.

der unionsrechtlich geschützten Interessen zu bestimmen, unter welchen Voraussetzungen dieser Zugang zu gewähren oder zu verweigern ist.[682]

Dazu stellte der EuGH außerdem fest, dass weder die Wettbewerbsregeln des EG-Vertrags noch die Verordnung Nr. 1/2003 (EG) eine gemeinsame Kronzeugenregelung oder gemeinsame Vorschriften über den Zugang zu Dokumenten eines Kronzeugenverfahrens, die in Anwendung einer nationalen Kronzeugenregelung freiwillig einer nationalen Wettbewerbsbehörde übermittelt wurden, vorsähen.[683]

Im Hinblick auf die Mitteilung der Kommission – sowie die Bekanntmachung über die Zusammenarbeit innerhalb des Netzes der Wettbewerbsbehörden[684] und die Mitteilung über den Erlass und die Ermäßigung von Kartellbußen in Kartellsachen[685] - stellt der EuGH fest, dass sie für die Mitgliedstaaten nicht verbindlich seien. Auch das Regelungsmodell des ECN (Netz der Wettbewerbsbehörden) habe keine verbindliche Wirkung gegenüber den Gerichten der Mitgliedstaaten. Daher sei es Sache der Mitgliedstaaten, nationale Vorschriften über den Zugang von Kartellgeschädigten zu Dokumenten zu erlassen und anzuwenden, unter Einhaltung und Beachtung des Unionsrechts.[686] Insbesondere dürften Mitgliedstaaten bei der Rechtsfindung die Verwirklichung des Unionsrechts nicht praktisch unmöglich machen oder übermäßig erschweren.[687]

Des Weiteren stellt der Gerichtshof mit Verweis auf die bisherige Rechtsprechung[688] fest, dass jedermann Ersatz des Schadens verlangen könne, der ihm durch ein Verhalten entstanden sei, das den Wettbewerb beschränken oder verfälschen kann.[689] Denn ein solcher Schadensersatzanspruch erhöhe die Durchsetzungskraft der Wettbewerbsregeln der Union und sei geeignet von Vereinbarungen oder wettbewerbswidrigen Verhaltensweisen abzuhalten.[690]

---

682 EuGH, Urt. v. 14.6.2011 – Rs. C-360/09, Slg. 2011, I-5161 (Rn. 23), EuZW 2011, 598, 599 (Pfleiderer-AG/BKartA).

683 EuGH, Urt. v. 14.6.2011 – Rs. C-360/09, Slg. 2011, I-5161 (Rn. 20), EuZW 2011, 598, 599 (Pfleiderer-AG/BKartA).

684 Bekanntmachung der Kommission über die Zusammenarbeit innerhalb des Netzes der Wettbewerbsbehörden (2004/C 101/03), ABl. EU 2004 Nr. C 101, S. 43.

685 Mitteilung der Kommission über den Erlass und die Ermäßigung von Geldbußen in Kartellsachen (2006/C 298/11), ABl. EU 2006 Nr. C 298, S. 17.

686 EuGH, Urt. v. 14.6.2011 – Rs. C-360/09, Slg. 2011, I-5161 (Rn. 23, 24), EuZW 2011, 598, 599 (Pfleiderer-AG/BKartA).

687 EuGH, Urt. v. 14.6.2011 – Rs. C-360/09, Slg. 2011, I-5161 (Rn. 24), EuZW 2011, 598, 599 (Pfleiderer-AG/BKartA) mit Verweis auf die Rechtsprechung EuGH, Urt. v. 16.7.1998 – Rs. C-298/96, Slg. 1998, I-4767 (Rn. 23, 24), EuZW 1998, 603, 605 (Oelmühle).

688 Vgl. EuGH, Urt. v. 13.7.2006 – verb. Rs. C-295/04-C-298/04, Slg. 2006, I-6619 (Rn. 58, 61), EuZW 2006, 529 (Manfredi u. a.); EuGH, Urt. v. 20.9.2001 – Rs. C-453/99, Slg. 2001, I-6297 (Rn. 24, 26), EuZW 2001, 715 (Courage/Crehan).

689 EuGH, Urt. v. 14.6.2011 – Rs. C-360/09, Slg. 2011, I-5161 (Rn. 27), EuZW 2011, 598, 599 (Pfleiderer-AG/BKartA).

690 EuGH, Urt. v. 14.6.2011 – Rs. C-360/09, Slg. 2011, I-5161 (Rn. 29), EuZW 2011, 598, 599 (Pfleiderer-AG/BKartA).

Jedoch sei bei der Prüfung eines Antrags der geschädigten Person auf Zugang zu Dokumenten eines Kronzeugenprogramms darauf zu achten, dass zwischen den Interessen, die die Übermittlung der Informationen rechtfertigen, und dem Schutz dieser vom Kronzeugen freiwillig vorgelegten Informationen eine Abwägung stattfinde.[691]

Eine solche Abwägung könnten die nationalen Gerichte im Rahmen des nationalen Rechts nur im Einzelfall und unter Berücksichtigung aller maßgeblichen Gesichtspunkte der Rechtssache vornehmen.[692]

Der Gerichtshof hat sich in der Vorlageentscheidung nicht endgültig festgelegt, ob die Akteneinsicht in Kronzeugenunterlagen zulässig ist. Die Beantwortung der Frage stellt der EuGH in das Ermessen der nationalen Gerichte.

cc. Der Beschluss des AG Bonn

Infolge des Urteils des Gerichtshofs entschied das AG Bonn mit Beschluss, dass das Bundeskartellamt der Pfleiderer-AG keine Akteneinsicht in die Kronzeugenunterlagen der am Kartell beteiligten Unternehmen gewähren müsse.[693] Die Gefährdung der Kartellverfolgung rechtfertige den Schutz der Bonusunterlagen, da die Kronzeugenregelung an Attraktivität und damit an Akzeptanz verlieren würde, wenn potenziell Geschädigten die Einsicht in Aktenunterlagen gewährt werde.[694]

Das AG Bonn stellt bei der erforderlichen Abwägung auf die „Gefährdung des Untersuchungszwecks“ in § 406 e Abs. 2 Satz 2 StPO ab und präzisiert den Tatbestand auf die „Gefahr einer Beeinträchtigung der Sachverhaltsaufklärung“.[695] Zweck der Untersuchungen des Bundeskartellamts ist es, Wettbewerbsverstöße aufzudecken und zu verfolgen. Dieser Zweck wäre gefährdet, wenn dem Geschädigten im konkreten Fall Akteneinsicht in die Unterlagen gewährt würde.

Auch die Abwägung unionsrechtlich geschützter Interessen führe zu keinem anderen Ergebnis. Die wirksame Anwendung der Art. 101 und 102 AEUV durch Aufdeckung und Beendigung von Verstößen gegen das Wettbewerbsrecht sei ein unionsrechtlich geschütztes Interesse.[696] Kronzeugenprogramme mit entsprechenden Bonusanträgen seien dafür wirksame Instrumente.[697]

---

691 EuGH, Urt. v. 14.6.2011 – Rs. C-360/09, Slg. 2011, I-5161 (Rn. 30), EuZW 2011, 598, 599 (Pfleiderer-AG/BKartA).

692 EuGH, Urt. v. 14.6.2011 – Rs. C-360/09, Slg. 2011, I-5161 (Rn. 31), EuZW 2011, 598, 599 (Pfleiderer-AG/BKartA).

693 AG Bonn, Beschl. v. 18.1.2012 – 51 Gs 53/09, GRUR-RR 2012, 178 (Leitsatz) (Pfleiderer II).

694 AG Bonn, Beschl. v. 18.1.2012 – 51 Gs 53/09, GRUR-RR 2012, 178, 180 (Pfleiderer II).

695 AG Bonn, Beschl. v. 18.1.2012 – 51 Gs 53/09, GRUR-RR 2012, 178, 179 (Pfleiderer II).

696 AG Bonn, Beschl. v. 18.1.2012 – 51 Gs 53/09, GRUR-RR 2012, 178, 180 (Pfleiderer II) mit Verweis auf EuGH vom 14.6.2011 – Rs. C-360/09, Slg. 2011, I-5161 (Rn. 24), EuZW 2011, 598, 599 (Pfleiderer-AG/BKartA).

697 AG Bonn, Beschl. v. 18.1.2012 – 51 Gs 53/09, GRUR-RR 2012, 178, 180 (Pfleiderer II) mit Verweis auf EuGH, Urt. v. 14.6.2011 – Rs. C-360/09, Slg. 2011, I-5161 (Rn. 25), EuZW 2011, 598, 599 (Pfleiderer-AG/BKartA).

Durch die insoweit erfolgte Versagung der Akteneinsicht würden auch keine Interessen der Geschädigten unangemessen beeinträchtigt. Eine Diskriminierung sei nicht gegeben.[698] Aber auch das Erlangen von Schadensersatz werde für die Geschädigten im konkreten Fall weder übermäßig erschwert noch praktisch unmöglich gemacht. Die Antragstellerin habe bereits Einsicht in diesem Verfahren erlassene Bußgeldbescheide sowie ein Verzeichnis der bei der Durchsuchung sichergestellten Beweismittel erhalten.

Insoweit überwiegen nach Ansicht des Gerichts die schutzwürdigen Interessen der Betroffenen bzw. anderer Personen gem. § 406 e Abs. 2 Satz 1 StPO.

dd. Rechtliche Würdigung

Der Beschluss des AG Bonn scheint auf die Frage nach dem Verhältnis zwischen *private* und *public enforcement* eine Antwort gefunden zu haben. In der Vorlage an den EuGH wurde gefragt, ob die kartellrechtlichen Bestimmungen es verbieten, dass Geschädigten ein Zugang zu Akten des Verfahrens gewährt wird. Tatsächlich trifft die Entscheidung des AG Bonn jedoch keine klare Aussage für die Zukunft.[699] Das Gericht hat die erforderliche Abwägung vorgenommen und sich für den Vorrang der informationellen Selbstbestimmung der betroffenen Schädiger entschieden, die freiwillig Angaben im Rahmen eines Bonusantrags gemacht haben, um dem Bußgeld zu entkommen.[700] Obwohl die Anwendung des § 406 e Abs. 2 Satz 2 StPO wenig überzeugend ist, ist das Ergebnis mit Blick auf § 406 e Abs. 2 Satz 1 StPO vertretbar.[701] Der Versuch des Gerichts, den Lösungsweg über § 406 e Abs. 2 Satz 2 StPO zu entwickeln, erscheint im Hinblick auf den Wortlaut des Satzes 2, der von „Untersuchung" im Singular spricht, zweifelhaft.[702] Der Wortlaut legt es eher nahe, entgegen dem AG Bonn, eine prinzipielle Bindung an das konkrete Verfahren zu verlangen,[703] den Untersuchungszweck als nicht in der abstrakten Aufklärung und Verfolgung von Wettbewerbsverstößen zu sehen, sondern in der Aufklärung des Verhaltens, wegen dem das Ordnungswidrigkeitenverfahren eingeleitet wurde oder werden soll. Damit und mit dem Verweis auf die Gesetzesmaterialien ist die vom AG Bonn vorgenommene weite Ausfüllung des Begriffs des Untersuchungszwecks kaum vereinbar.[704]

---

698 AG Bonn, Beschl. v. 18.1.2012 – 51 Gs 53/09, GRUR-RR 2012, 178, 180 (Pfleiderer II).

699 So auch *Seitz*, GRUR-RR 2012, 137, 140.

700 AG Bonn, Beschl. v. 18.1.2012 – 51 Gs 53/09, GRUR-RR 2012, 178, 180 (Pfleiderer II).

701 AG Bonn, Beschl. v. 18.1.2012 – 51 Gs 53/09, GRUR-RR 2012, 178, 180 (Pfleiderer II), das unter Punkt 4 auf die überwiegenden schutzwürdigen Interessen der Betroffen nach § 406 e Abs. 2 Satz 1 StPO eingeht.

702 *Hauger/Palzer*, EWS 2012, 124, 128.

703 So auch *Fornasier/Sanner*, WuW 2011, 1067, 1075; *Hauger/Palzer*, EWS 2012, 124, 128; a. A. *Mäger/Zimmer/Milde*, WuW 2009, 885, 895; *Schwalbe/Höft*, FS Möschel, S. 597, 625 f.

704 Siehe auch *Hauger/Palzer*, EWS 2012, 124, 128.

Im Hinblick auf den vorzugsweise vorzunehmenden Rückgriff auf § 406 e Abs. 2 Satz 1 StPO ist zu beachten, dass das Interesse an der Achtung der informationellen Selbstbestimmung, das grundrechtlich in Art. 1 i. V. m. Art. 2 Abs. 1 GG geschützt wird[705] und durch die in den Bonusanträgen abgegebenen umfangreichen Angaben betroffen sein kann, im „konkreten Fall“ schutzwürdiger ist als das Informationsinteresse der Geschädigten an der Einsicht in diese Unterlagen. Die Betonung auf den „konkreten Fall“ lässt den Schluss zu, dass in anderen Fällen die Abwägung differenzierter ausfallen kann. Damit ist das Verhältnis zwischen *public* und *private enforcement* nicht geklärt, die Rechtsunsicherheit besteht also fort.

Für die Unternehmen bedeutet das unter Abwägung zweier Situationen Folgendes: Entweder vollständige Kooperation mit der Aussicht auf Bußgeldimmunität oder zumindest -reduktion und (dafür) die Gefahr einer schlechteren Ausgangslage in künftigen Schadensersatzprozessen oder aber keine Kooperation mit dem vollen Bußgeldrisiko, aber Kontrolle über die herausgegebenen Informationen.

d. Der Fall Kaffeeröster

Im Nachgang der EuGH-Entscheidung in Sachen *Pfleiderer* hatte neben dem AG Bonn das OLG Düsseldorf als weiteres deutsches Gericht die Gelegenheit, die Rechtsprechung des EuGH auf einen nationalen Sachverhalt anzuwenden. Das OLG Düsseldorf[706] wählte dabei einen anderen Ansatz als das AG Bonn.

Im Jahr 2009 hatte das Bundeskartellamt gegen das Kaffeeröster-Kartell aufgrund Preisabsprachen Geldbußen in Höhe von insgesamt ca. 159,5 Mio. Euro verhängt.[707] Dem Unternehmen, das als Kronzeuge einen Bußgelderlass beantragt hatte, wurde die Geldbuße vollständig erlassen. In einem Gerichtsverfahren, in dem Einsprüche zweier Kaffeeröster-Unternehmen gegenständlich waren, beantragten mehrere Einzelhandelsunternehmen als potenziell Geschädigte die vollständige Einsichtnahme in die Verfahrensakten einschließlich der Kronzeugenanträge.

aa. Die Entscheidung des OLG Düsseldorf

Das OLG Düsseldorf wies das Akteneinsichtsgesuch der Kläger bezüglich der Bonusanträge und freiwillig übermittelten Dokumente zurück.[708] Anders als das AG Bonn stützte es sich hierbei aber (primär) auf den Versagungsgrund des § 406 e Abs. 2 Satz

705 Grundlegend dazu BVerfG, Urt. v. 15.12.1983 – 1 BvR 209/83 u. a., NJW 1984, 419, 422; *Di Fabio*, in: Maunz/Dürig, GG-Kommentar, Art. 2 GG, Rn. 173.

706 OLG Düsseldorf, Beschl. v. 22.8.2012 – V-4 Kart 5/11 (OWi), V-4 Kart 6/11 (OWi), (Kaffeeröster), WRP 2012, 1596.

707 Siehe Pressemitteilung des BKartA vom 21.12.2009, abrufbar unter: http://www.bundeskartellamt.de/SharedDocs/Meldung/DE/Pressemitteilungen/2009/21_12_2009_Kaffeeröster.html, (abgerufen am 14.4.2014).

708 OLG Düsseldorf, Beschl. v. 22.8.2012 – V-4 Kart 5/11 (OWi), V-4 Kart 6/11 (OWi), (Kaffeeröster), WRP 2012, 1596.

1 StPO.[709] Danach sei die Akteneinsicht zu versagen, „soweit überwiegende schutzwürdige Interessen des Beschuldigten oder anderer Personen entgegenstehen". Dies sei dann der Fall, wenn das Interesse des Betroffenen oder der Nebenbetroffenen an der Geheimhaltung bestimmter in den Akten enthaltenen und sie betreffenden Erkenntnisse gewichtiger sei als das berechtigte Interesse des Verletzten, den Akteninhalt insoweit einsehen zu können – erforderlich sei eine Abwägung aller maßgeblichen Umstände des Einzelfalls.[710]

Das Gericht unterteilte die Dokumente in zwei Kategorien: zum einen die Geschäftsgeheimnisse sowie die persönlichen Daten der Betroffenen in den Bußgeldbescheiden, zum anderen die "übrigen Aktenbestandteile", die sich aus dem Bonusantrag und den freiwillig übergebenen Dokumenten zusammensetzen. Für letztere versagte das Gericht die Akteneinsicht mit der Begründung, dass das Interesse an der Geheimhaltung der darin festgehaltenen Daten gewichtiger sei, als das Interesse der Antragsteller auf Akteneinsicht.[711] Die Einsicht sei insbesondere aus Gründen des Vertrauensschutzes zu verwehren. Der Kronzeuge habe auf die in Randnummer 22 der Bonusregelung niedergelegte Geheimhaltung vertraut, in der das Bundeskartellamt versichert, dass es privaten Dritten Akteneinsicht in die Bonusanträge und die dazu übermittelten Unterlagen grundsätzlich nicht gewähren wird.[712] Diese Zusage sei auf das öffentliche Interesse an einer wirksamen und effizienten Verfolgung von Kartellverstößen zurückzuführen.[713] Darüber hinaus sei eine Akteneinsicht nicht erforderlich, weil die Einlassung der Kartellanten ohnehin keine Informationen zur Schadenshöhe enthielt.[714]

Was die erste Kategorie betrifft, führt nach Ansicht des Gerichts die nach § 406 e Abs. 2 Satz 1 StPO gebotene Abwägung zu dem Ergebnis, dass lediglich in die Bußgeldbescheide Einsicht zu gewähren ist, in denen die Geschäftsgeheimnisse der Nebenbetroffenen und die persönlichen Daten der Betroffenen anonymisiert sind. Das Interesse an der Geheimhaltung über den Tatvorwurf hinausgehender

709 OLG Düsseldorf, Beschl. v. 22.8.2012 – V-4 Kart 5/11 (OWi), V-4 Kart 6/11 (OWi), (Kaffeeröster), WRP 2012, 1596, 1600.

710 OLG Düsseldorf, Beschl. v. 22.8.2012 – V-4 Kart 5/11 (OWi), V-4 Kart 6/11 (OWi), (Kaffeeröster), WRP 2012, 1596, 1599.

711 OLG Düsseldorf, Beschl. v. 22.8.2012 – V-4 Kart 5/11 (OWi), V-4 Kart 6/11 (OWi), (Kaffeeröster), WRP 2012, 1596, 1600.

712 OLG Düsseldorf, Beschl. v. 22.8.2012 – V-4 Kart 5/11 (OWi), V-4 Kart 6/11 (OWi), (Kaffeeröster), WRP 2012, 1596, 1600; siehe auch *Mäger/Zimmer/Milde*, WuW 2009, 885, 893.

713 OLG Düsseldorf, Beschl. v. 22.8.2012 – V-4 Kart 5/11 (OWi), V-4 Kart 6/11 (OWi), (Kaffeeröster), WRP 2012, 1596, 1600.

714 OLG Düsseldorf, Beschl. v. 22.8.2012 – V-4 Kart 5/11 (OWi), V-4 Kart 6/11 (OWi), (Kaffeeröster), WRP 2012, 1596, 1600.

Geschäftsgeheimnisse und der persönlichen Daten, wie Geburtsdaten, überwiege das Informationsinteresse der Antragstellerin.[715]

Aber auch eine Einsicht in die übrige, um Geschäftsgeheimnisse bereinigte Fassung der Verfahrensakte und in die um Geschäftsgeheimnisse bereinigten Asservate sei im konkreten Fall den Antragstellern nicht zu gewähren.[716] Das Gericht stützte sich hierbei auf § 406 e Abs. 2 Satz 2 StPO. Danach kann die Akteneinsicht verweigert werden, wenn durch sie das Verfahren erheblich verzögert würde. Dies sei gegeben, da die vorzunehmende Anonymisierung der Geschäftsgeheimnisse in den Akten zu einer erheblichen Verfahrensverzögerung führen würde.[717] Im Ergebnis ließ das Gericht lediglich die Einsichtnahme in die um Geschäftsgeheimnisse und persönliche Angaben geschwärzten Bußgeldbescheide sowie die Überlassung einer Liste der sichergestellten Asservate zu.

bb. Rechtliche Würdigung

Dem Beschluss ist insoweit zuzustimmen, als die Individualinteressen der Parteien – und nicht die abstrakt-öffentlichen Interessen – in einer Einzelabwägung als vorrangig angesehen werden. Die Orientierung an Individualinteressen führt nicht zu einer Stärkung der privaten Rechtsdurchsetzung, sondern zur Stärkung der privaten Rechte der Kronzeugen.[718]

Wie schon oben ausgeführt, dürfen die nationalen Gerichte die Durchsetzung und Verwirklichung des Unionsrechts nicht praktisch unmöglich machen oder erschweren.[719] Seit der *Pfleiderer*-Entscheidung ist klar, dass dem Geschädigten der Akteneinsichtsanspruch nicht gänzlich verwehrt werden darf. Es ist ein im Unionsrecht niedergelegter Grundsatz, dass jedermann Ersatz des Schadens verlangen kann, der ihm durch ein Verhalten entstanden ist, das den Wettbewerb beschränken oder verfälschen kann.[720] Diese bisherige in Randnummer 22 der Bonusregelung zum Ausdruck kommende Verwaltungspraxis des Bundeskartellamtes, nach der Akteneinsichtgesuche in Kronzeugendokumente stets abgelehnt wurden und der sich daraus entwickelnde Vertrauensschutz der Kartellanten auf Geheimhaltung,

---

715 OLG Düsseldorf, Beschl. v. 22.8.2012 – V-4 Kart 5/11 (OWi), V-4 Kart 6/11 (OWi), (Kaffeeröster), WRP 2012, 1596, 1600.

716 OLG Düsseldorf, Beschl. v. 22.8.2012 – V-4 Kart 5/11 (OWi), V-4 Kart 6/11 (OWi), (Kaffeeröster), WRP 2012, 1596, 1601.

717 OLG Düsseldorf, Beschl. v. 22.8.2012 – V-4 Kart 5/11 (OWi), V-4 Kart 6/11 (OWi), (Kaffeeröster), WRP 2012, 1596, 1601.

718 So auch *Dworschak/Maritzen*, WuW 2013, 829, 835.

719 Vgl. EuGH, Urt. v. 16.7.1998 – Rs. C-298/96, Slg. 1998, I-4767 (Rn. 23, 24), EuZW 1998, 603, 605 (Oelmühle).

720 Vgl. EuGH, Urt. v. 14.6.2011 – Rs. C-360/09, Slg. 2011, I-5161 (Rn. 28), EuZW 2011, 598, 599 (Pfleiderer-AG/BKartA); so auch schon EuGH, Urt. v. 13.7.2006 – verb. Rs. C-295/04 bis C-298/04, Slg. 2006, I-6619 (Rn. 59, 61), EuZW 2006, 529 (Manfredi u. a.); EuGH, Urt. v. 20.9.2001 – Rs. C-453/99, Slg. 2001, I-6297 (Rn. 24, 26), EuZW 2001, 715 (Courage/Crehan).

steht insoweit im Widerspruch zum Unionsrecht.[721] Zwar schließt diese Tatsache den Rückgriff auf Vertrauensgesichtspunkte nicht schlechthin aus,[722] jedoch tritt dem Vertrauensschutz im Hinblick auf eine europarechtswidrige Verwaltungspraxis das Interesse an der Wirksamkeit und Durchsetzbarkeit des Unionsrechts entgegen.[723] Aufgrund des zu beachtenden Grundsatzes des *effet utile* ist eine besondere Gewichtung des Vertrauensschutzes bedenklich.

e. Der Fall Donau Chemie – Modifikation der Pfleiderer-Entscheidung?

Hintergrund war ein beim OLG Wien als Kartellgericht anhängig gemachtes Verfahren wegen eines Antrags der Unternehmensvereinigung Verband Druck & Medientechnik auf Einsicht in die Akten des von der Wettbewerbsbehörde gegen die Donau Chemie AG (u. a.) betriebenen Gerichtsverfahrens.[724] Die Gesellschaften wurden aufgrund ihrer Teilnahme an einem gegen Art. 102 AEUV verstoßenden Kartell zur Zahlung einer Geldbuße in Höhe von 1,5 Mio. Euro verurteilt.[725] Mit Beschluss vom 4. Oktober 2010 bestätigte der Oberste Gerichtshof als Rekursgericht die Entscheidung des OLG Wien, die damit rechtskräftig wurde.[726] Die Ermittlungen der Bundeswettbewerbsbehörde (BWB) wurden aufgrund von Informationen zweier Kronzeugen (Donau Chemie und DC Druck-Chemie Süd GmbH & Co. KG) eingeleitet. *Donau Chemie* hatte in diesem Verfahren als erster Kronzeuge zwar einige Informationen und Beweismittel vorgelegt, den genauen Umfang der Beteiligung am Kartell und einen Zeitraum der Zuwiderhandlung von mehr als zwei Jahren jedoch verschwiegen. Deshalb hatte das Kartellgericht auf Antrag der BWB entschieden, dass *Donau Chemie* doch eine Geldbuße zahlen müsse.[727]

Die geforderte Einsicht in die Akten wurde von allen Parteien mit Ausnahme der Bundeswettbewerbsbehörde abgelehnt. Im Rahmen des Verfahrens hatte das

721 *Dworschak/Maritzen*, WuW 2013, 829, 836.

722 Der Grundsatz des Vertrauensschutzes ist auch auf europäischer Ebene anerkannt, siehe Vorabentscheidungsverfahren EuGH, Urt. v. 18.6.2013 – Rs. C-681/11 (Rn. 40), WuW 2013, 893, 896 f. (Schenker).

723 Zum Vertrauensschutz bei gemeinschaftsrechtswidriger Subventionsgewährung vgl. BVerwG, Urt. v. 17.2.1993 – 11 C 47/92, NJW 1993, 2764, 2765; *Sachs*, in: Stelkens/Bonk/Sachs, VwVfG, § 48, Rn. 268.

724 OLG Wien als Kartellgericht – KG, Urt. v. 26.3.2010 – 29 Kt 5/09.

725 Veröffentlichung der Bundeswettbewerbsbehörde, BWB/K-159 Druckchemikalien OGH, abrufbar unter: http://www.bwb.gv.at/KartelleUndMarkmachtmissbrauch/Entscheidungen/Seiten/BWBK159-Druckchemikalien.aspx, (abgerufen am 5.5.2014).

726 (Oberster Gerichtshof) KOG, Beschl. v. 4.10.2010 – 16 Ok 5/10 (Druckchemikalien), RdW 2011, 221.

727 Veröffentlichung der Bundeswettbewerbsbehörde, BWB/K-159 Druckchemikalien OGH, abrufbar unter: http://www.bwb.gv.at/KartelleUndMarkmachtmissbrauch/Entscheidungen/Seiten/BWBK159-Druckchemikalien.aspx, (abgerufen am 5.5.2014).

Kartellgericht Zweifel, ob § 39 Abs. 2 öKartG mit der Auslegung des Unionsrechts vereinbar ist. Angesichts der in der *Pfleiderer*-Entscheidung betonten Notwendigkeit einer Einzelfallabwägung durch den nationalen Richter legte das Kartellgericht am 12. Oktober 2011[728] dem EuGH die Frage nach der Vereinbarkeit von § 39 Abs. 2 öKartG[729] mit dem Unionsrecht vor. Zwar bezog sich die Vorlagefrage nicht nur auf die Kronzeugendokumente, sondern auch auf den Inhalt der Ermittlungsakten insgesamt, dennoch konnten die Ausführungen des EuGH zu Kronzeugendokumenten herangezogen werden.

aa. Die Entscheidung des EuGH

Der Gerichtshof wies darauf hin, dass das Unionsrecht dem Einzelnen Pflichten auferlege, aber auch Rechte verleihen könne und dass solche Rechte nicht nur entstünden, wenn die Verträge dies ausdrücklich bestimmten, sondern auch aufgrund von eindeutigen Verpflichtungen, die diese Verträge dem Einzelnen wie auch den Mitgliedstaaten und den Organen der Union auferlegten.[730] In diesem Zusammenhang habe der Gerichtshof schon festgestellt, dass die Grundsätze der Art. 101 und 102 AEUV und das in ihnen kodifizierte Verbot des wettbewerbswidrigen Verhaltens an Wirksamkeit verlieren würde, wenn dem Einzelnen der Schaden nicht ersetzt würde, der ihm durch einen wettbewerbswidrigen Vertrag entstanden sei.[731] Es sei ständige Rechtsprechung, dass die nationalen Gerichte dafür Sorge tragen müssten, die Rechte zu schützen, die das Gemeinschaftsrecht dem Einzelnen verleihe.[732]

Des Weiteren wird, wie schon in der Sache *Courage/Crehan* und *Manfredi,* ausgeführt, dass das Verlangen von Schadensersatz dazu geeignet sei, von Vereinbarungen oder Verhaltensweisen abzuhalten, die den Wettbewerb beschränken oder

728 OLG Wien als Kartellgericht (Vorabentscheidungsersuchen), Beschl. v. 12.10.2011 – 29 Kt 5/09–86 (Donau Chemie), WuW KRInt 2005, 547.

729 § 39 Abs. 2 des österreichischen Kartellgesetzes 2005 (im Folgenden: öKartG) bestimmt: „In die Akten des Kartellgerichts können am Verfahren nicht als Partei beteiligte Personen nur mit Zustimmung der Parteien Einsicht nehmen."

730 EuGH, Urt. v. 6.6.2013 – Rs. C-536/11 (Rn. 20), JZ 2013, 734, 735 (Donau Chemie u.a) mit Verweis auf EuGH, Urt. v. 19.11.1991 – Rs. C- 6/90 und C-9/90, Slg. 1991, I-5357 (Rn. 30), NJW 1992, 165, 166 f. (Francovich u. a.) sowie Urt. v. 20.9.2001 – Rs. C-453/99, Slg. 2001, I-6297 (Rn. 19), EuZW 2001, 715, 716 (Courage/Crehan) und die dort angeführte Rechtsprechung.

731 EuGH, Urt. v. 6.6.2013 – Rs. C-536/11 (Rn. 21), JZ 2013, 734, 735 (Donau Chemie u. a.) mit Verweis auf EuGH, Urt. v. 20.9.2001 – Rs. C-453/99, Slg. 2001, I-6297 (Rn. 26), EuZW 2001, 715, 716 (Courage/Crehan).

732 EuGH, Urt. v. 6.6.2013 – Rs. C-536/11 (Rn. 22), JZ 2013, 734, 735 (Donau Chemie u. a.); EuGH, Urt. v. 19.6.1990 – Rs. C-213/89, Slg. 1990, I-2433 (Rn. 19), NJW 1991, 2271, 2272 (Factortame u. a.); EuGH, Urt. v. 20.9.2001 – Rs. C-453/99, Slg. 2001, I-6297 (Rn. 25), EuZW 2001, 715, 716 (Courage/Crehan), sowie EuGH, Urt. v. 13.7.2006 – verb. Rs. C-295/04 bis C-298/04, Slg. 2006, I-6619 (Rn. 89), EuZW 2006, 529, 535 (Manfredi u. a.).

verfälschen können, und dass dieses Recht einen wirksamen Schutz gegen nachteilige Folgen biete. Mangels einschlägiger Normen im Unionsrecht sei es Sache der Mitgliedstaaten, nationale Vorschriften zu erlassen und anzuwenden, die das Recht der geschädigten Personen auf Zugang zu Dokumenten regeln.[733] Dabei sei von den Mitgliedstaaten der Äquivalenz- und Effektivitätsgrundsatz zu beachten.[734]

Mit der Betonung auf das in der *Pfleiderer*-Entscheidung etablierte Gebot der Einzelfallabwägung[735] beantwortet der Gerichtshof die Vorlagefrage schließlich dahingehend, dass § 39 Abs. 2 öKartG mit dem Unionsrecht unvereinbar sei. Es verbiete sich jede starre Regelung[736] im Hinblick auf die wirksame Anwendung der Art. 101, 102 AEUV, was eine Abwägung umso notwendiger mache.

In den nachfolgenden Abschnitten bemüht sich der Gerichtshof um eine Konkretisierung seines Gebots der Einzelfallabwägung und wendet sich bei der Strukturierung der Umstände den konkreten Individualinteressen zu – dem Interesse der Geschädigten an der Wiedergutmachung des erlittenen Schadens wie dem entgegenstehenden Interesse an Schutz des Geschäftsgeheimnisses und personenbezogener Daten.[737] Es sei eine Abwägung zwischen den Interessen, die eine Übermittlung der Informationen rechtfertigen, und denen, die deren Schutz rechtfertigen, von den nationalen Gerichten im Rahmen des nationalen Rechts nur im Einzelfall unter Berücksichtigung aller maßgeblichen Umstände vorzunehmen.[738]

Nach § 39 Abs. 2 öKartG wird nur Einsicht in die Akten des Kartellgerichts gewährt, wenn keine der Parteien des Verfahrens sich dem widersetzt. Nach Ansicht des Gerichtshofs bietet diese Regelung den Gerichten keine Möglichkeit, die unionsrechtlich geschützten Interessen gegeneinander abzuwägen.[739] Die Gefahr sei groß, dass in der Praxis jeder Antrag auf Einsichtsnahme systematisch abgelehnt werde, insbesondere wenn Schriftstücke betroffen seien, deren Weitergabe den Interessen der Parteien des Verfahrens zuwiderlaufe, einschließlich solcher Schriftstücke, die Beweise für den Schaden im Rahmen der Schadensersatzklage enthalten könnten.[740]

---

733 EuGH, Urt. v. 6.6.2013 – Rs. C-536/11 (Rn. 26), JZ 2013, 734, 735 (Donau Chemie u. a.) mit Verweis auf EuGH, Urt. v. 14.6.2011 – Rs. C-360/09, Slg. 2011, I-5161 (Rn. 23), EuZW 2011, 598, 599 (Pfleiderer-AG/BKartA).

734 EuGH, Urt. v. 6.6.2013 – Rs. C-536/11 (Rn. 27), JZ 2013, 734, 735 (Donau Chemie u. a.) mit Verweis auf die schon in den vorherigen Fußnoten genannten Urteile Courage/Crehan, Manfredi, Pfleiderer.

735 EuGH, Urt. v. 6.6.2013 – Rs. C-536/11 (Rn. 30), JZ 2013, 734, 735 (Donau Chemie u. a.).

736 EuGH, Urt. v. 6.6.2013 – Rs. C-536/11 (Rn. 31), JZ 2013, 734, 735 (Donau Chemie u. a.).

737 EuGH, Urt. v. 6.6.2013 – Rs. C-536/11 (Rn. 33), JZ 2013, 734, 735 (Donau Chemie u. a.).

738 EuGH, Urt. v. 6.6.2013 – Rs. C-536/11 (Rn. 34), JZ 2013, 734, 735 (Donau Chemie u. a.) und die Anmerkung in Rn. 35, dass das nationale Recht nicht so ausgestaltet werden darf, dass für die nationalen Gerichte jede Möglichkeit einer Abwägung im Einzelfall ausgeschlossen ist.

739 EuGH, Urt. v. 6.6.2013 – Rs. C-536/11 (Rn. 37), JZ 2013, 734, 735 (Donau Chemie u. a.).

740 EuGH, Urt. v. 6.6.2013 – Rs. C-536/11 (Rn. 38), JZ 2013, 734, 735 (Donau Chemie u. a.).

Da die Regelung es dem Geschädigten unmöglich mache, Zugang zu den betreffenden Dokumenten zu erhalten, ohne dass dem Umstand Rechnung getragen würde, dass dieser Zugang die einzige Möglichkeit für den Betroffenen darstellen könnte, sich die zur Begründung der Schadensersatzklage notwendigen Beweise zu verschaffen, sei sie geeignet, das von den Betroffenen aus dem Unionsrecht hergeleitete Recht auf Schadensersatz übermäßig zu erschweren.[741]

Nachdem der Gerichtshof auf das Interesse an der Attraktivität der Kronzeugenregelung und der Effektivität der öffentlich-rechtlichen Kartellrechtsdurchsetzung einging, betonte er nochmals, dass eine systematische Verweigerung des Dokumentenzugangs nicht gerechtfertigt sei.[742] Die maßgebliche Verweigerung des Zugangs müsse bei jedem einzelnen Dokument auf zwingende Gründe in Bezug auf den Schutz des geltend gemachten Interesses hin geprüft werden – nur wenn Gefahr bestehe, dass ein bestimmtes Schriftstück konkret das öffentliche Interesse an der Wirksamkeit des nationalen Kronzeugenprogramms beeinträchtigen könnte, könne die Nichtweitergabe dieses Schriftstückes gerechtfertigt sein.[743]

Nach alldem beantwortete der Gerichtshof die vorgelegte Frage wie folgt: Das Unionsrecht stehe einer Bestimmung des nationalen Rechts wie dem vorliegenden § 39 Abs. 2 öKartG entgegen.

bb. Rechtliche Würdigung

Der EuGH stützt seine Entscheidung auf die bereits in den Rechtssachen *Courage/ Crehan* und *Manfredi* entwickelten Grundsätze der Äquivalenz und Effektivität. Der in der Entscheidung vornehmlich behandelte Effektivitätsgrundsatz verlangt, dass die Ausgestaltung des nationalen Rechts „die Ausübung der durch die Unionsrechtsordnung verliehenen Rechte nicht praktisch unmöglich machen oder übermäßig erschweren“ darf.[744] Indem der EuGH die Abwägungsaufgabe der nationalen Gerichte zu einer Abwägungspflicht machte,[745] entwickelte er die *Pfleiderer*-Entscheidung weiter. Ein generelles Verbot des Dokumentenzugangs ist nicht zulässig.

---

741 EuGH, Urt. v. 6.6.2013 – Rs. C-536/11 (Rn. 39), JZ 2013, 734, 735 (Donau Chemie u. a.).

742 EuGH, Urt. v. 6.6.2013 – Rs. C-536/11 (Rn. 43), JZ 2013, 734, 735 (Donau Chemie u. a.).

743 EuGH, Urt. v. 6.6.2013 – Rs. C-536/11 (Rn. 48), JZ 2013, 734, 735 (Donau Chemie u. a.).

744 EuGH, Urt. v. 6.6.2013 – Rs. C-536/11 (Rn. 27), JZ 2013, 734, 735 (Donau Chemie u. a.); EuGH, Urt. v. 20.9.2001 – Rs. C-453/99, Slg. 2001, I-6297 (Rn. 29), EuZW 2001, 715, 716 (Courage/Crehan); EuGH, Urt. v. 13.7.2006 – verb. Rs. C-295/04-C-298/04, Slg. 2006, I-6619 (Rn. 62), EuZW 2006, 529, 533 (Manfredi u. a.); EuGH, Urt. v. 14.6.2011 – Rs. C-360/09, Slg. 2011, I-5161 (Rn. 24), EuZW 2011, 598, 599 (Pfleiderer-AG/BKartA) mit Verweis auf ältere Rechtsprechung im Zusammenhang mit Beihilfenrückforderung EuGH, Urt. v. 16.7.1998 – Rs. C-298/96, Slg. 1998, I-4767 (Rn. 23, 24), EuZW 1998, 603 (Oelmühle).

745 So auch *Kersting*, JZ 2013, 737, 738.

Diese Grenzziehung durch den EuGH lenkt die nationale Gesetzgebung in ihrer Arbeit und verdeutlicht den Umfang der Gestaltungsfreiheit des nationalen Gesetzgebers.

Der EuGH versucht in seiner *Donau Chemie*-Entscheidung, das Einzelabwägungsgebot zu konkretisieren. Dies gelingt ihm aber nur insoweit, als die Unsicherheit über dessen Adressatenkreis ausgeräumt wird und die Abwägungspflicht dem nationalen Richter zugeschrieben wird und nicht der mitgliedstaatlichen Gesetzgebung. Im Übrigen überzeugen die Ausführungen des EuGH nicht, da er die Individualinteressen und öffentlich-abstrakten Interessen an der Wirksamkeit der Kartellrechtsdurchsetzung nicht hinreichend abwägt. Der EuGH konzentriert sich vorrangig auf die Individualinteressen der Parteien und misst dem Argument, dass der Zugang zu Dokumenten im Interesse der Vertraulichkeit von Kronzeugenunterlagen und des Schutzes der Attraktivität von Kronzeugenprogrammen verweigert werden müsse, nur geringe Bedeutung zu. Dadurch, dass der Gerichtshof eine Verweigerung nur zulassen möchte, wenn infolgedessen konkrete nachteilige Folgen entstehen könnten, grenzt er die Verweigerungsmöglichkeit zu sehr ein.[746] Was die konkreten nachteiligen Folgen sind und ab wann sie eintreten, wird nicht dargelegt. Für eine Versagung der Akteneinsicht besteht vor diesem Hintergrund praktisch kaum noch Raum.

Der EuGH räumt in dieser Entscheidung den Interessen der Geschädigten nahezu uneingeschränkten Vorrang ein, weil er die Gefahr sehr hoch einschätzt, dass Schadensersatzansprüche nicht durchgesetzt werden.

Die Privilegierung von Kronzeugen ist nicht mehr in jeder Hinsicht aufrechterhalten. Die Einsicht in die Akten führt zur übermäßigen Inanspruchnahme des kartellrechtlichen Whistleblowers – von ausreichendem haftungsrechtlichen Schutz kann deshalb nicht die Rede sein.

cc. Folgerungen für das nationale Recht

Folgende Konsequenzen ergeben sich für das nationale Recht:[747]

I. In erster Linie ist der nationale Richter in der Pflicht, eine Entscheidung im Einzelfall zu treffen und bei der Abwägung alle relevanten Gesichtspunkte in Betracht zu ziehen, insbesondere die Interessen der betroffenen Parteien hinreichend zu gewichten.

II. Der nationale Gesetzgeber darf keine Regelung schaffen, in der generell der Zugang zu Kronzeugendokumenten verweigert wird. Demnach wäre der im Referentenentwurf angedachte § 81 b GWB Ref-E in der 8. GWB-Novelle, der eine generelle Versagung der Akteneinsicht in Kronzeugendokumente regeln sollte, mit dem Unionsrecht nunmehr unvereinbar.

746 So auch *Kersting*, JZ 2013, 737, 738; *Dworschak/Maritzen*, WuW 2013, 829, 839.

747 Angelehnt an den Aufbau bei *Kersting*, JZ 2013, 737, 738.

III. Auch wenn dem Gesetzgeber Grenzen in der Gestaltungsfreiheit gesetzt sind, so kann er doch die Abwägungskriterien für die Gerichte vorzeichnen und strukturieren. Der Gesetzgeber sollte jedoch eine abschließende Aufzählung vermeiden und den nationalen Gerichten die letzte Entscheidungsbefugnis im Einzelfall belassen.
IV. Die Abwägung im Einzelfall kann zu unterschiedlichen Ergebnissen für die einzelnen Geschädigten führen. Der Gesetzgeber sollte dafür eine Lösung parat haben. Er könnte regeln, dass kein automatischer Anspruch für ähnlich gelagerte Fälle besteht, sondern dass dieser für jeden Fall bzw. in jedem Verfahren gesondert festgestellt werden muss. Erhält aber in demselben Verfahren ein Geschädigter Akteneinsicht, sollte diese den anderen Geschädigten auch gewährt werden. Der Gesetzgeber sollte deshalb eine Ausnahmeregelung kodifizieren, die es dem Gericht erlaubt, in besonders gelagerten Fällen anders zu entscheiden.
V. Das entscheidende Gericht hat jedes einzelne Dokument zu überprüfen und dann zu entscheiden, ob dem Geschädigten unter Berücksichtigung der Interessen des Schädigers Einsicht gewährt werden kann. Um allen Interessen gerecht zu werden, kann der Gesetzgeber beschließen, dass ein unbeteiligter Dritter bei der Auswahl der Akteninhalte zur Verfügung steht, der zur Verschwiegenheit verpflichtet ist.

f. Grenzüberschreitende Kartelle und die Transparenzverordnung

In diesem Zusammenhang stellt sich die Frage nach der Akteneinsicht in Kronzeugendokumente der EU-Kommission. Diese betrifft besonders die kartellverfahrensrechtliche Praxis auf der Ebene grenzüberschreitender Kartelle. Auf Grundlage von Art. 27 Abs. 2 der Verordnung Nr. 1/2003 (EG) in Verbindung mit Art. 15 der Verordnung Nr. 773/2004 (EG)[748] steht das Recht auf Akteneinsicht lediglich den Parteien, also den unmittelbar durch die abschließende Kommissionsentscheidung betroffenen Unternehmen,[749] nach Zustellung der Mitteilung der Beschwerdepunkte zu, wenn keine Geschäftsgeheimnisse betroffen sind. Dritte werden, sofern sie ein ausreichendes Interesse nachweisen, lediglich über Art und Gegenstand des Verfahrens unterrichtet, Art. 13 Abs. 1 Verordnung Nr. 773/2004 (EG). Für die Beschwerdeführer[750] besteht ein Akteneinsichtsrecht nur dann, wenn die Kommission die Beschwerde abzuweisen beabsichtigt, und auch dann nur im Hinblick auf eine um Geschäftsgeheimnisse und sonstige vertragliche Informationen bereinigte

748 Verordnung Nr. 773/2004 (EG) der Kommission v. 7.4.2004 über die Durchführung von Verfahren auf der Grundlage der Art. 81 und 82 EG-Vertrag durch die Kommission, ABl. L 123, vom 27.4.2004, S. 18.
749 *Kellerbauer*, WuW 2011, 688, 689.
750 Dabei sind Beschwerdeführer Unternehmen, die in einer Beschwerde Kartellverstöße anderer Unternehmen bei der Kommission zur Anzeige gebracht haben.

Fassung der Akte.[751] Die Akteneinsicht wird den Adressaten von Beschwerdepunkten also in vollem Umfang,[752] Beschwerdeführern und sonstigen Dritten nur in begrenztem Umfang gewährt.[753] Die eingesehenen Unterlagen dürfen nur für Gerichts- und Verwaltungsverfahren zur Anwendung der Art. 101 und 102 AEUV (und von nationalem Recht, soweit es parallel dazu angewandt wird)[754] verwendet werden.[755]

Die EU-Kommission ist, bevor sie eine Entscheidung gegen eine Partei erlässt, verpflichtet, den jeweiligen Personen und Unternehmen die Gelegenheit zu geben, zu den gegen sie vorgebrachten Beschwerdepunkten oder Einwendungen Stellung und Einsicht in die Akten der EU-Kommission zu nehmen, damit ihre Verteidigungsrechte während des Verfahrens vollständig gewahrt werden.[756] Interne Schriftstücke und sonstige vertrauliche Informationen sind von der Akteneinsicht ausgenommen,[757] worunter auch die Unternehmenserklärung und andere Kronzeugendokumente zu zählen sind.[758]

Potenzielle Zivilkläger können also im Ergebnis aus der Verordnung Nr. 773/2004 (EG) kein Einsichtsrecht ableiten und Informationen aus den Erklärungen erhalten.

---

751 Art. 8 Abs. 1 VO Nr. 773/2004 (EG).

752 Vgl. dazu Art. 10 und 15 der VO Nr. 773/2004 (EG).

753 Das Gericht erster Instanz hat festgestellt, dass Beschwerdeführer nicht über die gleichen Rechte und Garantien verfügen wie die Adressaten einer Mitteilung der Beschwerdepunkte. Beschwerdeführer können daher kein Recht auf Akteneinsicht geltend machen, wie dies den Adressaten einer Mitteilung der Beschwerdepunkte zukommt, vgl. dazu EuG, Urt. v. 15.7.1994 – Rs. T-17/93, Slg. 1994, II-595 (Rn. 34, 35), EuZW 1995, 115, 116 (Matra Hachette SA). Das Gericht führt des Weiteren aus, dass die Rechte Dritter auf das Recht beschränkt sind, sich am Verwaltungsverfahren zu beteiligen; vgl. zu den beschränkten Einsichtsrechten von Beschwerdeführern, Art. 8 Verordnung Nr. 773/2004 (EG); *Ritter*, in: Immenga/Mestmäcker, EU-Wettbewerbsrecht, Kartellverfahrensverordnung 1/2003, Kap. 8, Rn. 18.

754 Art. 3 Abs. 1 VO Nr. 1/2003 (EG).

755 Art. 15 Abs. 4 VO Nr. 773/2004 (EG).

756 Mitteilung der Kommission über die Regeln für die Einsicht in Kommissionsakten in Fällen einer Anwendung der Artikel 81 und 82 EG-Vertrag, Artikel 53, 54 und 57 des EWR-Abkommens und der Verordnung Nr. 139/2004 (EG), ABl. C 325/07, vom 22.12.2005, Rn. 1 und 10.

757 Vgl. u. a. Mitteilung der Kommission über die Regeln für die Einsicht in Kommissionsakten in Fällen einer Anwendung der Artikel 81 und 82 EG-Vertrag, Artikel 53, 54 und 57 des EWR-Abkommens und der Verordnung Nr. 139/2004 (EG), ABl. C 325/07, vom 22.12.2005, Rn. 10.

758 *Denoth*, Kronzeugenregelung, S. 287.

aa. Die Transparenzverordnung

Losgelöst vom kartellverfahrensrechtlichen Akteneinsichtsrecht ist der allgemein ausgerichtete, aus dem Demokratiegedanken[759] gespeiste Anspruch auf Dokumentenzugang nach Art. 2 Abs. 1 Transparenzverordnung.[760] Er soll entsprechend Art. 1 lit. a) Transparenz-VO einen größtmöglichen Zugang zu Dokumenten gewährleisten, sodass grundsätzlich alle Dokumente der Organe für die Öffentlichkeit zugänglich sind.

(1) Anwendbarkeit

Fraglich ist, wie das Verhältnis der Transparenz-VO zu speziellen Dokumentenzugangsregelungen im Allgemeinen und zum kartellverfahrensrechtlichen Akteneinsichtsrecht im Besonderen zu beurteilen ist. Voraussetzung für einen Zugang zu Kartellverfahrensakten nach der Transparenzverordnung ist, dass diese neben oder anstelle der Kartellverfahrensordnung in Verbindung mit der Verordnung Nr. 773/2004 (EG) anwendbar ist. Zwar ist letztere später erlassen und enthält speziellere Regelungen,[761] jedoch will die Transparenzverordnung gerade einen möglichst umfassenden Schutz des Dokumentenzugangs garantieren. Die damit einhergehende Geltung für alle Bereiche wäre mit einem Ausschluss der Kronzeugendokumente nicht vereinbar. Zum einen spricht für die uneingeschränkte Anwendbarkeit der Wortlaut des Art. 2 Abs. 3 der Transparenz-VO, der ausdrücklich alle Tätigkeiten der Union erfasst sehen will.[762] Zum anderen sollten nach dem 12. Erwägungsgrund der Transparenzverordnung alle Bestimmungen über den Zugang der Organe mit ihr in Einklang stehen,[763] also demnach auch die „engere" speziellere Vorschrift über den Zugang zu Akten in Kronzeugenverfahren.

Die im ursprünglichen Entwurf vorgesehene *lex specialis*-Regelung, nach der die Transparenz-VO nicht gelten sollte, „sofern es Sondervorschriften hinsichtlich des Zugang zu Dokumenten gibt",[764] wurde ersatzlos gestrichen.[765] Zwar gilt der Grundsatz „*lex specialis derogat legi generali*", der Normwidersprüche verhindern will und

759 EuGH, Urt. v. 21.7.2011 – Rs. C-506/08 P, Slg. 2011, I-6237 (Rn. 72), EuZW 2012, 22, 23 (Schweden/MyTravel).

760 Verordnung Nr. 1049/2001 (EG) des Europäischen Parlamentes und des Rates vom 30.5.2001 über den Zugang der Öffentlichkeit zu Dokumenten des Europäischen Parlamentes, des Rates und der Kommission, ABl. L 145/43, vom 31.5.2001.

761 Für eine partielle Verdrängungswirkung *Kleine*, ZWeR 2007, 303, 307; mit Nachweisen „Pro et contra" bei *Westhoff*, Zugang zu Beweismitteln bei Schadensersatzklagen im KartellR, S. 119 f.

762 Zuletzt siehe EuGH, Urt. v. 21.7.2011 – Rs. C-506/08 P, Slg. 2011, I-2637 (Rn. 88), EuZW 2012, 22, 23 (Schweden/MyTravel) m. Anm. Kellerbauer.

763 *Frenz*, EuZW 2013, 778, 779 mit Verweis auf *Milde*, Schutz der Kronzeugen, S. 242 f., 246 f.

764 KOM (2000) 30, Art. 2 Abs. 2; vgl. auch Vorschlag der Kommission zur Änderung der Transparenz-VO vom 30.4.2008, KOM (2008) 229.

765 *Kleine*, ZWeR 2007, 303, 306.

der Einheit der Rechtsordnung dient.[766] Jedoch gilt dieser Grundsatz und damit die zwingende Verdrängung der allgemeineren Norm nur, wenn die Rechtsfolgen sich gegenseitig ausschließen und es folglich um zwei verschiedene Intentionen geht.[767] Dies ist hier nicht der Fall. Wo im Einzelfall Diskrepanzen entstehen, können diese im Wege teleologischer oder systematischer Auslegung beseitigt werden.[768]

Der EuGH lehnte bezogen auf die Beihilfeverfahrensverordnung[769] ein Spezialitätsverhältnis zur Transparenzverordnung ab und verfolgte diesen Ansatz in mehreren Entscheidungen.[770] In der Entscheidung *Schweden/MyTravel* bezog der EuGH anstandslos die Transparenzverordnung in seine Entscheidungsfindung ein.[771]

Auch das EuG hat in jüngerer Rechtsprechung[772] die Transparenz-VO auf Dokumente aus Kartellverfahren angewendet.[773]

Für die kartellrechtliche Fragestellung ergibt sich damit folgendes Ergebnis: Gründe gegen eine kartellverfahrensrechtlich abgeleitete Beschränkung der Transparenz-VO sind nicht ersichtlich.

(2) Anwendungsbereich

Nach Art. 2 der Transparenz-VO hat jeder Unionsbürger sowie jede natürliche oder juristische Person mit Wohnsitz oder Sitz in einem Mitgliedstaat Zugang zu den Dokumenten der Organe. Der Zugang ist unter anderem zu verweigern, wenn Inspektions-, Untersuchungs- und Audittätigkeiten beeinträchtigt würden.[774] Darunter fasst die Kommission auch die Kronzeugenverfahren.[775] Art. 4 Abs. 2 a. E. der Transparenz-VO regelt die Rückausnahme, nach der der Zugang nicht

766 *Engisch*, Einführung in das juristische Denken, S. 275.

767 *Larenz*, Methodenlehre, S. 268.

768 *Larenz*, Methodenlehre, S. 268; *Tietje/Nowrot*, EWS 2006, 486, 487.

769 Verordnung Nr. 659/1999 (EG) des Rates v. 22.3.1999 über besonderer Vorschriften für die Anwendung von Art. 93 des EG-Vertrags, Abl. (EG) L 83/1, vom 27.3.1999.

770 EuGH, Urt. v. 28.6.2012 – Rs. C-404/10 P (Rn. 110), WuW 2012, 983, 991 (Éditions Odile Jacob); EuGH, Urt. v. 29.6.2010 – Rs. C-28/08 P, Slg. 2010, I- 6055 (Rn. 56), EuZW 2010, 617, 618 (Bavarian Lager); EuGH, Urt. v. 21.9.2010 – Rs. C-514/07 P u. a., Slg. 2010, I-8533 (Rn. 69), (Schweden/API).

771 Vgl. EuGH, Urt. v. 21.7.2011 – Rs. C-506/08 P, Slg. 2011, I-6237 (Rn. 72, 73), EuZW 2012, 22 (Schweden/MyTravel).

772 Zur grundsätzlichen Anwendbarkeit schon EuG, Urt. v. 13.4.2005 – Rs. T-2/03, Slg. 2005, II-1121 (Rn. 66 f.), EuZW 2005, 566 (Verein für Konsumenteninformation). Das Gericht ging in der Entscheidung nicht weiter auf die Frage der Anwendbarkeit der Verordnung Nr. 1049/2001 (EG) ein, sondern prüfte nur die Voraussetzungen; vgl. zuletzt EuG, Urt. v. 15.12.2011 – Rs. T-437/08, Slg. 2011, II-8251 (Rn. 24, 26), EuZW 2012, 315, 316 (CDC Hydrogene Peroxide).

773 In diesem Sinne *Palzer*, EuR 2012, 583, 589; *Dittrich*, WuW 2012, 133, 139.

774 Art. 4 Abs. 2 Transparenz-VO.

775 So die Kommission, vgl. dazu EuG, Urt. v. 9.9.2008 – Rs. T-403/05, Slg. 2008, II-2027 (Rn. 21), (MyTravel).

verweigert werden darf, wenn ein überwiegendes öffentliches Interesse an der Verbreitung besteht. Da die private Rechtsdurchsetzung nicht nur das Individualinteresse schützt, sondern auch dem Schutz des Wettbewerbs als solchem und damit dem öffentlichen Interesse dient, wäre eine Verweigerung, die sich auf die private Rechtsdurchsetzung stützt, dem Grunde nach nicht zulässig.[776] Die Kommission berücksichtigte dies bislang jedoch nicht, sondern lehnte die Akteneinsicht ohne Prüfung der Rückausnahme ab. Das Europäische Gericht hat sich daraufhin in jüngeren Entscheidungen gegen die Sichtweise der Kommission – und in Konkretisierung der Vorgaben des EuGH – gestellt.[777] Das EuG hatte in diesen Entscheidungen (CDC und EnBW) erstmals die Gelegenheit, über die Bedeutung der Kronzeugenregelungen bei der Auslegung der Ausnahmebestimmung des Art. 4 Abs. 2 Transparenz-VO zu urteilen.

bb. Die Entscheidungen des Europäischen Gerichts

Durch die Entscheidungen des EuG wurde ein neuer Maßstab zur Prüfung der Ausnahmetatbestände nach Art. 4 Transparenz-VO entwickelt. Dabei sind die relevanten privaten und öffentlichen Interessen adäquat einzubeziehen.[778]

(1) Schutz der geschäftlichen Interessen

Die grundrechtlich geschützten geschäftlichen Interessen einer natürlichen oder juristischen Person, einschließlich des geistigen Eigentums, dürfen durch Verbreitung der Dokumente nicht beeinträchtigt werden, es sei denn es besteht ein überwiegendes öffentliches Interesse an der Verbreitung.[779] Das EuG schränkt dabei die „geschäftlichen Interessen" dahingehend ein, dass nicht sämtliche Informationen über eine Gesellschaft und ihre Geschäftsbeziehungen darunter fallen. Andernfalls würde der Zweck der Transparenz-VO, der Öffentlichkeit einen größtmöglichen Zugang zu Dokumenten der Organe zu gewähren, vereitelt.[780] Vor diesem Hintergrund erkennt das Europäische Gericht keine berührten schutzwürdigen Interessen, wenn lediglich Einsicht in das Inhaltsverzeichnis gewünscht ist, das die in der Kommissionsakte enthaltenen Dokumente aufführt. Etwas anderes gilt, wenn sich daraus sensible Daten ergeben würden, etwa Informationen über Preise, Kostenstruktur, Marktanteile oder Ähnliches, und dies eine konkrete Zuordnung zu einem

776 So ähnlich auch *Koch*, JZ 2013, 390, 392.

777 Vgl. zuletzt daraufhin ergangene Entscheidungen EuG, Urt. v. 15.12.2011 – Rs. T-437/08, Slg. 2011, II-8251 (Rn. 36 f.), EuZW 2012, 315, 316 f. (CDC Hydrogene Peroxide) und EuG, Urt. v. 22.5.2012 – Rs. T-344/08 (Rn. 40 f.), WuW/E EU-R 2356, 2360 (EnBW).

778 Unmittelbar auch EuG, Urt. v. 15.12.2011 – Rs. T-437/08, Slg. 2011, II-8251 (Rn. 44, 58), EuZW 2012, 315, 316 (CDC Hydrogene Peroxide).

779 Art. 4 Abs. 2, 1. Spiegelstrich Transparenz-VO.

780 EuG, Urt. v. 15.12.2011 – Rs. T-437/08, Slg. 2011, II-8251 (Rn. 44), EuZW 2012, 315, 317 m.w.N. (CDC Hydrogene Peroxide).

Unternehmen ermöglichen könnte.[781] Allein ein Hinweis darauf, dass die erbetenen Informationen für Schadensersatzklagen verwendet werden, genügt nicht.[782] Auch das Interesse, Kosten zu vermeiden, die aus einer notwendigen Verteidigung erwachsen, stuft das EuG vor dem Hintergrund der *Courage/Crehan*-Entscheidung des EuGH nicht als schutzwürdiges geschäftliches Interesse ein.[783] Weiter geht es davon aus, dass eine Art Wechselwirkung zwischen dem Alter der fraglichen Information und der Intensität besteht, in der das betreffende Unternehmen durch eine Veröffentlichung in seine geschäftlichen Interessen berührt wird.[784] Die mit zunehmendem Alter abnehmende Schutzwürdigkeit der Informationen hätte die Kommission deshalb in der Entscheidung *EnBW* zu einer konkreten und individuellen Prüfung der jeweiligen Dokumente veranlassen sollen.[785]

(2) Schutz des Wettbewerbsverfahrens

Der Schutz des Zwecks der Untersuchung[786] betrifft auch das wettbewerbsrechtliche Verfahren und die damit verbundene Untersuchung. Die Verwendung von Dokumenten allein dafür entbindet aber nicht von einer konkreten und individuellen Prüfung.[787] Das EuG stellt zunächst klar, dass durch Art. 4 Abs. 2, 3. Spiegelstrich Transparenz-VO nicht die Untersuchung geschützt werden solle, sondern nur deren Zweck, der im Fall eines Verfahrens in Wettbewerbssachen darin bestehe zu überprüfen, ob ein Verstoß gegen das Kartell- oder das Missbrauchsverbot begangen worden sei und ggf. Sanktionen zu verhängen seien.[788] Dies gelte allerdings nur für die Dauer des Kartellverfahrens und nicht, wenn bereits eine endgültige Entscheidung getroffen wurde, mit der die Akte, zu der Zugang beantragt ist, geschlossen wurde[789] – unbeschadet der Möglichkeit, dass diese Entscheidung in der Folge von den Gerichten möglicherweise für nichtig erklärt werde.[790] Andernfalls

---

781 EuG, Urt. v. 15.12.2011 – Rs. T-437/08, Slg. 2011, II-8251 (Rn. 45), EuZW 2012, 315, 317 (CDC Hydrogene Peroxide).

782 EuG, Urt. v. 15.12.2011 – Rs. T-437/08, Slg. 2011, II-8251 (Rn. 48), EuZW 2012, 315, 317 (CDC Hydrogene Peroxide).

783 EuG, Urt. v. 15.12.2011 – Rs. T-437/08, Slg. 2011, II-8251 (Rn. 49), EuZW 2012, 315, 318 (CDC Hydrogene Peroxide).

784 EuG, Urt. v. 22.5.2012 – Rs. T-344/08, (Rn. 131 f.), WuW/E EU-R 2356, 2377 f. (EnBW): „Insoweit schwächen sich die nachteiligen Folgen, die sich aus der Verbreitung einer wirtschaftlich sensiblen Information ergeben können, mit zunehmendem Alter der Information ab“ (Rn. 139).

785 EuG, Urt. v. 22.5.2012 – Rs. T-344/08 (Rn. 142), WuW/E EU-R 2356, 2378 (EnBW).

786 So in Art. 4 Abs. 2, 3. Spiegelstrich Transparenz-VO.

787 EuG, Urt. v. 22.5.2012 – Rs. T-344/08 (Rn. 85), WuW/E EU-R 2356, 2369 (EnBW).

788 EuG, Urt. v. 15.12.2011 – Rs. T-437/08, Slg. 2011, II-8251 (Rn. 59), EuZW 2012, 315 (CDC Hydrogene Peroxide).

789 EuG, Urt. v. 22.5.2012 – Rs. T-344/08 (Rn. 116), WuW/E EU-R 2356, 2373 f. (EnBW).

790 EuG, Urt. v. 15.12.2011 – Rs. T-437/08, Slg. 2011, II-8251 (Rn. 62), EuZW 2012, 315 (CDC Hydrogene Peroxide).

liefe es darauf hinaus, den Zugang zu diesen Dokumenten von unvorhersehbaren Ereignissen abhängig zu machen, nämlich vom Ausgang dieses gerichtlichen Verfahrens und den Konsequenzen, die die Kommission daraus ziehen könnte. Dies würde im Widerspruch zu dem Ziel stehen, der Öffentlichkeit den größtmöglichen Zugang zu Dokumenten der Organe zu gewährleisten.[791]

Das jeweilige Dokument muss essentiell sein, um die wettbewerbliche Untersuchungstätigkeit der Kommission zu schützen, was einer engen Auslegung nicht entgegensteht.[792] Es ist zu beachten, dass das Kronzeugenprogramm, dessen Wirksamkeit die Kommission schützen möchte, nicht das einzige Mittel ist, um zu gewährleisten, dass die Wettbewerbsregeln der Union eingehalten werden. Schadensersatzklagen vor den nationalen Gerichten können ebenfalls wesentlich zur Aufrechterhaltung eines wirksamen Wettbewerbs in der Union beitragen.[793]

(3) Schlussfolgerung

Das EuG legt strenge Maßstäbe bei der Prüfung des Akteneinsichtsanspruchs an. Es entspricht der Konzeption der Transparenz-VO, den Zugang zu Unionsdokumenten – unabhängig vom Politikbereich – als Grundsatz festzuschreiben und die Verweigerung zur begründungsbedürftigen Ausnahme zu machen.[794] Dabei kommt dem Erfordernis einer konkreten Prüfung eines jeden Dokuments besondere Bedeutung zu.[795] Eine pauschale Zurückhaltung der gesamten Verfahrensakte ist also nicht möglich. Das EuG ist im Ergebnis zu der Auffassung gelangt, dass die Kommission ohne konkrete Analyse jedes einzelnen Dokuments nicht annehmen darf, dass alle begehrten Dokumente offenkundig unter Art. 4 Abs. 2, 3. Gedankenstrich der Verordnung Nr. 1049/2001 (EG) fallen. Soweit sich Kronzeugendokumente in bestimmten Grenzen unter die Ausnahmeregelung des Art. 4 Abs. 2, 3. Spiegelstrich Transparenz-VO subsumieren lassen, ist über die Zulässigkeit ihrer Zurückhaltung durch die Kommission noch keine endgültige Entscheidung getroffen. Überwiegt das öffentliche Interesse das Interesse an der Geheimhaltung, wären diese Dokumente gleichwohl nach Art. 4 Abs. 2, 3. Spiegelstrich Transparenz-VO zu offenbaren. Dazu jedoch hatte sich das Europäische Gericht weder in der Entscheidung *Hydrogen Peroxide* (CDC) noch in der Entscheidung *EnBW* äußern müssen. Vielmehr ging es zunächst um die Auslegung der Ausnahmeregelung in Art. 4 Abs. 2

---

791 EuG, Urt. v. 15.12.2011 – Rs. T-437/08, Slg. 2011, II-8251 (Rn. 64, 65), EuZW 2012, 315 (CDC Hydrogene Peroxide).

792 EuG, Urt. v. 22.5.2012 – Rs. T-344/08 (Rn. 126), WuW/E EU-R 2356, 2375 (EnBW).

793 EuG, Urt. v. 22.5.2012 – Rs. T-344/08 (Rn. 128), WuW/E EU-R 2356, 2375 (EnBW), mit Verweis auf die Courage-Entscheidung des EuGH; so auch schon EuG, Urt. v. 15.12.2011 – Rs. T-437/08, Slg. 2011, II-8251 (Rn. 77), EuZW 2012, 315, 320 (CDC Hydrogene Peroxide).

794 *Palzer*, EuR 2012, 583, 598, 599.

795 So auch der EuGH, Urt. v. 6.6.2013 – Rs. C-536/11 (Rn. 43), JZ 2013, 734, 735 (Donau Chemie u. a.).

Transparenz-VO – die Abwägungskriterien können jedoch anderen Entscheidungen entnommen werden. Danach lässt sich ein überwiegendes öffentliches Interesse nicht (allein) damit begründen, dass die Dokumente dem Antragsteller ermöglichen, seine Argumente im Rahmen der Schadensersatzklage besser geltend zu machen.[796] Vielmehr muss dieses Interesse objektiv und allgemein sein und darf nicht mit besonderen oder privaten Interessen, z. B. in Bezug auf eine Klage gegen die Gemeinschaftsorgane, verwechselt werden, da solche besonderen oder privaten Interessen kein erheblicher Gesichtspunkt sind für die Interessenabwägung nach Art. 4 Abs. 3 Unterabsatz 2 Transparenz-VO.[797] Gleiches gilt für die Frage, ob ein überwiegendes öffentliches Interesse nach Art. 4 Abs. 2 a. E. dieser Verordnung vorliegt.[798]

cc. Die Entscheidung des EuGH

Mit seinem Urteil vom 27. Februar 2014[799] hob der EuGH das Urteil des EuG auf und bestätigte weitgehend die Entscheidung, mit der die Kommission den Zugangsantrag abgelehnt hatte. Der EuGH ging dabei davon aus, dass sich die Kommission pauschal auf eine allgemeine Vermutung für das Vorliegen von Ausnahmen vom Zugangsrecht stützen durfte. Dem Leitsatz entsprechend, besteht für den Inhalt von Akten eines Kartellverfahrens die allgemeine Vermutung (zugunsten einer Verweigerung des Zugangs), dass die Verbreitung von Dokumenten grundsätzlich den Schutz eines der in Art. 4 Transparenz-VO aufgezählten Interessen beeinträchtigen würde, so dass die Kommission nicht angehalten ist, jedes einzelne Dokument der in Rede stehenden Akte, die ein nicht abgeschlossenes Kartellverfahren betrifft, konkret und individuell zu prüfen. Diese allgemeine Vermutung war im konkreten Fall laut EuGH nicht widerlegt worden.[800] Der Gerichtshof maß der kartellrechtlichen Schadensersatzklage, die der Antragsteller unter Verwendung der begehrten Informationen erheben wollte, im konkreten Fall kein öffentliches Interesse bei, das die durch die Ausnahmeregelung geschützten Interessen hätte überwiegen können.[801] Eine solche allgemeine Vermutung bestand bislang etwa für Verwaltungsakte eines Beihilfekontrollverfahrens.[802]

Der EuGH hat in seiner Entscheidung die bislang unbeantwortete Frage, ob kartellrechtliche Schadensersatzklagen im öffentlichen Interesse im Sinne von Art. 4

796 EuG, Urt. v. 9.9.2008 – Rs. T-403/05, Slg. 2008, II-2027 (Rn. 65) (MyTravel/Kommission); offen lassend EuGH, Urt. v. 21.7.2011 – Rs. C-506/08 P, Slg. 2011, I- 6237 (Rn. 120, 121) (Schweden/MyTravel).

797 EuG, Urt. v. 9.9.2008 – Rs. T-403/05, Slg. 2008, II-2027 (Rn. 65) (MyTravel/Kommission).

798 EuG, Urt. v. 9.9.2008 – Rs. T-403/05, Slg. 2008, II-2027 (Rn. 68) (MyTravel/Kommisison).

799 EuGH, Urt. v. 27.2.2014 – Rs. C-365/12, EuZW 2014, 311 (Kommission/EnBW).

800 Vgl. EuGH, Urt. v. 27.2.2014 – Rs. C-365/12 (Rn. 102), EuZW 2014, 311, 316 (Kommission/EnBW).

801 Vgl. Ausführungen bei *Hempel*, EuZW 2014, 297, 298 f.

802 EuGH, Urt. v. 29.6.2010 – Rs. C-139/07 P (Rn. 46), EuZW 2010, 624 (Kommission/TGI).

Abs. 2 Transparenz-VO stehen, mehr oder weniger bejaht. Es obliegt aber einem jeden, der Schadensersatz wegen eines Verstoßes gegen Art. 101 AEUV (ex-Art. 81 EG-Vertrag) begehrt, nachzuweisen, dass für ihn die Notwendigkeit des Zugangs zu einem Dokument der Kommissionsakte besteht, damit die Kommission die beiderseitigen Interessen der Beteiligten abwägen kann.[803] Ist eine solche Notwendigkeit nicht gegeben, kann das Interesse an Schadensersatz wegen eines Kartellrechtsverstoßes kein überwiegendes öffentliches Interesse im Sinne von Art. 4 Abs. 2 der Transparenz-VO darstellen.[804] In dem Zusammenhang hat der Gerichtshof auf seine Rechtsprechung in der Rechtssache *Donau Chemie* verwiesen und vereinheitlicht damit einerseits die EU-rechtlichen Vorgaben für den Zugang zu Kartellverfahrensakten der Kommission nach der Transparenz-VO und andererseits die Einsicht in die Kartellverfahrensakten der mitgliedstaatlichen Kartellbehörden nach deren mitgliedstaatlichem Recht.[805]

Die Transparenz-VO regelt den Zugang restriktiv und beschränkt diesen auf die Parteien und Beschwerdeführer, und zwar unter dem Vorbehalt, dass weder Geschäftsgeheimnisse oder vertrauliche Informationen noch interne Schriftstücke der Kommission verbreitet und die zugänglich gemachten Dokumente nur für Gerichts- und Verwaltungsverfahren zur Anwendung von Art. 101 AEUV verwendet werden. Daraus folgt, dass die Kommission in einem solchen Fall bei der Anwendung der Ausnahmen nach Art. 4 Abs. 2 Transparenz-VO ohne eine konkrete und individuelle Prüfung der Dokumente zu der Annahme berechtigt ist, dass durch die Verbreitung die Interessen nach Art. 4 Abs. 2 Transparenz-VO beeinträchtigt wären.[806]

Im Ergebnis reicht zur Widerlegung der bloße Hinweis auf das Recht jedes Unionsbürgers nicht aus, Ersatz des Schadens zu verlangen, der diesem durch einen Verstoß gegen Art. 101 AEUV entstanden ist.

dd. Ausblick

Whistleblowing in Kartellsachen sperrt nicht automatisch und pauschal den Dokumentenzugang.[807] Grundsätzlich können potenzielle Kartellgeschädigte Zugang zu den Kommissionsakten nach der Transparenzverordnung verlangen.[808] Der Ansatz der wettbewerbsrechtlichen Regelungen, der sich aus der Transparenzverordnung herauskristallisiert, gilt nicht uneingeschränkt. Dennoch bestätigt das EuG in

---

803 EuGH, Urt. v. 27.2.2014 – Rs. C-365/12 (Rn. 107), EuZW 2014, 311, 316 (Kommission/EnBW).

804 EuGH, Urt. v. 27.2.2014 – Rs. C-365/12 (Rn. 108), EuZW 2014, 311, 316 (Kommission/EnBW).

805 *Hempel*, EuZW 2014, 297, 299.

806 EuGH, Urt. v. 27.2.2014 – Rs. C-365/12 (Rn. 116), EuZW 2014, 311, 315 (Kommission/EnBW).

807 So auch *Frenz*, EuZW 2013, 778, 781.

808 Vgl. Prüfung nach EuG, Urt. v. 13.4.2005 – Rs. T-2/03, Slg. 2005, II-1121, EuZW 2005, 566 (Verein für Konsumenteninformation).

seinen Entscheidungen einen weitgehenden Zugang, ohne dass dieser unter Hinweis auf den Antragsgegenstand relativiert werden könnte. Insofern scheint die Transparenz-VO nicht mehr vollends mit der Ansicht der Kommission übereinzustimmen; dem Argument des wirksamen Schutzes des Kronzeugenprogramms wird weniger Bedeutung beigemessen. Die Transparenz-VO könnte mehr und mehr zum „Stolperstein“[809] werden. Das EuG betonte mehrmals, dass die Kommission von dem Argumentationsmuster viel zu sehr in pauschaler Weise Gebrauch mache und dabei nicht sehe, dass die Kronzeugenprogramme nicht das einzige Mittel zur Gewährleistung der Wettbewerbsregeln der Union seien, sondern auch Schadensersatzklagen vor den nationalen Gerichten wesentlich zu einem wirksamen Wettbewerbs beitrügen[810] und ihnen deshalb mehr Gewicht zukommen müsse. Schadensersatzkläger können trotz der aufgeführten Ausnahmetatbestände im Anschluss an eine Entscheidung auch gegen den Willen der EU-Kommission Zugang zu EU-Kommissionsakten – einschließlich der darin eventuell enthaltenen Kronzeugenerklärungen – erlangen. Die Transparenz-VO eröffnet dem geschädigten Dritten damit grundsätzlich den Zugriff auf die Dokumente; sogar über das kartellrechtliche Akteneinsichtsrecht hinaus.

Ein anderer Blickwinkel ergibt sich jedoch, wenn man die Entscheidung des EuGH heranzieht. Danach dürfte eher auf Seiten der Kartellschadensersatzkläger – anders als nach der Entscheidung des EuG – die Transparenz-VO an Attraktivität verloren haben. Denn die aus der Entscheidung gefolgerte allgemeine Vermutung, dass Ausnahmetatbestände vorliegen, stellt einen „Stolperstein“ für die Geschädigten dar, die ihren Schaden geltend machen wollen. Zwar ergibt sich aus dem Urteil des EuGH, dass der Zugang zu Kronzeugenanträgen nicht ausgeschlossen ist. Jedoch muss der Antragsteller (nun) zeigen können, dass er für die Erhebung seiner Schadensersatzklage auf Informationen aus dem Kronzeugenantrag angewiesen ist. Das wird ihm regelmäßig nicht gelingen, da er zum einen nicht abschätzen kann, welche Informationen der Kronzeugenantrag enthält und ob sie ihm weiter helfen, und zum anderen die Kronzeugen davon absehen, Umstände zu berichten, die für die Feststellung des Kartellrechtsverstoßes nicht benötigt, aber für die Schadensermittlung durch Geschädigte nützlich sein können.[811]

Ob das Interesse an der Geheimhaltung betrieblicher Geheimnisse bzw. der Nichtveröffentlichung der Details der dem Kartellbeteiligten zur Last gelegten Zuwiderhandlung einen erhöhten Schutz verdient, bleibt offen.

Insoweit kann sich aufgrund des unterschiedlich behandelten Einsichtsrechts durchaus ergeben, dass potenzielle Kronzeugenanträge auf Erlass oder Ermäßigung des Bußgeldes zurückgehen und kartellbehördliche Ermittlungserfolge seltener

---

809 *Palzer*, EuR 2012, 583, 606.

810 EuG, Urt. v. 15.12.2011 – Rs. T-437/08, Slg. 2011, II-8251 (Rn. 35), EuZW 2012, 315, 317 (CDC Hydrogene Peroxide) und EuG, Urt. v. 22.5.2012 – Rs. T-344/08 (Rn. 128), WuW/E, EU-R 2356, 2375 (EnBW).

811 *Hempel*, EuZW 2014, 297, 300.

werden. Das allgemeine, umfangreiche Einsichtsrecht nach der Transparenz-VO macht den Whistleblower in Kartellsachen besonders angreifbar und nimmt ihm die vom Kronzeugenprogramm zugesicherte Privilegierung.

Aus rechtspolitischer Sicht und aufgrund der kaum befriedigend zu lösenden Problematik im Bereich der Akteneinsicht wäre es gut vertretbar, die Lösung in einer zivilrechtlichen Privilegierung des Kronzeugen zu suchen. Dem würde ein weitergehendes Akteneinsichtsrecht ohne Belastung der Effektivität von Kronzeugenprogrammen fördernd beiseite stehen, denn dem Kronzeugen würde von anderer Seite eine Privilegierung zukommen.

5. *Europäische Richtlinie zu Schadensersatzklagen im Kartellrecht*

Am 11. Juni 2013 hatte die Europäische Kommission einen Richtlinienvorschlag[812] zu kartellrechtlichen Schadensersatzklagen in der EU veröffentlicht. Dieser wurde von einem Bericht zur Folgenabschätzung in Form eines Begleitpapiers[813] sowie von einer Mitteilung[814] zur Ermittlung des Schadensumfangs bei Schadensersatzklagen wegen Wettbewerbsverstößen (ergänzt durch einen „Praktischen Leitfaden"[815]) begleitet. Zusätzlich hatte die Kommission eine Empfehlung für Grundsätze für kollektive Unterlassungs- und Schadensersatzverfahren in den Mitgliedstaaten ausgesprochen.[816]

Die Kommission verfolgte damit zum einen das Ziel, das Zusammenspiel von privater und behördlicher Rechtsdurchsetzung (*private and public enforcement*) zu optimieren und zum anderen die Opfer von Zuwiderhandlungen gegen das EU-Wettbewerbsrecht vollständig zu entschädigen.

---

812 Vorschlag für eine Richtlinie des Europäischen Parlaments und des Rates über bestimmte Vorschriften für Schadensersatzklagen nach einzelstaatlichem Recht wegen Zuwiderhandlungen gegen wettbewerbsrechtliche Bestimmungen der Mitgliedstaaten und der Europäischen Union vom 11.6.2013, KOM (2013), 404 final.

813 Zusammenfassung der Folgenabschätzung, Begleitpapier zum Richtlinienvorschlag vom 11.6.2013, SWD (2013), 204 final.

814 Mitteilung der Kommission zur Ermittlung des Schadensumfangs bei Schadensersatzklagen wegen Zuwiderhandlungen gegen Art. 101 und 102 des Vertrags über die Arbeitsweise der Europäischen Union, 2013/C 167/07, ABl. EU Nr. C 167, vom 13. 6. 2013, S. 19.

815 Praktischer Leitfaden zur Ermittlung des Schadensumfangs bei Schadensersatzklagen im Zusammenhang mit Zuwiderhandlungen gegen Art. 101 oder 102 des Vertrags über die Arbeitsweise der Europäischen Union, abrufbar unter: http://ec.europa.eu/competition/antitrust/actionsdamages/quantification_guide_de.pdf, (abgerufen am 1.6.2014).

816 Empfehlung über Grundsätze für kollektive Unterlassungs- und Schadensersatzverfahren in den Mitgliedstaaten, ABl. 2013 Nr. L 201, vom 11.6.2013, S. 60.

Nach letzten Änderungen durch das Europäische Parlament[817] ist die Richtlinie am 25. Dezember 2014[818] in Kraft getreten.

a. Erwägungsgründe und Regelungsgegenstände

Für die Wirksamkeit der in Art. 101 und 102 AEUV festgelegten Verbote ist es erforderlich, dass jeder – seien es Einzelne, Verbraucher, Unternehmen oder Behörden – vor einzelstaatlichen Gerichten Ersatz des Schadens verlangen kann, der ihm durch eine Zuwiderhandlung gegen diese Bestimmungen entstanden ist.[819] Das Unionsrecht auf Ersatz des kartellrechtlichen Schadens muss daher voraussetzen, dass in jedem Mitgliedstaat Verfahrensvorschriften bestehen, die gewährleisten, dass dieses Recht wirksam geltend gemacht werden kann. Außerdem müssen die behördliche und private Rechtsdurchsetzung effizient koordiniert werden.[820] In den weiteren Erwägungsgründen zählt die Richtlinie neben Problemen, die sich aus dem Spannungsverhältnis zwischen *private* und *public enforcement* ergeben, Schwierigkeiten wegen der uneinheitlichen Regelung auf europäischer Ebene auf. Deshalb wird abschließend ausgeführt:

> *„Da die Ziele dieser Richtlinie, nämlich Vorschriften für Schadensersatzklagen wegen Verletzung des Wettbewerbsrechts der Union festzulegen, um die volle Wirkung der Artikel 101 und 102 AEUV und das reibungslose Funktionieren des Binnenmarkts für Unternehmen und Verbraucher zu gewährleisten, von den Mitgliedstaaten nicht ausreichend verwirklicht werden können, sondern vielmehr wegen der erforderlichen Wirksamkeit und Kohärenz der Anwendung der Artikel 101 und 102 AEUV auf Unionsebene besser zu verwirklichen sind, kann die Union im Einklang mit dem in Artikel 5 EUV verankerten Subsidiaritätsprinzip tätig werden.“*[821]

Zwar kann die Richtlinie dem Whistleblower nicht unmittelbaren Schutz gewähren – aufgrund der Umsetzungspflicht der Mitgliedstaaten, die sich bei der Umsetzung an die Vorgaben der Richtlinie zu halten haben, kann jedoch jetzt schon erahnt

817 Legislative Entschließung des Europäischen Parlaments vom 17. April 2014 zu dem Vorschlag für eine Richtlinie des Europäischen Parlaments und des Rates über bestimmte Vorschriften für Schadensersatzklagen nach einzelstaatlichem Recht wegen Zuwiderhandlungen gegen wettbewerbsrechtliche Bestimmungen der Mitgliedstaaten und der Europäischen Union (COM(2013)0404 – C7-0170/2013 – 2013/0185(COD)) (Ordentliches Gesetzgebungsverfahren: erste Lesung), abrufbar unter: http://www.europarl.europa.eu/sides/getDoc.do?type=TA&reference=P7-TA-2014-0451&language=DE&ring=A7-2014-0089, (abgerufen am 20.6.2014).

818 Richtlinie über bestimmte Vorschriften für Schadensersatzklagen nach nationalem Recht wegen Zuwiderhandlungen gegen wettbewerbsrechtliche Bestimmungen der Mitgliedstaaten und der Europäischen Union („Schadensersatzrichtlinie“) 2014/104/EU, ABL. L 349 vom 5.12.2014, S. 1–19.

819 Schadensersatzrichtlinie 2014/104/EU, Erwägungsgrund 3.

820 Schadensersatzrichtlinie 2014/104/EU, Erwägungsgrund 6.

821 Schadensersatzrichtlinie 2014/104/EU, Erwägungsgrund 54.

werden, welche Regelungen künftig in Deutschland gelten werden. Im Folgenden werden einige Regelungsgegenstände kurz dargestellt, wobei nur die Artikel behandelt werden, die die Offenlegung von Beweismitteln und die Privilegierung des Kronzeugen/Whistleblowers zum Gegenstand haben.

aa. Recht auf vollständigen Schadensersatz (Art. 3 RL)

Art. 3 der RL ist die Norm, die den Kreis der Anspruchsberechtigten festlegt und aufzeigt, welche einzelnen Schadensposten ersetzt werden können. Absatz 3 betont, dass der vollständige Ersatz im Rahmen dieser Richtlinie nicht zur Überkompensation führen darf, unabhängig davon, ob es sich dabei um Strafschadensersatz, Mehrfachentschädigungen oder andere Arten von Schadensersatz handelt.

bb. Offenlegung von Beweismitteln (Art. 5–7 RL)

Die Art. 5 bis 7 der RL regeln die Offenlegung von Dokumenten und die beschränkte Verwendung von allein durch Einsicht in die Akten einer Wettbewerbsbehörde erlangten Beweismitteln. Art. 8 RL legt fest, welche Sanktionen die einzelstaatlichen Gerichte verhängen können, wenn Offenlegungsanordnungen gegen die Parteien, Dritte und ihre rechtlichen Vertreter nicht befolgt werden.

(1) Offenlegung von Beweismitteln (Art. 5 RL)

Nach Art. 5 Abs. 1 RL haben die Mitgliedstaaten zu gewährleisten, dass in Schadensersatzverfahren in der Union auf Antrag eines Klägers die einzelstaatlichen Gerichte unter den Voraussetzungen dieses Kapitels die Offenlegung von *relevanten* Beweismitteln durch den Beklagten oder einen Dritten, die sich in deren Verfügungsgewalt befinden, anordnen können. Der Kläger muss eine *fundierte Begründung* vorgelegt haben, die die Plausibilität seines Schadensersatzanspruchs ausreichend stützt. Der Zugang zu den Beweismitteln darf nicht mit einem unzumutbaren Aufwand verbunden sein.

Nach Abs. 2 müssen die Mitgliedstaaten gewährleisten, dass die einzelstaatlichen Gerichte die Offenlegung von bestimmten einzelnen Beweismitteln oder relevanten Kategorien von Beweismitteln anordnen können. Dies hat so *genau und präzise abgegrenzt* zu erfolgen, wie dies auf der Grundlage der mit zumutbarem Aufwand zugänglichen Tatsachen in der *substantiierten Begründung* möglich ist. Es genügt demnach – soweit nicht anders möglich – die möglichst konkrete Bezeichnung offenzulegender Beweismittel der Kategorie nach.

In Abs. 3 ist der Grundsatz der Verhältnismäßigkeit festgeschrieben. Insbesondere haben die Mitgliedstaaten zu berücksichtigen, inwieweit der Anspruch oder der Einwand durch zugängliche Tatsachen und Beweismittel gestützt wird, die den Antrag auf Offenlegung von Beweismitteln rechtfertigen. In die Berücksichtigung haben Umfang und Kosten der Offenlegung einzufließen. Zudem ist das Kriterium, ob die offenzulegenden Beweismittel vertrauliche Informationen – insbesondere Dritte betreffende Informationen – enthalten, zu beachten.

Besondere Aufmerksamkeit ist Abs. 4 zu schenken. Darin ist bestimmt, dass die Mitgliedstaaten gewährleisten, dass die einzelstaatlichen Gerichte befugt sind, die Offenlegung von Beweismitteln zu veranlassen, die vertrauliche Informationen enthalten, wenn sie dies bei Schadensersatzklagen als *sachdienlich* erachten. Jedoch haben sie auch zu gewährleisten, dass die einzelstaatlichen Gerichte bei der Veranlassung der Offenlegung solcher Informationen über wirksame *Maßnahmen für deren Schutz* verfügen.

Danach ist der Zugang zu allen Dokumenten im Sinne von Art. 5 RL, gleich welcher Art, grundsätzlich zulässig.

In Abs. 5 wird klargestellt, dass das Interesse von Unternehmen, Schadensersatzklagen aufgrund von Zuwiderhandlungen gegen das Wettbewerbsrecht zu vermeiden, nicht schützenswert ist.

Überdies wird in Abs. 7 noch einmal hervorgehoben, dass die Mitgliedstaaten gewährleisten müssen, dass diejenigen, von denen die Offenlegung verlangt wird, *Gelegenheit zur Anhörung* erhalten, bevor ein nationales Gericht die Offenlegung aufgrund dieses Artikels anordnet.

Abs. 8 des Artikels erlaubt den Mitgliedstaaten, unbeschadet der Absätze 4 und 7 sowie des Art. 6 RL, Vorschriften beizubehalten oder einzuführen, die zu einer umfassenderen Offenlegung von Beweismitteln führen.

(2) Offenlegung von Beweismitteln, die in den Akten einer Wettbewerbsbehörde enthalten sind (Art. 6 RL)

Art. 6 RL regelt die Bestimmungen, die, neben denen des Art. 5, für die angeordnete Offenlegung von Beweismitteln, die in den Akten einer Wettbewerbsbehörde enthalten sind, bei Schadensersatzklagen relevant sind. Der Zugang der Öffentlichkeit zu Dokumenten nach der Verordnung Nr. 1049/2001 (EG) wird ebenso wenig berührt, wie die nach Unionsrecht oder nationalem Recht geltenden Vorschriften und geltende Anwendungspraxis im Bereich des Schutzes der internen Unterlagen von Wettbewerbsbehörden und des Schriftverkehrs zwischen Wettbewerbsbehörden (Abs. 3).

Abs. 4 stellt klare Maßstäbe für die Verhältnismäßigkeit auf. Bei einer Anordnung zur Offenlegung von Informationen

> *„berücksichtigen die nationalen Gerichte gemäß den Kriterien des Artikels 5 Absatz 3,*
>
> *a) ob der Antrag eigens hinsichtlich Art, Gegenstand oder Inhalt der der Wettbewerbsbehörde übermittelten oder in deren Akten enthaltenen Unterlagen formuliert wurde und nicht unspezifisch in Bezug auf die der Wettbewerbsbehörde übermittelten Unterlagen,*
>
> *b) ob die Partei, die die Offenlegung beantragt, diesen Antrag im Rahmen einer Schadensersatzklage vor einem nationalen Gericht stellt, und*
>
> *c) ob [...] die Notwendigkeit besteht, die Wirksamkeit der öffentlichen Durchsetzung des Wettbewerbsrechts zu wahren."*

Nach Abs. 5 dürfen die nationalen Gerichte die Offenlegung der folgenden Kategorien von Beweismitteln erst dann anordnen,

> *„wenn eine Wettbewerbsbehörde ihr Verfahren durch Erlass eines Beschlusses oder in anderer Weise beendet hat:*
>
> *a) Informationen, die von einer natürlichen oder juristischen Person eigens für das wettbewerbsbehördliche Verfahren erstellt wurden,*
>
> *b) Informationen, die die Wettbewerbsbehörden im Laufe ihres Verfahrens erstellt und den Parteien übermittelt haben, und*
>
> *c) Vergleichsausführungen, die zurückgezogen wurden."*

Art. 6 Abs. 6 der RL schreibt fest, dass die Offenlegung von Kronzeugenunternehmenserklärungen und Vergleichsausführungen durch eine Partei oder einen Dritten zum Zwecke von Schadenersatzklagen *zu keinem Zeitpunkt von nationalen Gerichten angeordnet* werden kann.

Jedoch kann ein Kläger nach Abs. 7 einen begründeten Antrag stellen, wonach ein einzelstaatliches Gericht die in Absatz 6 genannten Unterlagen einsehen darf, um zu gewährleisten, dass der Inhalt der Unterlagen den in Art. 4 (Begriffsbestimmung) Nr. 16 (Kronzeugenerklärungen) und Nr. 18 (Vergleichsausführungen) enthaltenen Begriffsbestimmungen entspricht. Bei dieser Beurteilung können die einzelstaatlichen Gerichte nur die zuständige Wettbewerbsbehörde um Unterstützung bitten. Die Verfasser der betreffenden Unterlagen können auch angehört werden. Das Gericht darf auf keinen Fall den anderen Parteien oder Dritten Zugang zu diesen Beweismitteln gewähren. Abs. 8 und 9 regeln die Fälle, in denen Unterlagen oder Teile von Unterlagen angefordert werden, die nicht unter Abs. 6 fallen. Die Offenlegung der Beweismittel kann dann angeordnet werden. In Abs. 10 des Artikels wird betont, dass die Mitgliedstaaten zu gewährleisten haben, dass die nationalen Gerichte die Offenlegung von Beweismitteln bei der Wettbewerbsbehörde beantragen können, wenn von einer Partei oder einem Dritten die angeforderten Beweismittel *nicht mit zumutbarem Aufwand* erlangt werden können.

Abs. 11 erlaubt der Wettbewerbsbehörde die Vorlage einer Bemerkung vor Gericht, wenn sie ihre Ansichten über die Verhältnismäßigkeit von Offenlegungsanträgen darlegen möchte.

(3) Beschränkungen für die Verwendung von allein durch Einsicht in die Akten einer Wettbewerbsbehörde erlangten Beweismittel (Art. 7 RL)

Nach Maßgabe des Art. 7 der RL sind Beweismittel, die unter eine der in Art. 6 Abs. 6 RL aufgeführten Kategorien fallen und von einer natürlichen oder juristischen Person allein durch Einsicht in die Akten einer Wettbewerbsbehörde erlangt wurden, in Verfahren auf Schadensersatz *unzulässig* oder müssen auf andere Weise nach dem anzuwendenden *nationalen Recht geschützt* werden. Das Gleiche gilt nach Abs. 2 für Beweismittel, die unter eine der in Art. 6 Abs. 5 aufgeführten Kategorien fallen. Damit soll sichergestellt sein, dass die Beschränkungen für die Verwendung von Beweismitteln ihre volle Wirkung entfalten, bis die Wettbewerbsbehörde ihr Verfahren durch Erlass eines Beschlusses oder in anderer Weise eingestellt hat. Nach Abs. 3 können Beweismittel, die von einer natürlichen oder juristischen Person allein durch Einsicht in die Akten einer Wettbewerbsbehörde erlangt wurden und die nicht unter Abs. 1 oder 2 fallen, in einem Schadensersatzverfahren nur von dieser Person oder von der natürlichen oder juristischen Person verwendet werden, die in ihre Rechte eintritt. Das gilt auch für die Person, die ihren Anspruch erworben hat.

cc. Gesamtschuldnerische Haftung (Art. 11 RL)

Art. 11 Abs. 1 der RL gibt den Grundsatz der Gesamtschuldnerhaftung wieder, wonach jedes der am Wettbewerbsverstoß beteiligten Unternehmen zum vollständigen Ersatz des Schadens verpflichtet ist. Der Geschädigte hat das Recht, von jedem Beteiligten vollständigen Schadensersatz zu verlangen, bis der Schaden vollständig ersetzt ist.

Eine Sonderstellung für bestimmte Unternehmen sieht Abs. 2 vor. Kleine oder mittlere Unternehmen gemäß der Definition in der Empfehlung 2003/361/EG der Kommission haften nur gegenüber ihren unmittelbaren und mittelbaren Abnehmern, wenn bestimmte Voraussetzungen vorliegen, die in a/b) und i/ii) aufgelistet sind. Diese Ausnahme gilt nach Abs. 3 nicht, wenn das Unternehmen die Zuwiderhandlung organisiert oder andere Unternehmen gezwungen hat, sich an der Zuwiderhandlung zu beteiligen oder ein früherer Wettbewerbsrechtsverstoß des Unternehmens festgestellt wurde.

Abs. 4 hat die Außenhaftung des Kronzeugen zum Gegenstand. Abweichend von Abs. 1 haftet ein Unternehmen, dem der Erlass der Geldbuße zuerkannt wurde, gesamtschuldnerisch

a) gegenüber seinen unmittelbaren oder mittelbaren Abnehmern oder Lieferanten und
b) gegenüber anderen Geschädigten nur dann, wenn von den anderen Unternehmen, die an derselben Zuwiderhandlung gegen das Wettbewerbsrecht beteiligt waren, kein vollständiger Schadensersatz erlangt werden kann.

Ein Rechtsverletzer kann von anderen Rechtsverletzern einen Ausgleichsbetrag verlangen. Dessen Höhe wird anhand ihrer relativen Verantwortung für den durch den Verstoß gegen das Wettbewerbsrecht verursachten Schaden bestimmt (Abs. 5). Der Ausgleichsbetrag eines Rechtsverletzers, dem im Rahmen eines Kronzeugen-Programms der Erlass der Geldbuße zuerkannt wurde, darf nicht höher sein als der Schaden, den er seinen eigenen unmittelbaren oder mittelbaren Abnehmern oder Lieferanten verursacht hat. Nach Abs. 6 haben die Mitgliedstaaten zu gewährleisten, dass, soweit durch die Zuwiderhandlung gegen das Wettbewerbsrecht anderen Geschädigten als den unmittelbaren oder mittelbaren Abnehmern oder Lieferanten der Rechtsverletzer ein Schaden entstanden ist, der Ausgleichsbetrag eines Kronzeugen gegenüber den anderen Rechtsverletzern anhand seiner relativen Verantwortung für diesen Schaden bestimmt wird.

dd. Wirkung von Vergleichen auf anschließende Schadensersatzklagen (Art. 19 RL)

Art. 19 Abs. 1 der RL ordnet an, dass sich der Schadensersatzanspruch des Geschädigten nach einem Vergleich proportional zu dem Schadensanteil verringert, der ihm durch den an der Einigung beteiligten Rechtsverletzer entstanden ist. Den verbleibenden Anspruch hat der Geschädigte dann nur gegenüber dem nicht am Vergleich beteiligten Rechtsverletzer geltend zu machen. Die übrigen zahlenden Schädiger können von dem an der Einigung beteiligten Rechtsverletzer keinen Ausgleichsbetrag verlangen (Abs. 2). Abweichend von dieser Vorschrift muss gemäß Abs. 3 der an dem Vergleich beteiligte Rechtsverletzer nur bei völliger Zahlungsunfähigkeit der anderen Rechtsverletzer für die Anteile aufkommen. Bei der Festlegung des Ausgleichsbetrags, den ein Rechtsverletzer von einem anderen Rechtsverletzer entsprechend seiner relativen Verantwortung für den durch die Zuwiderhandlung gegen das Wettbewerbsrecht verursachten Schaden verlangen kann, sind frühere Vergleiche, an denen der betreffende Rechtsverletzer beteiligt war, von den Gerichten zu berücksichtigen.

b. Rechtliche Würdigung

Kritikwürdig ist die „abgeschwächte Form" der Substantiierung des Parteivortrags zur Einsicht in die Kronzeugendokumente. Danach soll es ausreichen, dass bei der Substantiierung des Vortrags „nur" die Kategorie der Beweismittel bezeichnet wird. Zwar ist es grundsätzlich zu begrüßen, dass auf das Erfordernis der Substantiierung nicht gänzlich verzichtet wird. Auch wird damit dem Umstand Rechnung getragen, dass aufgrund des strukturellen Informationsdefizits des kartellrechtlichen Schadensersatzklägers dieser nicht über detaillierte Informationen verfügen kann. Jedoch führt die oben genannte Möglichkeit letztlich zu einer Aufweichung der Substantiierungspflicht. Eine Klarstellung, insbesondere was unter „Kategorie der Beweismittel" zu verstehen ist, ist sinnvoll.

Zudem ist fraglich, ob der in Art. 6 RL uneingeschränkt garantierte Schutz von Kronzeugendokumenten mit der Rechtsprechung des EuGH vereinbar ist. Wenn es dem nationalen Gesetzgeber nach dem Urteil *Donau Chemie* verwehrt ist, die Akteneinsicht in bestimmte Dokumente wie die Kronzeugenerklärungen generell zu untersagen, muss dies auch für den europäischen Gesetzgeber gelten. Zur Akteneinsicht der Geschädigten hat der Gerichtshof betont, dass Kronzeugenprogramme einer wirksamen Anwendung des Kartellverbots gem. Art. 101 AEUV dienten. Doch „jede starre Regel" zum Schutz dieser Programme beeinträchtige das Recht auf Schadensersatz. Insbesondere dürfe der Zugang zu Kronzeugenakten nicht „systematisch" verweigert werden. Insofern ist die in Art. 6 RL geregelte vollständige Verweigerung des Zugangs zu Kronzeugendokumenten mit der Rechtsprechung des EuGH nicht vereinbar.[822]

822 So auch *Kersting*, JZ 2013, 737, 739; a. A. *Fiedler*, BB 2013, 2179, 2184.

Die Privilegierung des Kronzeugen im Rahmen der gesamtschuldnerischen Haftung ist ein gutes Instrument.[823] Festgeschrieben ist eine materiell-rechtliche Privilegierung des Kronzeugen, der nur direkt von seinen unmittelbaren oder mittelbaren Abnehmern oder Lieferanten in Anspruch genommen werden soll. Ansonsten besteht lediglich eine subsidiäre Haftung. Die Regelung des Art. 11 RL gewährt dem Kronzeugen einen gewissen haftungsrechtlichen Schutz.

Eine Benachteiligung der Geschädigten besteht nur auf den ersten Blick. Die Rückausnahme, dass der Kronzeuge in Anspruch genommen werden darf, wenn die anderen Kartellanten für den Schaden nicht aufkommen bzw. den Schaden nicht kompensieren können, ist im Hinblick auf den hinreichend zu gewährenden Schutz der Geschädigten zu begrüßen. Art. 11 RL schlägt eine Möglichkeit vor, die zu einer echten Haftungsprivilegierung in Form der Ausfallhaftung führt und die Interessen der Geschädigten – anders als bei einer vollkommenen Haftungsbeschränkung – angemessen berücksichtigt. Zudem führt die Regelung zur gewünschten Optimierung des Verhältnisses privater und öffentlicher Kartellrechtsdurchsetzung.

Im Ergebnis muss sich ein Wandel vollziehen. Das Interesse der Wettbewerbsbehörden, eine Beeinträchtigung der Kronzeugenprogramme zu verhindern, um sie attraktiv zu halten, kann nicht mehr durch die völlige Verweigerung der Einsicht in die Akten verfolgt werden. Die Mitgliedstaaten sowie die Kommission und die Behörden müssen dazu übergehen, Kronzeugen auf anderem Wege zu privilegieren. Dies könnte durch eine materiell-rechtliche Besserstellung des Kronzeugen geschehen. Durch den Erlass der Richtlinie über kartellrechtliche Schadensersatzklagen sind erste Schritte in diese Richtung unternommen worden. Durch die Privilegierung des Kronzeugen bei der gesamtschuldnerischen Haftung schafft die Richtlinie eine Grundlage, das Verhältnis zwischen *private* und *public enforcement* zu verbessern und die Rechtsentwicklung im Europäischen Raum zu harmonisieren.

Die Schadensersatzrichtlinie 2014/104/EU soll es den Opfern von Kartellen erleichtern, Schadensersatzansprüche gegen die Kartellteilnehmer durchzusetzen. Wer in der Europäischen Union wegen eines Kartells überhöhte Preise gezahlt hat, wird es künftig leichter haben, vor Gericht Schadensersatz zu beanspruchen. Der Kronzeuge wird aber auch nicht vernachlässigt – ihn privilegieren besondere Regelungen zu Kronzeugenerklärungen sowie zum Gesamtschuldnerausgleich. Die Mitgliedstaaten und einzelstaatlichen Gerichte haben einen großen Anteil an dieser Entwicklung zu tragen. Die nationalen Vorschriften sind entsprechend den Vorgaben zu reformieren. Die Richtlinie beseitigt eine Reihe praktischer Hindernisse für Schadensersatzklagen. Sie entfaltet zwar keine unmittelbare horizontale Wirkung,

823 Der BDI hält die Regelung in Art. 11 grundsätzlich für begrüßenswert, sieht jedoch Bedürftigkeit zur Änderung im Bereich der Beweislast beim Kartellantenregress, vgl. Stellungnahme des BDI zum Richtlinienvorschlag, Dok.-Nr. D 0607, vom 31.8.2013, S. 6, abrufbar unter: http://www.bdi.eu/download_content/KonjunkturStandortUndWettbewerb/D_0607_-_BDI-STN_-_Schadensersatzklagen.pdf, (abgerufen am 10.6.2014).

allerdings können die Richtlinien-Vorgaben bereits jetzt gerichtlich berücksichtigt werden.

Opfer von Wettbewerbsverstößen haben nach der Richtlinie Anspruch auf die volle Kompensation ihres Schadens zuzüglich Zinsen. Hat der Verstoß eine Preiserhöhung verursacht und wird diese in der Vertriebskette „weitergegeben“, steht der Schadenersatz (auch) dem Letztgeschädigten zu. Hingegen soll die Richtlinie nicht zu einer Über-Kompensation wie in den USA führen („*punitive damages*“). Die Kartellopfer haben – unter Beachtung des Beginns der Verjährungsfrist – mindestens fünf Jahre lang Zeit, um ihre Schadensersatzklage zu erheben. Daneben sind drei wichtige Aspekte hervorzuheben:

Erstens sieht die Richtlinie zur Erleichterung von Schadenersatzklagen vor, dass die nationalen Gerichte grundsätzlich die Offenlegung von Beweismitteln durch Unternehmen anordnen können. Dabei werden sie die Verhältnismäßigkeit dieser Anordnungen sicherstellen und für einen gebührenden Schutz vertraulicher Angaben sorgen. Ausgenommen von der Offenlegungspflicht bleiben jedoch Erklärungen von Kronzeugen und Vergleichsausführungen. Damit sollen Kartellteilnehmer angeregt werden, mit den Behörden zusammenzuarbeiten. Es soll verhindert werden, dass Gerichte die Offenlegung von Kronzeugenerklärungen und Vergleichsausführungen, die in den Akten der Wettbewerbsbehörde enthalten sind, anordnen können. Damit eine solche Vorgabe mit der Rechtsprechung des EuGH im Einklang steht, müssen die Mitgliedstaaten gewährleisten, dass die einzelstaatlichen Gerichte die Offenlegung aller Dokumente bei der Wettbewerbsbehörde beantragen können. Zwar wird innerhalb der Richtlinie in einigen Artikel oft darauf verwiesen, dass dem Kläger alle relevanten Beweismittel durch Anordnung offengelegt werden können. Ein Kläger kann zudem einen begründeten Antrag stellen, wonach ein einzelstaatliches Gericht die in Art. 6 Abs. 6 (Offenlegung von Beweismitteln, die in den Akten einer Wettbewerbsbehörde enthalten sind) genannten Unterlagen einsehen darf. So ist gewährleistet, dass der Inhalt der Unterlagen den in Art. 4 (Begriffsbestimmung) Nr. 16 (Kronzeugenerklärung) und 18 (Vergleichsausführung) enthaltenen Begriffsbestimmungen entspricht. Bei dieser Beurteilung können die einzelstaatlichen Gerichte nur die zuständige Wettbewerbsbehörde um Unterstützung bitten. Die Verfasser der betreffenden Unterlagen können überdies Gelegenheit zur Anhörung erhalten. Das Gericht darf aber auf keinen Fall den anderen Parteien oder Dritten Zugang zu diesen Unterlagen gewähren. Es wird also lediglich gestattet, die Akten einzusehen, um zu überprüfen, ob in den Unterlagen wirklich (nur) die Kronzeugenerklärung und die Vergleichsausführung enthalten sind und keine anderen – relevanten – Beweismittel.

Zweitens muss neben Antitrust-Entscheidungen der EU-Kommission auch ein Kartellrechtsverstoß durch eine nationale Wettbewerbsbehörde in Schadenersatzverfahren vor den Gerichten dieses Mitgliedstaats unwiderleglich festgestellt werden. Bestandskräftige Entscheidungen von einzelstaatlichen Gerichten sollen zumindest als *Prima-facie*-Beweis akzeptiert werden.

Drittens wird die gesamtschuldnerische Haftung neu geregelt. Neben der Sonderregelung für kleine oder mittlere Unternehmen haften im Regelfall die einzelnen

Teilnehmer eines Kartells gesamtschuldnerisch: Ein Opfer kann von jedem von ihnen den vollen Schadenersatz verlangen. Unternehmen, die eine Kronzeugenbehandlung erreicht haben, müssen allerdings nur für den von ihnen verursachten Schaden bei unmittelbaren und mittelbaren Abnehmern oder Lieferanten geradestehen, es sei denn, die anderen Kartellteilnehmer sind zahlungsunfähig. Dann sind Kronzeugen auch gegenüber den anderen Geschädigten ersatzpflichtig. Zudem wirken einvernehmliche Regelungen zwischen dem Geschädigten und einem Rechtsverletzer auf anschließende Schadensersatzklagen ein.

All diese Neuerungen lösen nicht das Problem, dass sich eine individuelle Klage für den Einzelnen oft nicht lohnt, wenn sich der Schaden auf viele Opfer verteilt. Deshalb hat die EU-Kommission im Sommer 2013[824] in einer rechtlich nicht bindenden Empfehlung den Mitgliedstaaten geraten, Verfahren für eine „kollektive Rechtsdurchsetzung“ einzurichten.

Am Ende wird die Praxis entscheiden, ob sich durch die Umsetzung der Richtlinie die privaten Schadensersatzklagen und die öffentliche Durchsetzung des Kartellrechts durch die Wettbewerbsbehörden ergänzen. Die Grundsätze sind klar: Zum einen wird vollständiger Schadensersatz für die Opfer erreicht (einschließlich entgangener Gewinne und Zinsen). Zum anderen wird die zentrale Rolle der Wettbewerbsbehörden bei der Untersuchung und Ahndung von Verstößen gestärkt, und so eine abschreckende Wirkung erzielt. Unterstützt werden die Behörden im Rahmen der Untersuchung durch Kronzeugen, die dafür privilegiert werden sollen. Ob diese Ziele mit der Richtlinie erreicht werden können, wird sich erst im Laufe der Zeit zeigen.

Die Umsetzungspflicht der Mitgliedstaaten zieht einige Änderungen der bestehenden Vorschriften in Deutschland nach sich. Besonders im Zivilprozessrecht würde die Umsetzung der Richtlinie eine Veränderung der Denkweise erforderlich machen, um den Kartellbeteiligten eine weitreichende Offenlegung der betriebsinternen Dokumente, wie in Art. 5 RL gefordert, abverlangen zu können. Die Reichweite des § 142 ZPO, nach dem ein Prozessgericht die Herausgabe von Unterlagen vom Beklagten oder einem Dritten anordnen kann, ist dadurch eingeschränkt, dass der Kläger im Kartellverfahren außerhalb des Geschehens steht und regelmäßig die erforderlichen Dokumente nicht genau genug beschreiben kann. Die Offenlegungsregeln der §§ 142 bis 144 ZPO reichen dafür nicht aus, da die Richtlinie über § 142 ZPO hinausgeht.

Hinsichtlich der Einsicht in Kronzeugenerklärungen/Unternehmensvereinbarungen nach Art. 6 RL und der Wirkung einzelstaatlicher Entscheidungen ergeben sich keine gesetzlichen Änderungen durch die Umsetzung der Richtlinie. Die Richtlinie stellt letztendlich das Ergebnis einer Abwägung (zugunsten des Kronzeugen) dar, die für alle Kronzeugenunterlagen gelten soll.

---

824 Die EU-Kommission hat die Mitgliedstaaten aufgerufen, kollektive Rechtsschutzverfahren einzuführen (11.6.2013), abrufbar unter: http://ec.europa.eu/deutschland/press/pr_releases/11453_de.htm, (abgerufen am 10.6.2014).

Einer teilweisen Kodifizierung bedarf es im Bereich der gesamtschuldnerischen Haftung. Derzeit haftet in Deutschland der Kronzeuge wie alle Kartellbeteiligten gem. §§ 830 Abs. 1 S. 1, 840 BGB gesamtschuldnerisch.[825] Eine eingeschränkte Haftung im Innenverhältnis wird von der herrschenden Meinung in Deutschland bereits nach geltendem Recht anerkannt (§ 426 i. V. m. § 254 BGB analog). Die Sonderbestimmung für Kronzeugen in Form der Ausfallhaftung im Außenverhältnis stellt eine Neuheit dar. Da sich dieses Modell der Haftungsprivilegierung aus dem Gesetz nicht ergibt und ein materiell-rechtliches Haftungsprivileg des Kronzeugen gegenüber Kartellopfern bislang nicht anerkannt war, ist eine gesetzliche Kodifikation nötig.

Die Mitgliedstaaten haben nun bis zum 27. Dezember 2016 Zeit, um die Bestimmungen in innerstaatliches Recht umzusetzen. Das bedeutet für den haftungsrechtlichen Schutz des Whistleblowers eine Besserung. Durch die Neugestaltung der Haftungsbegrenzung zugunsten des Whistleblowers wird ein Schutzmechanismus geschaffen, der den kartellrechtlichen Kronzeugen vor ausufernder Inanspruchnahme durch Dritte schützt. Eine Integration eines haftungsrechtlichen Schutzes in ein deutsches Gesetzes führt zu Rechtssicherheit und Vertrauen in die Schutzinstrumente. Der Whistleblower hat Gewissheit, inwieweit ihn haftungsrechtliche Konsequenzen treffen. Er schreckt daher weniger vor der Offenlegung des Missstandes zurück. Nachdem die Bonusregelung ihm ordnungswidrigkeitenrechtlichen Schutz gebietet, kann den Whistleblower – soweit eine passende Vorschrift implementiert wird – auch (zumindest teilweise) haftungsrechtlicher Schutz zukommen. Aufgrund der schwer zu durchblickenden Rechtsprechung der nationalen und europäischen Gerichte erscheint dies unausweichlich. Ein gesetzlicher Schutz des Whistleblowers im Haftungsrecht ist zu befürworten.

6. Gesamtfazit

Die Ausführungen haben gezeigt, dass sowohl auf nationaler als auch auf europäischer Ebene verstärkt mit Schadensersatzklagen Dritter gerechnet werden muss. Die höchstrichterlichen Entscheidungen lassen es nicht zu, das Akteneinsichtsrecht den Geschädigten gänzlich zu verweigern – gleich ob dies auf gesetzlichem Weg geschieht oder durch Richterspruch. Was dies für den Whistleblower bedeutet, liegt auf der Hand. Der Whistleblower, der als Kartellant agierte, durch seine Offenlegung aber von seinem Verhalten abgerückt ist, muss mit gehäuften Schadensersatzforderungen rechnen. Der Whistleblower hat umso mehr zu befürchten, (auch frühzeitig) das Ziel von Schadensersatzklagen zu werden, weil er derjenige ist, der alle Informationen an die Behörde weitergeleitet hat, aus der die Akten zur Einsicht entstehen. Gerade diese Akten werden dann zur Vorbereitung eines Schadensersatzanspruches genutzt. Im Rahmen der Geltendmachung des Einsichtsrechts in Dokumente, die sich im Besitz des Bundeskartellamtes befinden, ist die Einsicht

825 BGH, Urt. v. 28.6.2011 – KZR 75/10, BB 2012, 75, Leitsatz.

auch schon in einer früheren Phase des Verfahrensstadiums möglich. In den Akten, die sehr umfangreich und undurchsichtig sein können, lässt sich der Kartellbeteiligte, der die Unternehmenserklärung abgegeben hat, am leichtesten ermitteln. Der Moment der Akteneinsicht bestimmt die Wahl, wer als erstes „angegriffen“ wird. Es besteht die Gefahr, dass die besondere Stellung des Kronzeugen ausgenutzt wird und ihn überwiegend die Pflicht zur zivilgerichtlichen Auseinandersetzung trifft. Diese Gefahr aber kann ihm aufgrund der jüngst ergangenen höchstrichterlichen europäischen Entscheidungen zum Akteneinsichtsrecht nicht genommen werden.

Nur die Umsetzung der Schadensersatzrichtlinie könnte dazu führen, dass die Folgen der (vorranigen) Inanspruchnahme des Kronzeugen weniger einschneidend sind. Denn die Richtlinie regelt zum einen die Akteneinsicht bzw. die Offenlegung von Akteninhalten differenzierter und zum anderen besteht nach Art. 11 der RL die Möglichkeit, die Haftung des Kronzeugen gegenüber Dritten zu begrenzen.

Dem Whistleblower, der zwar nicht an einer Kartellrechtswidrigkeit beteiligt war, aber an einer sonstigen Tat mitgewirkt hat, gebührt momentan kein gesetzlicher Schutz vor den haftungsrechtlichen Folgen. Das nachträgliche Abrücken von der Tat muss jedoch honoriert werden. Dafür reicht auch eine Reduzierung der Haftung aus. Sie gibt dem Whistleblower das Signal, dass es sich lohnt, sich in den Dienst der Rechtsordnung zu stellen und Gesetzesverstöße im Unternehmen trotz eigener Beteiligung offenzulegen. Dass die tätige Reue bei gesetzeswidrigem Handeln berücksichtigt wird, ist der Rechtsordnung nicht fremd – aber nur im Strafrecht geläufig. Deshalb ist an einen Tatbestand der tätigen Reue im Zivilrecht zu denken. Der Arbeitnehmer sieht sich sonst gezwungen, Missstände im Unternehmen nicht zu offenbaren, weil er seinen finanziellen Ruin befürchten muss.

Teil 5: Der Schutz des Whistleblowers de lege ferenda

A. Arbeitsrechtlicher Schutz durch Kodifizierung eines Schutzgesetzes

In Deutschland erfolgt die rechtliche Bewertung von Whistleblowing bisher hauptsächlich durch Rückgriff auf die allgemeinen Gesetze, Grundsätze und Prinzipien. Dies führt meist zu Einzelfallentscheidungen auf der Grundlage von Abwägungen, die vorab kaum berechenbar sind. Zwar bietet die *Heinisch*-Entscheidung des EGMR nun Anhaltspunkte zur Bewertung des Whistleblower-Verhaltens. Jedoch fehlen klare Definitionen und auf den Fall zugeschnittene Auslegungsregeln, die zu einem ausreichenden Informantenschutz führen.

Vor diesem Hintergrund stellt sich die Frage, ob ein gesetzlicher Schutz das Spannungsverhältnis zwischen moralischer Pflicht zur Anzeige von Missständen einerseits und der Sanktionierung des Arbeitnehmers bei einer Anzeige andererseits auflösen kann. Ein gesetzlicher Whistleblowerschutz könnte die geschützten und zu schützenden Rechte und Pflichten des Whistleblowers, aber auch die des betroffenen Arbeitgebers kodifizieren. Bereits auf dem G20-Gipfel in Seoul am 11. und 12. November 2010 hatten sich die Teilnehmer, darunter die Bundeskanzlerin Angela Merkel als Vertreterin der Bundesrepublik Deutschland, darauf verständigt „bis Ende 2012 Regeln zum Whistleblowerschutz zu erlassen und umzusetzen, [...] um Hinweisgeber, die gutgläubig einen Verdacht auf Korruption melden, vor Diskriminierung und Vergeltungsmaßnahmen zu schützen“.[826] Zwar zielte das geplante Vorhaben nur auf die Korruption und nicht auf andere wichtige Hinweisgegenstände ab, jedoch sieht die Bundesregierung auch in diesem Bereich bis dato keinen Handlungsbedarf.

Der 2013 geschlossene Koalitionsvertrag der großen Koalition von CDU/CSU und SPD spricht das Thema zwar unter der Überschrift „Informantenschutz im Arbeitsverhältnis“ an, sagt jedoch lediglich, dass geprüft wird, ob die internationalen Vorgaben hinreichend umgesetzt sind.[827] Weiteres bleibt abzuwarten.

Bis vor kurzem stellten die nachfolgend betrachteten Gesetzesentwürfe, die in der vorherigen (17.) Legislaturperiode von Parteien eingebracht wurden, die

826 Abschlusserklärung vom 12.11.2010, Annex III: G 20 Anti-Corruption Action Plan, Point 7, vgl. *Deiseroth*, PersR 2011, 457, 458 oder abrufbar unter: http://www.oecd.org/daf/anti-bribery/G20_Anti-Corruption_Action_Plan.pdf, (abgerufen am 9.9.2014).

827 Koalitionsvertrag zwischen der CDU, CSU und SPD, 18. Legislaturperiode, vom 27.11.2013, S. 70.

einzigen Kodifikationsversuche dar. Im November 2014 wagte die Bundestagsfraktion Bündnis 90/Die Grünen einen neuen Versuch.

I. Entwurf eines Hinweisgeberschutzgesetzes

Mit einem Gesetzentwurf hatte die Oppositionsfraktion im Bundestag 2012 offensichtlich auf das Urteil des EGMR[828] vom 21. Juli 2011 reagiert. Der Gesetzentwurf ist, gemessen an dem Ziel, die momentane Whistleblower-Situation zu verbessern, aus Sicht der Unternehmenspraxis durchaus zu begrüßen. Zudem könnte eine gesetzliche Kodifizierung die Gerichte entlasten, da die Rechtsfindung dann durch einen Blick ins Gesetz erleichtert oder zumindest durch Auslegung kodifizierter Bestimmungen erreicht wird.

1. Hintergründe

Am 07. Februar 2012 brachte die SPD-Fraktion im Deutschen Bundestag den Entwurf[829] eines Gesetzes zum Schutz von Hinweisgebern – Whistleblowern (Hinweisgeberschutzgesetz – HinwGebSchG) ein. Bereits 2008 stellte die damalige Bundesregierung durch das Ministerium für Arbeit und Soziales, Ernährung, Landwirtschaft und Verbraucherschutz und das Ministerium für Justiz einen entsprechenden Gesetzentwurf vor.[830] Ziel war es, genau wie beim neuen Entwurf, eine klare und eindeutige Regelung im Bereich des Informantenschutzes zu schaffen um damit die Rechtssicherheit des Whistleblowers zu stärken.[831]

Der Gesetzentwurf vom Februar 2012 sollte den Schutz von Beschäftigten verbessern, die dazu beitragen, in ihren Organisationen und Unternehmen Missstände oder sogar Straftaten aufzudecken. Denn nach Ansicht der Fraktion sei dieser Schutz in Deutschland nur unzureichend geregelt.[832] Bisher berechtigen gesetzliche Anzeigerechte Beschäftigte nur ausnahmsweise dazu, innerbetriebliche Missstände extern anzuzeigen und häufig muss erst ein innerbetriebliches Beschwerdeverfahren durchlaufen werden.[833] Dies schafft Unsicherheit für die Betroffenen und verhindert die Offenlegung und Aufklärung von Missständen. Der von der Fraktion vorgeschlagene Gesetzentwurf eines Hinweisgeberschutzgesetzes sei daher nötig, um Beschäftigte vor arbeitsrechtlichen Nachteilen zu schützen. Gegen eine gesetzliche Regelung wurde eingewandt, dass die Einführung eines entsprechenden Hinweisgebersystems ein Klima der Denunziation fördere, wodurch das Betriebsklima nachhaltig Schaden nehme. Dem sollte im Entwurf von 2012 mit einem am Grundsatz der Verhältnismäßigkeit orientierten Anzeigerecht entgegengewirkt

828 EGMR, Urt. v. 21.7.2011 – 28274/08, NJW 2011, 3501 (Heinisch/Deutschland).
829 BT-Drs. 17/8567.
830 BT-Ausschussdrs. 16(10)849.
831 BT-Ausschussdrs. 16(10)849, S. 2.
832 BT-Drs. 17/8567, S. 5, allgemeine Begründung.
833 BT-Drs. 17/8567, S. 5, allgemeine Begründung.

werden. Zudem zeigten Erfahrungen aus anderen Staaten (z. B. *Whistleblower Protection Act, Sarbanes-Oxley Act*, USA; *Public Interest Disclosure Act*, Großbritannien), in denen bereits Hinweisgeberregelungen existieren, dass keineswegs ein „Klima der Denunziation" geschaffen wird.[834]

2. Der Entwurf

a. Überblick

Der vorgelegte Gesetzentwurf besteht insgesamt aus 15 Vorschriften. In den §§ 2 und 3 finden sich Aussagen zum Anwendungsbereich sowie Begriffsbestimmungen. In § 4 Abs. 1 wird festgelegt, dass Hinweisgeber wegen ergangener Hinweise nicht benachteiligt werden dürfen. Dem Arbeitgeber werden in § 5 Maßnahmen und Pflichten auferlegt, um eine Benachteiligung zu verhindern. Die entscheidende Vorschrift des Gesetzentwurfs ist § 6. Darin ist das Anzeigerecht des Hinweisgebers geregelt. Gemäß Abs. 1 kann sich der Hinweisgeber bei Missständen sowohl an den Arbeitgeber oder an innerbetrieblich zuständige Stellen (internes Whistleblowing) als auch an außerbetriebliche Stellen (externes Whistleblowing) wenden. Ein Hinweis an Dritte, die keiner Verschwiegenheitsverpflichtung unterliegen, oder an die Öffentlichkeit ist nach Abs. 2 eingeschränkt. In § 7 sind Leistungsverweigerungsrechte des hinweisgebenden Arbeitnehmers geregelt, während die §§ 8 und 9 Unterlassungs- und Schadensersatzansprüche bei rechtswidriger Benachteiligung des Hinweisgebers gewähren. § 10 regelt einen Schadensersatzanspruch des Arbeitgebers gegen den Hinweisgeber im Falle eines rechtswidrigen Hinweises. Um einem „Klima der Denunziation" vorzubeugen, soll § 10 die „Verantwortung der Hinweisgebenden als mündige Bürger"[835] unterstreichen. § 11 verknüpft den Entwurf mit dem BDSG und schafft für unternehmensinterne Whistleblowing-Programme einen eigenen Rechtfertigungsgrund gemäß § 4 Abs. 1 BDSG. § 12 sieht Regelungen zur Beweislast vor. Die §§ 13 und 14 normieren schließlich die Unabdingbarkeit der Vorschriften des Hinweisgeberschutzgesetzes sowie Sanktionsmöglichkeiten (§ 14) bei Verstößen gegen das Benachteiligungsverbot.

b. Begründung

Der das Gesetz einleitende Paragraph (§ 1) soll die vom Normgeber mit dem Gesetz verfolgten Absichten verdeutlichen. Es sollen Rahmenbedingungen geschaffen werden, um Benachteiligungen von Hinweisgebern zu verhindern.[836] Der nachfolgende Paragraph legt den Anwendungsbereich fest, wodurch der schutzbedürftige Personenkreis einen Mindestschutz erfahren soll. Die in § 3 aufgenommenen Begriffsbestimmungen haben eine klarstellende Funktion.[837] Die Begriffe

834 BT-Drs. 17/8567, S. 6, allgemeine Begründung.
835 BT-Drs. 17/8567, S. 8, Begründung zu § 10 HinwGebSchG-E.
836 BT-Drs. 17/8567, S. 7, Begründung zu § 1 HinwGebSchG-E.
837 BT-Drs. 17/8567, S. 7, Begründung zu § 3 HinwGebSchG-E.

„Benachteiligung", „Missstand", „Hinweis", „Arbeitgeber" und „zuständige externe Stellen" werden näher erläutert, um auch für juristische Laien verständlich zu sein. Auf diese Weise soll die Rechtsanwendung und Akzeptanz des Gesetzes in der Bevölkerung gefördert werden.[838] § 4 regelt das Benachteiligungsverbot, wonach Hinweisgeber wegen der Inanspruchnahme des Anzeigerechts und Leistungsverweigerungsrechts nicht gemaßregelt werden dürfen. Außerdem wird in Absatz 1 bestimmt, dass Kündigungen aufgrund rechtmäßiger Hinweise ausgeschlossen sind. Nach der Begründung des Entwurfs soll dies einen effektiven Schutz von Beschäftigten gewährleisten.[839] Absatz 2 des Paragraphen verdeutlicht noch, dass ein Verstoß gegen dieses Verbot durch den Arbeitgeber oder andere Beschäftigte eine Verletzung vertraglicher Pflichten darstellt. Damit ist der Weg für die tatbestandliche Erfüllung von Schadensersatznormen geebnet. Die Absätze 1 und 3 des § 5 regeln Maßnahmen und Pflichten der Arbeitgeber bzw. des Arbeitgebers in Bezug auf das Benachteiligungsverbot. § 5 verpflichtet dazu, präventive Maßnahmen gegen Benachteiligungen einzuleiten, um der Fürsorgepflicht des Arbeitgebers gegenüber seinen Beschäftigten gerecht zu werden. Mit der Norm sollen darüber hinaus durch die in Absatz 2 aufgezeigten Maßnahmen für die Beschäftigten eine offene, vorbeugende und Missstände erkennende Betriebsatmosphäre geschaffen werden.[840]

§ 6 ist, neben § 4, ein weiteres Kernelement zur Stärkung der Rechte von Hinweisgebern. Die Norm regelt das Anzeigerecht. Nach § 6 Abs. 1 des Entwurfs kann der Hinweisgeber sich an eine betriebsinterne Stelle wenden. Er hat nach Satz 3 auch das Recht, sich sofort an eine externe Stelle, also an diejenige Behörde, die für die Entgegennahme der Anzeige oder Beseitigung des jeweiligen Missstandes örtlich und sachlich zuständig ist,[841] zu wenden; eine vorherige Information des Arbeitgebers (innerbetriebliche Abhilfe) und ein Verlangen nach Abhilfe sind vor der Kontaktierung einer externen Stelle aber nicht erforderlich. Da Mitteilungen von betrieblichen Rechtsverstößen und Missständen an die Öffentlichkeit dazu geeignet sind, den Ruf des Arbeitgebers zu schädigen, wird durch Absatz 2 das externe Whistleblowing begrenzt. Danach dürfen nur Mitteilungen an die Öffentlichkeit oder Dritte weitergeleitet werden, wenn wegen des Missstandes das Leben oder die Gesundheit von Menschen oder die Umwelt gefährdet sind (Nr. 1) oder wenn die zuständige Behörde nicht angemessen auf den Hinweis reagiert hat (Nr. 2). Eine unangemessene Reaktion liegt nach Nr. 2 vor, wenn die Behörde den Eingang des Hinweises nicht unverzüglich bestätigt, sie nicht innerhalb einer angemessenen Frist eine inhaltliche Prüfung einleitet oder nicht innerhalb einer bestimmten Zeit (die im Einzelfall zu ermitteln ist) mittels gebührenden Sachstandsberichts den Hinweisgeber informiert. In der Begründung zum Entwurf wird klargestellt, dass es dem Hinweisgeber trotz des hohen Rangs der Meinungsäußerungsfreiheit zumutbar ist, vorrangig auf das

838 BT-Drs. 17/8567, S. 7, Begründung zu § 3 HinwGebSchG-E.
839 BT-Drs. 17/8567, S. 7, Begründung zu § 4 HinwGebSchG-E.
840 BT-Drs. 17/8567, S. 7, 8, Begründung zu § 5 HinwGebSchG-E.
841 BT-Drs. 17/8567, § 3 HinwGebSchG-E (Begriffsbestimmung).

„mildere" Mittel der Behördenanzeige verwiesen zu werden, und die Öffentlichkeit erst dann zu informieren, wenn die Voraussetzungen nach Nr. 1 und Nr. 2 des § 6 Abs. 2 gegeben sind.[842] Darüber hinaus erlaubt § 7 dem Hinweisgeber seine Tätigkeit ohne Verlust des Entgeltanspruchs einzustellen. Dies ist ihm jedoch nach Absatz 1 des § 7 nur in dem Fall gestattet, in dem der Hinweisgeber davon ausgehen darf, sich bei der Ausführung der Tätigkeit der Gefahr der Verfolgung einer Straftat oder der Ahndung einer nicht geringfügigen Ordnungswidrigkeit auszusetzen. Durch diese Regelung soll der Druck auf den Arbeitgeber erhöht werden, geeignete Maßnahmen zur Abhilfe zu treffen.[843] Die Formulierung in § 7 Abs. 1 soll dem Umstand Rechnung tragen, dass dem Hinweisgeber nicht nur die subjektive Prüfung der Sachlage obliegt, sondern er sich auch mit der objektiven Sachlage auseinandersetzen muss.[844] Eine abstrakte Gefahr soll dabei ausreichend sein.[845]

§ 8 und § 9 des Entwurfs regeln die Beseitigung und Unterlassung sowie die Entschädigung und den Schadensersatz. Sinn und Zweck dieser Normen ist es, dem Betroffenen einen Ausgleich für die erlittenen Einbußen zu gewähren und eine Genugtuung gegenüber dem Schädiger zu ermöglichen.[846] Gemäß § 9 Abs. 1 ist Adressat dieser Vorschrift der Benachteiligende, also nicht nur der Arbeitgeber, sondern auch ein Kollege bzw. Mitarbeiter. Auf diese Weise soll eine Abschreckung gegenüber allen potenziell Benachteiligenden erzielt werden.[847]

§ 10 des Entwurfs gibt dem Arbeitgeber oder sonstigen Beteiligten das Recht, vom Hinweisgeber Schadensersatz einzufordern, wenn er wegen eines unrechtmäßigen Hinweises im Sinne von § 2 Abs. 2 einen Schaden verursacht hat. Durch diese Norm wird klargestellt, dass der Hinweisgeber ebenfalls Pflichten unterliegt und bei unrechtmäßigem Handeln eine Sanktion zu befürchten hat, nämlich die Kompensation des durch den unrechtmäßigen Hinweis entstandenen Schadens.

§ 11 erlaubt Betrieben und Unternehmen, ein Hinweisgebersystem einzurichten. Auf diese Weise soll im Sinne von § 4 Abs. 1 des Bundesdatenschutzgesetzes eine ausdrückliche Rechtfertigung[848] für die Einführung von Whistleblowing-Programmen in Unternehmen kodifiziert werden.[849] Bisher bestand für jene Unternehmen nur die Möglichkeit, sich auf „andere Rechtsvorschriften" im Sinne des § 4 Abs. 1

842 BT-Drs. 17/8567, S. 8, Begründung zu § 6 HinwGebSchG-E.
843 BT-Drs. 17/8567, S. 8, Begründung zu § 7 HinwGebSchG-E.
844 BT-Drs. 17/8567, S. 8, Begründung zu § 7 HinwGebSchG-E.
845 BT-Drs. 17/8567, S. 8, Begründung zu § 7 HinwGebSchG-E.
846 BT-Drs. 17/8567, S. 8, Begründung zu § 9 HinwGebSchG-E.
847 BT-Drs. 17/8567, S. 8, Begründung zu § 9 HinwGebSchG-E.
848 Im Rahmen eines Whistleblowing-Systems werden personenbezogene Daten im Sinne von § 3 BDSG des Beschuldigten und ggf. auch des Hinweisgebers erhoben, übermittelt und gespeichert. Die Übermittlung liegt in der Meldung der angeblichen Verletzungshandlung an die zuständige Stelle. Diese Vorgänge bedürfen gemäß § 4 Abs. 1 BDSG einer Rechtfertigung, soweit nicht eine andere Vorschrift sie erlaubt, vgl. *Mengel*, Compliance und Arbeitsrecht, Kap. 7, Rn. 40.
849 BT-Drs. 17/8567, S. 8, Begründung zu § 11 HinwGebSchG-E.

BDSG zu berufen oder sich auf die Interessenabwägung des § 28 Abs. 1 BDSG (bzw. § 32 BDSG) zu stützen.[850] Diese Norm dient somit der Harmonisierung des internationalen Rechts- und Wirtschaftsverkehrs.[851]

Mit § 12 (Beweislast) soll die Rechtsposition des strukturell unterlegenen Hinweisgebers gestärkt werden. Dies dient dem gesetzgeberischen Ziel, die Kultur des Whistleblowings zu fördern.[852]

Die §§ 13 und 14 regeln die Schluss- und Bußgeldvorschriften. Mit der Klarstellung in § 14, dass ein Verstoß gegen § 4 als Ordnungswidrigkeit geahndet wird, soll Benachteiligungen vorbeugend begegnet werden.[853] Nach der Begründung führt diese Regelung zu einer persönlichen Haftung von Vorständen und Geschäftsführern, die ihre Unternehmensorganisation nicht in dem Maße gestalten oder überwachen, dass Benachteiligungen vermieden werden. Die in Abs. 2 festgelegte Höhe der Geldbuße auf bis zu 50.000 Euro soll eine hinreichende Abschreckung gewährleisten, erlaubt aber auch eine entsprechende Reduzierung im Einzelfall.[854]

3. Kritische Würdigung

Der Gesetzentwurf, der eine Vielzahl unbestimmter Rechtsbegriffe enthält, hat einige Schwächen und dürfte sich in dieser Form wohl auch in der laufenden Legislaturperiode nicht durchsetzen.[855] Die pauschalen und wenig präzisen Regelungen sind nicht förderlich für die Rechtssicherheit des Hinweisgebers. Einige Bestimmungen sind auch im Hinblick auf die nationale Verfassung und die Rechtsprechung des Europäischen Gerichtshofs für Menschenrechte sehr bedenklich.

Während § 1 HinwGebSchG-E als Nicht-Regelung lediglich die Ziele dieses Entwurfs wiedergibt, enthält § 3 HinwGebSchG-E bereits einige problematische Regelungen. So ist die Definition des „Missstandes" in Absatz 2 zu weit gefasst. Nach dem Entwurf soll bereits bei jeder Pflichtverletzung im Unternehmen ein Missstand vorliegen. Pflichtverletzungen des Arbeitgebers liegen aber auch schon in banalen Situationen vor, wie der Falschaufstellung der Urlaubstage.[856] Eine solche Bagatelle ist aber mit Sicherheit nicht gemeint gewesen, als der Begriff des Missstandes definiert wurde. Eine solche Ausweitung führt zur Praxisuntauglichkeit, jedoch nicht zum Schutz des Whistleblowers. Auch die Bezeichnung „im Umfeld einer unternehmerischen oder betrieblichen Tätigkeit" ist sehr vage. Es scheint, als wolle man den Bereich räumlich und zeitlich eingrenzen. Aber wie eng oder weit man in der Begrenzung gehen soll, steht nicht fest. Daher wäre es hilfreich, den Begriff im

---

850 BT-Drs. 17/8567, S. 9, Begründung zu § 11 HinwGebSchG-E.
851 BT-Drs. 17/8567, S. 9, Begründung zu § 11 HinwGebSchG-E.
852 BT-Drs. 17/8567, S. 9, Begründung zu § 12 HinwGebSchG-E.
853 BT-Drs. 17/8567, S. 9, Begründung zu § 14 HinwGebSchG-E.
854 BT-Drs. 17/8567, S. 9, Begründung zu § 14 HinwGebSchG-E.
855 So auch *v. Busekist/Fahrig*, BB 2013, 119, 124; *Mengel*, CCZ 2012, 146, 146; grundlegend auch *Rudkowski*, CCZ 2013, 204, 208 f.
856 So *Mengel*, CCZ 2012, 146, 146.

Zusammenhang mit einer katalogartigen Aufzählung von relevanten Pflichtverletzungen zu versehen. Nicht jede möglicherweise in Betracht kommende Verletzung kann in diesen Katalog Eingang finden, jedoch kann dieser als „Richtlinie" dienen. Ähnliche Verletzungen können durch Auslegung unter die im Katalog genannte Pflichtverletzung subsumiert werden. Diese Art der Eingrenzung kann zur Feststellung des Missstandes beitragen und dem Whistleblower mehr Sicherheit geben.

Schließlich scheint § 3 Abs. 2 Satz 2 HinwGebSchG-E eine gewisse „Wesentlichkeitsschwelle" vorzugeben, die durch den Zusatz „ein Missstand liegt auch vor, wenn eine Gefahr für Leben und Gesundheit von Menschen oder für die Umwelt droht" betont wird. Nach dem Wortlaut des Absatzes 1 kann aber nicht davon ausgegangen werden, dass in Satz 1 eine ähnlich hohe Schwelle für den Begriff des Missstandes vorausgesetzt wird.[857] Um dies klarzustellen, sollte eine Ergänzung eingefügt werden, die gut mit dem oben genannten Problem gekoppelt werden kann. Sie sollte definieren, was einen Missstand (Gesetzesverstoß), und darauf aufbauend, was einen *wesentlichen* Missstand ausmacht.

In diesem Zusammenhang kommt die Frage auf, ob § 3 Abs. 2 Satz 2 HinwGebSchG-E dem Wortlaut nach Missstände mit einbezieht, die nicht der betrieblichen Sphäre zuzuordnen sind. Ob dieser Satz also so zu verstehen ist, dass damit ein Tatbestand für Whistleblowing zu öffentlichen Gefährdungslagen geschaffen werden soll. Andernfalls hätte das Wort „auch" in Satz 2 keinen Sinn. Die Formulierung macht den Eindruck, als solle den Arbeitgeber (trotzdem) die Pflicht nach §§ 4, 5 HinwGebSchG-E treffen, obwohl er nicht der Verursacher ist.[858] Dies kann wohl nicht gemeint sein – eine Präzisierung des Wortlauts wäre also geboten. Eine Vorschrift mit dieser Formulierung könnte dazu führen, dass primär öffentlich-rechtlich zu bewältigende Aufgaben und Lasten auf private Unternehmen übertragen werden.

Während § 4 des Entwurfs den § 612 a BGB wiedergibt und die Kündigung wegen rechtmäßiger Hinweise ausschließt, verpflichtet § 5 HinwGebSchG-E den Arbeitgeber, vorbeugende Maßnahmen zu treffen. Jedoch benennt die Norm nicht, was genau mit vorbeugenden Maßnahmen gemeint ist. Eine reine Information der Beschäftigten über die Verhinderung von Benachteiligungen erscheint nicht ausreichend. Angemessen wäre zum Beispiel ein Angebot an Schulungen zum Thema Whistleblowing und Compliance. Außerdem könnte gesetzlich ein zeitlicher Rahmen festgelegt werden, wie oft eine solche Informationsveranstaltung durchzuführen ist. Die Bezeichnung „in geeigneter Art und Weise" schafft weder Rechtssicherheit noch ist sie vorteilhaft für den Arbeitgeber, der im Zweifelsfall die ordnungsgemäße Erfüllung seiner Pflicht nach § 5 Abs. 2 HinwGebSchG-E darlegen muss.

Insbesondere § 6 des Entwurfs ist höchst bedenklich. Zentral ist die Festlegung in § 6 Abs. 1 Satz 3, dass ein Hinweisgeber sich „sofort" an eine „externe Stelle" wenden

---

857 *Mengel*, CCZ 2012, 146, 147.
858 Vgl. auch *Mengel*, CCZ 2012, 146, 147.

darf.[859] Zu beachten ist hierbei, dass § 3 Abs. 5 HinwGebSchG-E lediglich den Begriff der „zuständigen externen Stelle" definiert hat und § 6 Abs. 1 HinwGebSchG-E von einer „externen Stelle" spricht. Diese Ungenauigkeit lässt sich leicht berichtigen. Viel bedenklicher ist, dass die zum externen Whistleblowing ergangene Rechtsprechung, nach der Arbeitgeber grundsätzlich erwarten dürfen, dass Arbeitnehmer auf einen Missstand zunächst unternehmensintern aufmerksam machen, keine Beachtung findet.[860] Die vorrangige interne Abhilfe fußt auf den grundrechtlich verbürgten Interessen und Rechten des Arbeitgebers und ist dem Grundsatz der Verhältnismäßigkeit geschuldet. Die Verfasser des Entwurfs haben dem Kriterium der mehrpoligen Interessenabwägung zu wenig Beachtung geschenkt. Das *Heinisch*-Urteil des EGMR hat aufgezählt, nach welchen Kriterien eine Interessenabwägung stattzufinden hat. Dabei ist die vorherige innerbetriebliche Abhilfe grundsätzlich einzubeziehen. Nur in Ausnahmefällen darf eine solche Abhilfe unterlassen werden. Diese Abhilfe von vornherein lediglich im Wege einer „Kann-Vorschrift" zu deklarieren, schafft keine Rechtsklarheit und gefährdet den Betriebsfrieden erheblich. So wird die Chance auf eine zivilrechtliche Lösung ohne staatliche Beteiligung und öffentliche Anprangerung verspielt.

Zudem führt diese „Sofortmeldung" zur Überlastung des staatlichen Handlungsapparats. Schließlich kann jeder Missstand, der unter anderem auch zivilrechtliche oder arbeitsrechtliche Streitigkeiten umfassen kann, sofort der Polizei oder der Staatsanwaltschaft gemeldet werden.[861] Dem Begriff des Missstandes in § 3 HinwGebSchG-E zufolge könnte jede noch so banale Pflichtverletzung Gegenstand eines Hinweises sein. Folglich ist eine Vermischung öffentlich-rechtlicher und zivilrechtlicher Strukturen kaum zu vermeiden. Eine Parallele zur Rechtsprechung[862] zum Whistleblowing ist nicht zu erkennen.

Absatz 2 des § 6 HinwGebSchG-E enthält gute Differenzierungen hinsichtlich der Weitergabe von Informationen an externe Dritte. Doch die handwerkliche Technik überzeugt nicht: Die unbestimmten Begriffe „angemessen", „gebührend" und „unverzüglich" tragen nicht zur erwünschten Rechtssicherheit bei. Während „unverzüglich" noch unter Hinzuziehung zivilrechtlicher Normen bestimmt werden kann,[863] bedürften die anderen Begriffe der näheren Erläuterung. Dies ist besonders

859 Für die verfassungsrechtliche Bedenklichkeit dieser Regelung *v. Busekist/Fahrig*, BB 2013, 119, 124.

860 EGMR, Urt. v. 21.7.2011 – 28274/08, NJW 2011, 3501 (Heinisch/Deutschland); BAG, Urt. v. 3.7.2003 – 2 AZR 235/02, NZA 2004, 427 ff.; *Schmidt*, in: Erfurter Kommentar, Art. 5 GG, Rn. 37; *Simon/Schilling*, BB 2011, 2421, 2424.

861 Vgl. auch *Mengel*, CCZ 2012, 146, 147.

862 Vgl. BAG, Urt. v. 3.7.2003 – 2 AZR 235/02, NZA 2004, 427, 431; BAG, Urt. v. 7.12.2006 – 2 AZR 400/05, NZA 2007, 502, 504; *Müller-Glöge*, in: MüKo BGB, § 626 BGB, Rn. 64 f.; *Mengel*, Compliance und Arbeitsrecht, Kap. 5, Rn. 59 f.

863 *Valenthin*, in: BeckOK BGB, § 174 BGB, Rn. 9 m. w. N: Das Tatbestandsmerkmal der Unverzüglichkeit ist an § 121 BGB zu orientieren und bedeutet ohne schuldhaftes Zögern. Das bedeutet aber nicht, dass die Zurückweisung sofort erfolgen muss.

wichtig, da die Begriffe eine zeitliche Schnittstelle für den Whistleblower bedeuten, bei deren Eintritt er nach § 6 Abs. 2 HinwGebSchG-E die Erlaubnis hat, sich sofort an externe Dritte zu wenden.

Problematisch ist auch die Regelung des § 10 HinwGebSchG-E. Die Vorschrift normiert das Recht des Arbeitgebers, Schadensersatz vom Arbeitnehmer zu fordern, wenn durch die Hinweiserteilung ein Schaden entstanden ist. Zwar ist dies nur dann möglich, wenn der Hinweis rechtswidrig war. Wann ein Hinweis im Sinne von § 10 des Entwurfes unrechtmäßig sein soll, wird aber an keiner Stelle näher erläutert. Es wird lediglich in § 6 des Entwurfs klargestellt, dass ein Hinweis nicht leichtfertig offengelegt werden darf. Doch wie zu verfahren ist, wenn der Hinweis nicht leichtfertig veröffentlicht wurde, sich jedoch im Nachhinein im Rahmen der Untersuchung der Behörden als unwahr erweist, ist unklar. Auch die Schadenshöhe, die durch den Hinweisgeber kompensiert werden soll, ist nicht begrenzt, obwohl klar ist, dass der Arbeitnehmer regelmäßig nicht in der Lage sein wird, den gesamten Schaden zu ersetzen. Weiter stellt sich die Frage, wer mit „sonstigen Beteiligten“ gemeint ist, deren Schaden der Hinweisgeber ebenfalls zu ersetzen hat.

§ 11 HinwGebSchG-E des Entwurfs ist eine sinnvolle Regelung. Es ist zu begrüßen, dass die Schaffung eines Hinweisgebersystems in Unternehmen angeregt wird. Warum aber ist diese weitestgehend in der Compliance-Community etablierte und akzeptierte Institution nicht verpflichtend vorgesehen? Der Entwurf enthält nur eine „Kann-Vorschrift“, obwohl gerade die Verpflichtung zur Implementierung eines solchen Compliance-System viele Probleme lösen könnte.[864] Die Vorschrift regelt so gesehen nichts Neues, denn dass Unternehmen freiwillig ein Compliance-Programm einführen können, ist bereits geltende Rechtslage. Die Kodifikation einer Verpflichtung, zumindest in gewissem Umfang, ist wünschenswert. Ob die Rechte des Arbeitgebers auf freie Unternehmensführung und -gestaltung dabei beeinträchtigt werden, ist eine andere Frage, die sich im Wege einer interessengerechten Abwägung klären lässt.

4. *Ausblick*

Im Ergebnis ist festzuhalten, dass sich zwar durch die *Heinisch*-Entscheidungen eine weitestgehend klare Richtschnur für Kündigungen wegen Whistleblowing herausgebildet hat. Der Whistleblower ist deswegen keineswegs völlig schutzlos gestellt.[865] Eine Kodifizierung ist trotzdem notwendig. Denn Rechtssicherheit kann nur hergestellt werden, wenn jedem Bürger die geltende Rechtslage zugänglich und verständlich gemacht wird. Aus Sicht des Rechtssuchenden ist es einfacher, das Recht in einer niedergeschriebenen Norm zu finden, als es sich aus einer Vielzahl von Entscheidungen zusammenzusuchen.[866] Ein Whistleblower muss wissen,

---

864 Vertiefend zur Implementierung, Durchsetzung und Organisation von Compliance *Mengel*, Compliance und Arbeitsrecht.

865 So auch der Bund der Richterinnen und Richter der Arbeitsgerichtsbarkeit in ihrer Stellungnahme zum Hinweisgeberschutzgesetz, vgl. BT-Ausschussdrs. 17(11)808.

866 So auch *Kort*, FS Kreutz, S. 247, 252.

was erlaubt ist und was nicht. Außerdem kann ein Hinweisgeber nur Gewissheit erfahren, wenn er sich auf Rechtsnormen berufen kann, die von jedem Arbeitgeber einzuhalten sind. Ein Schutzgesetz, in dem Handlungsanweisungen sowie Ge- und Verbote verankert sind, gibt dem Whistleblower optimale Rechtssicherheit. Der vorgelegte Entwurf ist dafür nicht geeignet. Zum einen müssen unbestimmte Rechtsbegriffe vermieden werden. Zum anderen ist deutlicher zwischen internem und externem Whistleblowing zu unterscheiden. Hilfreich für eine Optimierung des HinwGebSchG wäre es, anerkannte Whistleblower-Organisationen hinzuzuziehen, die sich eingehend mit Whistleblowern und deren Fällen auseinandergesetzt haben und dadurch die „Schwachstellen" des Gesetzentwurfs besser erkennen könnten.

Eine andere Möglichkeit wäre eine Konkretisierung schon bestehender Regelungen, z. B. eine Änderung des § 612 a BGB und eine Implementierung eines § 612 b BGB.

II. Entwurf eines Whistleblower-Schutzgesetzes

Die Fraktion Bündnis 90/Die Grünen schlagen ein Gesetz zur Förderung von Transparenz und zum Diskriminierungsschutz von Hinweisgeberinnen und Hinweisgebern vor, durch das § 612 a BGB reformiert und ein § 612 b BGB implementiert werden soll.

Da der Entwurf einen anderen Weg vorschlägt als derjenige der SPD-Fraktion, wird er im Folgenden kurz skizziert. Die Darstellung konzentriert sich auf die vorgesehenen Änderungen des Bürgerlichen Gesetzbuches.

1. Der Entwurf 2012

Der Entwurf[867] sieht Änderungen des Bürgerlichen Gesetzbuches, des Berufsbildungsgesetzes, des Bundesbeamtengesetzes sowie des Beamtenstatusgesetzes vor. Diese Änderungen sollen Whistleblowern arbeits- bzw. dienstrechtlichen Diskriminierungsschutz gewähren und regeln, unter welchen Voraussetzungen sie sich an eine außerbetriebliche zuständige Stelle bzw. direkt an die Öffentlichkeit wenden dürfen.[868]

a. Regelungsgegenstände

§ 612 a BGB, der das Maßregelungsverbot zum Gegenstand hat, soll einen Absatz 2 erhalten. Der bisherige Wortlaut wird der „neue" Absatz 1. Der neu einzufügende Absatz 2 soll folgenden Inhalt haben:[869]

867 Gesetzentwurf zur Förderung von Transparenz und zum Diskriminierungsschutz von Hinweisgeberinnen und Hinweisgeber (Whistleblower-Schutzgesetz) vom 23.5.2012, BT-Drs. 17/9782.

868 BT-Drs. 17/9782, S. 2.

869 BT-Drs. 17/9782, S. 3, Artikel 1.

„(2) Sofern ein Arbeitnehmer Tatsachen glaubhaft macht, die eine Benachteiligung wegen zulässiger Ausübung seiner Rechte erkennbar werden lassen, trägt der Arbeitgeber die Beweislast dafür, dass kein Verstoß gegen Absatz 1 vorliegt."

Die Ergänzung wird damit begründet, dass nur durch die Beweislastregelung negative Folgen für die Arbeitnehmer eingeschränkt werden können. Die in den neuen § 612 a Abs. 2 BGB aufgenommene Abstufung der Beweislast ist an § 22 AGG angelehnt und trägt dem Umstand Rechnung, dass dem Whistleblower der Nachweis der Kausalität zwischen der zulässigen Rechtsausübung und einer Benachteiligung kaum gelingen kann, da es sich um eine innere Tatsache handelt.[870]

Des Weiteren sieht der Entwurf vor, dass nach dem § 612 a BGB ein § 612 b BGB-E eingefügt wird, der die Überschrift „Anzeigerecht" trägt und in 6 Absätze unterteilt ist.

Absatz 1 legt dem Arbeitnehmer die Pflicht auf, sich zuerst an den Arbeitgeber oder an eine innerbetriebliche zuständige Stelle zu wenden, wenn er konkrete Anhaltspunkte hat, dass im Zusammenhang mit der betrieblichen Tätigkeit rechtliche Pflichten verletzt werden oder eine solche Verletzung droht.

Durch diese Bestimmung wird die rechtliche Zulässigkeit des Handelns des Whistleblowers normiert. Das hat zur Folge, dass die Kontaktierung einer internen Stelle somit als Grundlage für eine verhaltensbedingte Kündigung, Abmahnung oder andere nachteilige Maßnahme ausscheidet. Der Entwurf sichert den Schutz des Whistleblowers auch insoweit, als bei der Beurteilung der Voraussetzungen des Absatzes 1 der subjektive Beurteilungshorizont des Arbeitnehmers heranzuziehen ist.[871] Dennoch sollen Kündigungen oder arbeitsrechtliche und deliktische Schadensersatzansprüche nicht unmöglich sein, wenn die Anschuldigungen, etwa bei Racheakten oder Ähnlichem, substanzlos sind. Der Entwurf sieht nur vor, dass sich der Schutz (auch) auf falsche Rückschlüsse erstreckt, solange der Hinweis „aufgrund konkreter Anhaltspunkte" erfolgt.[872]

Nach Absatz 2 des § 612 b BGB-E hat der Arbeitnehmer das Recht, sich an eine zuständige außerbetriebliche Stelle zu wenden, wenn der Arbeitgeber dem Verlangen nach Abhilfe nicht binnen angemessener Frist oder nach Auffassung des Arbeitnehmers aufgrund konkreter Anhaltspunkte nicht oder nicht ausreichend nachkommt. Nach Satz 2 ist die vorherige innerbetriebliche Abhilfe nicht notwendig, wenn dies dem Arbeitnehmer nicht zumutbar ist. Unzumutbarkeit soll insbesondere dann vorliegen (Satz 3), wenn eine gegenwärtige Gefahr für Leben, Körper, Gesundheit, Persönlichkeitsrecht, Freiheit der Person, Stabilität des Finanzsystems oder Umwelt droht (Nr. 1), wenn im Zusammenhang mit der betrieblichen Tätigkeit eine Straftat begangen worden ist (Nr. 2), wenn eine Straftat geplant ist,

870 BT-Drs. 17/9782, S. 9, Begründung zu § 612 b BGB-E.

871 BT-Drs. 17/9782, S. 9, Begründung zu Absatz 1 von § 612 b BGB-E.

872 BT-Drs. 17/9782, S. 9, 10, Begründung zu Absatz 1 von § 612 b BGB-E; die Formulierung „aufgrund konkreter Anhaltspunkte" entspricht derjenigen aus dem Anzeigerecht in § 17 Abs. 2 ArbSchG.

durch deren Nichtanzeige der Arbeitnehmer selbst der Strafverfolgung ausgesetzt würde (Nr. 3) oder wenn eine innerbetriebliche Abhilfe nicht oder nicht ausreichend erfolgen wird (Nr. 4). Im Fall der Nr. 2 trägt der Arbeitnehmer nach Satz 4 nicht die Beweislast dafür, dass er der Auffassung war, dass im Zusammenhang mit der betrieblichen Tätigkeit eine Straftat begangen worden ist.

Das Stufensystem zwischen den beiden Absätzen zeigt, dass grundsätzlich immer eine vorherige innerbetriebliche Abhilfe erforderlich ist. Der Begriff der Unzumutbarkeit wird durch den Katalog der Nummern 1 bis 4 konkretisiert. Laut Begründung dient Nr. 3 der Einheitlichkeit der Rechtsordnung. Es wird Bezug auf § 138 StGB genommen, welcher die Nichtanzeige bestimmter Straftaten unter Strafe stellt.[873]

Unter einer „zuständigen außerbetrieblichen Stelle" ist grundsätzlich eine Stelle zu verstehen, die zur Abhilfe bzw. zur Beseitigung des jeweiligen Missstandes oder behaupteten Rechtsverstoßes zuständig ist.[874] Je nachdem, um welchen Verstoß oder Missstand es sich handelt, können die Polizei, die Staatsanwaltschaft, die allgemeinen Ordnungsbehörden, die Gesundheitsämter oder die Umwelt- und Gewerbeaufsichtsbehörden zuständig sein. Zudem sind auch solche Stellen erfasst, die unter anderem Überwachungs- und Kontrollfunktionen ausüben, wie z. B. Datenschutzbeauftragte, der Medizinische Dienst der Krankenversicherungen, Ombudsstellen, die Finanzkontrolle Schwarzarbeit sowie die Berufskammern. Die Presse stellt laut Begründung keine „zuständige außerbetriebliche Stelle" im Sinne des Absatzes 2 dar.[875]

§ 612 b Abs. 2 Satz 4 BGB-E enthält eine Beweislastumkehr zugunsten des Arbeitnehmers. Dies entspricht laut Begründung der Rechtsprechung des BVerfG[876] und des BAG,[877] nach der eine Strafanzeige stets zulässig ist, es sei denn der Arbeitnehmer ist im Wissen oder hat leichtfertig verkannt, dass die Vorwürfe in der Anzeige nicht der Wahrheit entsprechen. Nach Satz 4 hat also der Arbeitgeber den Beweis zu erbringen, dass der Arbeitnehmer nicht im Recht ist.

Absatz 3 des § 612 b BGB-E erlaubt dem Arbeitnehmer, sich direkt an die Öffentlichkeit zu wenden, wenn das öffentliche Interesse an der Information das betriebliche Interesse an deren Geheimhaltung erheblich überwiegt. Nach Satz 2 ist ein solches öffentliches Interesse insbesondere dann gegeben, wenn der Arbeitnehmer aufgrund konkreter Anhaltspunkte annimmt, dass im Zusammenhang mit der betrieblichen Tätigkeit eine gegenwärtige erhebliche Gefahr für Leben, Körper, Gesundheit, Persönlichkeit oder Freiheit der Person, Stabilität des Finanzsystems oder Umwelt droht.

Absatz 3 enthält sozusagen eine Steigerung zu Absatz 2, indem er dem Arbeitnehmer erlaubt, sich sofort an die Öffentlichkeit zu wenden, wenn eine gegenwärtige

---

873 BT-Drs. 17/9782, S. 10, Begründung zu Absatz 2 von § 612 b BGB-E.

874 BT-Drs. 17/9782, S. 10, Begründung zu Absatz 2 von § 612 b BGB-E.

875 BT-Drs. 17/9782, S. 10, Begründung zu Absatz 2 von § 612 b BGB-E.

876 BVerfG, Beschl. v. 25.2.1987 – BvR 1086/85, NJW 1987, 1929, 1930; BVerfG, Beschl. v. 2.7.2001 – 1 BvR 2049/00, NZA 2001, 888, 889.

877 BAG, Urt. v. 7.12.2006 – 2 AZR 400/05, NZA 2007, 502, 504; BAG, Urt. v. 3.7.2003 – 2 AZR 235/02, NZA 2004, 427, 429.

erhebliche Gefahr für die aufgezählten Güter droht. Im Gegensatz zu Absatz 2 wird hier eine Gefahr erheblichen Ausmaßes verlangt, um die besondere Dringlichkeit hervorzuheben. Die Erheblichkeit der Gefahr bezieht sich laut Begründung sowohl auf die Wahrscheinlichkeit des Schadenseintritts als auch auf den Umfang des drohenden Schadens.[878] Mit dem Begriff „Öffentlichkeit" sind nicht nur die Presse und andere Medien erfasst, sondern auch Veröffentlichungen im Internet.[879]

Gemäß Absatz 4 des Entwurfs zu § 612 b BGB-E wird dem Arbeitnehmer das Recht eingeräumt, eine verkörperte Wiedergabe von betrieblichen Informationen herzustellen und weiterzuleiten, soweit dies erforderlich ist. Hierunter soll etwa das Anfertigen einer Kopie oder das Fotografieren von Dokumenten fallen.[880]

Das in Absatz 5 zu § 612 b BGB-E geregelte Abweichungsverbot soll sicherstellen, dass die Regelungen nicht umgangen werden oder abweichende nachteilige Vereinbarungen vertraglich geregelt werden.

§ 612 b Abs. 6 BGB-E sorgt dafür, dass Beschwerde- und Anzeigerechte sowie Äußerungsrechte der Arbeitnehmer nach anderen Vorschriften von der Neuregelung unberührt bleiben. Damit soll unter anderem den verfassungsrechtlichen Vorgaben von Art. 17 GG Rechnung getragen werden. Dieser sichert allen Bürgern ein Petitionsrecht zu, durch das sie sich mit Bitten und Beschwerden schriftlich an die zuständigen Stellen sowie an die Volksvertretung wenden können.

b. Rechtliche Würdigung

Entgegen dem von der SPD-Fraktion im Februar 2012 eingebrachten Vorschlag, der ein eigenes Gesetz zum Hinweisgeberschutz vorsieht, schlug die Bundestagsfraktion Bündnis 90/Die Grünen ein Artikelgesetz vor. Dieses beschränkte sich im Wesentlichen auf Änderungen einer bereits bestehenden Norm (des § 612 a BGB) und auf die Einführung eines § 612 b BGB. Ein klares Signal, Whistleblowing zu fördern, ist dies nicht. Die Etablierung eines eigenen Gesetzes zum Schutz von Whistleblowing wäre hingegen ein deutliches Zeichen. Außerdem sollte auf das Problem der Rechtmäßigkeit einer Kündigung besonders hingewiesen und nicht mit einer Benachteiligung im Sinne des § 612 a BGB gleichgesetzt werden. Eine besondere Hervorhebung des Kündigungsschutzes bei einem (rechtmäßigen) Hinweis wäre wünschenswert.

Auch andere Punkte sind zu kritisieren: Neben Regelungslücken bei untypischen Beschäftigungsverhältnissen gibt es Bedenken bei der konkreten Ausführung. Auch wenn in der Begründung geklärt wird, was mit „rechtlichen Pflichten" in § 612 b Abs. 1 BGB-E gemeint ist, besteht die Gefahr, dass der Hinweisgeber oder die Hinweisgeberin diesen Begriff in einer Weise für sich definiert, der zu umfassend ist und über das Ziel hinausschießt. So könnte leicht jede „Lappalie" den Hinweisgeber dazu bewegen, „Alarm" zu schlagen. Es wären damit auch Bagatellverletzungen, die allenfalls privatrechtlich bewehrt sind, erfasst.

878 BT-Drs. 17/9782, S. 11, Begründung zu Absatz 3 von § 612 b BGB-E.
879 BT-Drs. 17/9782, S. 11, Begründung zu Absatz 3 von § 612 b BGB-E.
880 BT-Drs. 17/9782, S. 11, Begründung zu Absatz 4 von § 612 b BGB-E.

Des Weiteren ist fraglich, wie der Abschnitt „nach Auffassung des Arbeitnehmers nicht oder nicht ausreichend nachkommt“ in § 612 b Abs. 2 BGB-E interpretiert werden soll. Zwar ist zu begrüßen, dass der Entwurf einen subjektiven Beurteilungshorizont des Arbeitnehmers heranzieht. Dennoch besteht ein hohes Missbrauchsrisiko, wenn dem Arbeitnehmer überlassen bleibt zu entscheiden, wann keine hinreichende Abhilfe stattfindet. Die Voraussetzung ist zu unbestimmt. Eine Verbesserung könnte durch das Aufstellen einer Erheblichkeitsschwelle erreicht werden.

Was mit „angemessener Frist“ gemeint sein soll, ist ebenfalls nicht erkennbar. So besteht kein Maßstab, nach dem sich ein Hinweisgeber richten kann. Eine ausreichende Abhilfe im Betrieb, eventuell durch Errichtung bestimmter Vorkehrungen und Einrichtungen, bedarf Zeit – ungeduldige und unerfahrene Arbeitnehmer können damit nicht umgehen. Die Gefahr einer vorschnellen Anzeigeerstattung ist groß.

Zu begrüßen ist, dass im Entwurf eine unterschiedliche Ausdrucksweise für die gegenwärtige Gefahr in Absatz 2 und die gegenwärtige erhebliche Gefahr in Absatz 3 gewählt wurde. Dies unterstreicht die besondere Differenzierung zwischen den beiden Hinweisadressaten beim externen Whistleblowing.

Problematisch erscheint § 612 b Abs. 2 Nr. 2 BGB-E, der nicht unterscheidet, durch wen die Straftat im Zusammenhang mit der betrieblichen Tätigkeit begangen worden sein muss. Sind auch andere Arbeitnehmer als Straftäter zu qualifizieren, würde dies dem Whistleblower im großen Umfang Tor und Tür öffnen, wenn externes Whistleblowing schon bei einer beliebigen, möglicherweise geringfügigen Straftat irgendeines Arbeitnehmers zulässig wäre. Eine Konkretisierung auf den Straftatbestand wäre hilfreich.

Kritisch zu sehen ist der Absatz 4 des § 612 b BGB-E, der es erlaubt, Kopien und Fotografien von Dokumenten des Arbeitgebers herzustellen, um so Informationen an Dritte weitergeben zu können. Bedenken bestehen angesichts einer möglichen Verletzung der Rechte des Arbeitgebers auf Wahrung des Betriebsgeheimnisses oder der Wirtschaftsfreiheit. Einem Arbeitnehmer das Recht einzuräumen, Vervielfältigungen von betriebsinternen Dokumenten zu erstellen, übersteigt die „Kompetenz“ des einfachen Bürgers – schließlich gibt es Ordnungskräfte und die Polizei, die in zulässigerweise Zutritt zu den Betriebsräumen und Zugang zu den entsprechenden Dokumenten erlangen können.

Auch ist zu betonen, dass Regelungen zur schadensersatzrechtlichen Haftung fehlen. Das Risiko des Hinweisgebers, vom Arbeitgeber in Anspruch genommen zu werden, ist groß. Es muss geregelt werden, wann ein Anspruch geltend gemacht werden darf, und vor allem, in welcher Höhe er zu begrenzen ist. Schließlich gilt zwischen dem Arbeitgeber und dem Arbeitnehmer grundsätzlich das Prinzip des innerbetrieblichen Schadensausgleichs.

Zu begrüßen sind allerdings die Beweislastregeln zugunsten der Arbeitnehmer, da so der Hinweisgeber effektiv in seiner Offenlegung unterstützt wird.

2. *Der Entwurf 2014*

Die Bundestagsfraktion Bündnis 90/Die Grünen hat am 7. November 2014 ein Gesetzentwurf in den Bundestag eingebracht,[881] der den Whistleblower vor Repressalien des Arbeitgebers und Kündigungen schützen und Rechtssicherheit schaffen soll. Aufgebaut ist er auf dem Entwurf, der in der. 17. Legislaturperiode[882] eingebracht und bereits zuvor erläutert wurde. Der neue Gesetzentwurf zeigt, dass die Diskussion um einen Whistleblowerschutz noch aktuell ist. Gefordert wird von der Bundestagsfraktion ein Artikelgesetz, welches das Bürgerliche Gesetzbuch, Berufsbildungsgesetz, Bundesbeamtengesetz, Beamtenstatusgesetz und das Strafgesetzbuch ändert. Die Erwägungen haben sich zum vorherigen Entwurf kaum verändert; neuen Anstoß hat jedoch der Fall des *Edward Snowden* gegeben,[883] der weltweit durch die Veröffentlichung von Staatsgeheimnissen Schlagzeilen gemacht hat. Besonders wird auf die vorgeschlagene Änderung des Bürgerlichen Gesetzbuches eingegangen.

a. *Regelungsgegenstände*

Der aktuelle Entwurf ist prinzipiell wie der vorherige aufgebaut. § 612 a BGB soll einen Absatz 2 erhalten und es wird ein § 612 b BGB eingefügt. Grundsätzlich hat der Arbeitnehmer nach § 612 b BGB-E sich zuerst an den Arbeitgeber oder an eine zur innerbetrieblichen Klärung zuständige Stelle zu wenden.

Im Gegensatz zum Entwurf von 2012 soll nach § 612 b Abs. 2 BGB-E der Arbeitnehmer das Recht haben, sich sofort an eine außerbetriebliche Stelle zu wenden, wenn eine innerbetriebliche Stelle nicht besteht. Zusätzlich soll es dem Arbeitnehmer erlaubt sein, sich an eine zuständige außerbetriebliche Stelle zu wenden, wenn der Arbeitgeber dem Abhilfebegehren des Arbeitnehmers nicht ausreichend nachkommt oder eine vorherige Abhilfe dem Arbeitnehmer unzumutbar ist. Wann eine Unzumutbarkeit vorliegt, wird in den Nummern 1 bis 4 geklärt, die inhaltsgleich mit dem vorherigen Gesetzentwurf sind. Lediglich in Nr. 2, nach dem es dem Arbeitnehmer unzumutbar ist, interne Abhilfe abzuwarten, wenn es um eine Straftat geht, wurde der Begriff „erheblich“ eingefügt. Somit muss es sich bei der Straftat, die im Zusammenhang mit einer betrieblichen Tätigkeit steht, um eine erhebliche Straftat handeln. Zudem wurde der letzte Satz des Absatzes 2 verkürzt. So reicht es aus, wenn der Arbeitnehmer konkrete Anhaltspunkte in den Fällen der Nr. 2 vorträgt. Von „Beweislast“ ist nicht mehr die Rede.

---

881 Gesetzentwurf zur Förderung von Transparenz und zum Diskriminierungsschutz von Hinweisgeberinnen und Hinweisgebern (Whistleblower-Schutzgesetz) vom 4.11.2014, BT-Drs. 18/3039.

882 BT-Drs. 17/9782.

883 Alles Wichtige zum NSA-Skandal, abrufbar unter: http://www.zeit.de/digital/datenschutz/2013-10/hintergrund-nsa-skandal, (abgerufen am 7.12.2014).

In Absatz 3, der dem Arbeitnehmer das Recht geben soll, sich an die Öffentlichkeit zu wenden – wobei unter „Öffentlichkeit“ alle Print- und elektronischen Medien, Veröffentlichungen im Internet sowie alle traditionellen Formen der Weitergabe fallen –, ist hinzugefügt worden, dass ein überwiegendes Interesse am Bekanntwerden der Information auch gegeben ist, wenn der Arbeitnehmer aufgrund konkreter Anhaltspunkte annimmt, dass im Zusammenhang mit der betrieblichen Tätigkeit eine Begehung von erheblichen Straftaten droht. Im Übrigen ist ein überwiegendes öffentliches Interesse gegeben, wenn eine erhebliche Gefahr für das Leben, die körperliche Unversehrtheit, die Gesundheit, das Persönlichkeitsrecht, die Freiheit der Person, die Stabilität des Finanzsystems oder die Umwelt droht.

§ 612 b Abs. 4 und Abs. 5 BGB-E sind unverändert geblieben.

In Absatz 6 wurde eine Änderung vorgenommen: Neben dem Hinweis, dass durch das Gesetz unter anderem die Beschwerderechte des Arbeitnehmers nach anderen Rechtsvorschriften unberührt bleiben, bleiben nun auch die Rechte der Arbeitnehmer nach anderen Verwaltungsvorschriften unberührt.

b. Rechtliche Würdigung

Die Verfasser des Gesetzentwurfs sehen die Notwendigkeit verschiedener gesetzlicher Änderungen. Nicht nur das Arbeitsrecht – sowohl das privatwirtschaftliche als auch das öffentlich-rechtliche Arbeitsrecht – soll angepasst werden, sondern auch das Strafgesetzbuch. Der Entwurf zum Strafgesetzbuch sieht eine Implementierung eines § 97 c und d StGB (Offenbarung von Staatsgeheimnissen) sowie die Wiedereinfügung des § 353 c StGB (Offenbaren von Geheimnissen im Rahmen eines Dienstverhältnisses) vor. Auf beide Normen wird aber in dieser Arbeit nicht näher eingegangen. Die umfängliche gesetzliche Verankerung des Whistleblowerschutzes vor arbeitsrechtlichen und strafrechtlichen Konsequenzen erfolgt nicht zuletzt aus den Erfahrungen mit vergangenen Ereignissen.

Der Entwurf und seine Intention sind grundsätzlich zu begrüßen. Da sich jedoch kaum bedeutende Änderungen zu dem Entwurf von 2012 ergeben, ist er rechtlich ähnlich zu würdigen. Es fehlt an begrifflichen Konkretisierungen wie an einer Regelung zur schadensersatzrechtlichen Haftung. Zudem ist nicht verständlich, warum in der Begründung zu § 612 b Abs. 1 BGB-E davon ausgegangen wird,[884] dass Whistleblowing aus anderen als rein altruistischen Motiven (hier Racheakt) mit einer leichtfertigen oder gar wissentlichen unwahren Offenbarung gleichzusetzen ist. Schließlich wird nur verlangt, dass Anzeigen auf konkreten Anhaltspunkten beruhen, der Arbeitnehmer von der Rechtswidrigkeit des Handelns überzeugt ist und nicht offensichtlich Unwahres behauptet. Dies kann aber auch der Fall sein, wenn ein Arbeitnehmer aus egoistischen Motiven handelt. Deshalb sollte insgesamt dem Motiv keine Beachtung geschenkt werden.

Positiv hervorzuheben ist, dass die Entwurfsverfasser nur Rechtsgüter von erheblicher Bedeutung erfassen, wenn es darum geht, sich mit einem Hinweis an eine

884 BT-Drs. 18/3039, S. 17, Begründung zu § 612 b Abs. 1 BGB-E.

betriebsexterne Stelle zu wenden. Dies verhindert eine zu weitreichende Regelung und verdeutlicht die Besonderheit der erlaubten externen Berichterstattung. Neu ist zudem, dass die Straftat „erheblich“ sein muss. Damit soll verhindert werden, dass die Hinweiserteilung nach außen Bagatelldelikte umfasst. Positiv ist ebenfalls, dass in § 612 b BGB-E Abs. 2 von „zuständige[r] außerbetriebliche[r] Stelle“ und in Abs. 3 von „Öffentlichkeit“ die Rede ist. Das Stufenverhältnis zwischen internem Whistleblowing, externem Whistleblowing gegenüber zuständigen Stellen und externem Whistleblowing gegenüber Dritten wird dadurch sichtbar.

Trotz guter Ansätze ändert dies nichts an der Notwendigkeit, ein Gesetz zu schaffen, dass so verständlich und konkret ist, dass auch ohne Einsicht in die Begründung des Gesetzgebers deutlich wird, wie der Arbeitnehmer und der Arbeitgeber sich im Rahmen des Whistleblowings zu verhalten haben.

3. Gesamtresümee

Beide Gesetzesentwürfe – der SPD-Fraktion sowie der Bündnis90/Die Grünen-Fraktion – enthalten durchaus geeignete Bestimmungen, die die Position des Arbeitnehmers als Whistleblower stärken. Dennoch gehen sie nicht weit genug. Von einem „Randphänomen Whistleblowing“ kann nicht mehr die Rede sein. Würden die Entwürfe in dieser Form erneut in den Bundestag eingebracht werden, hätten sie keine Aussicht auf Erfolg. Auch der aktuelle Entwurf der Bundestagsfraktion Bündnis 90/Die Grünen ist lückenhaft und unspezifisch.

Vorrangig muss definiert werden, welche Personen und Hinweisgegenstände besonderen Schutz genießen sollen. Des Weiteren darf der Motivation des Whistleblowers keine Bedeutung beigemessen werden. Motive sind in einem Rechtsstreit regelmäßig schwer nachzuweisen, sodass sie kaum justiziabel sind. Eine Regelung, die auf die Motivation des Whistleblowers abstellt, führt ferner zu einer verringerten Rechtssicherheit und senkt somit die Bereitschaft, sich als Hinweisgeber zu betätigen. Schließlich kann es der Rechtsordnung grundsätzlich egal sein, aus welchem Grund jemand einen Rechtsverstoß eines anderen meldet, sofern dieser nur sachlich richtig ist oder zumindest ein berechtigter Verdacht bestand.[885] Der Zweck des Whistleblowings liegt in der Offenbarung von Rechtsverstößen – für eine „sittliche“ Überprüfung der Motivation des Whistleblowers bleibt da kein Raum.

Positiv hervorzuheben ist bei beiden Entwürfen die Möglichkeit des externen Whistleblowings; insbesondere die Betonung auf die vom öffentlichen Interesse getragenen Rechtsgüter, wie beispielsweise Leben, Gesundheit und Umwelt. Auch wenn die Ausführungen dazu differenziert ausfallen, wird eingesehen, dass bei der Gefährdung von höherrangigen Gütern eine andere Sichtweise geboten ist als bei „nur“ vermögensschädigenden Missständen. Deshalb sollte im Ergebnis eine Meldung an die Öffentlichkeit (Presse, Medien) nur in äußerst schwerwiegenden Fällen und als *ultima ratio* in Betracht kommen. Da beide Entwürfe gute Ansätze

885 *Thüsing/Forst*, in: Thüsing, Beschäftigtendatenschutz und Compliance, § 6, Rn. 36.

enthalten, ist – vorbehaltlich der Ausbesserung einiger inhaltlicher Punkte – eine Kombination des Entwurfs der SPD-Fraktion aus dem Jahr 2012 und des Entwurfs der Fraktion Bündnis 90/Die Grünen von 2014 in Erwägung zu ziehen. Das Resultat sollte ein eigenes Gesetz zum Schutz von Hinweisgebern (Whistleblower) sein.

III. „Guidelines on Whistleblowing" – Europäische Kommission 2012

Im Dezember 2012 verfasste der Vizepräsident Šefčovič eine Mitteilung an die Europäische Kommission über Leitlinien für die Meldung von ernsten Missständen.[886]

Zwar sind die Regeln und Leitlinien der Kommission für die Meldung von Missständen nur auf Bedienstete, unabhängig von der jeweiligen dienstlichen Stellung, anwendbar.[887] Aber trotz des eingeschränkten persönlichen Anwendungsbereiches liefert die Mitteilung gute Ansätze für den Umgang mit Whistleblowern, die in bestimmten Fällen auf ein „normales" Arbeitsverhältnis übertragen werden können.

Gleich zu Beginn der Mitteilung wird betont, dass es wichtig für verantwortungsvolle Organisationen und die dort beschäftigen Personen sei, über Verfahren für die Mitteilung von Betrugsfällen, Korruption und sonstigem schwerwiegenden Verhalten zu verfügen. Doch ohne hinreichenden Schutz, falle es schwer, Bedienstete zur Meldung von Bedenken oder Missständen zu bewegen. Solange Bedienstete nicht darauf vertrauen könnten, dass ihnen durch die Meldung keine Nachteile entstünden, werden sie Stillschweigen bewahren. Deshalb sei es oberste Priorität, den Betroffenen allgemein akzeptierte und anerkannte Wege vorzuzeichnen, über die sich die Betroffenen mit ihren Bedenken an interne und auch externe Stellen wenden könnten. Werde ihnen eine Möglichkeit geboten, Bedenken frei zu äußern, ohne Gefahr zu laufen, durch Repressalien benachteiligt zu werden, ermutige sie das zum Handeln.

Im Einvernehmen mit dem OLAF[888] hat die Kommission daher Leitlinien erstellt, die im Folgenden kurz skizziert werden.

1. Die Leitlinien im Überblick

Gemäß den Leitlinien sind Bedienstete verpflichtet, schwerwiegende Unregelmäßigkeiten zu melden. Schwerwiegende Unregelmäßigkeiten stellen rechtswidrige Handlungen, einschließlich Betrug und Korruption, sowie schwerwiegendes

886 Communication to the Commission from Vice-President Šefčovič on Guidelines on Whistleblowing, 6.12.2012, SEC (2012) 679 final.

887 SEC (2012) 679 final, Abschnitt 1.3.

888 OLAF (European Anti-Fraud Office), Europäisches Amt für Betrugsbekämpfung. Das OLAF untersucht Fälle von Betrug zum Nachteil des EU-Haushalts, von Korruption sowie von schwerwiegendem Fehlverhalten innerhalb der Organe und Einrichtungen der EU und entwickelt eine Betrugsbekämpfungsstrategie für die Europäische Kommission.

Fehlverhalten im Beruf dar. Ausgenommen sind jedoch Meldungen über Informationen, die[889]

- bereits öffentlich zugänglich sind,
- unbegründete Gerüchte und Gerede darstellen,
- triviale Angelegenheiten zum Gegenstand haben,
- Meinungsverschiedenheiten über politische Ausrichtung und Maßnahmen beinhalten oder
- nicht mit der Aufgabenerfüllung einer Person im Zusammenhang stehen.

Diese Regeln sind ferner nicht auf Informationen anwendbar, für die dem Personal spezifische Verfahren zur Verfügung stehen oder die nicht als angemessen oder wahr angesehen werden können.[890]

Das Mitteilungsverfahren sieht vor, dass Bedienstete, die in Ausübung oder anlässlich der Ausübung ihrer Aufgaben davon Kenntnis erhalten, dass schwerwiegende Unregelmäßigkeiten vorliegen oder auftreten können, verpflichtet sind, ihren unmittelbaren Vorgesetzten, ihren Generaldirektor oder Dienststellenleiter unverzüglich schriftlich zu unterrichten.[891] Wird befürchtet, dass diese Mitteilung zu Repressalien führen könnte oder der vorgesehene Empfänger der Meldung von den schwerwiegenden Unregelmäßigkeiten persönlich betroffen ist, kann der direkte Weg der internen Meldung umgangen und die Meldung an den Generalsekretär oder direkt an das OLAF geleitet werden.[892]

Das OLAF oder die Kommission haben nach Erhalt der Information 60 Tage Zeit, den Zeitraum anzugeben, den sie für angemessen und erforderlich halten, um geeignete Maßnahmen zu ergreifen. Werden in diesem Zeitraum keine Maßnahmen ergriffen oder kann der Hinweisgeber nachweisen, dass der festgesetzte Zeitraum wegen der Umstände des Falls unangemessen ist, kann er die Missstände an externe Stellen (den Präsidenten des Rates, des Parlaments oder des Rechnungshofes oder den Europäischen Bürgerbeauftragten) melden.[893] Auch in diesem Fall gilt der Schutz des Hinweisgebers bei Vorliegen der oben genannten Voraussetzungen weiter.[894]

Der Schutz des Informanten spiegelt sich darin wider, dass derjenige, der gegen den Bediensteten eine Maßnahme ergriffen hat, die Beweislast dafür trägt, dass die Maßnahme aus anderen Gründen als der Meldung der Unregelmäßigkeit erfolgt ist. Von den Bediensteten wird nicht erwartet, dass sie den Nachweis für das Fehlverhalten erbringen. Sie verlieren den Schutz auch nicht deshalb, weil sich ihre Bedenken nachträglich als unbegründet erweisen.[895]

---

889 SEC (2012) 679 final, Abschnitt 1.4.
890 SEC (2012) 679 final, Abschnitt 1.4, der die bestimmten Verfahren aufzählt.
891 SEC (2012) 679 final, Abschnitt 2.
892 SEC (2012) 679 final, Abschnitt 2.
893 SEC (2012) 679 final, Abschnitt 2.
894 SEC (2012) 679 final, Abschnitt 2.
895 SEC (2012) 679 final, Abschnitt 3.

Des Weiteren gelten spezifische Schutzmaßnahmen, wie z. B. Vertraulichkeit der Identität, Mobilität, Anonymität und Sanktionen für Personen, die Repressalien ergreifen.[896]

2. *Würdigung*

Die einzelnen Ausführungen dieser Leitlinie sind nicht für eine Übertragung in andere Systeme geeignet, da sie speziell auf das Bedienstetensystem innerhalb der Organe und Einrichtungen der EU zugeschnitten sind. Das Grundgerüst des Mitteilungsverfahrens, nach dem vor der externen Informationsübermittlung eine interne Übermittlung stattzufinden hat, kann aber durchaus als Leitlinie für alle Arbeitsverhältnisse herangezogen werden. Insbesondere ist die Präzision der zeitlichen Abfolge im Mitteilungsverfahren hervorzuheben. Die genaue zeitliche Beschreibung dient zum einen der schnellen Bearbeitung der Fälle durch die Kommission bzw. das OLAF, zum anderen der Rechtssicherheit des Betroffenen, der dadurch genaue Vorstellungen über die „Wartezeit" hat und mit Ablauf der 60-Tage-Frist die nächsten Schritte überdenken kann.

IV. "Recommendation on Protecting Whistleblowers" – Europarat 2014

Der Europäische Ausschuss für justizielle Zusammenarbeit (CDCJ) hat im Juni 2013 in Straßburg einen Entwurf einer Empfehlung für den Umgang mit Whistleblowern veröffentlicht.[897] Der Entwurf beinhaltete Vorschläge, ergänzt durch Begriffsbestimmungen und Verfahrensmechanismen, mit welcher Vorgehensweise dem Whistleblower hinreichend Schutz gewährt werden kann. Auf seiner 88. Plenarsitzung hat der Ausschuss den Entwurf überarbeitet und freigegeben.[898] Am 30. April 2014 wurde der Entwurf[899] vom Ministerkomitee angenommen. Die folgende Analyse gibt einen Überblick über die wichtigsten Inhalte der Empfehlung.

896 SEC (2012) 679 final, Abschnitt 3.

897 Bureau of the European Committee on legal Co-Operation (CDCJ-BU), 93rd meeting, 19–21 June 2013 Strasbourg, "Draft Recommendation on Protecting Whistleblowers", CDCJ (2013) Misc7 final.

898 "Draft Recommendation on Protecting Whistleblowers" from the CDCJ at its 88th plenary meeting, abrufbar unter: http://www.coe.int/t/dghl/standardsetting/cdcj/Whistleblowers/CDCJ%20DRAFT%20RECOMMENDATION%20ON%20PROTECTING%20WHISTLEBLOWERS_en.pdf, (abgerufen am 20.10.2013).

899 Recommendation CM/Rec (2014)7 of the Committee of Ministers to member States on the protection of whistleblowers, 30. April 2014, abrufbar unter: https://wcd.coe.int/ViewDoc.jsp?id=2188855&Site=CM, (abgerufen am 1.6.2014).

1. Die Empfehlung im Überblick

Nachdem eingehend auf die Prinzipien und Ziele des Europarats eingegangen sowie auf die einschlägigen Menschenrechte, Abkommen und Resolutionen aufmerksam gemacht wurde, betont das Komitee die Wichtigkeit von Rahmenbedingungen zum Schutz von Whistleblowern. Es wird den Mitgliedstaaten angeraten, die Empfehlungen innerhalb der nationalen Systeme zum Schutz von Whistleblowern zu adaptieren.

Der Schutz des Whistleblowers soll so ausgerichtet werden, dass er „problemlos" Berichte und Angaben machen kann, die Informationen von öffentlichem Interesse enthalten. Unter Klarstellung, dass es Sache der Mitgliedstaaten sei zu bestimmen, was im öffentlichen Interesse liege, empfiehlt das Komitee, sowohl Verstöße gegen Menschenrechte als auch Risiken für die öffentliche Gesundheit, die Sicherheit und die Umwelt als vom öffentlichen Interesse getragen anzusehen.[900] Der persönliche Anwendungsbereich soll alle Personen umfassen, die entweder im öffentlichen oder privaten Sektor tätig sind, unabhängig von der Art ihrer Arbeitsbeziehung und unabhängig davon, ob sie bezahlt werden oder nicht. Gleichgültig ist auch, ob sie sich in der vorvertraglichen Verhandlungsphase befinden oder das Verhältnis bereits beendet ist.[901]

Der normative Rahmen soll einen umfassenden und kohärenten Ansatz liefern, um Berichterstattungen und Offenlegungen von Informationen von öffentlichem Interesse zu ermöglichen bzw. zu fördern. Jede Person, die durch die Veröffentlichung der Informationen, auch wenn sie ungenau oder irreführend sind, direkt oder indirekt benachteiligt wird, sollte den Schutz behalten und Rechtsmittel gegen dieses Verhalten nach den allgemeinen Regeln des Privatrechts einlegen können – eine Kündigung „aufgrund des Whistleblowings" soll ebenfalls ausgeschlossen sein.[902]

Die Mitgliedstaaten werden angehalten, geeignete Maßnahmen und Vorkehrungen zu treffen, um Whistleblowern den Weg zur Berichterstattung und Offenlegung möglichst leicht zu machen. Wege zur Offenlegung der Hinweise können sein:[903]

- Berichterstattung innerhalb einer Organisation oder eines Unternehmens,
- Berichterstattung an relevante öffentliche Aufsichtsbehörden, Strafverfolgungsbehörden und Aufsichtsgremien,
- Berichterstattung an die Öffentlichkeit, z. B. an Journalisten.

In Fällen der internen Berichterstattung sollen die Arbeitgeber dafür sorgen, dass geeignete Vorkehrungen getroffen und Einrichtungen an Ort und Stelle angeboten werden. Arbeitnehmer und ihre Vertreter sollen über Maßnahmen unterrichtet und bei der Einrichtung eines internen Berichterstattungssystems eingebunden

900 "Recommendation on Protecting Whistleblowers", CM/Rec(2014)7, I.1, 2.
901 "Recommendation on Protecting Whistleblowers", CM/Rec(2014)7, II. 3,4.
902 "Recommendation on Protecting Whistleblowers", CM/Rec(2014)7, III, 10,11.
903 "Recommendation on Protecting Whistleblowers", CM/Rec(2014)7, IV, 14.

werden.[904] Als allgemeine Regel soll gelten, dass interne Berichterstattung und die Meldung an relevante öffentliche Aufsichtsbehörden sowie Strafverfolgungsbehörden und Aufsichtsgremien gefördert werden.[905] Zudem soll die Identität der Whistleblower vertraulich behandelt werden.

Die Berichte und Veröffentlichungen von Informanten sollten unverzüglich und, wenn nötig, mit Hilfe der Arbeitgeber, der entsprechenden öffentlichen Behörde, der Strafverfolgungsbehörde oder des Aufsichtsorgans untersucht werden.[906]

Informanten sollen vor Vergeltungsmaßnahmen jeglicher Form, sei es direkt oder mittelbar durch Personen, die für oder im Auftrag des Arbeitgebers handeln, geschützt werden.[907] Auch wenn die Informationen schließlich nicht der Wahrheit entsprechen oder nicht vom öffentlichem Interesse getragen sind, soll der Schutz nicht aberkannt werden, wenn der Whistleblower berechtigte Gründe für die Annahme der Richtigkeit der Information hatte. Ist in einem Betrieb ein internes Berichtssystem eingeführt worden und hat der Whistleblower die Information sofort an die Öffentlichkeit weitergegeben, kann dies bei der Entscheidung über die Rechtsmittel oder über das Maß an Schutz in Betracht gezogen werden.[908] Findet aufgrund einer nachteiligen arbeitgeberseitigen Maßnahme ein Gerichtsverfahren statt, soll der Arbeitgeber die Beweislast dafür tragen, dass die arbeitsrechtliche Maßnahme nicht aufgrund des Whistleblowings eingeleitet wurde.[909]

2. *Würdigung*

Die Empfehlungen des Ministerkomitees sind zielführend. Auch wenn es den Anschein hat, dass viele Punkte nur rudimentär geregelt wurden, ist dennoch eine Grundlage geschaffen, die von den Mitgliedstaaten als Rahmenbedingung aufgenommen und ausgebaut werden kann. Insbesondere ist zu begrüßen, dass trotz nachträglich bestätigter (nicht beabsichtigter) Unwahrheit oder Nichtbestehen des öffentlichen Interesses dem Whistleblower Schutz zukommen soll. Positiv ist auch die Regelung zur Beweislastregelung, die ebenfalls den Schutz des Betroffenen stärkt. Nicht geklärt ist jedoch die Frage, ob es möglich ist, dass der Hinweisgeber sich sofort an externe Stellen wendet. Eine Ausnahmeregelung besteht nicht. Es wird aber geregelt, wie zu verfahren ist, wenn der Hinweisgeber ein im Betrieb bestehendes internes System nicht nutzt, obwohl dies möglich ist. Da die Regelungen allerdings nur eine Empfehlung an die Mitgliedstaaten sind, ihre nationalen Systeme

904 "Recommendation on Protecting Whistleblowers", CM/Rec(2014)7, IV, 16.
905 "Recommendation on Protecting Whistleblowers", CM/Rec(2014)7, IV, 17.
906 "Recommendation on Protecting Whistleblowers", CM/Rec(2014)7, VI, 19.
907 "Recommendation on Protecting Whistleblowers", CM/Rec(2014)7, VII, 21. Als Formen solcher Vergeltung werden genannt: Entlassung, Suspendierung, Rückstufung, Verlust der Beförderungsmöglichkeiten, Strafversetzungen, Abzüge vom Gehalt, Belästigung oder andere diskriminierende Behandlungen.
908 "Recommendation on Protecting Whistleblowers", CM/Rec(2014)7, VII, 24.
909 "Recommendation on Protecting Whistleblowers", CM/Rec(2014)7, VII, 25.

nach ihnen auszurichten, können nationale Bestimmungen die angesprochenen Lücken füllen.

Die Empfehlungen in dieser Veröffentlichung sind jedenfalls richtungsweisend.

V. Richtlinienentwurf zum Schutz vertraulicher Geschäftsinformationen

Im Zusammenhang mit der möglichen Integrierung eines Whistleblowerschutzes ist auch kurz auf den Entwurf der Europäischen Kommission über eine Richtlinie zum Schutz vertraulichen Know-hows und vertraulicher Geschäftsinformationen (Geschäftsgeheimnisse) vor rechtswidrigem Erwerb sowie rechtswidriger Nutzung und Offenlegung[910] einzugehen. Am 26. Mai 2014 haben die zuständigen Minister auf der Tagung des Rates eine allgemeine Ausrichtung zu diesem Vorschlag der Kommission verabschiedet.[911]

Der am 28. November 2013 erstellte Vorschlag soll einen einheitlichen europäischen Schutz vor unrechtmäßigem Zugriff Dritter auf geheime Unternehmensinformationen schaffen. Bislang differiert nicht nur das Verständnis, was ein Geschäfts- und Betriebsgeheimnis ausmacht, erheblich zwischen den einzelnen Mitgliedstaaten. Auch die gesetzlichen Bestimmungen zum Schutz und zur Durchsetzung solcher Geheimnisse sind länderabhängig äußerst unterschiedlich ausgestaltet. Gerade für grenzüberschreitend agierende Unternehmen stellt sich die Situation daher seit Langem unbefriedigend dar, da ein effektiver Geheimnisschutz kaum möglich ist.

Art. 4 Abs. 1 des Richtlinienentwurfs enthält eine Auflistung von Tatbeständen, bei denen von einem rechtmäßigen Erwerb bzw. einer rechtmäßigen Nutzung oder Offenlegung eines Geschäftsgeheimnisses auszugehen ist. Genannt werden etwa die unabhängige Entdeckung oder Beobachtung eines Produkts, das öffentlich verfügbar gemacht wurde, oder jede andere Vorgehensweise, die unter den gegebenen Umständen mit einer seriösen Geschäftspraxis vereinbar ist.[912]

Der Richtlinienentwurf thematisiert ausdrücklich auch die Offenlegung von Geschäftsgeheimnissen durch Whistleblower. Nach Art. 4 Abs. 2 des Richtlinienentwurfs sollen die Mitgliedstaaten sicherstellen, dass kein Recht auf Inanspruchnahme der in dieser Richtlinie vorgesehenen Maßnahmen, Verfahren oder Rechtsbehelfe besteht,[913] wenn der angebliche Erwerb bzw. die angebliche Nutzung oder Offenlegung des Geschäftsgeheimnisses in bestimmten Situationen erfolgt ist. So soll der Schutz

910 Vorschlag der Europäischen Kommission über eine Richtlinie über den Schutz vertraulichen Know-hows und vertraulicher Geschäftsinformationen (Geschäftsgeheimnisse) vor rechtswidrigem Erwerb sowie rechtswidriger Nutzung und Offenlegung, 28.11.2013, COM(2013) 813 final.

911 Mitteilung der Kommission, abrufbar unter: http://ec.europa.eu/internal_market/iprenforcement/trade_secrets/index_de.htm, (abgerufen am 10.8.2014).

912 Art. 4 Abs. 1 RL-E.

913 Umfasst sind Unterlassungs-, Schadensersatz-, Rückruf- und Vernichtungsansprüche (Art. 11–14 RL-E).

(des Trägers des Geheimnisses) nicht für Geschäftsgeheimnisse gelten, wenn dadurch eine gesetzliche Pflicht erfüllt, ein Recht auf freie Meinungsfreiheit oder Informationsfreiheit wahrgenommen wird oder deren Offenlegung insoweit dem öffentlichen Interesse dient, als damit Rechtsverstöße aufgedeckt werden, die strafrechtlich oder als Ordnungswidrigkeit sanktioniert werden.[914] Einhellig sind damit Situationen gemeint, die typischen Whistleblowing-Aktivitäten entsprechen. Nach dem 12. Erwägungsgrund des Richtlinienvorschlags ist es wichtig sicherzustellen, dass die Ziele dieser Richtlinien nicht uneingeschränkt verfolgt werden. Es muss gewährleistet werden, dass die vorgesehenen Maßnahmen und Rechtsbehelfe, die dem Träger des Geschäftsgeheimnisses und damit dem Antragsteller zugutekommen, nicht die Meinungsäußerungsfreiheit der offenbarenden Person (Whistleblower) einschränken und somit Whistleblower-Aktivitäten unmöglich machen. Daher soll sich der Schutz von Geschäftsgeheimnissen nicht auf Fälle erstrecken, in denen die Offenlegung eines Geschäftsgeheimnisses dem öffentlichen Interesse dient, weil ein ordnungswidriges Verhalten oder eine strafbare Handlung aufgedeckt wird.[915]

Zwar steht der Whistleblowerschutz nicht im Mittelpunkt dieses Richtlinienvorschlags. Dennoch wird an geeigneter Stelle auf die Offenlegung von Betriebsinterna durch einen Whistleblower eingegangen. Die Regelung stellt einen Grundbaustein für die Versagung des arbeitgeberseitigen Schadensersatzanspruches gegen den Whistleblower dar. Sie will den Whistleblower vor Inanspruchnahme durch den Arbeitgeber schützen, ihm also teilweise arbeitsrechtlichen Schutz gewähren. Dieser Aspekt könnte auch bei der Strafbarkeit des Whistleblowers nach § 17 UWG eine Rolle spielen. Allerdings sagt der Richtlinienvorschlag nichts darüber aus, ob ein „illegales Geheimnis" in den Anwendungsbereich einzubeziehen ist. Nach dem Sinn und Zweck kann sich jedoch nichts anderes ergeben. Sonst wäre die Erlaubnisvorschrift überflüssig. Außerdem haben auch „illegale Geheimnisse" einen kommerziellen Wert, was die Anwendbarkeit der Richtlinie durch Art. 2 Abs.1 lit. b) bestätigt.

Es kann daher Folgendes festgestellt werden: Die Versagung der Ansprüche des Geheimnisträgers gegen den Whistleblower ist zwar ein richtiger Schritt, führt aber nicht zu einem hinreichenden Whistleblowerschutz; insbesondere bietet der Entwurf keinen Schutz vor Kündigungen, Mobbing sowie strafrechtlichen/ordnungswidrigkeitenrechtlichen Konsequenzen oder haftungsrechtlicher Inanspruchnahme durch Dritte.

VI. Schutz durch Implementierung eines Compliance-Systems?

Compliance im gesellschaftsrechtlichen Sinn wird umschrieben als „eine präventiv wirkende und das Risiko der Haftung des Unternehmens bzw. der Unternehmensleitung minimierende Unternehmensorganisation".[916] Seit dem Bekanntwerden von

914 Vgl. Erwägungsgrund 12 des RL-Entwurfs.
915 Vgl. Erwägungsgrund 12 a. E. des RL-Entwurfs.
916 *Kiethe*, GmbHR 2007, 393, 393 f.

Rechtsverstößen namhafter Unternehmen[917] und besorgniserregenden Statistiken zu Wirtschaftsdelikten[918] wird der Ruf nach Einführung von Compliance-Regeln und Compliance-Organisationen in Unternehmen immer lauter. Dahinter verbirgt sich insbesondere das Bestreben der Unternehmensführung nach Risikoabwehr durch Risikomanagement und die Angst vor Repressalien.[919] Die Ausrichtung und das Handeln eines Unternehmens nach Gesetz und Ethik – „Corporate Compliance" – stellt eine wirtschaftliche Notwendigkeit dar, um in materieller Hinsicht Schäden in Millionenhöhe zu vermeiden und in immaterieller Hinsicht einer Rufschädigung oder dem Verlust von Kundenbeziehungen zu entgehen.[920]

Für Unternehmen bedeutet Compliance heute typischerweise die Sicherstellung der rechtlichen und organisatorischen Einhaltung aller für sie maßgeblichen Gesetze und Normen, die Beachtung öffentlich-rechtlicher und strafrechtlicher Regeln, insbesondere aufsichtsrechtlicher Natur, z. B. der Börsenaufsicht, der Banken- und Finanzdienstleistungsaufsicht, der Arbeitsschutzbehörden und sonstiger (allgemeiner) Aufsichtsbehörden.[921]

Compliance muss in Deutschland immer im Zusammenhang mit dem Deutschen Governance Kodex gesehen werden.[922] Dieser stellt einen sog. „*Code of Best Practice*" dar, der von einer vom Bundesministerium für Justiz einberufenen Regierungskommission erstmals im August 2002 veröffentlicht worden ist und seither regelmäßig aktualisiert wird. Er soll dazu beitragen, dass die in Deutschland geltenden Regeln für die Unternehmensleitung und -überwachung für nationale und internationale Investoren transparent gemacht werden und so das Vertrauen in die Unternehmensführung deutscher Gesellschaften und damit mittelbar in den deutschen Kapitalmarkt gestärkt wird.[923]

Die *ARAG/Garmenbeck*-Entscheidung[924] des Bundesgerichtshofs spielt eine wichtige Rolle bei der Förderung von Compliance. Der Bundesgerichtshof benennt die

917 Dazu *Behringer*, in: Behringer, Compliance kompakt – Best Practice im Compliance-Management, S. 33 f.

918 Vgl. *Nestler/Salvenmoser/Bussmann*, Studie Wirtschaftskriminalität 2013, einzusehen über www.pwc.de, (abgerufen am 10.1.2014). Zwar wird in der Studie von einem Rückgang der Kriminalität gesprochen – dennoch bewegt sich die Zahl auf einem hohen Niveau.

919 So auch *Lelley*, Compliance im Arbeitsrecht, S. 9 f.

920 *Maschmann*, in: Maschmann, Corporate Compliance und Arbeitsrecht, S. 7 m. w. N; *Wybitul*, BB 2009, 606, 611.

921 *Mengel*, Compliance und Arbeitsrecht, Einleitung. Zudem ist die Festlegung der Unternehmensphilosophie und -kultur sowie die – teils auch überobligatorische – Selbstverpflichtung von Unternehmen zu moralischem, wirtschaftlichem und auch ökologisch nachhaltigem Handeln immer wichtiger geworden.

922 Aktuelle Fassung des Deutschen Corporate Governance Kodex vom 13.5.2013, vgl. http://www.corporate-governance-code.de/ger/download/kodex_2013/D_CorGov_Endfassung_Mai_2013_markiert.pdf, (abgerufen am 15.12.2013).

923 *Kreitner*, in: Küttner, Personalbuch, Compliance, Rn. 2.

924 BGH, Urt. v. 21.4.1997 – II ZR 175/95, NJW 1997, 1926, 1927 f.

besonderen Pflichten, die durch die Vorstandsmitglieder einer Aktiengesellschaft einzuhalten sind und welche Konsequenzen drohen, wenn gegen diese Pflicht verstoßen wird. Zusammenfassend besteht die Organisationspflicht des Vorstandes in der Unternehmensplanung, der Unternehmenskoordinierung, der Unternehmenskontrolle und der Besetzung der obersten Führungsstellen im Unternehmen.[925] Die Überwachungspflichten des Vorstandes begleiten die Organisationspflicht, da die Kontrolle des Vorstandes die ordnungsgemäße Ausführung der Organisationsvorgaben sicherstellen soll. Der Vorstand kann zwar Überwachungsaufgaben an Personen unterhalb der Vorstandsebene delegieren, muss aber weiterhin die oberste Aufsicht führen.[926]

1. Bedeutung im Arbeitsrecht

Compliance wirkt sich nicht nur im Wirtschaftsrecht aus, sondern auch im Arbeitsrecht. Im Arbeitsrecht besteht gleichermaßen ein erhebliches Interesse an rechtskonformem Verhalten. Die arbeitsrechtliche Implementierung von Compliance- und Ethikrichtlinien ist notwendig, um das Verhalten aller Beteiligten im Unternehmen zu regulieren. Das Arbeitsrecht macht wesentliche inhaltliche Compliance-Vorgaben, da es eine Vielzahl von oftmals strafbewehrten Regelungen enthält.[927] So verpflichtet das Allgemeine Gleichbehandlungsgesetz (AGG)[928] den Arbeitgeber, jegliche Benachteiligung in Form von Diskriminierung im Sinne des § 1 AGG zu unterbinden (§ 12 Abs. 1 AGG) und dagegen vorzugehen, ob präventiv oder repressiv (§ 12 Abs. 3 und 4 AGG).[929] Bei Missachtung droht dem Arbeitgeber unter anderem die Zahlung von Schadensersatz an den Geschädigten. Um dieses Szenario zu vermeiden, scheint es für beide Seiten essentiell, ein Compliance-Programm, welches Regelungen zum Verbot von Benachteiligungen enthält, im Unternehmen zu implementieren und dessen Einhaltung zu sichern.

Das Arbeitsrecht setzt jedoch auch Grenzen für „überschießende" Compliance-Bestimmungen, indem es eine umfassende Interessenabwägung vornimmt.[930] Dabei sind insbesondere das grundrechtlich geschützte Persönlichkeitsrecht und das darin enthaltende Recht auf Datenschutz zu beachten. Wird dem Arbeitnehmer durch eine Compliance-Vorschrift vertraglich eine Pflicht auferlegt, die seine Nebenpflicht

---

925 Vgl. *Semler/Spindler*, in: MüKo AktG, Vor § 76 AktG, Rn. 59 f.

926 OLG Düsseldorf, Beschl. v. 12.11.1998 – 2 Ss (OWi) 385/98 – (OWi) 112/98 III, NStZ-RR 1999, 151, 151; *Fleischer*, AG 2003, 291, 295.

927 *Umnuß/Dworschak/Scheele*, in: Umnuß, Corporate Compliance Checklisten, Kap. 1 A, Rn. 2.

928 Allgemeines Gleichbehandlungsgesetz vom 14.8.2006, BGBl. I-2006, S. 1897, das zuletzt durch Artikel 8 des Gesetzes vom 3.4.2013, BGBl. I-2013, S. 610 geändert worden ist.

929 Vgl. *Mengel*, Compliance und Arbeitsrecht, Einleitung, C.

930 *Umnuß/Dworschak/Scheele*, in: Umnuß, Corporate Compliance Checklisten, Kap. 1 A, Rn. 4.

konkretisiert und damit über das normale Pflichtenprogramm hinausgeht, ist stets zu prüfen, ob das Recht auf persönliche Entfaltung des Arbeitnehmers eine zu große Einschränkung erfährt.[931]

Die infrage kommenden Compliance-Themen im Arbeitsrecht lassen sich grob in zwei Bereiche unterteilen: das individuelle und das kollektive Arbeitsrecht. In kollektiver Hinsicht können sich Probleme sowohl im Betriebsverfassungsrecht als auch im Tarifrecht ergeben. Im Individualarbeitsrecht ist, neben dem Persönlichkeitsschutz, besonderes Augenmerk auf die Themen Datenschutz, Arbeitsschutz und Arbeitssicherheit, Diskriminierungsschutz sowie besondere Auskunfts- und Aushangpflichten gegenüber den Arbeitnehmern zu legen.[932]

Rechtlich problematisch ist im Rahmen der persönlichen Bindung der Arbeitnehmer an Compliance-Bestimmungen die Art der Kodifizierung. Dem Arbeitgeber stehen die Instrumente des Direktionsrechts, der arbeitsvertraglichen Vereinbarung oder der Betriebsvereinbarung zur Auswahl. Entscheidet er sich dafür, die compliance-relevanten Vorschriften und Richtlinien durch Arbeitsvertragsvereinbarung festzulegen, muss eine Angemessenheitsprüfung nach den §§ 307 ff. BGB stattfinden.[933] Sog. Whistleblowing-Klauseln, die Arbeitnehmer vertraglich zur unaufgeforderten Mitteilung über Umstände im Unternehmen anhalten,[934] müssen dementsprechend auf ihre Angemessenheit hin überprüft werden. Zwar entspricht es der gefestigten Rechtsprechung des Bundesarbeitsgerichts, dass der Arbeitnehmer aufgrund arbeitsvertraglicher Nebenpflichten zur Rücksichtnahme verpflichtet ist und den Arbeitgeber über alle wesentlichen Vorkommnisse im Betrieb informieren muss, um so Schäden zu verhindern.[935] Eine generelle, auch unwesentliche Vorkommnisse betreffende Meldepflicht ist aber unverhältnismäßig.[936] Der Arbeitnehmer darf aufgrund des *nemo tenetur*-Grundsatzes zudem im Rahmen eines Whistleblowing-Systems nicht angehalten werden, sich selbst zu bezichtigen. Allgemeine Kronzeugenregelungen, die einen arbeitsrechtlichen Sanktionsverzicht ohne Bezug zu konkreten Aufklärungsmaßnahmen zusagen, sind unwirksam.[937]

---

931 Vgl. zum umfassenden Verbot von Liebesbeziehungen am Arbeitsplatz LAG Düsseldorf, Beschl. v. 14.11.2005 – 10 TaBV 46/05, NZA-RR 2006, 81, 87 f.

932 *Kreitner*, in: Küttner, Personalbuch, Compliance, A, Rn. 4 f.

933 Vgl. *Schreiber*, NZA-RR 2010, 617, 618; siehe dazu BAG, Beschl. v. 22.7.2008 – 1 ABR 40/07, NZA 2008, 1248, 1255.

934 So *Kreitner*, in: Küttner, Personalbuch, Compliance, A, Rn. 6.

935 BAG, Urt. v. 3.7.2003 – 2 AZR 235/02, NZA 2004, 427, 429; BAG, Urt. v. 7.12.2006 – 2 AZR 400/05, NZA 2007, 502, 503; *Preis*, in: Erfurter Kommentar, § 611 BGB, Rn. 744; siehe zur Vermögensschädigung *Stahlhacke/Preis/Vossen*, Kündigung und Kündigungsschutz, § 22, Rn. 692; *Gach/Rützel*, BB 1997, 1959, 1961.

936 Vgl. im Ergebnis *Schulz*, BB 2011, 629, 631 f.

937 Ausführlich dazu *Göpfert/Merten/Siegrist*, NJW 2008, 1703, 1704.

Als effektivstes Mittel zur Aufdeckung von Compliance-Verstößen hat sich inzwischen in vielen Unternehmen die Einführung von Whistleblowing-[938] oder Ombuds-Systemen[939] etabliert. Whistleblowing-Systeme ermöglichen es einem Arbeitnehmer in einem bestimmten Verfahren, gegebenenfalls auch anonym, Rechtsverstöße (insbesondere gegen die aufgestellten betriebsinternen Ethik-Richtlinien) Dritten oder direkt dem Unternehmen zu melden und Informationen über Verhaltensweisen dieser Mitarbeiter abzugeben.[940] Die Gestaltung eines solchen Systems birgt aber gewisse rechtliche Probleme, u. a. im Datenschutz. Um handfeste Eingriffe in die Rechte des Verdächtigten und, je nach Ausgestaltung, in die Rechte des Hinweisgebers zu vermeiden, sollten die Grenzen der zulässigen Hinweisgebung klar sein. Die Grenzziehung kann durch eine Konkretisierung des Hinweisgegenstandes erreicht werden. Bereits aus der Natur der Sache ergibt sich, dass in erster Linie unternehmensbezogene Vorgänge und Verhaltensweisen vom Hinweisgegenstand erfasst sein sollten.[941] Da das Compliance-Programm auf einer Unternehmensentscheidung fußt und die Unternehmensleitung mit der Implementierung das Ziel verfolgt, ordnungsgemäßes und gesetzestreues Verhalten im Unternehmen zu fördern, ist es nur logisch, dass Verhaltensweisen im Betrieb oder jedenfalls während der Arbeitszeit als Hinweisgegenstand anzusehen sind. Zur Erleichterung der innerbetrieblichen Meldung von Straftaten oder Pflichtwidrigkeiten ist die Einrichtung einer internen unabhängigen Beschwerdestelle als (notwendiger) Bestandteil eines Compliance-Systems also von besonderer Bedeutung.[942]

Die Hinweisgeber sollten einen Hinweis vertraulich oder anonym abgeben können, wobei fraglich ist, ob die Anonymität überhaupt eine gute Option für den Whistleblower ist. So ist z. B. bei kleinteiligen Arbeitszusammenhängen und hoch spezialisierten Arbeitsgruppen zumeist schon durch die zu übermittelnde Information ein Rückschluss auf einen begrenzten Personenkreis möglich, von dem ein Hinweis zu erwarten war.[943] Der Whistleblower ist trotz Anonymität nicht davor geschützt, dass seine Identität erraten wird. Zudem sind Whistleblower aufgrund der „Heimlichtuerei" weniger glaubwürdig, was sich auch auf die Überprüfung des Hinweises auswirkt.

Das soziale Klima innerhalb des Unternehmens könnte schlechter werden, wenn die Arbeitnehmer damit rechnen müssten, jederzeit als Verdächtige in eine Hinweisüberprüfung zu geraten. Es ist außerdem leichter, den Schutz des Hinweisgebers vor Vergeltungsmaßnahmen zu organisieren – vor allem wenn dieser Schutz gesetzlich gesichert ist –, wenn die Anschuldigung der Beschwerdestelle offen vorgebracht

938 *Wisskirchen/Körber/Bissels*, BB 2006, 1567, 1567; zur Einrichtung *Schneider/Nowak*, FS Kreutz, S. 855, 864.

939 *Rosbach*, CCZ 2008, 101, 104; *Schulz*, BB 2011, 629, 629.

940 *Breinlinger/Krader*, RDV 2006, 60, 60; *Mahnhold*, NZA 2008, 737, 737.

941 *Schemmel/Ruhmannseder/Witzigmann*, Hinweisgebersysteme, S. 185.

942 So auch *Seel*, MDR 2012, 9, 12; gegen Notwendigkeit *Schneider/Nowak*, FS Kreutz, S. 855, 865.

943 So *Strack*, Compliance-Berater 4/2014, 113, 117.

wird.[944] Es muss deshalb ein klares Bekenntnis aller Verantwortlichen im Unternehmen geben, dass kein ehrlicher Whistleblower Nachteile erleiden wird. Nur wenn das Hinweisgebersystem auch in seiner Anwendungspraxis keine „Black-Box" ist, werden die potenziellen Nutzer sehen, dass sie mit einem Hinweis etwas erreichen können und Vertrauen in das System fassen.[945]

Für eine wirksame und effiziente Compliance-Struktur ist es unerlässlich, einen oder mehrere Compliance-Officer[946] als verantwortliche Personen zu ernennen. Der Compliance-Officer macht der Geschäftsleitung zunächst Vorschläge für die Einrichtung des Compliance-Systems, also für alle organisatorischen Maßnahmen, mit denen erreicht werden soll, dass sich das Unternehmen und die für das Unternehmen handelnden Personen rechtskonform verhalten.[947] Er ist zuständig für die Implementierung, Dokumentation und Weiterentwicklung des Systems, welche ebenso wie die Einführung von der Geschäftsleitung beschlossen werden.[948] Daneben hat der Compliance-Officer drei grundlegende praktische Funktionen zu erfüllen: Prävention, Aufdeckung eines Fehlverhaltens und Reaktion auf ein solches Verhalten. Dazu stehen ihm verschiedene Instrumente zur Verfügung,[949] wie z. B.:

- Erstellung und ständige Fortentwicklung der Compliance-Regeln
- Unterstützung der Unternehmensleitung bei der Durchsetzung der Regeln in Unternehmensprozessen
- Präventive Beratung und Training der zugeordneten Unternehmenseinheiten
- Einführung und Koordination von Kontrollen zur Überwachung der Regeln
- Unterstützung bei internen Untersuchungen von Fehlverhalten
- Sicherstellung von geeigneten disziplinarischen Maßnahmen nach Aufdeckung von Fehlverhalten
- Entgegennahme von (anonymen) Hinweisen über eine unternehmensinterne Whistleblower-Hotline[950].

Die Person des Compliance-Officers muss eine verantwortungsvolle und willensstarke Person sein, um das Compliance-Programm effektiv und konsequent in das Unternehmen zu implementieren und durchzuführen. Sie muss zudem besonders vertrauenswürdig sein, damit Whistleblower das System nutzen und den Hinweis ihm gegenüber offenbaren.

Die Einführung einer „Whistleblowing-Hotline" ist grundsätzlich zulässig.[951] Die Hotline soll dazu dienen, die Meldung von Pflichtverletzungen mit betrieblichem Bezug zu erleichtern. Diese Hotlines können intern installiert sein oder durch externe

---

944 *Neundorf*, in: Hauschka, Corporate Compliance, § 30, Rn. 32.
945 *Strack*, Compliance-Berater 4/2014, 113, 117.
946 *Illing/Umnuß*, CCZ 2009, 1 f.
947 *Bürkle*, in: Hauschka, Corporate Compliance, § 8, Rn. 24.
948 *Bürkle*, in: Hauschka, Corporate Compliance, § 8, Rn. 24.
949 Vgl. *Moosmayer*, Compliance, Abschnitt D, S. 39.
950 *Bürkle*, in: Hauschka, Corporate Compliance, § 8, Rn. 26 m.w.N.
951 BAG, Beschl. v. 22.7.2008 – 1 ABR 40/07, NZA 2008, 1248, 1253 f.

Anbieter bereitgestellt werden. Der externe Anbieter übernimmt dabei die telefonische Aufnahme des Hinweises, der namentlich oder anonym abgegeben werden kann, und übermittelt den ausgewerteten Bericht an die Compliance-Organisation des beauftragten Unternehmens. Auf diese Weise kann das Unternehmen gegen Missstände vorgehen, während der Whistleblower anonym bleibt, solange und soweit er das wünscht.[952] Bei der internen Installation einer „Telefonhotline" direkt bei der Compliance-Organisation im Unternehmen spielt der Ombudsmann eine wichtige Rolle. Er ist ein externer Anwalt, der vom Unternehmen beauftragt wird und Mitarbeitern als Anlaufstelle zur Verfügung steht.[953] Dabei legt der Ombudsmann nur die Informationen offen, für die er vom Whistleblower autorisiert wurde – dies gilt auch für die Identität.[954] Allen Hinweisgebersystemen ist gemein, dass sie einer sorgfältigen Überprüfung unterzogen werden müssen, und zwar in rechtlicher wie unternehmerischer Hinsicht. Die Einführung muss dem geltenden Recht entsprechen und sollte an die Organisation des Unternehmens angepasst werden. Für mittelständische Unternehmen wird ein Hinweisgebersystem in Form der Einsetzung eines Ombudsmannes regelmäßig die beste Variante darstellen.[955] Spezialisierte Anwaltskanzleien führen diese Tätigkeit mittlerweile für eine Vielzahl von Unternehmen aus, was sich günstig auf die Kosten der Unternehmen auswirkt. Eher abzuraten ist davon, den „Hausanwalt" des mittelständischen Unternehmens als Ombudsmann zu nutzen.[956] Er ist dem Unternehmen zu sehr als Berater verbunden, um die für die Tätigkeit als Ombudsmann erforderliche Distanz und Unabhängigkeit gegenüber seinem Auftraggeber zu wahren.

2. Rechtspflicht zur Einführung eines Compliance-Systems

Die Frage nach einer allgemeinen Rechtspflicht, ein Compliance-System in Unternehmen einzuführen, wird aktuell in der Literatur diskutiert. Ein Teil[957] der Literatur versucht die Existenz einer allgemeinen Rechtspflicht für alle Unternehmen mittelbar aus § 130 OWiG, § 91 Abs. 2 AktG und aus einer Reihe von spezialgesetzlichen Normen, wie § 52a Abs. 2 BImSchG, § 53 KrW/AbfG, Art. 11 EG-Geldwäsche Richtlinie und § 14 GeldwäscheG, abzuleiten. Im Wege einer Gesamtanalogie wird aus den Spezialvorschriften gefolgert, dass für alle Unternehmen eine Verpflichtung zur Einrichtung eines Compliance-Systems bestehe.[958] Dem wird mit dem Argument

952 *Moosmayer*, Compliance, Abschnitt D, S. 57.
953 *Moosmayer*, Compliance, Abschnitt D, S. 58.
954 Ausführlich *Buchert*, CCZ 2008, 148.
955 Vgl. *Moosmayer*, Compliance, Abschnitt D, S. 59.
956 So *Moosmayer*, Compliance, Abschnitt D, S. 59.
957 Vgl. *Schneider*, ZIP 2003, 645, 647 f.; *Nave/Bonenberger*, BB 2008, 734, 735; im Ergebnis auch *Schaupensteiner*, NZA-Beil. 1/2011, 8, 10; *Schneider/Nowak*, FS Kreutz, S. 855, 861 „gesellschaftsrechtliche Pflicht".
958 *Schneider*, ZIP 2003, 645, 648.

erwidert,[959] dass diese Spezialvorschriften nicht genügten, um eine Rechtspflicht zu konstruieren. Anders könne dies bei Aktiengesellschaften aussehen, wenn die Grundlage für die Pflicht zur Einführung eines Compliance-Systems aus dem Deutschen Corporate Governance Kodex[960](DCGK) entnommen würde.[961] Nach Ziffer 4.1.3 des Deutschen Corporate Governance Kodex hat der Vorstand für die Einhaltung der gesetzlichen Bestimmungen und der unternehmensinternen Richtlinien zu sorgen und darauf hinzuwirken, dass die Beachtung durch die Konzernunternehmen gewährleistet wird (Compliance). Die im Kodex enthaltenen Anregungen und Empfehlungen dienen dazu, den Führungsorganen einen Leitfaden zu geben, wie sie sich bei Erfüllung ihrer Aufgaben im Sinne einer effizienten Corporate Governance verhalten sollen, sog. *Code of Best Practice.*[962] Zu beachten ist jedoch, dass dem DCGK keine Gesetzeskraft zukommt. Vielmehr enthält er nur Empfehlungen für die Selbstverpflichtung von Unternehmen.[963] Aus dieser „Empfehlung" kann aber noch keine Rechtspflicht zur Einführung eines Compliance-Programms abgeleitet werden.[964] Zwar verpflichtet § 161 AktG den Vorstand und Aufsichtsrat, jährlich eine Erklärung abzugeben, inwiefern den Empfehlungen des Kodex entsprochen wurde. Jedoch ändert dies nichts an der Entscheidungsfreiheit des Unternehmens über die Ausgestaltung von Unternehmensregeln.[965] Auch die Ableitung einer Rechtspflicht aus § 91 Abs. 2 AktG wird überwiegend abgelehnt und stattdessen auf das Leitungsermessen des Vorstandes (*Business Judgement Rule*) nach § 93 Abs. 1 AktG verwiesen.[966] Zwar muss der Vorstand geeignete organisatorische Vorkehrungen

959 Unter anderem Nachweise bei *Liese*, BB Spezial 2008, Nr. 5, 17, 18 f.

960 Deutscher Corporate Governance Kodex (erstmals 2002 im Bundesanzeiger veröffentlicht; die Inhalte werden jährlich vor den Hintergrund von nationalen und internationalen Entwicklungen überprüft und angepasst), Ziffer 4.1.3. in der neuen Fassung vom 15. März 2013, abrufbar unter: http://www.corporate-governance-code.de/ger/download/kodex_2013/D_CorGov_Endfassung_Mai_2013.pdf, (abgerufen am 20.12.2013).

961 So z. B. *Bürkle*, BB 2007, 1797, 1800.

962 *Schemmel/Ruhmannseder/Witzigmann*, Hinweisgebersysteme, S. 15.

963 OLG München, Urt. v. 6.8.2008 – 7 U 5628/07, BB 2009, 232, 233; *Hauschka*, in: Hauschka, Corporate Compliance, § 1, Rn. 23, m. w. N; *Seibt*, AG 2002, 249, 250; im Ergebnis ebenfalls gegen eine gesetzliche Handlungspflicht *Thüsing*, in: Thüsing, Beschäftigtendatenschutz und Compliance, § 2, Rn. 16.

964 So aber *Bürkle*, BB 2007, 1797, 1800; vgl. gegen die Annahme einer aus dem DCGK abgeleiteten Verpflichtung des Vorstands zur Einführung eines Compliance-Systems *Bachmann*, in: Bachmann/Baums/Goette/Hauschka/Hirtz/Schäfer, Gesellschaftsrecht in der Diskussion, S. 65, 72; *Schemmel/Ruhmannseder/Witzigmann*, Hinweisgebersysteme, S. 15; *Thümmel*, CCZ 2008, 141, 141.

965 Ähnlich *Schemmel/Ruhmannseder/Witzigmann*, Hinweisgebersysteme, S. 15.

966 *Fleischer*, in: Spindler/Stilz, AktG, § 91, Rn. 43; *Kort*, in: GK-AktG, § 91, Rn. 65; *Spindler*, in: MüKo AktG, § 91, Rn. 36; *Bürkle*, BB 2005, 565, 568 f.; *Fleischer*, AG 2003, 291, 299 f.; *ders.*, NJW 2009, 2337, 2338; *Hauschka*, AG 2004, 461, 462; *ders.*, ZIP 2004, 877, 878; *Koch*, WM 2009, 1013, 1014 f.

treffen, um die ordnungsgemäße Aufgabenerfüllung laufend zu überwachen und auf diese Weise sicherzustellen, dass das geltende Recht unternehmensweit Beachtung findet. Bei der Entscheidung, welche konkreten Maßnahmen getroffen werden, steht dem Vorstand allerdings ein Spielraum zu.[967] Im Einzelfall kann jedoch durch die Dispositionsbefugnis des Unternehmens das Leitungsermessen des Vorstandes auf Null reduziert werden, wenn sich die Überwachungspflicht zu einer konkreten Pflicht des Vorstandes verdichtet, in der auf die Einführung eines Compliance-Systems bestanden wird.[968] Auch für börsennotierte Aktiengesellschaften ist der DCGK nicht verbindlich[969] – § 161 AktG verpflichtet jedes Unternehmen nur, Rechenschaft darüber abzulegen, ob und warum sie den DCGK befolgen oder nicht.[970] Aus § 161 AktG und Ziffer 4.1.3 des DCGK folgt demnach keine Pflicht zur Errichtung eines allgemeinen Compliance-Systems.

Fraglich ist, ob eine solche Pflicht für andere Gesellschaftsformen gilt. Eine analoge Anwendung der angesprochenen Bestimmungen, insbesondere auf die GmbH, wird zwar diskutiert,[971] ist aber mangels ausdrücklicher Regelung im GmbHG schwer zu begründen.

Es sei jedoch darauf hingewiesen, dass sich aus § 12 Abs. 5, § 13 AGG ergibt, dass der Arbeitgeber verpflichtet ist, eine Beschwerdestelle einzurichten. Da es sich um eine erforderliche Maßnahme nach § 12 Abs. AGG handelt, ist ein Ermessen ausgeschlossen.[972] Lediglich die weitere Ausgestaltung und Organisation bleibt dem Arbeitgeber überlassen. Unter die Organisationshoheit fällt unter anderem die Entscheidung über den Ort der einzurichtenden Beschwerdestelle, die Besetzung der Stelle und die Bearbeitung der eingehenden Beschwerden.[973] Aufgrund des mit dem AGG verfolgten Ziels sind die Beschwerden gegenständlich beschränkt. Es geht ausschließlich um die Entgegennahme von Beschwerden, die sich im Bereich

---

967 Grundlegend dazu BGH, Urt. v. 21.4.1997 – II ZR 175/95, NJW 1997, 1926; *Bürkle*, BB 2005, 565, 568 f.; anders *Schaefer/Baumann*, NJW 2011, 3601, 3602, die aus § 107 Abs. 3 Satz 2 AktG herleiten, dass zumindest bei börsennotierten Unternehmen der Gesetzgeber davon ausgeht, dass eine solche Gesellschaft eine Compliance-Organisation entsprechend internationalem Standard hat, weil die Norm von einem „internem Kontrollsystem" spricht.

968 *Fleischer*, in: Fleischer, Handbuch des Vorstandsrechts, § 8, Rn. 43 f.; *Spindler*, in: MüKo AktG, § 91 AktG, Rn. 36; *Maschmann*, in: Dölling, Handbuch der Korruptionsprävention, S. 179.

969 *Spindler*, in: MüKo AktG, § 91 AktG, Rn. 36.

970 *Thüsing*, in: Thüsing, Beschäftigtendatenschutz und Compliance, § 2, Rn. 16.

971 Z. B. *Spindler*, in: MüKo AktG, § 91 AktG, Rn. 42; *Lensdorf*, CR 2007, 413, 414 (IT-Compliance); *A. Kießling/E. Kießling*, WM 2003, 513, 523; *Schneider*, GmbHR 2010, 1313, 1316; *Kort*, GmbHR 2013, 566, 567; *Trips*, NVwZ 2003, 804, 810 f. fordert eine entsprechende Regelung für die öffentliche Verwaltung.

972 LArbG Nürnberg, Beschl. v. 19.2.2008 – 6 TaBV 80/07, DB 2009, 71, 72; *Oetker*, NZA 2008, 264, 266.

973 BAG, Beschl. v. 21.7.2009 – 1 ABR 42/08, NZA 2009, 1049, 1050; *Schlachter*, in: Erfurter Kommentar, § 13 AGG, Rn. 2; *Oetker*, NZA 2008, 264, 267 f.

der Benachteiligung (Diskriminierung) im Beschäftigungsverhältnis bewegen (vgl. § 13 Abs. 1 AGG). Deswegen kann aus dem AGG folglich auch keine allgemeine Pflicht begründet werden, organisatorische Maßnahmen zur Entgegennahme und Behandlung von Hinweisen auf Gesetzes- oder Regelverstöße zu treffen.[974]

3. *Würdigung*

In einer Zeit, in der das Thema Compliance immer mehr in den Vordergrund juristischer Diskurse rückt, muss an eine gesetzliche Pflicht zur Einführung eines Compliance-Systems gedacht werden. Im Zusammenhang mit der Schaffung eines Whistleblowerschutzgesetzes oder einer Änderung des § 612 a BGB könnte eine allgemein verbindliche Norm erarbeitet werden, die für alle Unternehmen, gleich welcher Gesellschaftsform, gilt. § 11 des Entwurfs zum Hinweisgeberschutzgesetz enthält eine ergänzende Vorschrift, in der von der Einrichtung eines Hinweisgebersystems in Unternehmen und Betrieben gesprochen wird. Zwar ist das Hinweisgebersystem nur ein Teil eines Compliance-Systems. Jedoch handelt es sich um einen wesentlichen Teil. § 11 des HinwGebSchG-E verpflichtet die Unternehmen aber nicht, es steht den Unternehmen stattdessen frei, ein solches System zu errichten.

Eine Implementierung hat nur Vorteile für das Unternehmen. Das Risiko von Schäden z. B. durch Rufschädigung minimiert sich und das System führt allgemein zu einer guten Wertestellung im Unternehmen – sowohl im Verhältnis der Mitarbeiter untereinander als auch in der Außendarstellung. Das Klima der Angst und des gegenseitigen Misstrauens wird abnehmen, wenn Mitarbeitern deutlich gemacht wird, dass das Unternehmen Hinweise begrüßt und darin keinesfalls eine Form der Illoyalität sieht. Dadurch wächst das Verständnis für das Thema Whistleblowing in der Belegschaft. Neben der Qualifizierung eines solchen Systems als „Frühwarnsystem"[975] überzeugt, dass ein solches System signifikant das Risiko von externem Whistleblowing minimiert. Je frühzeitiger Risiken erkannt werden, desto wahrscheinlicher ist es, potenziellen Gefahren und Schäden durch geeignete Maßnahmen entgegenzuwirken.

Enthält das Compliance-Programm eine zusätzliche Whistleblower-Regelung, die jegliche Repressalien gegenüber dem Whistleblower ausschließt, ist es eine geeignete Schutzregelung. Es besteht ein in sich geschlossener, funktionierender Mechanismus, der es dem Whistleblower erlaubt, sich (auch) anonym zu äußern, seinen Hinweis zu offenbaren und dabei von Repressalien verschont zu bleiben.

Soweit jedoch einer der Bestandteile eines Hinweisgeber-Systems (Hinweisgegenstand, Hinweismeldung, Anonymität, vertraulicher Compliance-Officer, Schutz vor Repressalien) nicht funktioniert, kann nicht erwartet werden, dass der Whistleblower sich schutzlos ausliefert. Es stellt sich daher die Frage, ob dem

974 So auch *Schemmel/Ruhmannseder/Witzigmann*, Hinweisgebersysteme, S. 74; *Sänger*, Whistleblowing, S. 216.

975 So etwa *Hofmann*, ZCG 2006, 121, 126; *Sänger*, Whistleblowing, S. 66; *Wrase/Fabritius*, CCZ 2011, 69, 70.

Whistleblower die Möglichkeit eröffnet werden muss, sich an die Behörden zu wenden, wenn dem Compliance-Officer kein Vertrauen geschenkt werden kann.

Ist im Betrieb kein Whistleblower-System eingerichtet und muss sich der Arbeitnehmer zunächst innerbetrieblich an den Arbeitgeber wenden, müsste bei Scheitern der innerbetrieblichen Hilfe das gleiche Ergebnis bestehen. Der Whistleblower muss bei Unzumutbarkeit oder Scheitern der internen Abhilfe durch den Arbeitgeber die Behörde einschalten dürfen. Dies müsste auch dann der Fall sein, wenn das innerbetrieblich eingerichtete System, dass die Berichterstattung an den Arbeitgeber „ersetzt", nicht funktioniert. Dagegen könnte aber sprechen, dass der Compliance-Officer nicht identisch mit dem Arbeitgeber ist. Er trifft eigene Entscheidungen und ist abgesehen von bestimmten arbeitgeberseitigen Weisungen[976] frei in seinem Handeln. Demnach kann es durchaus vorkommen, dass der Compliance-Officer sich anders verhält oder andere Entscheidungen trifft als der Arbeitgeber. Das würde dafür sprechen, dem Arbeitgeber die Chance zu geben, das Whistleblowing – entgegen der Ansicht des Compliance-Officers – selbst (neu) zu bewerten und weitere Schritte einzuleiten.

Ausschlaggebend ist jedoch Folgendes: Der Arbeitgeber hat den Compliance-Officer ausgewählt und dazu bestimmt, die Ansichten des Unternehmens im Hinblick auf regelkonformes Verhalten zu vertreten und (compliance-relevante) Entscheidungen zum Vorteil für das Unternehmen zu treffen. Den Arbeitgeber trifft zumindest das Delegations- bzw. Überwachungsverschulden,[977] wenn der Compliance-Officer nicht vertragsgemäß bzw. weisungsgemäß handelt. Er hat dafür einzustehen, wenn dem Whistleblower keine oder keine ausreichende Hilfe durch den Compliance-Officer angeboten wird.

Diese Situation ist also damit zu vergleichen, dass eine vorherige Abhilfe beim Arbeitgeber – ohne eingeführtes Compliance-System – fehlgeschlagen ist. Beiden Konstellationen ist gemein, dass der Rechtsverstoß mit Hilfe innerbetrieblicher Mittel nicht beseitigt werden kann und deswegen eine externe Offenbarung notwendig wird. In einem demokratischen Rechtssaat muss aber den Personen, die den Rechtsverstoß beenden möchten, die Möglichkeit gegeben werden, dies zu tun, ohne rechtlichen Konsequenzen ausgesetzt zu werden. Whistleblower gehen derzeit in Fällen, in denen sie annehmen, ein interner Ausgleich sei ihnen nicht zuzumuten, ein hohes Risiko ein, wenn sie sich direkt an Behörden, Presse, Dritte oder die Öffentlichkeit wenden.

Ein neuer Gesetzentwurf sollte daher differenziert gestaltet sein. Angemessen ist der Hinweis auf die vorrangige Nutzung eines innerbetrieblichen Hinweisgebersystems, aber auch auf eine mögliche behördliche Aufklärung. Daher sollte ein

---

976 *Bürkle*, in: Hauschka, Corporate Compliance, § 8, Rn. 33 m.w.N.

977 Mit der Delegation wandelt sich die Pflicht der Mitglieder des Leitungsorgans zu einer Pflicht zur ordnungsgemäßen Delegation um, welche die Sorgfalt bei der Auswahl des Delegierten, dessen Anweisung und seine Überwachung umfasst, vgl. *Lackhoff/Schulz*, CCZ 2010, 81, 84; ausführlich *Fleischer*, AG 2003, 291, 293 f.

Gesetzentwurf zum Whistleblowing zwar seinen Schwerpunkt auf unternehmensinterne Abhilfemöglichkeiten legen, aber nicht alle anderen Optionen ausschließen.

Ohne die Verpflichtung der Unternehmen, Compliance- und dementsprechend Whistleblowing-Systeme zu implementieren, bleibt dem Whistleblower oft keine große Wahl, an wen er sich wendet.

B. Strafrechtlicher und ordnungswidrigkeitenrechtlicher Schutz durch Strafmilderung

Im Zusammenhang mit der Darlegung des Schutzes *de lege ferenda* ist fraglich, inwieweit bei den Lösungsansätzen *de lege ferenda* die Problematik des strafrechtlichen bzw. ordnungswidrigkeitenrechtlichen Schutzes bedacht wurde. In den erörterten Gesetzesentwürfen, die sich hauptsächlich auf die arbeitsrechtliche Problematik des Whistleblowings konzentrieren, ist ein strafrechtlicher Schutz nicht erwähnt. Dies hängt größtenteils damit zusammen, dass die Strafbarkeit des Whistleblowers nicht eindeutig geklärt ist. In Betracht kommt nur § 17 UWG.[978] Eine grundsätzliche Einigung über den Geheimnisbegriff besteht dabei nicht. Überwiegend wird jedoch angenommen, dass auch „illegale" Geheimnisse in den Schutzbereich des § 17 UWG fallen. Demnach macht sich der Whistleblower nach § 17 UWG strafbar, wenn er innerbetriebliche Missstände, die durch illegale Verhaltensweisen entstehen, offenbart und anzeigt. Andere Straftatbestände kommen nur in Betracht, soweit der Whistleblower an dem Missstand beteiligt war.

Rechtswissenschaftliche Publikationen stützen sich beim strafrechtlichen Schutz vor § 17 UWG auf den Rechtfertigungstatbestand des § 34 StGB. Wie in Teil 4 B dieser Arbeit ausgeführt, überzeugt dieser Weg. Daher ist es vertretbar zu behaupten, dass es keines besonderen strafrechtlichen Schutzes des Whistleblowers bedarf. Ein Hinweis auf die strafrechtliche Lage und Abwägungskriterien in einem Hinweisgeberschutzgesetz wäre aber zu begrüßen.

Dasselbe gilt für den am Missstand beteiligten Whistleblower. Ihm steht in den meisten Fällen bezüglich der begangenen Tat kein Rechtfertigungstatbestand zur Seite und auch die Regelungen über den Rücktritt oder die tätige Reue greifen nur ausnahmsweise. Dennoch ist dieses Ergebnis gerecht. Auch wenn der Whistleblower sich nach seiner Beteiligung dazu entschieden hat, das rechtswidrige Handeln zu beenden, hat er doch gewichtig zur Verwirklichung des Straftatbestandes oder der Ordnungswidrigkeit beigetragen. Die Strafrechtsdogmatik lässt es nicht zu, den Whistleblower anders zu behandeln als andere Täter.

Vergleicht man den Whistleblower, der an einer sonstigen Tat beteiligt war mit dem am Kartell beteiligten Whistleblower, scheint es ungerecht, letzteren durch Erlass/Reduzierung des Bußgeldes zu privilegieren und ersterem kein Instrument

978 Andere Straftatbestände entfallen regelmäßig aufgrund der Nicht-Erfüllung des subjektiven Tatbestandes oder aufgrund des besonderen Rechtfertigungstatbestandes des § 193 StGB.

zur Verfügung zu stellen, dass ihn strafrechtlich/ordnungswidrigkeitenrechtlich vor den Folgen schützt. Die Differenzierung ist aber gerechtfertigt: Der am Kartell beteiligte Whistleblower hat eine Ordnungswidrigkeit begangen, die Verbraucher aufgrund überhöhter Preise um ihr Geld bringt. Der Schwerpunkt liegt also in einem materiellen Schaden. Der Whistleblower, der an einer sonstigen Tat beteiligt war, hat unter Umständen Straftaten begangen, die ein höherrangiges Rechtsgut verletzt haben als Vermögen oder Eigentum. Die unterschiedliche Wertigkeit der Rechtsgüter rechtfertigt also eine Differenzierung. Auch wenn der Whistleblower in Missstände verwickelt ist, die „nur" materielle Schäden zur Folge haben, ist diese unterschiedliche Betrachtungsweise gerechtfertigt. Nicht umsonst hat der Gesetzgeber das OWiG geschaffen, um im Gegensatz zum StGB ein missbilligtes Verhalten von einem geringeren sozialethischen Gewicht zu bestrafen.

Unterstützt der Whistleblower die Behörden bei der Identifizierung möglicher weiterer Beteiligten, steht ihm – wie bei der Bonusregelung im Kartellrecht – eine Norm zur Verfügung (§ 46 b StGB), nach der eine Strafmilderung oder ein Straferlass stattfindet.

Ist die maßgebliche Tat nicht im Katalog des § 100 a StPO aufgeführt, ist auf § 46 StGB zurückzugreifen, wonach aufgrund bestimmter beim Täter vorliegender Kriterien die Strafe individuell zugemessen werden kann. Insbesondere spielt beim Whistleblowing § 46 Abs. 2 StGB[979] eine besondere Rolle. Insofern besteht die Möglichkeit, dass im Rahmen der richterlichen Feststellung ein in der Person des Whistleblowers liegender Umstand zur begünstigenden Strafzumessung führt. Die Vorschrift bietet bei Whistleblower-freundlicher Auslegung und Anwendung ausreichend strafrechtlichen Schutz.

Hat der Whistleblower Ordnungswidrigkeiten begangen, kann § 17 OWiG zur Bußgeldmilderung führen. Danach kann die Höhe der Geldbuße nach Abs. 3 ebenfalls individuell festgelegt werden. Die Bemühungen des Täters um Wiedergutmachung nach Vollendung des Delikts werden durch mildere Bußgeldbemessung oder durch Einstellung des Verfahrens (§ 47 OWiG) honoriert.

Ist der Whistleblower ein ehemaliger Kartellbeteiligter, ist das besondere Ordnungswidrigkeitenrecht (§ 81 GWB) zu beachten und auf die Bonusregelung des Bundeskartellamtes einzugehen. Sie erlaubt den Erlass bzw. die Ermäßigung der Geldbuße, die der Kartellbeteiligte hätte zahlen müssen, wenn er nicht mit der Kartellbehörde im ausreichenden Maße kooperiert hätte. Dem Whistleblower im Kartellrecht steht also ein Instrument zur Verfügung, das ihn ordnungswidrigkeitenrechtlich vor der Verhängung einer Geldbuße schützt. Eine andere, den Whistleblower schützende Bonus- bzw. Kronzeugenregelung – abgesehen von § 46 b StGB – findet sich nicht.

---

979 Nach § 46 Abs. 2 StGB wägt das Gericht bei der Zumessung die Umstände, die für und gegen den Täter sprechen, gegeneinander ab. Dabei kommen u. a. sein Verhalten nach der Tat, besonders sein Bemühen, den Schaden wiedergutzumachen [...] in Betracht.

C. Zivilrechtlicher Schutz durch Haftungsbegrenzung

Hat durch den Gesetzesverstoß im Unternehmen ein außenstehender Dritter einen Schaden erlitten, wird dieser gegen den Schädiger vorgehen. Ist der Whistleblower an dem Missstand nicht beteiligt, hat die Geltendmachung eines Anspruchs keinen Erfolg. Demnach bedarf dieser auch keines haftungsrechtlichen Schutzes. Ist der Whistleblower jedoch involviert, kann ein Dritter Schadensersatz verlangen.

Grundsätzlich richtet sich der Anspruch gegen den Schädigenden, also gegen die natürliche Person selbst. Im Kartellrecht tritt meist das Unternehmen als Whistleblower auf, das letztendlich auch für die zivilrechtlichen Schäden haftbar gemacht wird. Ersatzpflichtiger ist immer das Unternehmen oder ein Repräsentant bzw. die Geschäftsleitung des Unternehmens, aber nicht der einzelne („einfache") Arbeitnehmer. Auch wenn der Arbeitnehmer also als Whistleblower agiert hat, treffen ihn die haftungsrechtlichen Konsequenzen nach dem GWB nicht, sondern nur das Unternehmen als organisatorische und wirtschaftliche Einheit.

Keine gesetzliche Regelung berücksichtigt den Umstand, dass der an der Tat involvierte Whistleblower nachträglich durch die Offenlegung des Gesetzesverstoßes den Missstand beendet. Deshalb muss überlegt werden, wie dem Whistleblower Schutz zukommen kann.

I. Schutz des beteiligten Whistleblowers gegenüber Ansprüchen geschädigter Dritter

Die Auswirkungen nachträglichen Wohlverhaltens bei einer Verletzung zivilrechtlicher Pflichten wurden in der Literatur angesprochen,[980] diese Erwägungen können aber aufgrund der veralteten Gesetzeslage nicht mehr aufgegriffen werden. Da das Phänomen Whistleblowing in Deutschland noch in den „Kinderschuhen" steckt, ist eine Diskussion über den haftungsrechtlichen Schutz des Whistleblowers noch nicht entfacht worden. Um den Whistleblower, der sich zunächst an der Tat beteiligt hat, vor zivilrechtlichen Ansprüchen Dritter zu schützen, sollte darüber nachgedacht werden, die Rechtsfigur der tätigen Reue in das Zivilrecht aufzunehmen. Sie könnte entweder im Rahmen des Verschuldens oder der Schadenszumessung Berücksichtigung finden. Die zivilrechtliche Haftung des Whistleblowers gegenüber dem Dritten wäre dann (zumindest) begrenzt. Der Dritte müsste bei der Geltendmachung des Anspruchs beachten, dass der Whistleblower sein schädigendes Verhalten durch nachträgliche Offenbarung und Einstellung wiedergutzumachen versucht. Dass die tätige Reue bei der Zumessung der Folge („Strafe") einbezogen wird, ist der deutschen Rechtsordnung nicht fremd. Eine Übertragung des Gedankens auf das Zivilrecht läge also nahe. Rechtstechnisch könnte dies durch Implementierung eines Absatzes oder einer Norm im Schadensersatzrecht des Bürgerlichen Gesetzbuches (§§ 823 ff. BGB) oder in einem Whistleblowerschutzgesetz umgesetzt werden.

980 Siehe *Knütel*, Tätige Reue im Zivilrecht.

II. Schutz des am Kartell beteiligten Whistleblowers gegenüber Ansprüchen geschädigter Dritter

Die besondere Problematik bei Whistleblowern im Kartellrecht rührt daher, dass das Kartellrecht eine spezielle schadensersatzrechtliche Norm bereithält. Zudem sind Grundsätze des europäischen Rechts einzubeziehen. Die Erkenntnis, dass sowohl das *private* als auch das *public enforcement* in nationalen und europäischen Normen sowie deren wettbewerbsrechtlichen Grundsätzen gleichermaßen verankert ist, wirft die Frage auf, wie das Spannungsverhältnis künftig aufzulösen ist.

Die obigen Ausführungen haben gezeigt, dass eine Lösung über das Akteneinsichtsrecht nicht befriedigend ist. Der Konflikt zwischen Kronzeugenregelung und Schadensersatzklagen kann aber vermindert werden, indem versucht wird, auf ganz anderem Wege den Kronzeugen zu „entlasten" und so das Recht auf Akteneinsicht zuzulassen; beispielsweise könnte die zivilrechtliche Haftung im Innen- sowie Außenverhältnis begrenzt oder die Existenz der Kronzeugendokumente auf ein Mindestmaß reduziert werden.

1. Gesetzliche Regelung zur Vorwegnahme des Abwägungsergebnisses oder der Abwägungskriterien

In Betracht kommt die vielfach geforderte „Vorwegnahme des Abwägungsergebnisses", durch die dem Dritten das Akteneinsichtsrecht gesetzlich versagt wird.[981] Die Versagung wäre nicht nur aufgrund der zunehmenden Forderung nach Rechtssicherheit begründet, sondern auch aufgrund der Effektivität der öffentlich-rechtlichen Kartellrechtsdurchsetzung, die durch den Zugang Dritter zu Kronzeugenakten abgenommen hat. Der Forderung nach einer gesetzlichen Regelung kann nach dem *Donau Chemie*-Urteil des EuGH aber nicht mehr nachgekommen werden. Mit dem aus dem Effektivitätsgebot hergeleiteten Gebot der Einzelfallabwägung wendet sich der EuGH gegen jede starre mitgliedsstaatliche Regelung der Akteneinsicht in Kronzeugendokumente.[982]

Damit ist weiterhin eine Entscheidung im Einzelfall notwendig. Zwar verlangt der EuGH eine konkrete Abwägung durch die Gerichte, ohne dass der Gesetzgeber ein Ergebnis vorschreibt. Eine gesetzliche Abwägungsgrundlage ist aber nicht ausgeschlossen.[983]

So bleibt eine gesetzliche Kodifikation von relevanten Abwägungskriterien grundsätzlich möglich. Eine entsprechende Regelung ließe sich etwa in das GWB integrieren. Die Kriterien können aus den Entscheidungen der nationalen und europäischen Gerichte entnommen oder im Wege der grundsatznahen Auslegung

981 *Ritter/Käseberg*, WuW 2012, 661, 667; *Fritsche*, DB 2012, 845, 852; *Kersting*, JZ 2012, 42, 44; *Kapp*, WuW 2012, 474, 477; *Koch*, JZ 2013, 390, 392 f.

982 EuGH, Urt. v. 6.6.2013 – Rs. C-536/11(Rn. 31), JZ 2013, 734, 735 (Donau Chemie u. a.).

983 So auch *Fritzsche*, DB 2012, 845, 852.

der wettbewerbsrechtlichen Grundsätze entwickelt werden. Sicherlich ist es für den Gesetzgeber schwierig, sachgerechte Kriterien zu bestimmen. Vollkommene Rechtssicherheit lässt sich damit nicht erzielen.[984]

Man könnte etwa darüber nachdenken, ob die Struktur des Absatzmarktes ein taugliches Abwägungskriterium ist. Denn gibt es nur wenige Abnehmer mit geringen Streuschäden, ist ohnehin nicht mit einer effektiven privaten Kartellrechtsdurchsetzung zu rechnen.[985] Des Weiteren könnte geprüft werden, ob die fraglichen Informationen anderweitig offengelegt werden können, etwa bei Hausdurchsuchungen oder ähnlichen Situationen.[986] Danach ist, unabhängig von einem Kronzeugenantrag, mit Bekanntwerden dieser Informationen zu rechnen. Die Beeinträchtigung der öffentlich-rechtlichen Kartellrechtsdurchsetzung steht somit nicht mehr im Raum.

2. Beschränkung von Kronzeugendokumenten

Es könnten auch Maßnahmen in Betracht gezogen werden, die bewirken, dass Kronzeugendokumente, insbesondere Unternehmenserklärungen bzw. Selbstanzeigen, gar nicht erst erstellt werden müssen.

Das Rechtssystem der USA verfolgt einen Ansatz, der dabei als Leitfaden dienen könnte. Unternehmen, die von einem Sanktionserlass profitieren wollen, müssen bei der Antitrust Division zunächst nur einen sog. *„proffer"* (Angebot zur Hilfe bzw. Kooperation) in mündlicher Form vorbringen.[987] Danach haben die Unternehmen diesen Antrag zu vervollständigen, indem sie die Fakten zu der kartellrechtlichen Zuwiderhandlung zusammenstellen und die dazugehörigen Informationen und Dokumente liefern. Die Dokumente stellen eine Art *„road map"* dar, die die Antitrust Division dazu bewegen kann, die Durchführung einer Untersuchung (*grand jury investigation*) gegen die übrigen Kartellmitglieder anzuordnen.[988]

Der große Unterschied zur europäischen Untersuchung ist, dass die Beweismittel gegen die übrigen Kartellmitglieder, auf denen die Verurteilung basiert, hauptsächlich aus der Untersuchung der Antitrust Division und nicht aus einer Erklärung des kooperierenden Unternehmens stammen. Diese Vorgehensweise führt dazu, dass die in den Verfahrensakten der Antitrust Division befindlichen Dokumente in erster Linie nicht das kooperierende Unternehmen belasten. Vielmehr klagen sie das Unternehmen an, bei dem die zur Verfolgung des wettbewerbswidrigen Verhaltens notwendigen Unterlagen gefunden wurden.[989] Dieser wesentliche Unterschied zur europäischen und damit auch zur deutschen Vorgehensweise bei der

---

984 So auch *Koch*, JZ 2013, 390, 392; *Kersting*, JZ 2013, 737, 738.
985 So z. B. *Dworschak/Maritzen*, WuW 2013, 829, 840.
986 Vgl. *Fornasier/Sanner*, WuW 2011, 1067, 1078.
987 *Denoth*, Kronzeugenregelung, S. 336.
988 *Logemann*, Der kartellrechtliche Schadensersatz, S. 169 mit Verweis auf *Hempel*, Privater Rechtsschutz im Kartellrecht, S. 18.
989 *Denoth*, Kronzeugenregelung, S. 337.

Zusammenführung der notwendigen Unterlagen liegt vor allem darin begründet, dass das US-amerikanische Recht unterschiedliche Voraussetzungen für die Gewährung einer Sanktionsbefreiung vorschreibt.[990]

Fraglich ist, ob es überhaupt möglich sein kann, diese Vorgehensweise in das deutsche System des *public enforcement* zu implementieren.

Zu betonen ist zunächst, dass auch im US-amerikanischen System ein Risiko besteht. Aufgrund des weiten Anwendungsbereiches der *discovery rules* müssen die Dokumente im Zuge eines *discovery*-Begehrens offengelegt werden.[991] Insofern sollte dieser Teil des US-amerikanischen Systems nicht vollständig übernommen werden. Die Informationen, welche der Behörde vom kooperierenden Unternehmen zugestellt werden, dürfen nicht als Grundlage für die Entscheidung und somit nicht als Beweismittel verwendet werden.[992] Diese Unterlagen würden dann nicht Bestandteil der Verfahrensakten, sondern lediglich Hilfsmittel, aufgrund derer die Wettbewerbsbehörde ihre Untersuchungen durchführen kann. Die Abgabe einer „belastenden" Unternehmenserklärung, welche die heutige Fassung des Kronzeugenprogramms vorschreibt, gäbe es dann nicht mehr. Die Behörden sind auf eigene Untersuchungsergebnisse angewiesen, nur diese werden Bestandteil der Akte.

Die Einführung einer veränderten Mitwirkungspflicht des kooperierenden Unternehmens am Untersuchungsverfahren ginge mit einer umfassenden Reform des Kronzeugenprogramms einher. Die jetzigen Voraussetzungen für den Erlass oder die Ermäßigung des Bußgeldes müssten geändert werden. Die bisher geforderte Informationsqualität müsste aufgegeben und die Mitwirkung entsprechend des US-amerikanischen Rechts lediglich auf vollständige und ununterbrochene Kooperation mit der Behörde begrenzt werden.

Schließlich stellt sich noch das Problem der notwendigen Ressourcen. Die Kartellbehörden müssten mehr Aufwand betreiben und benötigten mehr Mitarbeiter sowie eine neue gerichtliche Kompetenzaufteilung zwischen Zivilgerichten und Wettbewerbsbehörden. Obwohl eine stetige Verbesserung der Kartellverfolgung zu verzeichnen ist,[993] bestehen noch immer Probleme wegen Informationsflut und langer Verfahrensdauer infolge der Ressourcenknappheit.[994] Ob sich das Problem löst, wenn den Kartellbehörden noch mehr Untersuchungsaufwand aufgebürdet

---

990 Vgl. Ausführungen zur Kronzeugenregelung im US-amerikanischen Recht *Zagrosek*, Kronzeugenregelungen, S. 56 f.

991 *Logemann*, Der kartellrechtliche Schadensersatz, S. 199.

992 *Denoth*, Kronzeugenregelung, S. 337 m. w. N.

993 Pressemitteilung des Bundeskartellamtes zum Ausbau der Kartellverfolgung vom 14.7.2011, abrufbar unter: http://www.dawnraid.de/wp-content/uploads/2011/07/BkartA_PM-14-07-20111.pdf, (abgerufen am 1.6.2014).

994 Hintergrundpapier des Bundeskartellamtes zur Tagung des Arbeitskreises Kartellrecht am 4.10.2012, S. 3, abrufbar unter: http://www.bundeskartellamt.de/SharedDocs/Publikation/DE/Diskussions_Hintergrundpapier/Bundeskartellamt%20-%20Kartellbu%C3%9Fgeldverfahren%20zwischen%20deutschem%20Systemdenken%20und%20europ%C3%A4ischer%20Konvergenz.html, (abgerufen am 2.6.2014).

wird, weil die kooperierenden Unternehmen in ihrer Informationsweitergabe beschränkt sind, ist sehr fraglich.

3. *Beschränkung der zivilrechtlichen Haftung des Kronzeugen*

Eine weitere Maßnahme, Kronzeugenprogramme attraktiv zu machen, wäre die Begrenzung der zivilrechtlichen Haftung der Kronzeugen als Ausgleich für die Inanspruchnahme durch Dritte. Der Whistleblower könnte durch eine Haftungsbeschränkung sowohl im Innenverhältnis der Kartellbeteiligten als auch im Außenverhältnis gegenüber dem Geschädigten privilegiert werden.

a. *Gesamtschuldnerische Haftung*

Alle Kartellteilnehmer haften für den durch das Kartell verursachten Schaden nach §§ 830, 840 BGB als Gesamtschuldner. Das hat für den Geschädigten den Vorteil, dass er nach Belieben jeden Kartellanten in Anspruch nehmen kann (§ 421 BGB). Der Geschädigte ist insbesondere nicht darauf beschränkt, gegen seinen Vertragspartner vorzugehen.[995] Erst recht muss der Geschädigte nicht gegen alle Kartellbeteiligten vorgehen. Es genügt die Geltendmachung gegen einen Kartellanten, um vollen Schadensausgleich zu erlangen. §§ 830, 840 BGB stellen ausdrücklich klar, dass alle Beteiligten für den verursachten Schaden haften. Folglich braucht der Geschädigte auch keinen Nachweis der jeweiligen Tatbeiträge der einzelnen Schädiger erbringen.[996]

Die gesamtschuldnerische Haftung ohne jegliche Privilegierung könnte zu einer verstärkten Abschreckung führen. Dem Beteiligten wird bewusst werden, dass er im Extremfall ganz alleine haften muss. Deshalb werden hierfür Lösungsansätze konstruiert, die zur „Sonderbehandlung" des Kronzeugen führen können.

Probleme ergeben sich insoweit, als eine haftungsbegrenzende Regelung im Widerspruch zur Rechtsprechung des EuGH stehen könnte. Bei der Privilegierung des Kronzeugen könnte das Risiko der Nichtleistung (z. B. im Falle der Insolvenz) durch die anderen Kartellanten den Geschädigten auferlegt werden.[997] Dies könnte dazu führen, dass die volle Haftung des Kronzeugen wieder auflebt und eine abschreckende Wirkung erzeugt wird.[998] Um das zu vermeiden, bedarf es *de lege ferenda* eines ergänzenden Mechanismus, der mittlerweile in der Literatur mit der Haftungsbeschränkung im Innenverhältnis gefunden wurde.

---

995 *Krüger*, in: Oberender, Private und öffentliche Kartellrechtsdurchsetzung, S. 79, 80; *Logemann*, Der kartellrechtliche Schadensersatz, S. 75.

996 *Krüger*, in: Oberender, Private und öffentliche Kartellrechtsdurchsetzung, S. 79, 81 m. w. N.

997 So auch schon *Kersting*, ZWeR 2008, 252, 268.

998 *Koch*, JZ 2013, 390, 394.

b. Gesamtschuldnerausgleich von Kartellmitgliedern im Innenverhältnis

Der Gesamtschuldner, an den sich der Gläubiger gehalten hat, soll nicht die volle Last tragen, sondern im Innenverhältnis Ansprüche gegen seine Mitschuldner auf Ausgleich von Leistung haben, die er über seine Quote hinaus erbracht hat.[999] Insbesondere vor dem Hintergrund, dass ein Kronzeuge für Schadensersatzkläger häufig das primäre Ziel ihrer Ansprüche darstellt,[1000] muss dem Kronzeugen gegenüber seinen Kartellbrüdern ein Regressanspruch zustehen. Auch die Gefahr des Insolvenzrisikos der Kartellbeteiligten, die zunächst nicht zahlen mussten, ist nicht zu unterschätzen. Zudem kann es durchaus vorkommen, dass der leistende Kronzeuge jahrelang keinen Regress nehmen kann, wenn (europäische) Gerichte nicht über die gegen die Bußgeldentscheidung gerichtete Klage entschieden haben[1001] und somit die Verhältnisse nicht geklärt sind.

De lege lata besteht bereits eine Grundlage, nach der eine Privilegierung des Kronzeugen erreicht werden kann. Im Rahmen des Gesamtschuldnerausgleichs zwischen den Kartellanten könnte der Kronzeuge im Innenverhältnis von der Haftung freigestellt werden bzw. der ihm anfallende Haftungsanteil um den Faktor der Bußgeldreduzierung gekürzt werden.[1002] Dieses Ergebnis kann dogmatisch durch einen modifizierenden Rückgriff auf § 426 BGB i. V. m. § 254 Abs. 2 BGB erzielt werden. In der Folge haftet der Kronzeuge zumindest mit einem geringeren Anteil. Nach § 426 Abs. 1 BGB erfolgt der Ausgleich grundsätzlich zu gleichen Anteilen, „soweit nicht ein anderes bestimmt ist“. Ob eine solche andere „Bestimmung“ in der Privilegierung des Kronzeugen durch die Kronzeugenregelung zu sehen ist, ist fraglich. Eine gesetzliche Regelung fehlt. Die Beurteilung, ob „ein anderes bestimmt ist“ kann sich neben gesetzlichen oder vertraglichen Vorgaben auch aus sonstigen Wertungen ergeben. Eine Besserstellung des Kronzeugen kann durchaus damit begründet werden, dass sein Verhalten im öffentlichen Interesse der Aufklärung von Kartellrechtsverstößen liegt.[1003] Was die Höhe des verbleibenden Haftungsanteils angeht, könnte insoweit der Anteil des Kronzeugen am Gesamtschuldnerausgleich im Verhältnis zu der ihm gewährten Reduktion des Bußgeldes beschränkt werden.

Bei der Aufteilung der Schadenshaftung unter Gesamtschuldnern der Höhe nach ist der Rechtsgedanke des § 254 BGB heranzuziehen,[1004] der es ermöglicht, die jeweilige Haftung nach Verursachungsbeiträgen differenzierend zu bestimmen.

---

999 *Krüger*, in: Oberender, Private und öffentliche Kartellrechtsdurchsetzung, S. 79, 86.

1000 Vgl. *Schroll*, Effektivität der Kronzeugenprogramme, S. 170; *Böge*, in: Basedow, Private Enforcement, S. 223.

1001 *Schroll*, Effektivität der Kronzeugenprogramme, S. 170 mit Verweis auf *Jürgens/Seeliger*, EWS 2006, 337, 341.

1002 So bereits der Vorschlag im Weißbuch der EU-Kommission, KOM (2008), 165 endgültig, S. 12.

1003 So auch *Alexander*, Schadensersatz und Abschöpfung, S. 423.

1004 Vgl. BGH, Beschl. v. 9.7.2013 – KZR 15/12, BB 2013, 2639, 2640 m. w. N.; *Koch*, JZ 2013, 390, 394 mit Verweis auf *Kersting*, JZ 2012, 42, 45; *Krüger*, NZKart 2013, 483, 484.

Nach § 254 BGB hängt der Umfang des Schadensersatzanspruchs davon ab, inwieweit der Geschädigte den Schaden selbst verursacht hat. Die Aufdeckung des Kartells könnte als schadensmindernder Faktor auf Seiten des Kronzeugen zu berücksichtigen sein.[1005] Der Beitrag zur Schadensminderung[1006] fließt somit im Rahmen der Verteilung der Haftungsquote in die Bewertung mit ein. Genau genommen findet dadurch keine Privilegierung statt, sondern es wird nur die Haftung konsequent nach Verursachungsanteilen bestimmt. Dann ist es nur folgerichtig, dass die anderen Kartellanten, die keinen Beitrag zur Schadensminderung geleistet haben, mehr Verantwortung zu tragen haben. Die Mitkartellanten haften dann entsprechend ihrer Mitverursachungsbeiträge und nicht darüber hinaus.[1007]

Im Ergebnis findet bei der Feststellung der Verursachungsbeiträge eine Abwägung statt, in der zahlreiche Umstände Berücksichtigung finden können.[1008] Auch wenn die einzelnen Abwägungsfaktoren umstritten sind,[1009] so dürften doch die beherrschende Rolle eines Kartellmitgliedes (im Gegensatz zu der des Mitläufers), die Höhe der Marktanteile und Umsätze sowie der Umfang der Aufklärungsbeiträge im Vordergrund stehen.[1010]

Daraus ergibt sich die Folgefrage, welche Kronzeugen die „Haftungsprivilegierung" in Anspruch nehmen können. Neben dem ersten Kronzeugen, ohne den das Kartell nicht aufgedeckt worden wäre, bestehen noch Kronzeugen der „zweiten Stufe", die dem Bundeskartellamt weitere Informationen zum Nachweis des Kartells zugeleitet haben. Unter den Gesichtspunkten der Erforderlichkeit und Praktikabilität spricht einiges dafür, nur den ersten Kronzeugen, nicht aber die nachfolgenden Kartellmitglieder, die einen Antrag gestellt haben, im Gesamtschuldnerausgleich voll zu „privilegieren".[1011] Dieses Ergebnis kann auf den Rechtsgedanken des § 254 Abs. 2 BGB gestützt werden, der nur denjenigen belohnen will, der den Schaden mindert oder abwendet. Indem der erste Kronzeuge das Kartell öffentlich macht und die Behörden bei der Untersuchung unterstützt, wendet er weiteren Schaden

1005 *Kersting*, ZWeR 2008, 252, 267; *ders.* JZ 2012, 42, 45; *Koch*, JZ 2013, 390, 393; kritisch *Bien*, EuZW 2011, 889, 890.

1006 Auch wenn die Kooperation des Kronzeugen bis zur Aufdeckung den durch die wettbewerbswidrige Handlung entstandenen Schaden nicht (rückwirkend) verringert, so verhindert sie doch eine weitere Zunahme des Schadens.

1007 So auch *Dworschak/Maritzen*, WuW 2013, 829, 842.

1008 *Krüger*, in: Oberender, Private und öffentliche Kartellrechtsdurchsetzung, S. 79, 86.

1009 Vgl. zu den einzelnen Abwägungsfaktoren *Krüger*, Kartellregress, S. 63 f.; *Dreher*, FS Möschel, S. 149, 156 f.; *Meeßen*, Schadensersatz, S. 559 f; *Vollrath*, NZKart 2013, 434, 442.

1010 *Krüger*, in: Oberender, Private und öffentliche Kartellrechtsdurchsetzung, S. 79, 86 f; *Legner*, WRP 2014, 1163, 1164.

1011 Für die Privilegierung nur des ersten Kronzeugen, vgl. *Dworschak/Maritzen*, WuW 2013, 829, 842 f; für eine Freistellung entsprechend der jeweils gewährten Bußgeldreduktion, vgl. *Kersting*, JZ 2013, 737, 739; *Koch*, JZ 2013, 390, 393 f.; für richter liches Ermessen, vgl. *Alexander*, Schadensersatz und Abschöpfung, S. 422 f.

ab. Ab dann findet kein wettbewerbswidriges Verhalten mehr statt. Die nachfolgenden Beweismittel von Kronzeugen „der zweiten Stufe" mindern weiteren Schaden nicht, weil in den meisten Fällen das Kartell bereits beendet ist oder kurz vor der Beendigung steht.

Eine haftungsrechtliche Privilegierung des Kronzeugen im Innenverhältnis wird von der herrschenden Meinung im deutschen Recht bereits anerkannt (§ 426 i. V. m. § 254 Abs. 2 BGB analog). Der Kartellregress im Innenverhältnis ist für den Schutz des Whistleblowers im Kartellrecht aber nicht ausreichend, weil unkalkulierbar ist, wann und in welchem Umfang er mit dem Regress der anderen Beteiligten rechnen kann.

c. Sonderstellung des Kronzeugen im Außenverhältnis

Das eben erläuterte Modell bezieht sich nur auf die Haftungsverteilung im Innenverhältnis. Der Kronzeuge ist im Außenverhältnis gegenüber den Geschädigten weiterhin vollumfänglich verpflichtet, den Schaden zu kompensieren. Um ein effektives Kronzeugenprogramm zu erhalten, werden gesetzliche Haftungsbefreiungs- bzw. Haftungsbegrenzungstatbestände erwogen.[1012] Dies stößt jedoch auf Kritik.[1013] Abgesehen davon, dass dieser Ansatz *de lege lata* nicht zu konstruieren ist, würde eine Haftungsprivilegierung des Kronzeugen dazu führen, dass letztlich der Geschädigte belastet würde.[1014] Er würde der Möglichkeit beraubt, den ihm entstanden Schaden vollständig zu liquidieren, wenn der Kronzeuge dem Geschädigten entgegenhalten könnte, er hafte nicht in voller Höhe. Bedenken ergeben sich ebenfalls, wenn man die Haftungsprivilegierung damit erreichen wollte, den durch die Freistellung des Kronzeugen entfallenden Teil des Schadensersatzes auf die übrigen Kartellbeteiligten zu verteilen.[1015] Denn diese Variante käme einem Strafschadensersatz gleich. Die übrigen Kartellbeteiligten müssten eine höhere Schadenssumme aufbringen, als ihnen nach ihren Verursachungsbeiträgen tatsächlich zuzurechnen wäre.[1016] Abgesehen davon, hat der BGH zur Problematik des Strafschadensersatzes entschieden,[1017] dass dieser unter anderem nicht mit dem Verbot der ungerechtfertigten Bereicherung vereinbar sei. Zu berücksichtigen ist auch, dass durch den Verweis des Geschädigten auf andere Kartellbeteiligte gegebenenfalls dessen Ansprüche nicht durchsetzbar sind, weil er lediglich Informationen über den Kronzeugen besitzt. Diese wurden schließlich im Rahmen des behördlichen Verfahrens gewonnen.

1012 *Böge*, in: Basedow, Private Enforcement, S. 223 f.; *Glöckner*, WRP 2007, 490, 495.

1013 *Böge*, in: Basedow, Private Enforcement, S. 233; *Schroll*, Effektivität der Kronzeugenprogramme, S. 171; *Alexander*, Schadensersatz und Abschöpfung, S. 423.

1014 So auch *Alexander*, Schadensersatz und Abschöpfung, S. 421 mit dem abschließenden Hinweis, dass man nicht aus den Augen verlieren dürfe, wie es mit der Behandlung der Opfer im Vergleich zur Behandlung der Täter stehe.

1015 *Schroll*, Effektivität der Kronzeugenprogramme, S. 171

1016 *Schroll*, Effektivität der Kronzeugenprogramme, S. 171.

1017 BGH, Urt. v. 4.6.1992 – IX ZR 149/91, NJW 1992, 3096, 3103.

Auf belastendes Material gegen die übrigen Kartellbeteiligten kann er oftmals nicht zurückgreifen.[1018]

Die Überlegungen führen dazu, dass nach jetziger nationaler Rechtslage dem Kronzeugen keine Sonderstellung im Außenverhältnis zukommen kann. Mit diesem Modell wäre der Geschädigte zu sehr belastet.

4. Schutz durch Compliance und Risikomanagement im Kartellrecht

Auf die Bedeutung von Compliance-Programmen und deren Implementierung im Unternehmen wurde schon im Rahmen des arbeitsrechtlichen Schutzes (*de lege ferenda*) hingewiesen. Bei der Ausgestaltung der Maßnahmen zur Verhinderung und Aufdeckung von Wettbewerbsverstößen im Unternehmen sind allerdings Besonderheiten zu beachten. Bei der Einrichtung eines Compliance-Systems spielen die sonstigen Themen, wie z. B. die Überwachung der Buchhaltung oder die Annahme von Geschenken, eine geringere Rolle, da Absprachen oft auf mündlichen Verhandlungen beruhen und zwecks Geheimhaltung nicht dokumentiert werden. Das Hauptaugenmerk liegt bei der kartellrechtlichen Compliance auf der Vermeidung von Kartellabsprachen und Wettbewerbsverzerrung. Deshalb sind vorrangig Regelungen vonnöten, die Absprachen zwischen Unternehmen oder übermäßige Nutzung der Marktmacht verhindern.

Es gibt keinen allgemeingültigen Weg, um kartellrechtlichen Risiken zu begegnen. Die Einhaltung und Umsetzung der geltenden Vorschriften können die Unternehmen nach eigenem Ermessen bestimmen. Faktoren, die den Umfang und die Intensität der Umsetzung beeinflussen können, sind die Größe des Unternehmens, sein Geschäftsfeld und das jeweilige Risiko, in einen Verstoß gegen EU-Wettbewerbsrecht verwickelt zu sein. Wichtige Gründe für Unternehmen, die Wettbewerbsregeln einzuhalten, sind neben dem Ruf als ethisch verantwortungsvolles Unternehmen auch die Vermeidung hoher Kosten, die aus der Nichteinhaltung bestimmter Rechtspflichten resultieren können. Darunter ist auch die Zahlung von Schadensersatz zu fassen, den ein Dritter geltend macht, wenn sich ein Unternehmen wettbewerbswidrig verhält. Weiter könnte sich die Medienberichterstattung nicht nur nachteilig auf den Ruf des betreffenden Unternehmens auswirken, sondern auch Unverständnis bei den Kunden und Verbrauchern auslösen. Sie könnten sich betrogen fühlen und dadurch vom Kauf der Produkte oder von der Inanspruchnahme von Dienstleistungen Abstand nehmen.

a. Standpunkt der Kommission

Die EU-Kommission veröffentlichte im Jahr 2012 eine Broschüre über wettbewerbsrechtliche Compliance.[1019] Darin wird beschrieben, was Unternehmen tun können,

1018 *Schroll*, Effektivität der Kronzeugenprogramme, S. 172.

1019 EU-Kommission, Wettbewerbsrechtliche Compliance – Was Unternehmen tun können, um die EU-Wettbewerbsvorschriften besser einzuhalten, 2012 (Erstfas-

um die EU-Wettbewerbsvorschriften einzuhalten. Die als Leitfaden gedachte Broschüre enthält neben der Aufforderung zur Einhaltung des Wettbewerbsrechts auch eine Darstellung der Folgen, die bei einer Nichtbefolgung auf ein Unternehmen zukommen können. Der Hauptteil ist eine Anleitung für Unternehmen, wie sie Compliance sicherstellen. Zudem geht die EU-Kommission auf die Tätigkeiten der Wettbewerbsbehörden ein. Sie betont, dass die Wettbewerbsbehörden befugt sind, Maßnahmen zur Einhaltung der Wettbewerbsregeln zu ergreifen. Die von der Kommission veröffentlichten Berichte, Mitteilungen, Leitlinien und Gerichtsurteile stehen ihnen dabei unterstützend zur Seite.[1020]

Zunächst sollten die Unternehmen eine Strategie entwickeln, deren oberstes Ziel die Sensibilisierung für potenzielle wettbewerbsrechtliche Probleme und die Vermittlung von Verhinderungsmaßnahmen sein soll.[1021] Dabei sind alle Unternehmensebenen, also die Mitarbeiter wie auch die mittlere oder obere Führungsebene, zu beteiligen. Die EU-Kommission listet für die Ermittlung des Risikos für einen möglichen Wettbewerbsverstoß Faktoren auf, die für die Risikoanalyse von Belang sein können:[1022]

- Risikofaktor: Wirtschaftszweig – Wirtschaftszweige, in denen gehäuft Verstöße aufgetreten sind, bedürfen besonderer Aufmerksamkeit
- Risikofaktor: Häufigkeit und Grad der Zusammenarbeit mit Wettbewerbern – zum Beispiel im Rahmen von Branchentreffen oder innerhalb von Verbänden, aber auch im täglichen Geschäftsgebaren
- Risikofaktor: Merkmale des Marktes – zum Beispiel die Stellung des Unternehmens, seiner Wettbewerber und etwaige Markteintrittsschranken. Ein Unternehmen mit einer marktbeherrschenden Stellung muss andere Vorkehrungen treffen als ein Unternehmen in einem Bereich mit einem hohen Risiko der Kartellbildung.

Neben der Risikoanalyse empfiehlt die EU-Kommission, die Compliance-Strategie innerhalb des ganzen Unternehmens bekannt zu machen.[1023] Diese Bekanntmachung sollte verständlich, in schriftlicher Form und für alle zugänglich veröffentlicht werden, sodass insbesondere auch die möglichen Folgen bei Nichteinhaltung der gesetzten Regeln für die Belegschaft deutlich sichtbar sind. Die Veröffentlichung könnte

sung in englischer Sprache 2011), abrufbar unter: http://bookshop.europa.eu/de/wettbewerbsrechtliche-compliance-pbKD3211985/, (abgerufen am 22.3.2014).

1020 EU-Kommission, Wettbewerbsrechtliche Compliance – Was Unternehmen tun können, um die EU-Wettbewerbsvorschriften besser einzuhalten, 2012, S. 13.

1021 EU-Kommission, Wettbewerbsrechtliche Compliance – Was Unternehmen tun können, um die EU-Wettbewerbsvorschriften besser einzuhalten, 2012, S. 14.

1022 EU-Kommission, Wettbewerbsrechtliche Compliance – Was Unternehmen tun können, um die EU-Wettbewerbsvorschriften besser einzuhalten, 2012, S. 14.

1023 EU-Kommission, Wettbewerbsrechtliche Compliance – Was Unternehmen tun können, um die EU-Wettbewerbsvorschriften besser einzuhalten, 2012, S. 14.

z. B. in Form von Merkblättern erfolgen, die unter anderem die Themenbereiche[1024] horizontale Absprachen (insbesondere Preisabsprachen) und abgestimmte Verhaltensweisen, Verbandsaktivitäten, vertikale Beziehungen, marktbeherrschende Stellung eines Unternehmens, Umfang und Gestaltung von unternehmensinternen Untersuchungen veranschaulichen.

Neben der richtigen Strategie und der Unterrichtung aller Mitarbeiter ist die ausdrückliche Unterstützung der Unternehmensleitung von entscheidender Bedeutung.[1025] Dazu kann auch ein klares Bekenntnis der Unternehmensleitung zur Rechtstreue gezählt werden. Meist begehen Mitarbeiter einen Kartellrechtsverstoß nicht, um sich persönlich zu bereichern. Stattdessen sind sie der Meinung, ausschließlich im Interesse des Unternehmens gehandelt zu haben. Deshalb ist es angebracht, dass die Unternehmensführung in Form eines Compliance Commitments/Mission Statements oder eines vergleichbaren Dokuments deutlich macht, dass Kartellverstöße gerade nicht im Sinne des Unternehmens sind.[1026] Es soll eine erkennbare Compliance-Kultur geschaffen werden, die entsprechend der Größe und dem Risiko für das Unternehmen unterschiedlich ausfallen kann.

Um die Mitarbeiter zur Einhaltung der Compliance-Vorschriften zu motivieren, schlägt die EU-Kommission unter anderem vor, einen Anreiz für Mitarbeiter zu schaffen. Die vorbildliche Einhaltung von Compliance-Pflichten könnte zum Beispiel Bestandteil von Stellenanforderungen sein oder für eine Personalbeurteilung als Kriterium herangezogen werden.[1027]

Neben der rein inhaltlichen Wissensvermittlung an die Mitarbeiter ist es ratsam, zusätzlich Hinweise zu Verhaltensregeln zu geben. Dies ist insbesondere bei denjenigen Mitarbeitern angebracht, die in Kontakt zu Wettbewerbern stehen, etwa im Rahmen von Verbandsarbeit[1028] oder Messen.[1029] Es sollte aber nicht davor Halt gemacht werden, den Mitarbeitern die möglichen Konsequenzen in persönlicher Hinsicht, aber auch für das Unternehmen als ganze Einheit bewusst zu machen und hinreichend auf die Höhe der Geldstrafen im Fall der Zuwiderhandlung hinzuweisen.[1030]

Darüber hinaus betont die EU-Kommission in ihrer Broschüre, wie wichtig die ordnungsgemäße interne Berichterstattung sowie die ständige Beratung,

---

1024 *Lampert/Matthey*, in: Hauschka, Corporate Compliance, § 26, Rn. 54 f.

1025 EU-Kommission, Wettbewerbsrechtliche Compliance – Was Unternehmen tun können, um die EU-Wettbewerbsvorschriften besser einzuhalten, 2012, S. 15.

1026 *Lampert/Matthey*, in: Hauschka, Corporate Compliance, § 26, Rn. 53.

1027 EU-Kommission, Wettbewerbsrechtliche Compliance – Was Unternehmen tun können, um die EU-Wettbewerbsvorschriften besser einzuhalten, 2012, S. 15.

1028 Vertiefend zur Kartellrechts-Compliance in der Verbandsarbeit siehe *Kapp/Hummel*, CCZ 2013, 240 f.; vgl. zum Spannungsfeld Kartellrecht und Verbandstätigkeit *Brouwer*, CCZ 2009, 161, 162.

1029 *Moosmayer*, Compliance, Abschnitt E, S. 94.

1030 *Lampert/Matthey*, in: Hauschka, Corporate Compliance, § 26, Rn. 53, wo vorgeschlagen wird, die Konsequenzen gleich im Zusammenhang mit der Darstellung des *Compliance Commitments* zu verknüpfen.

Fortbildung[1031] und die Wirksamkeit des Audits und Monitorings sind.[1032] Nur durch Schulungen können die Mitarbeiter auf dem aktuellsten Stand gehalten werden und ihre Erinnerungen von vorherigen Zusammenkünften auffrischen. Neben den klassischen Präsenzschulungen können Schulungen auch über die Methode des E-Learnings stattfinden.[1033]

Überdies ist bei der kartellrechtlichen Compliance an die Einrichtung einer Whistleblower-Hotline zu denken. Der Schwerpunkt sollte auf der Einrichtung einer externen (von Dritten betriebenen) Meldestelle und auf der Möglichkeit der anonymen Hinweiserteilung liegen.

Die Kommission unterstützt alle Bemühungen der Unternehmen, die der Einhaltung der einschlägigen Wettbewerbsvorschriften dienen. Werden die oben genannten Regeln beachtet, sind Wettbewerbsverstöße des Unternehmens unwahrscheinlich. Das sollte das Ziel eines jeden Unternehmens sein: Wettbewerbsverstößen vorbeugen und nicht erst nach einem aufgedeckten Verstoß Compliance-Programme installieren.

Zwar gibt die EU-Kommission nützliche Informationen zur Einrichtung von Compliance-Programmen, aber sie betont auch, dass sie keine Programme genehmigt. Das bedeutet, dass sie sich nicht zu einzelnen Compliance-Programmen äußert oder sie bewilligt. Es sei nicht Aufgabe der Kommission, eine solche Entscheidung zu treffen, zumal die Unternehmen am besten wüssten, was für eine Compliance-Strategie sie benötigen.[1034] Zudem weist die Kommission ausdrücklich darauf hin, dass Compliance-Programme von Unternehmen bei einem aufgedeckten Verstoß eine Minderung der etwaigen Geldbußen nicht begründen können. Bei der Höhe der Geldbuße wird, je nachdem in welcher Form der Kooperationsbeitrag durch das Unternehmen geleistet wird, die spezifische Situation (Erlangung der Kronzeugenstellung) des betreffenden Unternehmens berücksichtigt.[1035] Nutzt das Unternehmen das Kronzeugenprogramm, wird ihm die Geldbuße erlassen oder ermäßigt. Die Bonusregelung bemisst die Geldbuße nach dem Grad der Kooperation. Dass es ein Compliance-Programm in dem betreffenden Unternehmen gibt, reicht weder aus, um Verstößen gegen Wettbewerbsregeln zu begegnen, noch wird dies

---

1031 So auch *Moosmayer*, Compliance, Abschnitt E, S. 93 f.

1032 EU-Kommission, Wettbewerbsrechtliche Compliance – Was Unternehmen tun können, um die EU-Wettbewerbsvorschriften besser einzuhalten, 2012, S. 16.

1033 *Lampert/Matthey*, in: Hauschka, Corporate Compliance, § 26, Rn. 76; *E-Learning* wird als Form von Lernen verstanden, bei der elektronische oder digitale Medien für die Präsentation und Distribution von Lernmaterialien und/oder zur Unterstützung zwischenmenschlicher Kommunikation zum Einsatz kommen.

1034 EU-Kommission, Wettbewerbsrechtliche Compliance – Was Unternehmen tun können, um die EU-Wettbewerbsvorschriften besser einzuhalten, 2012, S. 18.

1035 EU-Kommission, Wettbewerbsrechtliche Compliance – Was Unternehmen tun können, um die EU-Wettbewerbsvorschriften besser einzuhalten, 2012, S. 19.

als mildernder Umstand betrachtet.[1036] Dennoch raten die Wettbewerbsbehörden und die EU-Kommission, ein solches Programm einzuführen, um rechtswidrigem Verhalten vorzubeugen bzw. eine Wiederholung zu vermeiden. Zudem verhindert das Compliance-Programm mittelbar Schadensersatzklagen durch Dritte wegen Verstoß gegen das Kartellrecht.

b. Exkurs: Berücksichtigung eines Compliance-Programms bei der Bußgeldbemessung

Nach der früheren Praxis der EU-Kommission wurden eingerichtete Compliance-Programme in die Bußgeldbemessung einbezogen. Auch das Europäische Gericht hat sich bei seiner Entscheidungsfindung davon leiten lassen.[1037] Seitdem jedoch die EU-Kommission zu der Auffassung gelangt ist, Compliance-Programme seien außer Acht zu lassen, hat auch die Rechtsprechung diese Praxis abgesegnet.[1038] Zur Begründung führte das Gericht in der Sache *Degussa*[1039] an, die Tatsache, dass in früheren Verfahren Compliance-Programme mildernd berücksichtigt wurden, bedeute nicht, dass dies auch in anderen Fällen so beibehalten werden müsse. Die Installation eines Compliance-Programms ändere nichts daran, dass „die festgestellte Zuwiderhandlung tatsächlich begangen" worden sei.[1040] Auch der EuGH ist der Linie der EU-Kommission und des EuG mit der gleichen Begründung gefolgt.[1041]

Diese Praxis der Gerichte und der Kommission schafft jedoch keinen Anreiz für Unternehmen, ein Compliance-Programm einzuführen. Es bedarf eines Anreizsystems für die Unternehmen, um die Implementierung und Durchsetzung eines Compliance-Programms attraktiv zu machen mit der Folge einer optimalen Kartellprävention. Wenn Unternehmen nicht haften, weil sie nachweisen, dass sie durch Ausgestaltung und nachhaltige Durchsetzung ihrer Compliance-Organisation bestmögliche präventive Anstrengungen unternommen haben, gäbe ihnen dies Anreize, noch mehr in Compliance zu investieren.[1042]

1036 Das Programm muss vom Unternehmen und den Mitarbeitern auch umgesetzt werden, EuGH, Urt. v. 28.6.2005 – verb. Rs. C-189/02 P, C-202/02, C-205/02 P bis C-208/02 P und C-213/02, Slg. 2005, I-5425, (Rn. 373) (Dansk Rørindustri u. a.).

1037 Vgl. EuG, Urt. v. 14.7.1994 – Rs. T-77/92, Slg. 1994, II-549 (Rn. 93), EuZW 1994, 666 (Parker Pen).

1038 Vgl. EuG, Urt. v. 8.7.2008 – Rs. T-53/03, Slg. 2008, II-1333 (Rn. 423) (BPB); EuG, Urt. v. 26.4.2007 – Rs. T-109/02 u. a., Slg. 2007, II-947 (Rn. 653) (Bolloré); EuG, Urt. v. 20.3.2002 – Rs. T-16/99, Slg. 2002, II-1633 (Rn. 326) (LögstörRör).

1039 EuG, Urt. v. 5.4.2006 – Rs. T-279/02, Slg. 2006, II-897, EuZW 2006, 384 (Degussa).

1040 Vgl. EuG, Urt. v. 5.4.2006 – Rs. T-279/02, Slg. 2006, II-897 (Leitsatz), EuZW 2006, 384, 384 (Degussa).

1041 EuGH, Urt. v. 28.6.2005 – verb. Rs. C-189/02 P, C-202/02, C-205/02 P bis C-208/02 P und C-213/02 (Rn. 371 f.) (Dansk Rørindustri u. a.).

1042 *Gehring/Kasten/Mäger*, CCZ 2013, 1, 8.

aa. Compliance-Anreizsystem

Mögliche Gestaltungsansätze für ein Compliance-Anreizsystem können sich durch einen Blick in das ausländische Kartellrecht ergeben.

So gewährt beispielsweise das *UK Office of Fair Trade* (OFT) in Großbritannien in Einzelfällen eine Bußgeldreduktion von bis zu 10 % bei Unternehmen, die adäquate Schritte für ein sicheres Compliance-System unternommen haben.[1043] Im vergangenen Jahrzehnt hat das OFT in einer Vielzahl von Fällen die Angemessenheit von Compliance-Maßnahmen geprüft und auf dieser Grundlage niedrigere Sanktionen auferlegt.[1044]

Die französische *Autorité de la Concurrence* hat am 10. Februar 2012 Leitlinien zu kartellrechtlichen Compliance-Programmen erlassen, nach denen bei Einrichtung eines Compliance-Programms das Bußgeld um ebenfalls bis zu 10 % reduziert werden kann.[1045] Grundlage dieser Mitteilung ist die gesetzliche Regelung des Art. L. 464–2 III Code de Commerce, wonach eine künftige Verhaltensänderung des Unternehmens sanktionsmindernd berücksichtigt werden kann.

Ein bestehendes Compliance-Programm wirkt sich nach Auffassung der französischen Wettbewerbsbehörde dann (mittelbar) auf die Höhe des Bußgeldes aus, wenn der Kartellverstoß intern durch das Compliance-Programm aufgedeckt wird.[1046] Tatsächlich führt die Bußgeldminderung und nicht das Compliance-Programm „an sich" in diesen Fällen zur Entscheidung, den Wettbewerbsverstoß selbst zu melden und die Kronzeugenregelung in Anspruch zu nehmen.[1047] Die Wettbewerbsbehörde weist aber darauf hin, dass durch die Einführung oder Erweiterung eines Compliance-Programms unmittelbar eine Bußgeldreduzierung für zukünftiges positives Verhalten gem. Art. L. 464–2 III Code de Commerce erreicht werden kann. Darauf bezieht sich die oben genannte Minderung. Voraussetzung für die Reduktion ist nach den Leitlinien, anders als in der britischen Fassung, dass das betroffene Unternehmen sich zur Einrichtung bzw. Verbesserung eines Compliance-Programms im Rahmen einer Vereinbarung mit der Behörde verpflichtet.[1048] Es darf also noch kein Compliance-Programm bestanden haben. Es genügt, dass eine Einführung erst

---

1043 Dies hat die Behörde mehrfach ausdrücklich festgehalten, vgl. OFT's guidance as to the appropriate amount of a penalty, OFT 423, September 2012, abrufbar unter: http://www.oft.gov.uk/shared_oft/business_leaflets/ca98_guidelines/oft423.pdf, Seite 12, Rn. 2.15, (abgerufen am 10.5.2014).

1044 Nachweise zu zahlreichen entsprechenden OFT-Entscheidungen bei *Wils*, Journal of Antitrust Enforcement, 2013, Vol. 1, No. 1, pp. 52, 55, Fn. 11.

1045 Framework-Document of 10 February 2012 on Antitrust Compliance Programmes (Englische Fassung), S. 9, Fn. 31, abrufbar unter: http://www.autoritedelaconcurrence.fr/doc/framework_document_compliance_10february2012.pdf, (abgerufen am 10.5.2014); ausführlich dazu siehe *Aufdermauer*, CCZ 2012, 194.

1046 *Aufdermauer*, CCZ 2012, 194, 196.

1047 *Aufdermauer*, CCZ 2012, 194, 196.

1048 Framework-Document of 10 February 2012 on Antitrust Compliance Programmes (Englische Fassung), S. 1, 9.

im Nachhinein stattfindet. In Abschnitt 3 der Leitlinien werden die Anforderungen für ein effektives Compliance-Programm nach den Vorstellungen der Wettbewerbsbehörde aufgezählt. Hat ein Unternehmen ein Compliance-Programm nach den in den Leitlinien festgelegten Standards eingerichtet oder ein bestehendes Programm gemäß den Standards angepasst, ist die Wettbewerbsbehörde zu einer Reduzierung der Geldbuße um bis zu 10 % bereit. Zudem findet eine Kontrolle statt, ob das Compliance-Programm umgesetzt worden ist.

Im deutschen Kartellrecht besteht grundsätzlich ebenfalls die Möglichkeit der Enthaftung bei Zuwiderhandlungen durch die §§ 30, 130 OWiG. Danach werden bei ausreichenden Aufsichtsmaßnahmen zur Verhinderung von Kartellrechtverstößen dennoch begangene Zuwiderhandlungen nicht zugerechnet (§ 130 Abs. 1 OWiG). Dies wird im Grundsatz auch vom Bundeskartellamt anerkannt,[1049] hat aber in der veröffentlichten Entscheidungspraxis noch keinen Niederschlag gefunden.[1050] Das Bundeskartellamt begründet seine Ansicht, Compliance-Systeme nicht bußgeldmindernd zu berücksichtigen, damit, dass die Pflicht zur Aufsicht eine gesetzliche Obliegenheit nach § 130 OWiG darstelle, bei deren Erfüllung das Handeln nicht als mildernder Umstand gewürdigt werden könne.[1051] Die Pflicht des Unternehmens, seinen Aufsichtsaufgaben gerecht zu werden, dürfe keine Besonderheit darstellen, die durch einen „Bonus" gewürdigt werde. Sie müsse vielmehr als Selbstverständlichkeit angesehen werden.

Das deutsche Kartellrecht enthält aber keine ersichtlichen Hindernisse für eine Berücksichtigung von Compliance-Anstrengungen oder bereits implementierten Compliance-Programmen bei einem Verstoß.[1052]

Auch das europäische Kartellrecht verbietet eine Minderung bei ernsthaften Compliance-Bemühungen nicht. Ohne dass dafür normative Änderungen nötig wären, könnten im Rahmen des Art. 23 Abs. 3 der Verordnung Nr. 1/2003 (EG) bei der Schwere des Verstoßes und der Höhe der Geldbuße die Anstrengungen des Unternehmens zu Compliance-Programmen positiv berücksichtigt werden.[1053] Auch die Bußgeldleitlinien könnten so umgestaltet werden, dass die Bemühungen für ein effektives und nachhaltiges Compliance-Programm als mildernder Umstand anzusehen sind.[1054] Gerade die frühere Praxis der EU-Kommission hat gezeigt, dass Compliance-Programme durchaus mildernd berücksichtigt werden können. Somit wäre eine Neuausrichtung der Entscheidungspraxis für die Zukunft unter Rückkehr zu der seinerzeit vertretenen Auffassung ohne weiteres möglich.[1055]

1049 *Pampel*, BB 2007, 1636, 1638.
1050 *Kasten*, in: Mäger, Europäisches Kartellrecht, 2. Kap., Rn. 138.
1051 *Pampel*, BB 2007, 1636, 1638.
1052 So *Gehring/Kasten/Mäger*, CCZ 2013, 1, 10.
1053 Vgl. auch *Kasten*, in: Mäger, Europäisches Kartellrecht, 2. Kap., Rn. 141.
1054 Leitlinien für das Verfahren zur Festsetzung von Geldbußen gemäß Art. 23 Abs. 2 lit. a) der Verordnung (EG) Nr. 1/2003, ABl. 2006 C 210/02.
1055 *Gehring/Kasten/Mäger*, CCZ 2013, 1, 11 m. w. N.

Wie dargestellt, ist die Berücksichtigung eines vorhandenen Compliance-Programms also nicht unmöglich und das europäische Kartellrecht würde in der jetzigen Fassung bereits normative Ansatzpunkte für eine moderne, am Präventionsziel orientierte Sanktionsausrichtung bieten. Die Behörden können ein Compliance-Anreizsystem auch praktisch umsetzen. Neben repressivem Handeln könnten sie durch Maßnahmen zur Vermeidung von Kartellverstößen auch vorbeugend tätig werden. Die Förderung der präventiven Maßnahmen, etwa durch Belohnung, würde dem Sinn und Zweck des Kartellbußgelds entsprechen, das neben der Bestrafung auch spezialpräventive Ziele (vorbeugende Verhütung) verfolgt.[1056] Die Unternehmen werden so motiviert, Compliance-Programme zu implementieren und sie effektiv und effizient durchzusetzen.

Wie das französische Modell zeigt, kann die Berücksichtigung jedoch nur greifen, wenn das Compliance-Programm nach erfolgter Zuwiderhandlung eingeführt wurde.

bb. Best Practice Compliance-Programm

Wie bereits angedeutet, gehören die Aufsichtspflichten zu den Obliegenheiten der Unternehmen nach § 130 OWiG. § 130 OWiG verpflichtet den Unternehmensinhaber zu Aufsichtsmaßnahmen, die erforderlich sind, um Zuwiderhandlungen gegen betriebliche Pflichten zu unterbinden. Die Einführung eines Compliance-Programms zur Erfüllung der Aufsichtspflicht kann dann nicht als besonderer Umstand angesehen werden. Anders sieht es bei *Best Practice* Compliance-Programmen aus, die über die „normalen" Compliance-Programme und die vom Gesetzgeber angedachten Mindeststandards hinausgehen.[1057] Die Implementierung eines überobligatorischen Compliance-Programms ist mehr als die Erfüllung einer gesetzlichen Obliegenheit und verdient eine entsprechende Würdigung seitens der Kartellbehörde.

In der Praxis wird die Berücksichtigung von den Behörden weder explizit abgelehnt, noch halten gesetzliche Regelungen diese Möglichkeit offen. Denn das Verhalten des Betroffenen nach der Tat stellt nach Ansicht der Rechtsprechung einen Aspekt dar, der sich „im Rahmen der von § 17 Abs. 3 OWiG vorgesehenen Zumessungserwägungen hält".[1058] Aus diesem Nachtatverhalten lassen sich Rückschlüsse auf den Unrechtsgehalt der Tat und die innere Einstellung des Täters ziehen,[1059] die somit für die Beurteilung des „Vorwurfs" i. S. d. § 17 Abs. 3 OWiG (mit)bestimmend

---

1056 Vgl. auch *Krebs/Eufinger/Jung*, CCZ 2011, 213, 215.

1057 Vgl. *Krebs/Eufinger/Jung*, CCZ 2011, 213, 215.

1058 Vgl. OLG Düsseldorf, Urt. v. 27.3.2006 – VI-Kart 3/05 (OWi), WuW/E DE-R 1733, 1738, 1739.

1059 *Rau*, Compliance und Unternehmensverantwortlichkeit, S. 147; vgl. *Dannecker/Biermann*, in: Immenga/Mestmäcker, Wettbewerbsrecht: GWB, § 81 GWB, Rn. 381.

sind.[1060] Ferner wird in den Bußgeldleitlinien des Bundeskartellamtes das Nachtatverhalten des Unternehmens als mildernder Umstand angeführt.[1061]

Es ist sowohl in zeitlicher (Compliance-Programm vor oder nach der Zuwiderhandlung) als auch in qualitativer Hinsicht („normales" oder *Best Practice* Compliance-Programm[1062]) zu unterscheiden, wann eine Berücksichtigung durch die Behörden stattfinden kann.

Eine bußgeldreduzierende Berücksichtigung von kartellrechtlichen Compliance-Programmen ist also nicht ausgeschlossen. Eine gesetzliche Grundlage oder eine Art Leitlinie, die präventive Maßnahmen der Unternehmen belohnend unterstützt, wäre wünschenswert.[1063] Die deutsche Zuordnung zum Ordnungswidrigkeitenrecht und dessen Anbindung an das Strafrecht gebieten die Berücksichtigung jedes *Best Practice* Compliance-Programms, d. h. eines jeden Compliance-Programms, das über den allgemeinen Pflichtstandard hinausgeht. Aus § 130 OWiG kann nicht die generelle Pflicht zur Schaffung eines *Best Practice* Compliance-Programmes abgeleitet werden. Gerade deshalb ist jedes Programm, das von seiner Konzeption und praktischen Handhabung in der Lage ist, einen Großteil der Kartellrechtsverstöße zu verhindern, bußgeldmindernd zu berücksichtigen.[1064]

c. *Ausblick*

Die aktuelle Auseinandersetzung bietet dem Gesetzgeber und den Kartellbehörden die Chance, in die Diskussion über verpflichtende Compliance-Programme einzusteigen und eine angemessene Lösung zu erarbeiten. Compliance zielt nicht nur auf die Einhaltung rechtlicher Regelungen, sondern generell auf die Vermeidung der mit Rechtsverletzungen verbundenen wirtschaftlichen Risiken. Die Unternehmen müssen einsehen, dass ein solches Programm nur Vorteile schafft. Denn dadurch entgeht der kartellrechtliche Whistleblower auch mittelbar den haftungsrechtlichen Konsequenzen. Deswegen ist im Zusammenhang mit der Forderung einer Compliance-Pflicht nicht nur an eine Bußgeldreduzierung zu denken, sondern ebenfalls an die Verhinderung von haftungsrechtlichen Ansprüchen durch Dritte.

1060 *Krebs/Eufinger/Jung*, CCZ 2011, 213, 215.

1061 Mitteilung des Bundeskartellamts, Bußgeldleitlinien, Rn. 17.

1062 Inwieweit überobligatorische Anstrengungen (Best Practice Compliance-Programme) gegeben sind, welche über die „normalen" Maßnahmen hinausgehen – und damit im Rahmen der Bußgeldbemessung berücksichtigungsfähig sind –, hängt maßgeblich von der Kartellanfälligkeit der jeweiligen Branche sowie der Historie und Größe des Unternehmens ab. Insbesondere in Bezug auf Großkonzerne müsste der Standard in vielen Fällen deutlich nach oben angehoben werden. Die Bandbreite der zusätzlich zu ergreifenden Maßnahmen reicht dabei bis zu vollständig ausgebauten Compliance-Programmen, *Krebs/Eufinger/Jung*, CCZ 2011, 213, 217.

1063 So schon *Van Vormizeele*, CCZ 2009, 41, 48, der zu dem Entschluss kommt, dass es einer gesetzgeberischen Initiative bedürfe, um *de lege ferenda* die Präventivbemühungen von Unternehmen bei der Kartellbekämpfung stärker zu berücksichtigen.

1064 *Krebs/Eufinger/Jung*, CCZ 2011, 213, 217.

III. Schutz durch Umsetzung der Europäischen Richtlinie zu Schadensersatzklagen im Kartellrecht

Zwar ist die Richtlinie 2014/104/EU[1065] über bestimmte Vorschriften für Schadensersatzklagen nach nationalem Recht wegen Zuwiderhandlungen gegen wettbewerbsrechtliche Bestimmungen der Mitgliedstaaten und der Europäischen Union („Schadensersatzrichtlinie“) nun in Kraft getreten, es bedarf jedoch einer Umsetzung ins nationale Recht. Dies ist erforderlich, nicht nur um einer Vertragspflicht – gestützt auf dem Vertrag über die Arbeitsweise der EU – nachzukommen, sondern auch um auf horizontaler Ebene eine unmittelbare Wirkung der Richtlinienbestimmungen hervorzurufen. Entsprechend den Ausführungen zur Richtlinie im vorherigen Teil der Arbeit (Teil 4, C, II, 5) hat der nationale Gesetzgeber Anpassungen und Änderungen der nationalen Vorschriften vorzunehmen. Mit der Umsetzung wird der Richtlinieninhalt Teil der nationalen Rechtsordnung und gilt somit für alle, die vom Umsetzungsakt (z. B. ein Gesetz) betroffen sind. In welcher Form die Richtlinie umgesetzt wird, bleibt dem Mitgliedstaat überlassen, solange die nationalen Vorschriften den unionalen Bestimmungen entsprechen bzw. deren Gehalt in richtlinienkonformer Auslegung ermittelt werden kann.

1065 Richtlinie über bestimmte Vorschriften für Schadensersatzklagen nach nationalem Recht wegen Zuwiderhandlungen gegen wettbewerbsrechtliche Bestimmungen der Mitgliedstaaten und der Europäischen Union („Schadensersatzrichtlinie“) 2014/104/EU, ABL. L 349 vom 5.12.2014, S. 1–19.

Teil 6: Bewertung und Ausblick

A. Zusammenfassung und Bewertung

Gegenstand der Untersuchung war die Darstellung des Whistleblowerschutzes *de lege lata* und *de lege ferenda*. Dabei wurde der arbeitsrechtliche, strafrechtliche/ordnungswidrigkeitenrechtliche und haftungsrechtliche Schutz geprüft. Anlass dafür war die zunehmende Kritik in Deutschland an einem unzureichenden Schutz für Whistleblower, der erfolglose Versuch von (ehemaligen) Bundestagsparteien Gesetzesentwürfe auf den Weg zu bringen und nicht zuletzt der aufsehenerregende Fall des amerikanischen Whistleblowers *Edward Snowden*, der weltweit Schlagzeilen gemacht hat.

Es hat sich gezeigt, dass die Motive eines Whistleblowers vielfältig sind und es keinen „typischen" Whistleblower gibt. Dabei wurde herausgearbeitet, dass in einem demokratischen Rechtsstaat das Motiv keine Rolle spielen darf. Ist ein Rechtsverstoß im Unternehmen begangen worden, muss dem Whistleblower unabhängig von der Motivlage das Recht gegeben werden, den Verstoß zu melden. Selbst eine zunächst an der Tat beteiligte Person kann im Nachhinein als Whistleblower agieren. Dass diese Person nicht aus rein altruistischen Motiven handelt, ist irrelevant. Besonderes Augenmerk verdient dabei der Kartellbeteiligte – als Unternehmen -, der die Bonusregelung des Bundeskartellamtes in Anspruch nimmt, um einer Kartellbuße zu entgehen.

Im Ergebnis ist eine gesetzliche Kodifikation des Whistleblowerschutzes im Arbeitsrecht und im Haftungsrecht nötig. Die geltende Gesetzeslage in Deutschland ist nicht ausreichend.

Im Strafrecht kann das Handeln des unbeteiligten Whistleblowers gerechtfertigt und somit straffrei sein. Trotzdem ist ein Hinweis auf die straf- sowie ordnungswidrigkeitenrechtliche Rechtslage in einem Schutzgesetz angebracht. War der Whistleblower an der Tat beteiligt, muss er strafrechtlich bzw. ordnungswidrigkeitenrechtlich verfolgt werden – jedoch sollte unbedingt erwogen werden, ihn aufgrund des nachträglichen Wohlverhaltens bei der Strafzumessung zu begünstigen. Für den kartellrechtlichen Whistleblower gilt ohnehin die Bonusregelung.

Empfohlen wird ein eigenes Schutzgesetz, das alle drei angesprochenen Schutzbereiche beinhaltet, und sowohl dem Whistleblower als auch dem Arbeitgeber deutlich macht, welche Handlungen rechtmäßig sind. Den Arbeitnehmern, die auf Missstände hinweisen wollen, muss die Möglichkeit gegeben werden, die Konsequenzen ihres Handelns abzuschätzen. Als Vorlage bietet sich eine Kombination der in der Arbeit dargestellten Gesetzesentwürfe an, da alle gute Ansatzpunkte enthalten.

Besonders hervorzuheben sind der arbeitsrechtliche und haftungsrechtliche Schutz. Arbeitgeber sind derzeit noch nicht im Bilde, wie sie mit dem Phänomen des Whistleblowings umzugehen haben. Whistleblowing darf kein Kündigungsgrund sein. Erst recht, wenn gewisse Anzeige- und/oder Beschwerderechte bestehen – aber auch, wenn der Verrat von Betriebsinterna aus anderen Gründen gerechtfertigt ist, ist eine Nebenpflichtverletzung auszuschließen. Damit geht einher, dass der Arbeitgeber keinen Schadensersatz verlangen darf. Der zivilrechtliche Erlaubnistatbestand der Notwehr erlaubt es dem Whistleblower, gegen die Handlungen des Arbeitgebers vorzugehen. Solange berechtigte Zweifel an der Rechtmäßigkeit betrieblicher Vorgänge bestehen, muss der Whistleblower die Möglichkeit haben, seine Bedenken kundzutun.

Eine Verankerung der in der *Heinisch*-Entscheidung aufgestellten Grundsätze und weitergehender Regelungen in ein Schutzgesetz ist daher notwendig – nicht nur, weil das Richterrecht für Arbeitnehmer nicht so leicht zugänglich ist wie ein Gesetz. Eine allgemeingültige Kodifizierung ist auch geboten, weil die Einzelfallentscheidungen der Gerichte für Whistleblower keine rechtssichere Prognose zulassen.

Haftungsrechtlicher Schutz muss dem Whistleblower zudem vor Schadensersatzklagen geschädigter Dritter zukommen. Schadensersatzklagen gegen Kartellmitglieder befinden sich in der deutschen Rechtsprechung noch in den „Kinderschuhen", sodass in den nächsten Jahren vermehrt mit weiteren Lösungsansätzen zur Behandlung des *private enforcement* und der Privilegierung des Kronzeugen gerechnet werden kann. Ob sich das Konzept der Gesamtschuld, wie in der Richtlinie 2014/104/EU festgelegt, bewährt oder negative Auswirkungen auf die private sowie öffentliche Kartellrechtsdurchsetzung hat, wird sich zeigen. Betrachtet man die Richtlinie in seiner Gesamtheit, wird deutlich, dass durch verschiedene Instrumente versucht wird, einen angemessenen Ausgleich zwischen privater und öffentlicher Kartellrechtsdurchsetzung zu finden. Das Zusammenspiel der Regelungen zur Offenlegung von Beweismitteln einerseits und Verjährungsfristen andererseits gewährt dem privaten Schadensersatzkläger genügend Schutz.

Ob man für den haftungsrechtlichen Schutz des ehemaligen Kartellbeteiligten eine passende Vorschrift im BGB (Haftungsrecht §§ 830, 840 BGB) verortet oder in einem Whistleblower- bzw. Hinweisgeberschutzgesetz, sei dem Gesetzgeber überlassen. Ratsam ist die Einfügung einer passenden Regelung an beiden Stellen.

Auch an eine angemessene Vorschrift zur tätigen Reue ist zu denken, die den Whistleblower, der sich an einer sonstigen Tat im Unternehmen beteiligt hat, entlastet. Eine Bestimmung, die das nachträgliche Wohlverhalten und die Bemühungen zur Wiedergutmachung des Whistleblowers berücksichtigt, könnte im Rahmen der Schadensermittlung und -zumessung im Bereich der §§ 823 f. BGB implementiert werden und/oder im BGB und einem Whistleblower- bzw. Hinweisgeberschutzgesetz.

Ziel dieser Arbeit ist es, die Notwendigkeit eines Schutzgesetzes aufzuzeigen. Verschiedene Lösungsansätze in Literatur und Rechtsprechung können als Hilfestellung dienen, um ein Gesetz auf den Weg zu bringen. Dies würde nicht nur zur Entlastung der Gerichte führen, sondern auch zu einem friedvollen und respektvollen Umgang zwischen den Arbeitsvertragsparteien.

B. Thesen

1) Gegenstand des Whistleblowings sind Gesetzesverstöße, die die Verletzung von Rechtsgütern eines jeden Einzelnen und der Allgemeinheit zur Folge haben.
2) Um dem Whistleblower hinreichend Schutz zu gewähren, ist eine gesetzliche Regelung auf den Weg zu bringen, die nicht nach einzelnen Beschäftigungsformen differenziert und den persönlichen Anwendungsbereich klar definiert.
3) Das Schutzgesetz muss inhaltlich drei Bereiche beinhalten: den arbeitsrechtlichen, strafrechtlichen/ordnungswidrigkeitenrechtlichen und haftungsrechtlichen Schutz.
4) Im Arbeitsrecht muss gewährleistet werden, dass der Whistleblower vor Kündigungen und anderen Benachteiligungen geschützt ist. Whistleblowing bei berechtigtem Handeln darf keinen Kündigungsgrund darstellen. Auch eine Benachteiligung durch den Arbeitgeber und andere Arbeitnehmer muss unterbunden werden. Wird eine solche Benachteiligung festgestellt, muss der Arbeitgeber mit Schadensersatz rechnen. Die Darlegungs- und Beweislast trifft den Arbeitgeber. Er muss zeigen, dass keine Benachteiligung stattgefunden hat – insbesondere nicht aufgrund des Whistleblowings.
   Beim zunächst an der Tat beteiligten Whistleblower darf die Rechtslage nicht anders ausgestaltet sein. Auch ihm darf nicht wegen des Whistleblowings gekündigt werden. Ist es dem Arbeitgeber aufgrund der begangenen (Straf-)Tat nachweislich unzumutbar, den Whistleblower weiterzubeschäftigen, muss eine Kündigung nach den allgemeinen Vorschriften möglich sein, wobei insbesondere das Ultima-Ratio-Prinzip zu beachten und eine Abwägung vorzunehmen ist.
5) Der sachliche Anwendungsbereich sollte ein Regel-Ausnahme-Prinzip beinhalten. Aufgrund der vertraglichen Interessenwahrungs- und Schadensabwendungspflicht ist der Arbeitnehmer grundsätzlich gehalten, sich zunächst an den Arbeitgeber zu wenden. Das bedeutet, dass dem internen Whistleblowing der Vorrang gebühren muss.
6) Die Regel, die ausnahmsweise ein externes Whistleblowing erlaubt, muss inhaltlich konkret sein. Dies ist die kritischste Erscheinungsform des Whistleblowings, weil sie mit weitreichenden Folgen für ein Unternehmen verbunden ist. Die gesetzliche Regelung muss daher statuieren, wann nicht mehr mit einer ausreichenden und angemessenen Abhilfe des Arbeitgebers zu rechnen ist (zeitlich und inhaltlich) sowie welche Hinweisgegenstände vom externen Whistleblowing geschützt sein sollen. Zudem ist der „Öffentlichkeits"-begriff differenziert zu verwenden: zum einen soll die Möglichkeit bestehen, sich an externe zuständige Behörden zu wenden, zum anderen soll darauf eingegangen werden, wann ein Hinweis an Dritte, wie beispielsweise die Presse, zulässig ist. Wann ein sofortiger Hinweis an die Öffentlichkeit zulässig ist, sollte deshalb explizit geregelt werden – dabei sind jene Rechtsgüter aufzuzählen, die externes Whistleblowing zulassen. Darunter fallen: Leben, Körper, Gesundheit, Persönlichkeit und Freiheit einer Person, Stabilität des Finanzsystems oder

der Umweltschutz. Der Ausnahmecharakter dieser Regelung ist genauso klarzustellen wie die Wichtigkeit zu handeln, wenn eine unmittelbare, ernsthafte Gefahr für die oben genannten Rechtsgüter droht. Steht die Gefahr unmittelbar bevor und ist eine Abhilfe durch die Behörden nicht mehr ausreichend, soll der Whistleblower berechtigt sein, den Hinweis direkt an Dritte offenzulegen.

7) Das Motiv des Whistleblowers ist für den Schutz seiner durch das Schutzgesetz gesicherten Rechte unbeachtlich, solange damit der Einklang der Rechtsordnung wiederhergestellt wird.

8) Zudem ist der Whistleblower vor Schadensersatzklagen des Arbeitgebers zu schützen. Solchen Schadensersatzansprüchen darf der Whistleblower nicht ausgesetzt werden, da es mit den Grundgeboten des Rechtsstaates unvereinbar ist, wenn derjenige, der rechtmäßig eine Strafanzeige erstattet hat, Nachteile erleidet.

9) Im Strafrecht muss betont werden, welche Konsequenzen dem Whistleblower drohen. Eine separate Vorschrift im Schutzgesetz soll verdeutlichen, dass Whistleblowing durchaus den Tatbestand des § 17 UWG (und andere Geheimnistatbestände) erfüllen kann. Anschließend muss darauf hingewiesen werden, dass eine Rechtfertigung möglich ist und der Whistleblower Straffreiheit erlangen kann. Bedeutende Rechtsgüter, die bei der Abwägung den Geheimnisverrat rechtfertigen, sollten beispielhaft benannt werden. Dies trägt zur Rechtssicherheit bei.

   Was den Whistleblower betrifft, der sich zunächst an der Tat beteiligt hat, kann hinsichtlich der Strafbarkeit keine Änderung der Gesetzeslage stattfinden. Jedoch sollte in der Strafzumessung das nachträgliche Wohlverhalten einbezogen und wohlwollend berücksichtigt werden.

10) Dem Whistleblower muss haftungsrechtlicher Schutz vor Ansprüchen Dritter zukommen. Sowohl dem am Kartell beteiligten als auch dem an einer sonstigen Tat beteiligten Whistleblower muss geholfen werden, zivilrechtlich nicht übermäßig belastet zu werden.

11) Ist der Whistleblower an einer anderen Tat als an einer Kartellrechtswidrigkeit beteiligt, sollte darüber nachgedacht werden, die tätige Reue ins Zivilrecht aufzunehmen oder zumindest eine Vorschrift, die ein nachträgliches Verhalten berücksichtigt.

12) Die Wechselwirkung zwischen der öffentlich-rechtlichen und der privaten Vollzugsebene im Kartellrecht muss stärker ins Blickfeld rücken. Entweder muss bei der Verhängung des Bußgeldes von den Kartellämtern berücksichtigt werden, dass auch Schadensersatzklagen drohen, oder die Schadensersatzpflicht muss in irgendeiner Form begrenzt werden. Der Schutz des Whistleblowers kann entweder durch eine Begrenzung der vom Kronzeugen gegenüber der Behörde gemachten vertraulichen Angaben im Rahmen der zivilrechtlichen Beweiserhebung stattfinden oder im Rahmen der zivilrechtlichen Gesamtschuldnerhaftung sind die Haftungsanteile differenziert zu verteilen.

13) Die herrschende Meinung in Deutschland bejaht bereits nach geltendem Recht ein Haftungsprivileg des Kronzeugen beim Kartellregress im Innen-

verhältnis nach § 426 BGB i. V. m. § 254 BGB analog. Danach ist für den Gesamtschuldnerausgleich von Kartellmitgliedern entscheidend, in welchem Umfang diese an der Begründung oder der Höhe des auszugleichenden Schadens mitgewirkt haben. Die konkrete Ausgestaltung des Privilegs ist bislang noch unklar. Eine Haftungsbeschränkung im Außenverhältnis kann aus dem geltenden Recht nicht hergeleitet werden.

14) Das Haftungsmodell nach Artikel 11 der EU-Richtlinie 2014/104/EU enthält in Absatz 4 eine Sonderbestimmung, die den Kronzeugen von der gesamtschuldnerischen Haftung im Außenverhältnis zum Teil ausnimmt. Danach soll der Kronzeuge anderen Geschädigten *außer* seinen unmittelbaren oder mittelbaren Abnehmern *nur* haften, wenn diese nachweisen, dass sie von den anderen Kartellbeteiligten keinen vollständigen Schadensersatz erhalten können. Diese Sonderbestimmung soll allein für das Unternehmen gelten, dem das Bußgeld nach dem anwendbaren Kronzeugenprogramm (hier Bonusregelung) erlassen worden ist, also dem „ersten" Kronzeugen. Andere Unternehmen, die im Nachgang der Behörde Beweismaterial zukommen lassen und deshalb eine Reduzierung des Bußgeldes erfahren haben, sind von der Regelung ausgenommen. Diese Richtlinienbestimmung bietet ausreichend Schutz für den Kronzeugen und verfehlt damit nicht das Ziel, einerseits den Kartellgeschädigten zu einer Kompensation ihres Schadens zu verhelfen und andererseits die Attraktivität der behördlichen Kronzeugenprogramme aufrechtzuerhalten.

15) Die Implementierung einer solchen Regelung im deutschen Recht würde zu einer Haftungsprivilegierung des Whistleblowers im Kartellrecht führen. Da der Inhalt einer solchen Regelung mit den Grundsätzen der Gesamtschuld dem Grunde nach vereinbar ist und der Kronzeuge nicht einseitig zuungunsten der privaten Kartellrechtsdurchsetzung Schutz genießt, ist eine Übernahme ins deutsche Recht zu befürworten.

Literaturverzeichnis

Abraham, Jens: Whistleblowing – Neue Chance für eine Kurswende!?, ZRP 2012, 11–13 (Zitiert: Abraham, ZRP 2012)

Achenbach, Hans: Pönalisierung von Ausschreibungsabsprachen und Verselbständigung der Unternehmensgeldbuße durch das Korruptionsbekämpfungsgesetz 1997, WuW 1997, 958–964 (Zitiert: Achenbach, WuW 1997)

Achenbach, Hans: Die Sanktionen gegen die Unternehmensdelinquenz im Umbruch, JuS 1990, 601–608 (Zitiert: Achenbach, JuS 1990)

Achenbach, Hans/Ransiek, Andreas: Handbuch Wirtschaftsstrafrecht, 3. Auflage, 2012 (Zitiert: Bearbeiter, in: Achenbach/Ransiek, Wirtschaftsstrafrecht)

Alexander, Christian: Schadensersatz und Abschöpfung im Lauterkeits- und Kartellrecht, 2010 (Zitiert: Alexander, Schadensersatz und Abschöpfung)

Arhold, Christoph: Das Geldbußenregime nach der Kartell-Verordnung, EuZW 1999, 165–175 (Zitiert: Arhold, EuZW 1999)

Ascheid, Rainer/Preis, Ulrich/Schmidt, Ingrid: Kündigungsrecht, 4. Auflage, 2012 (Zitiert: Bearbeiter, in: Ascheid/Preis/Schmidt, Kündigungsrecht)

Aufdermauer, Christian: Die Compliance-Leitlinien der französischen Wettbewerbsbehörde, CCZ 2012, 194–197 (Zitiert: Aufdermauer, CCZ 2012)

Bachmann, Gregor: Compliance – Rechtsgrundlagen und offene Fragen, in: Bachmann, Gregor/Baums, Theodor/Goette, Wulf/Hauschka, Christoph/Hirtz, Bernd/Schäfer, Carsten, Gesellschaftsrecht in der Diskussion 2007, 2008 S. 65–102 (Zitiert: Bachmann, in: Bachmann/Baums/Goette/Hauschka/Hirtz/Schäfer, Gesellschaftsrecht in der Diskussion)

Bamberger, Heinz Georg/Roth, Herbert: Beck'scher Online-Kommentar zum Bürgerlichen Gesetzbuch, Edition 32, Stand: August 2014 (Zitiert: Bearbeiter, in: BeckOK BGB)

Battis, Ulrich: Kommentar zum Bundesbeamtengesetz, 4. Auflage, 2009 (Zitiert: Battis, BBG)

Bauschke, Hans-Joachim: Whistleblowing – ein Zwischenbericht, öAT 2012, 271–274 (Zitiert: Bauschke, öAT 2012)

Beater, Axel: Unlauterer Wettbewerb, 2011 (Zitiert: Beater, Unlauterer Wettbewerb)

Bechtold, Rainer: Kommentar zum Kartellgesetz, 7. Auflage, 2013 (Zitiert: Bechtold, Kartellgesetz)

Becker, Cornelius: Das Urteil des EGMR zum Whistleblowing – Neuer Lösungsweg auch für deutsche Arbeitsgerichte?, DB 2011, 2202–2204 (Zitiert: Becker, DB 2011)

Behringer, Stefan: Compliance kompakt – Best Practice im Compliance-Management, 2. Auflage, 2011 (Zitiert: Bearbeiter, in: Behringer, Compliance kompakt – Best Practice im Compliance-Management)

Belling, Detlev/v. Steinau-Steinrück, Robert: Freiwillige Leistungen des Arbeitgebers als Maßregelung streikender Arbeitnehmer?, DB 1993, 534–538 (Zitiert: Belling/v. Steinau-Steinrück, DB 1993)

Benecke, Martina: Umfang und Grenzen des Maßregelungsverbots und des Verbots der „Viktimisierung", NZA 2011, 481–486 (Zitiert: Benecke, NZA 2011)

Bepler, Klaus/Böhle, Thomas/Meerkamp, Achim/Russ, Willi: Kommentar zum Tarifrecht für den öffentlichen Dienst (TVöD), Edition 30, Stand: Juni 2014 (Zitiert: Bearbeiter, in Bepler/Böhle/Meerkamp/Russ, TVöD)

Berrisch, Georg/Burianski, Markus: Kartellrechtliche Schadensersatzansprüche nach der 7. GWB-Novelle, WuW 2005, 878–888 (Zitiert: Berrisch/Burianski, WuW 2005)

Beyerbach, Hannes: Die geheime Unternehmensinformation, Dissertation 2012 (Zitiert: Beyerbach, Unternehmensinformation)

Bien, Florian: Überlegungen zu einer haftungsrechtlichen Privilegierung des Kartellkronzeugen, EuZW 2011, 889–890 (Zitiert: Bien, EuZW 2011)

Böge, Ulf: Leniency Programs and the Private Enforcement of European Competition Law, in: Basedow, Jürgen, Private Enforcement in EC Competition Law, 2007, S. 217–228 (Zitiert: Böge, in: Basedow, Private Enforcement)

Bohnert, Joachim: Kommentar zum Ordnungswidrigkeitengesetz, 3. Auflage, 2010 (Zitiert: Bohnert, OWiG Kommentar)

Bosch, Wolfgang: Die Entwicklung des deutschen und europäischen Kartellrechts, NJW 2014, 1714–1720 (Zitiert: Bosch, NJW 2014)

Bosch, Wolfgang/Fritzsche, Alexander: Die 8. GWB-Novelle – Konvergenz und eigene wettbewerbspolitische Akzente, NJW 2013, 2225–2230 (Zitiert: Bosch/Fritzsche, NJW 2013)

Böttcher, Jan Tibor: Die Pflicht des Vorstandes der Aktiengesellschaft, kartellrechtliche Kronzeugenregelungen zu nutzen, um Schaden von der Gesellschaft abzuwenden, Dissertation 2009 (Zitiert: Böttcher, Die Pflicht des Vorstandes)

Breinlinger, Astrid/Krader, Gabriela: Whistleblowing – Chancen und Risiken bei der Umsetzung von anonym nutzbaren Hinweisgebersystemen im Rahmen des Compliance-Managements von Unternehmen, RDV 2006, 60–70 (Zitiert: Breinlinger/Krader, RDV 2006)

Briegel, Torsten: Einrichtung und Ausgestaltung betriebsinterner Whistleblowing-Systeme, Dissertation 2009 (Zitiert: Briegel, Whistleblowing-Systeme)

Brock, Martin: Neue Regeln für Whistleblower im öffentlichen Dienst – Folgen der Heinisch-Entscheidung des EGMR vom 21.07.2011, öAT 2011, 243–247 (Zitiert: Brock, öAT 2011)

Brouwer, Tobias: Compliance im Wirtschaftsverband, CCZ 2009, 161–168 (Zitiert: Brouwer, CCZ 2009)

Buchert, Christoph: Der Irrweg der EU-Kommission – Zu den Überlegungen über die Einführung einer staatlichen Whistleblower-Prämie, CCZ 2013, 144–149 (Zitiert: Buchert, CCZ 2013)

Buchert, Rainer: Der externe Ombudsmann – ein Erfahrungsbericht, CCZ 2008, 148–152 (Zitiert: Buchert, CCZ 2008)

Bulst, Friedrich Wenzel: Private Kartellrechtsdurchsetzung durch die Marktgegenseite – deutsche Gerichte auf Kollisionskurs zum EuGH, NJW 2004, 2201–2203 (Zitiert: Bulst, NJW 2004)

Bulst, Friedrich Wenzel: Schadensersatzansprüche der Marktgegenseite im Kartellrecht, Dissertation 2006 (Zitiert: Bulst, Schadensersatzansprüche)

Bulst, Friedrich Wenzel: Das ORWI-Urteil des Bundesgerichtshofs im Lichte des Unionsrechts, ZWeR 2012, 70–89 (Zitiert: Bulst, ZWeR 2012)

Buntscheck, Martin: Die gesetzliche Kappungsgrenze für Kartellgeldbußen, EuZW 2007, 423–428 (Zitiert: Buntscheck, EuZW 2007)

Burbat, Daniela: Hochrisikoanlagen, ZUR 2011, 499–501 (Zitiert: Burbat, ZUR 2011)

Bürkle, Jürgen: Weitergabe von Informationen über Fehlverhalten in Unternehmen (Whistleblowing) und Steuerung auftretender Probleme durch ein Compliance-System, DB 2004, 2158–2161 (Zitiert: Bürkle, DB 2004)

Bürkle, Jürgen: Corporate Compliance – Pflicht oder Kür für den Vorstand der AG?, BB 2005, 565–570 (Zitiert: Bürkle, BB 2005)

Bürkle, Jürgen: Corporate Compliance als Standard guter Unternehmensführung des Deutschen Corporate Governance Kodex, BB 2007, 1797–1801 (Zitiert: Bürkle, BB 2007)

Bussmann, Kai-D./Matschke, Sebastian: Die Zukunft der unternehmerischen Haftung bei Compliance-Verstößen, CCZ 2009, 132–138 (Zitiert: Bussmann/Matschke, CCZ 2009)

Bydlinski, Franz: Unerlaubte Vorteile als Schaden, in: Ahrens, Hans-Jürgen/Von Bar, Christian/Fischer, Gerfried/Spickhoff, Andreas/Taupitz, Jochen, Festschrift zum 70. Geburtstag von Erwin Deutsch, 1999, S. 63–84 (Zitiert: Bydlinski, FS Deutsch)

Dann, Matthias: Die neue Kronzeugenregelung: ein Störfaktor aus Compliance-Sicht?, CCZ 2010, 30–35 (Zitiert: Dann, CCZ 2010)

Deiseroth, Dieter: Illegale Dienst- und Staatsgeheimnisse und ihre Enthüllung – Lessons learnt?, Betrifft Justiz 2014, 5–11 (Zitiert: Deiseroth, Betrifft Justiz 2014)

Deiseroth, Dieter: Meinungsäußerungsfreiheit von Whistleblowern, PersR 2011, 457–458 (Zitiert: Deiseroth, PersR 2011)

Deiseroth, Dieter/Derleder, Peter: Whistleblower und Denunziatoren, ZRP 2008, 248–251 (Zitiert: Deiseroth/Derleder, ZRP 2008)

Deiseroth, Dieter/Falter, Anegret: Whistleblower in Altenpflege und Infektionsforschung, 2007 (Zitiert: Deiseroth/Falter, Whistleblower in Altenpflege und Infektionsforschung)

Deiseroth, Dieter/Falter, Anegret: Whistleblower in der Steuerfahndung, 2010 (Zitiert: Deiseroth/Falter, Whistleblower in der Steuerfahndung)

Denoth, Seraina: Kronzeugenregelung und Schadenersatzklagen im Kartellrecht: ein Vergleich zwischen der Schweiz, der EU und den USA, Dissertation 2012 (Zitiert: Denoth, Kronzeugenregelung)

Dittrich, Alfred: Kronzeugenanträge und Rechtsschutz, WuW 2012, 133–141 (Zitiert: Dittrich, WuW 2012)

Dölling, Dieter: Die Neuregelung der Strafvorschriften gegen Korruption, ZStW 112 (2000), 334–355 (Zitiert: Dölling, ZStW 112 (2000))

Dölling, Dieter: Handbuch der Korruptionsprävention, 2007 (Zitiert: Bearbeiter, in: Dölling, Handbuch der Korruptionsprävention)

Donato, Jessica: Whistleblowing – Handlungsempfehlungen für eine nutzenstiftende Umsetzung in deutschen börsennotierten Unternehmen, Dissertation 2009 (Zitiert: Donato, Whistleblowing)

Dreher, Meinrad: Die Haftungsverteilung bei der gesamtschuldnerischen kartellrechtlichen Schadensersatzhaftung, in: Bechtold, Stefan/Jickeli, Joachim/Rohe,Mathias (Hrsg), Recht, Ordnung und Wettbewerb, Festschrift zum 70. Geburtstag von Wernhard Möschel, 2011, S. 149–167 (Zitiert: Dreher, FS Möschel)

Dütz, Wilhelm/Thüsing, Gregor: Arbeitsrecht, 18. Auflage, 2013 (Zitiert: Dütz/Thüsing, Arbeitsrecht)

Dworschak, Sebastian/Maritzen, Lars: Einsicht – der erste Schritt zur Besserung? Zur Akteneinsicht in Kronzeugendokumente nach dem Donau Chemie-Urteil des EuGH, WuW 2013, 829–844 (Zitiert: Dworschak/Maritzen, WuW 2013)

Eisenberg, Ulrich: Beweisrecht der StPO, Spezialkommentar, 8. Auflage, 2013 (Zitiert: Eisenberg, Beweisrecht der StPO)

Ekey, Friedrich/Klippel, Diethelm/Kotthoff, Jost/Meckel, Astrid/Plaß, Gunda: Heidelberger Kommentar zum Wettbewerbsrecht, 2. Auflage, 2005 (Zitiert: Bearbeiter, in: HK-WettbR)

Emmerich, Volker: Kartellrecht, 12. Auflage, 2012 (Zitiert: Emmerich, Kartellrecht)

Engelsing, Felix: Die neue Bonusregelung des Bundeskartellamts von 2006, ZWeR 2006, 179–195 (Zitiert: Engelsing, ZWeR 2006)

Engisch, Karl: Einführung in das juristische Denken, 11. Auflage, 2010 (Zitiert: Engisch, Einführung in das juristische Denken)

Engländer, Armin/Zimmermann, Till: Whistleblowing als strafbarer Verrat von Geschäft- und Betriebsgeheimnissen?, NZWiSt 2012, 328–333 (Zitiert: Engländer/Zimmermann, NZWiSt 2012)

Epping, Volker/Hillgruber, Christian: Beck'scher Online-Kommentar zum Grundgesetz, Edition 21, Stand: Juni 2014 (Zitiert: Bearbeiter, in: BeckOK GG)

Erbs, Georg/Kohlhaas, Max: Kommentar zu Strafrechtlichen Nebengesetzen, 197. Ergänzungslieferung, Stand: Februar 2014 (Zitiert: Bearbeiter, in: Erbs/Kohlhaas, Strafrechtliche Nebengesetze)

Etzel, Gerhard/Bader, Peter/Fischermeier, Ernst u. a.: Gemeinschaftskommentar zum Kündigungsschutzgesetz und zu sonstigen kündigungsschutzrechtlichen Vorschriften, 10. Auflage, 2013 (Zitiert: Bearbeiter, in: GK-KSchG)

Fahrig, Stephan: Die Einführung eines Verhaltenskodexes und das Whistleblowing, Dissertation 2010 (Zitiert: Fahrig, Verhaltenskodex)

Fahrig, Stephan: Verhaltenskodex und Whistleblowing im Arbeitsrecht, NJOZ 2010, 975–979 (Zitiert: Fahrig, NJOZ 2010)

Faulenbach, Daniel: Das arbeitsrechtliche Maßregelungsverbot (§ 612 a BGB), Dissertation 2005 (Zitiert: Faulenbach, Maßregelungsverbot)

Fezer, Karl-Heinz: Lauterkeitsrecht, Kommentar zum Gesetz gegen den unlauteren Wettbewerb (UWG), Band 1 und 2, 2. Auflage 2010 (Zitiert: Bearbeiter, in: Fezer, UWG)

Fiedler, Lilly: Der aktuelle Richtlinienvorschlag der Kommission – der große Wurf für den kartellrechtlichen Schadensersatz?, BB 2013, 2179–2186 (Zitiert: Fiedler, BB 2013)

Fischötter, Werner/Wrage-Molkenthin, Heidi: Brauchen wir eine Kronzeugenregelung im deutschen Kartellrecht?, in: Niederleithinger, Ernst/Werner, Rosemarie/Wiedemann, Gerhard, Festschrift zum 70. Geburtstag für Otfried Lieberknecht, 1997, S. 321–332 (Zitiert: Fischötter/Wrage-Molkenthin, FS Lieberknecht)

Fleischer, Holger: Handbuch des Vorstandsrechts, 2. Auflage, 2012 (Zitiert: Bearbeiter, in: Fleischer, Handbuch des Vorstandsrechts)

Fleischer, Holger: Vorstandsverantwortlichkeit und Fehlverhalten von Unternehmensangehörigen – Von der Einzelüberwachung zur Errichtung einer Compliance-Organisation, AG 2003, 291–300 (Zitiert: Fleischer, AG 2003)

Fornasier, Matteo/Sanner, Julian Alexander: Die Entthronung des Kronzeugen?, WuW 2011, 1067–1080 (Zitiert: Fornasier/Sanner, WuW 2011)

Forst, Gerrit: Strafanzeige gegen den Arbeitgeber – Grund zur Kündigung des Arbeitsvertrags?, NJW 2011, 3477–3482 (Zitiert: Forst, NJW 2011)

Frenz, Walter: Dokumentenzugang vs. Kronzeugenregelung, EuZW 2013, 778–781 (Zitiert: Frenz, EuZW 2013)

Frenz, Walter: Handbuch Europarecht, Band 2, 1. Auflage, 2006 (Zitiert: Frenz, Handbuch Europarecht, Band 2)

Fritzsche, Alexander: 8. GWB-Novelle – Überblick über den Regierungsentwurf, DB 2012, 845–853 (Zitiert: Fritzsche, DB 2012)

Gach, Bernt/Rützel, Stefan: Verschwiegenheitspflicht und Behördenanzeigen von Arbeitnehmern, BB 1997, 1959–1963 (Zitiert: Gach/Rützel, BB 1997)

Gehring, Stefan/Kasten, Boris/Mäger, Thorsten: Unternehmensrisiko Compliance? Fehlanreize für Kartellprävention durch EU-wettbewerbsrechtliche Haftungsprinzipien für Konzerngesellschaften, CCZ 2013, 1–11 (Zitiert: Gehring/Kasten/Mäger, CCZ 2013)

Glöckner, Jochen: Individualschutz und Funktionenschutz in der privaten Durchsetzung des Kartellrechts – Der Zweck heiligt die Mittel nicht – er bestimmt sie!, WRP 2007, 490–500 (Zitiert: Glöckner, WRP 2007)

Goette, Wulf/Habersack, Mathias/Kalss, Susanne: Münchener Kommentar zum Aktiengesetz

- Band 1, 3. Auflage, 2008
- Band 2, 4. Auflage, 2014
- Band 3, 3. Auflage, 2013
- Band 4, 3. Auflage, 2011
- Band 5, 3. Auflage, 2010
- Band 6, 3. Auflage, 2011
- Band 7, 3. Auflage, 2012

(Zitiert: Bearbeiter, in: MüKo AktG)

Göpfert, Burkard/Landauer, Martin: „Arbeitsstrafrecht" und die Bedeutung von Compliance-Systemen: Straftaten „für" das Unternehmen, NZA-Beilage 1/2011, 16–21 (Zitiert: Göpfert/Landauer, NZA-Beil. 1/2011)

Grabitz, Eberhard/Hilf, Meinhard/Nettesheim, Martin : Das Recht der Europäischen Union, Kommentar, Band 1–3, EUV/AEUV, 52. Ergänzungslieferung, Stand: Januar 2014 (Zitiert: Bearbeiter, in: Grabitz/Hilf/Nettesheim, Das Recht der EU)

Grace, Damian/Cohen, Stephen: Business Ethics: Australian Problems and Cases, Oxford University Press, 2. Auflage, 1998 (Zitiert: Grace/Cohan, Business Ethics: Australian Problems and Cases)

Grant, Colin: Whistle Blowers: Saints of Secular Culture, in: Journal of Business Ethics, Vol. 39 (2002), 391–399 (Zitiert: Grant, Journal of Business Ethics, Vol. 39 (2002))

Graser, Daniela: Whistleblowing: Arbeitnehmeranzeigen im US-amerikanischen und deutschen Recht, Dissertation 2000 (Zitiert: Graser, Whistleblowing)

Groneberg, Rut: Whistleblowing – eine rechtsvergleichende Untersuchung des US-amerikanischen, englischen und deutschen Rechts unter besonderer

Berücksichtigung des Entwurfs eines neuen § 612 a BGB, Dissertation 2011 (Zitiert: Groneberg, Whistleblowing)

Gruson, Michael/Kubicek, Matthias: Der Sarbanes-Oxley Act, Corporate Governance und das deutsche Aktienrecht (Teil I), AG 2003, 337–352 (Zitiert: Gruson/Kubicek, AG 2003)

Grützner, Thomas/Jakob, Alexander: Compliance von A-Z, 1. Auflage, 2010 (Zitiert: Grützner/Jakob, Compliance von A-Z)

Hamacher, Anno: Neues zur betriebsbedingten Druckkündigung – Bedrückend?, NZA 2014, 134–136 (Zitiert: Hamacher, NZA 2014)

Hannich, Rolf: Karlsruher Kommentar zur Strafprozessordnung mit GVG, EGGVG und EMRK, 7. Auflage, 2013 (Zitiert: Bearbeiter, in: Karlsruher Kommentar StPO)

Harte-Bavendamm, Henning/Henning-Bodewig, Frauke: Kommentar zum Gesetz gegen den unlauteren Wettbewerb (UWG) mit Preisangabenverordnung, 3. Auflage, 2013 (Zitiert: Bearbeiter, in: Harte-Bavendamm/Henning-Bodewig, UWG)

Hauger, Nils/Palzer, Christoph: Verweigerung der Einsichtnahme in Bonusanträge nach EuGH „Pfleiderer" – die Folgeentscheidung des AG Bonn vom 18.1.2012 – 51 Gs 53/09, EWS 2012, 124–130 (Zitiert: Hauger/Palzer, EWS 2012)

Hauschka, Christoph: Corporate Compliance – Unternehmensorganisatorische Ansätze zur Erfüllung der Pflichten von Vorständen und Geschäftsführern, AG 2004, 461–475 (Zitiert: Hauschka, AG 2004)

Hauschka, Christoph: Corporate Compliance – Handbuch der Haftungsvermeidung im Unternehmen, 2. Auflage, 2010 (Zitiert: Bearbeiter, in: Hauschka, Corporate Compliance)

Hauschka, Christoph: Compliance am Beispiel der Korruptionsbekämpfung, ZIP 2004, 877–883 (Zitiert: Hauschka, ZIP 2004)

Heermann, Peter/Schlingloff, Jochen: Münchener Kommentar zum Lauterkeitsrecht (UWG), Band 1 und 2, 2. Auflage, 2014 (Zitiert: Bearbeiter, in: MüKo UWG)

Heine, Günter: Zur Verwaltungsakzessorietät im Umweltstrafrecht, JR 1996, 300–304 (Zitiert: Heine, JR 1996)

Heinemann, Andreas: Private Enforcement in Europe, in: Zäch, Roger/Heinemann, Andreas/Kellerhals, Andreas, The Development of Competition Law, 2010 S. 306–325 (Zitiert: Heinemann, in: Zäch/Heinemann/Kellerhals, The Development of Competition Law)

Hellwig, Martin: Private Damage Claims and the Passing-On Defense in Horizontal Price-Fixing Cases – An Economist's Perspective, in: Basedow, Jürgen, Private Enforcement in EC Competition Law, 2007, S. 121–162 (Zitiert: Hellwig, in: Basedow, Private Enforcement)

Hempel, Rolf: Anmerkung zur Entscheidung des EuGH vom 06.06.2013 (C 536/11; EuZW 2013, 586) – Zur Frage des Akteneinsichtsrechts durch Schadenersatzkläger im kartellrechtlichen Verfahren, EuZW 2013, 589–590 (Zitiert: Hempel, EuZW 2013)

Hempel, Rolf: Einsicht in Kartellverfahrensakten nach der Transparenzverordnung- Neues aus Luxemburg, EuZW 2014, 297–300 (Zitiert: Hempel, EuZW 2014)

Hempel, Rolf: Privater Rechtsschutz im Kartellrecht, Dissertation 2002 (Zitiert: Hempel, Privater Rechtsschutz im Kartellrecht)

Herbert, Manfred/Oberrath, Jörg-Dieter: Schweigen ist Gold? Rechtliche Vorgaben für den Umgang des Arbeitnehmers mit seiner Kenntnis über Rechtsverstöße im Betrieb, NZA 2005, 193–199 (Zitiert: Herbert/Oberrath, NZA 2005)

Herold, Nico: Die beamtenrechtliche Zulässigkeit des „Whistleblowing", ZBR 2013, 8–14 (Zitiert: Herold, ZBR 2013)

Hofmann, Stefan: Whistleblowing: Heldentat oder Verrat? Hinweisgeber im Spannungsfeld zwischen Zivilcourage und Denunziantentum, ZCG 2006, 121–126 (Zitiert: Hofmann, ZCG 2006)

Hopt, Klaus/Wiedemann, Herbert: Großkommentar zum Aktiengesetz, 4. Auflage, 2012 (Zitiert: Bearbeiter, in: GK-AktG)

Imgrund, Jan: Die Bindung der deutschen Zivilgerichte an Beschlüsse von Kommission und Behörden der Europäischen Union im Kartellrecht, Dissertation 2011 (Zitiert: Imgrund, Die Bindung der deutschen Zivilgerichte)

Immenga, Ulrich/Mestmäcker, Ernst-Joachim: Wettbewerbsrecht – Kommentar zum Europäischen Kartellrecht, 5. Auflage, 2012 (Zitiert: Bearbeiter, in: Immenga/Mestmäcker, EU-Wettbewerbsrecht)

Immenga, Ulrich/Mestmäcker, Ernst-Joachim: Wettbewerbsrecht – Kommentar zum Deutschen Kartellrecht (GWB), 4. Auflage, 2007 (Zitiert: Bearbeiter, in: Immenga/Mestmäcker, Wettbewerbsrecht: GWB)

Inderst, Cornelia/Bannenberg, Britta/Poppe, Sina: Compliance, 2. Auflage, 2013 (Zitiert: Inderst/Bannenberg/Poppe, Compliance)

Jauernig, Othmar: Kommentar zum Bürgerlichen Gesetzbuch, 15. Auflage, 2014 (Zitiert: Bearbeiter, in: Jauernig, BGB)

Joecks, Wolfgang/Miebach, Klaus: Münchener Kommentar zum Strafgesetzbuch

- Band 1, 2. Auflage 2011
- Band 2, 2. Auflage 2012
- Band 3, 2. Auflage 2012
- Band 4, 2. Auflage 2012
- Band 5, 2. Auflage 2014
- Band 6, 2. Auflage 2013
- Band 6/1, 1. Auflage 2010
- Band 8, 2. Auflage 2013

(Zitiert: Bearbeiter, in: MüKo StGB)

Jos, Philip/Tompkins, Mark/Hays, Steven: In Praise of Difficult People: A Portrait of the Commited Whistleblower, PAR (Public Administration Review) 1989, Vol. 49, No. 6, S. 552–561 (Zitiert: Jos/Tompkins/Hays, PAR 1989, Vol. 49, No. 6)

Jüntgen, Alexander: Zur Verwertung von Kronzeugenerklärungen in Zivilprozessen, WuW 2007, 128–137 (Zitiert: Jüntgen, WuW 2007)

Jürgens, Robert/Seeliger, Daniela: Die geplante Neufassung der Kronzeugenregelung der Europäischen Kommission, EWS 2006, 337–342 (Zitiert: Jürgens/Seeliger, EWS 2006)

Kapp, Thomas: Grundsatz der Einzelabwägung sticht Gesetzgebungskompetenz aus – Anmerkung zu einer Entscheidung des EuGH, Urteil vom 6.6.2013 – Rs. C-536/11, BB 2013, 1556 (Zitiert: Kapp, BB 2013)

Kapp, Thomas: Das Akteneinsichtsrecht kartellgeschädigter Unternehmen: Bonn locuta, causa finita?, WuW 2012, 474–487 (Zitiert: Kapp, WuW 2012)

Kapp, Thomas/Hummel, Karin: Kartellrechts-Compliance in der Verbandsarbeit, CCZ 2013, 240–247 (Zitiert: Kapp/Hummel, CCZ 2013)

Kellerbauer, Manuel: Zugang zur Ermittlungsakte in Verfahren nach den Art. 101, 102 AEUV und der EU-Fusionskontrollverordnung – Wettbewerbsrecht vs. Transparenzverordnung, WuW 2011, 688–699 (Zitiert: Kellerbauer, WuW 2011)

Kersting, Christian: Anmerkung zur Entscheidung des EuGH – Urteil vom 14.06.2011 (C-360/09) – zur Frage des Akteneinsichtsrechts Dritter betreffend Kartelltätern, JZ 2012, 42–46 (Zitiert: Kersting, JZ 2012)

Kersting, Christian: Anmerkung zur Entscheidung des EuGH vom 6.06.2013 (C-536/11) – Zur Akteneinsicht Dritter in Kartellverfahren, JZ 2013, 737–740 (Zitiert: Kersting, JZ 2013)

Kersting, Christian: Auswirkungen des Sarbanes-Oxley-Gesetzes in Deutschland – Können deutsche Unternehmen das Gesetz befolgen?, ZIP 2003, 233–242 (Zitiert: Kersting, ZIP 2003)

Kersting, Christian: Perspektiven der privaten Rechtsdurchsetzung im Kartellrecht, ZWeR 2008, 252–271 (Zitiert: Kersting, ZWeR 2008)

Kießling, Axel/Kießling, Erik : Kontrolle durch interne Revision in Kreditinstituten – Aufsichtsrechtliche Anforderungen und deren gesellschaftliche Relevanz -, WM 2003, 513–523 (Zitiert: A. Kießling/E. Kießling, WM 2003)

Kiethe, Kurt: Vermeidung der Haftung von geschäftsführenden Organen durch Corporate Compliance, GmbHR 2007, 393–400 (Zitiert: Kiethe, GmbHR 2007)

Kiethe, Kurt: Zum Akteneinsichtsrecht des Verletzten (§ 406e StPO), wistra 2006, 50–54 (Zitiert: Kiethe, wistra 2006)

Kindhäuser, Urs/Neumann, Ulfrid/Paeffgen, Hans-Ullrich: Kommentar zum Strafgesetzbuch, 4. Auflage, 2013 (Zitiert: Bearbeiter, in: Kindhäuser/Neumann/Paeffgen, Kommentar StGB)

Király, Andrei: Der Beamte als Whistleblower, DÖV 2010, 894–897 (Zitiert: Király, DÖV 2010)

Király, Andrei: Der rechtliche Schutz von Whistleblowern – Lehren aus US-amerikanischen Regelungen, ZRP 2011, 146–149 (Zitiert: Király, ZRP 2011)

Kittner, Michael/Däubler, Wolfgang/Zwanziger, Bertram: Kommentar zum Kündigungsschutzrecht, 9. Auflage, 2014 (Zitiert: Bearbeiter, in: Kittner/Däubler/Zwanziger, Kündigungsschutzrecht)

Klein, Franz: Kommentar zur Abgabenordnung – einschließlich Steuerstrafrecht -, 12. Auflage, 2014 (Zitiert: Bearbeiter, in: Klein, AO)

Kleine, Maxim: Grenzenloser Zugang zu Dokumenten der Kartellbehörden?, ZWeR 2007, 303–318 (Zitiert: Kleine, ZWeR 2007)

Kleinlein, Kornelius/Schubert, Daniel: Die Auslobung als Möglichkeit zur Ausschaltung der Passing-on-Defence, WuW 2012, 345–354 (Zitiert: Kleinlein/Schubert, WuW 2012)

Kleinmann, Werner/Berg, Werner: Änderungen des Kartellrechts durch das „Gesetz zur Bekämpfung der Korruption" vom 13. 8. 1997, BB 1998, 277–284 (Zitiert: Kleinmann/Berg, BB 1998)

Knütel, Christian: Tätige Reue im Zivilrecht – Eine Untersuchung der Auswirkung nachträglichen Wohlverhaltens auf die Folgen der Verletzung zivilrechtlicher Pflichten und Obliegenheiten, 2000 (Zitiert: Knütel, Tätige Reue im Zivilrecht)

Koch, Arnd: Korruptionsbekämpfung durch Geheimnisverrat? Strafrechtliche Aspekte des Whistleblowing, ZIS 2008, 500–505 (Zitiert: Koch, ZIS 2008)

Koch, Jens: Compliance-Pflichten im Unternehmensverbund?, WM 2009, 1013–1020 (Zitiert: Koch, WM 2009)

Koch, Raphael: Rechtsdurchsetzung im Kartellrecht: Public vs. private enforcement, JZ 2013, 390–398 (Zitiert: Koch, JZ 2013)

Köhler, Helmut/Bornkamm, Joachim: Kommentar zum Gesetz gegen den unlauteren Wettbewerb (UWG), 32. Auflage, 2014 (Zitiert: Bearbeiter, in: Köhler/Bornkamm, UWG)

Kollmer, Norbert/Klindt, Thomas: Kommentar zum Arbeitsschutzgesetz, 2. Auflage, 2011 (Zitiert: Bearbeiter, in: Kollmer/Klindt, ArbSchG)

Kort, Michael: Individualarbeitsrechtliche Fragen des Whistleblowings, in: Hönn, Günther/Oetker, Hartmut/Raab, Thomas (Hrsg.), Festschrift zum 70. Geburtstag für Peter Kreutz, 2010, S. 247–262 (Zitiert: Kort, FS Kreutz)

Kort, Michael: Compliance-Pflichten und Haftung von GmbH-Geschäftsführern, GmbH 2013, 566–574 (Zitiert: Kort, GmbHR 2013)

Krause, Rüdiger: Maßregelungsverbot – Ausschluß von freiwilligen Leistungen, SAE 2003, 205–211 (Zitiert: Krause, SAE 2003)

Krebs, Peter/Eufinger, Alexander/Jung, Stefanie: Bußgeldminderung durch Compliance-Programme im deutschen Kartellbußgeldverfahren?, CCZ 2011, 213–217 (Zitiert: Krebs/Eufinger/Jung, CCZ 2011)

Kretschmer, Joachim: Der Begriff der Gefahr in § 34 StGB, Jura 2005, 662–666 (Zitiert: Kretschmer, Jura 2005)

Krüger, Carsten: Kartellregress: Der Gesamtschuldnerausgleich als Instrument der privaten Kartellrechtsdurchsetzung, Dissertation 2010 (Zitiert: Krüger, Kartellregress)

Krüger, Carsten: Überlegungen zur Gesamtschuld von Kartellmitgliedern im System der privaten Kartellrechtsdurchsetzung. Einer für alle, alle gegen einen?, in: Oberender, Peter (Hrsg.), Private und öffentliche Kartellrechtsdurchsetzung, 2012, S. 79–98 (Zitiert: Krüger, in: Oberender, Private und öffentliche Kartellrechtsdurchsetzung)

Krüger, Carsten: Die haftungsrechtliche Privilegierung des Kronzeugen im Außen- und Innenverhältnis gemäß dem Richtlinienvorschlag der Kommission, NZKart 2013, 483–488 (Zitiert: Krüger, NZKart 2013)

Kudlich, Hans: Grundfälle zum Rücktritt vom Versuch, JuS 1999, 449–452 (Zitiert: Kudlich, JuS 1999)

Küttner, Wolfdieter: Personalbuch, 21. Auflage, 2014 (Zitiert: Bearbeiter, in: Küttner, Personalbuch, Stichwort)

Lackhoff, Klaus/Schulz, Martin: Das Unternehmen als Gefahrenquelle? Compliance-Risiken für Unternehmensleiter und Mitarbeiter, CCZ 2010, 81–88 (Zitiert: Lackhoff/Schulz, CCZ 2010)

Lackner, Karl/Kühl, Kristian: Kommentar zum Strafgesetzbuch, 28. Auflage, 2014 (Zitiert: Bearbeiter, in: Lackner/Kühl, StGB-Kommentar)

Lanfermann, Georg/Maul, Silja: Auswirkungen des Sarbanes-Oxley Acts in Deutschland, DB 2002, 1725–1732 (Zitiert: Lanfermann/Maul, DB 2002)

Langen, Eugen/Bunte, Hermann-Josef: Kommentar zum deutschen und europäischen Kartellrecht

- Band 1: Deutsches Kartellrecht, 12. Auflage, 2014
- Band 2: Europäisches Kartellrecht, 12. Auflage, 2014

(Zitiert: Bearbeiter, in: Langen/Bunte, Deutsches KartellR)

Larenz, Karl: Methodenlehre, 6. Auflage, 1991 (Zitiert: Larenz, Methodenlehre)

Legner, Sarah: Gesamtschuldnerinnenausgleich zwischen Kartellanten, WRP 2014, 1163–1167 (Zitiert: Legner, WRP 2014)

Leipold, Klaus: Unternehmensstrafrecht – Eine rechtspolitische Notwendigkeit?, ZRP 2013, 34–37 (Zitiert: Leipold, ZRP 2013)

Leisinger, Klaus M.: Whistleblowing und Corporate Reputation Management, 2003 (Zitiert: Leisinger, Whistleblowing und Corporate Reputation Management)

Lelley, Jan Tibor: Compliance im Arbeitsrecht, 2010 (Zitiert: Lelley, Compliance im Arbeitsrecht)

Lelley, Jan Tibor: Auflösungsantrag bei Whistleblowing, BB 2012, 1866–1867 (Zitiert: Lelley, BB 2012)

Lensdorf, Lars: IT-Compliance – Maßnahmen zur Reduzierung von Haftungsrisiken von IT-Verantwortlichen, CR 2007, 413–418 (Zitiert: Lensdorf, CR 2007)

Leuchten, Alexius: Der gesetzliche Schutz für Whistleblower rückt näher, ZRP 2012, 142–145 (Zitiert: Leuchten, ZRP 2012)

Liese, Jens: Much Adoe About Nothing? oder: Ist der Vorstand einer Aktiengesellschaft verpflichtet, eine Compliance-Organisation zu implementieren?, BB Spezial 2008, Nr. 5, 17–22 (Zitiert: Liese, BB Spezial 2008, Nr. 5)

Loewenheim, Ulrich/Meessen, Karl/Riesenkampff, Alexander: Kommentar zum Kartellrecht, 2. Auflage, 2009 (Zitiert: Bearbeiter, in: Loewenheim/Meessen/Riesenkampff, Kartellrecht)

Logemann, Hans Philip: Der kartellrechtliche Schadensersatz – die zivilrechtliche Haftung bei Verstößen gegen das deutsche und europäische Kartellrecht nach Ergehen der VO Nr. 1/2003 und der 7. GWB-Novelle, Dissertation 2009 (Zitiert: Logemann, Der kartellrechtliche Schadensersatz)

Lutterbach, Carolin: Die strafrechtliche Würdigung des Whistleblowings, Dissertation 2010 (Zitiert: Lutterbach, Whistleblowing)

Lutz, Martin: Amnestie für aufklärungsbereite Kartellanten?, BB 2000, 677–684 (Zitiert: Lutz, BB 2000)

Mäger, Thorsten: Europäisches Kartellrecht, 2. Auflage, 2011 (Zitiert: Bearbeiter, in: Mäger, Europäisches Kartellrecht)

Mäger, Thorsten/Zimmer, Daniel/Milde, Sarah: Konflikt zwischen öffentlicher und privater Kartellrechtsdurchsetzung, WuW 2009, 885–899 (Zitiert: Mäger/Zimmer/Milde, WuW 2009)

Mahnhold, Thilo: „Global Whistle" oder „deutsche Pfeife" – Whistleblowing-Systeme im Jurisdiktionskonflikt, NZA 2008, 737–743 (Zitiert: Mahnhold, NZA 2008)

Maschmann, Frank: Corporate Compliance und Arbeitsrecht, 2009 (Zitiert: Bearbeiter, in: Maschmann, Corporate Compliance und Arbeitsrecht)

Maunz, Theodor/Dürig, Günter: Kommentar zum Grundgesetz, 70. Ergänzungslieferung, Stand: Dezember 2013 (Zitiert: Bearbeiter, in: Maunz/Düring, GG-Kommentar)

Mayer, Markus: Geschäfts- und Betriebsgeheimnis oder Geheimniskrämerei?, GRUR 2011, 884–888 (Zitiert: Mayer, GRUR 2011)

Meeßen, Gero: Der Anspruch auf Schadensersatz bei Verstößen gegen EU-Kartellrecht: Konturen eines Europäischen Kartelldeliktsrechts?, Dissertation 2011 (Zitiert: Meeßen, Schadensersatz)

Meier, Hans-Georg: Der Arbeitsvertrag des Compliance-Beauftragten – Rechtliche Notwendigkeiten und Möglichkeiten, NZA 2011, 779–782 (Zitiert: Meier, NZA 2011, 779)

Mengel, Anja: Der Gesetzesentwurf der SPD-Fraktion zum Whistleblowing, CCZ 2012, 146–155 (Zitiert: Mengel, CCZ 2012)

Mengel, Anja: Compliance und Arbeitsrecht, 2009 (Zitiert: Mengel, Compliance und Arbeitsrecht)

Mengel, Anja: Arbeitsrechtliche Besonderheiten der Implementierung von Compliance-Programmen in internationalen Konzernen, CCZ 2008, 85–91 (Zitiert: Mengel, CCZ 2008)

Mengel, Anja: EGMR: Kündigung wegen Whistleblowing, CCZ 2011, 229–231 (Zitiert: Mengel, CCZ 2011)

Menzies, Christof: Sarbanes-Oxley und Corporate Compliance, 2006 (Zitiert: Menzies, Sarbanes-Oxley und Corporate Compliance)

Meyer-Ladewig, Jens: Europäische Menschenrechtskonvention, Handkommentar, 3. Auflage, 2011 (Zitiert: Meyer-Ladewig, EMRK)

Meyer, Michael: Die Bindung der Zivilgerichte an Entscheidungen im Kartellverwaltungsrechtsweg – der neue § 33 IV GWB auf dem Prüfstand, GRUR 2006, 27–33 (Zitiert: Meyer, GRUR 2006)

Miceli, Marcia P./Near, Janet P.: Organizational dissidence: The case of whistleblowing, Journal of Business Ethics 1985, Vol. 4, Issue 1, P. 1–16. (Zitiert: Miceli/Near, Journal of Business Ethics 1985, Vol. 4, Issue 1)

Michalowski, Sabine: Schutz der Vertraulichkeit strafrechtlich relevanter Patienteninformationen, ZStW 109 (1997), 519–544 (Zitiert: Michalowski, ZStW 109 (1997))

Milde, Sarah: Schutz der Kronzeugen im Spannungsfeld von behördlicher Kartellrechtsdurchsetzung und privaten Schadensersatzklagen, Dissertation 2013 (Zitiert: Milde, Schutz der Kronzeugen)

Möhrenschlager, Manfred: Revision des Umweltstrafrechts – 2. Teil, NStZ 1994, 566–569 (Zitiert: Möhrenschlager, NStZ 1994)

Moll, Wilhelm: Münchener Anwaltshandbuch Arbeitsrecht, 3. Auflage, 2012 (Zitiert: Bearbeiter, in: Moll, Arbeitsrecht)

Moosmayer, Klaus: Compliance, Praxisleitfaden für Unternehmen, 2. Auflage, 2012 (Zitiert: Moosmayer, Compliance)

Müller-Glöge, Rudi/Preis, Ulrich/Schmidt, Ingrid: Erfurter Kommentar zum Arbeitsrecht, 14. Auflage, 2014 (Zitiert: Bearbeiter, in: Erfurter Kommentar)

Müller-Gugenberger, Christian/Bieneck, Klaus: Wirtschaftsstrafrecht – Handbuch des Wirtschaftsstraf- und -ordnungswidrigkeitenrechts, 5. Auflage, 2011 (Zitiert: Bearbeiter, in: Müller-Gugenberger/Bieneck, Wirtschaftsstrafrecht)

Müller, Michael: Whistleblowing – Ein Kündigungsgrund?, NZA 2002, 424–437 (Zitiert: Müller, NZA 2002)

Mundt, Andreas: Kartellverfolgung im 21. Jahrhundert: Erfolgreich durch wirksame Abschreckung, in: Bechtold, Stefan/Jickeli, Joachim/Rohe, Mathias (Hrsg), Recht, Ordnung und Wettbewerb, Festschrift zum 70. Geburtstag von Wernhard Möschel, 2011, S. 427–440 (Zitiert: Mundt, FS Möschel)

Mundt, Andreas/Meeßen, Gero: Private Kartellrechtsdurchsetzung – Deutsche und Europäische Initiativen aus Sicht des Bundeskartellamts, in: Oberender, Peter (Hrsg.) Private und öffentliche Kartellrechtsdurchsetzung, 2012, S. 39–54 (Zitiert: Mundt/Meeßen, in: Oberender, Private und öffentliche Kartellrechtsdurchsetzung)

Musielak, Hans-Joachim: Kommentar zur Zivilprozessordnung mit Gerichtsverfassungsgesetz, 11. Auflage, 2014 (Zitiert: Bearbeiter, in: Musielak, ZPO)

Nave, Jose A Campos/Bonenberger, Saskia: Korruptionsaffären, Corporate Compliance und Sofortmaßnahmen für den Krisenfall, BB 2008, 734–741 (Zitiert: Nave/Bonenberger, BB 2008)

Nestler, Claudia/Salvenmoser, Steffen/Bussmann, Kai-D.: Studie Wirtschaftskriminalität und Unternehmenskultur 2013, (Hrsg. PwC/Universität Halle-Wittenberg) (Zitiert: Nestler/Salvenmoser/Bussmann, Studie Wirtschaftskriminalität 2013)

Nicklisch, Annette Christina: Die Auswirkungen des Sarbanes-Oxley Act auf die deutsche Corporate Governance, Dissertation 2007 (Zitiert: Nicklisch, Auswirkungen des Sarbanes-Oxley Act)

Oetker, Hartmut: Ausgewählte Probleme zum Beschwerderecht des Beschäftigten nach § 13 AGG, NZA 2008, 264–270 (Zitiert: Oetker, NZA 2008)

Ohly, Ansgar/Sosnitza, Olaf: Kommentar zum Gesetz gegen den unlauteren Wettbewerb (UWG) mit Preisangabenverordnung, 6. Auflage, 2014 (Zitiert: Bearbeiter, in: Ohly/Sosnitza, UWG)

Otto, Harro: Die Reform des strafrechtlichen Schutzes gegen irreführende Werbung, GRUR 1982, 274–283 (Zitiert: Otto, GRUR 1982)

Otto, Harro: Verrat von Betriebs- und Geschäftsgeheimnissen, § 17 UWG, wistra 1988, 125–130 (Zitiert: Otto, wistra 1988)

Otto, Harro: Fehlgeschlagener Versuch und Rücktritt, Jura 1992, 423–431 (Zitiert: Otto, Jura 1992)

Pacholski, Robert: Kein Schadensersatzanspruch bei „whistleblowing" gegen gutgläubigen Strafanzeigeerstatter (Urteilsanmerkung), öAT 2012, 19–20 (Zitiert: Pacholski, öAT 2012)

Palandt, Otto: Kommentar zum Bürgerlichen Gesetzbuch, 73. Auflage, 2014 (Zitiert: Bearbeiter, in: Palandt, BGB-Kommentar)

Palzer, Christoph: Stolperstein für die Kommission? Die Kronzeugenregelung auf dem Prüfstand der Transparenz-VO, EuR 2012, 583–607 (Zitiert: Palzer, EuR 2012)

Pampel, Gunnar: Die Bedeutung von Compliance-Programmen im Kartellordnungswidrigkeitenrecht, BB 2007, 1636–1640 (Zitiert: Pampel, BB 2007)

Pasewaldt, David: Zehn Jahre Strafbarkeit wettbewerbsbeschränkender Absprachen bei Ausschreibungen gemäß § 298 StGB, ZIS 2008, 84–91 (Zitiert: Pasewaldt, ZIS 2008)

Peglau, Jens: Neues zur „Kronzeugenregelung" – Beschränkung auf Zusammenhangstaten, NJW 2013, 1910–1913 (Zitiert: Peglau, NJW 2013)

Pfeiffer, Gerd: Kommentar zur Strafprozessordnung, 5. Auflage, 2005 (Zitiert: Pfeiffer, Kommentar StPO)

Rau, Charlotte: Compliance und Unternehmensverantwortlichkeit: materiellrechtliche Fragen der sanktionsrechtlichen Unternehmensverantwortlichkeit unter Berücksichtigung von Compliance-Maßnahmen, Dissertation 2010 (Zitiert: Rau, Compliance und Unternehmensverantwortlichkeit)

Reiter, Christian: Der Schutz der Whistleblowers nach dem Sarbanes-Oxley Act im Rechtsvergleich und im internationalen Arbeitsrecht, RIW 2005, 168–178 (Zitiert: Reiter, RIW 2005)

Rengier, Rudolf: Zur Reichweite von Sorgfaltspflichten und verwaltungsrechtlichen Pflichten im Umweltstrafrecht, in: Ebenroth, Carsten Thomas/Hesselberger, Dieter/Rinne, Manfred Eberhard (Hrsg.), Verantwortung und Gestaltung, Festschrift zum 65. Geburtstag für Karlheinz Boujong, 1996, S. 791–806 (Zitiert: Rengier, FS Boujong)

Rengier, Rudolf: Das moderne Umweltstrafrecht, 1992 (Zitiert: Rengier, Das moderne Umweltstrafrecht)

Rengier, Rudolf: Strafrecht, Besonderer Teil, Band II (Delikte gegen die Person und die Allgemeinheit), 15. Auflage, 2014 (Zitiert: Rengier, StrafR BT II)

Reufels, Martin/Deviard, Katja: Die Implementierung von Whistleblower-Hotlines aus US-amerikanischer, europäischer und deutscher Sicht, CCZ 2009, 201–209 (Zitiert: Reufels/Deviard, CCZ 2009)

Reufels, Martin/Molle, Karl: Neuere Rechtsprechung des EGMR im Arbeitsrecht, KSzW 2012, 3–9 (Zitiert: Reufels/Molle, KSzW 2012)

Reuter, Joachim: Verfall von Ethik und Moral und die Weisungsgebundenheit von Staatsanwälten, ZRP 2011, 104–108 (Zitiert: Reuter, ZRP 2011)

Richardi, Reinhard/Wißmann, Hellmut/Wlotzke, Otfried/Oetker, Hartmut: Münchener Handbuch zum Arbeitsrecht

- Band 1, 3. Auflage 2009
- Band 2, 3. Auflage 2009

(Zitiert: Bearbeiter, in: Münchener Handbuch zum Arbeitsrecht)

Richters, Swantje/Wodtke, Carolina: Schutz von Betriebsgeheimnissen aus Unternehmenssicht, NZA-RR 2003, 281–288 (Zitiert: Richters/Wodtke, NZA-RR 2003)

Ritter, Jan-Stephan/Käseberg, Thorsten: Der Regierungsentwurf zur 8. GWB-Novelle, WuW 2012, 661–670 (Zitiert: Ritter/Käseberg, WuW 2012)

Rohde-Liebenau, Björn/Peter, Gabriele: Whistleblowing – ein neues Thema für die Betriebsratsarbeit, AiB 2004, 615–621 (Zitiert: Rohde-Liebenau/Peter, AiB 2004)

Rolfs, Christian/Giesen, Richard/Kreikebohm, Ralf/Udsching, Peter: Beck'scher Online-Kommentar zum Arbeitsrecht, Edition 32, Stand: Juni 2014 (Zitiert: Bearbeiter, in: BeckOK Arbeitsrecht)

Röller, Jürgen: Küttner, Personalbuch 2014, 21. Auflage, 2014 (Zitiert: Küttner, Personalbuch, Stichwort)

Rosbach, Thorsten: Ethik in einem Wirtschaftsunternehmen – nützlich oder überflüssige Förmelei?, CCZ 2008, 101–104 (Zitiert: Rosbach, CCZ 2008)

Roxin, Claus: Strafrecht Allgemeiner Teil, Band I, 4. Auflage, 2006 (Zitiert: Roxin, AT I)

Rudkowski, Lena: Kernprobleme einer gesetzlichen Regelung zum Schutz von Whistleblowern, CCZ 2013, 204–209 (Zitiert: Rudkowski, CCZ 2013)

Rützel, Stefan: Illegale Unternehmensgeheimnisse?, GRUR 1995, 557–561 (Zitiert: Rützel, GRUR 1995)

Säcker, Franz Jürgen/Rixecker, Roland: Münchener Kommentar zum Bürgerlichen Gesetzbuch

- Band 1, 6. Auflage 2012
- Band 2, 6. Auflage 2012
- Band 3, 6. Auflage 2012
- Band 4, 6. Auflage 2012
- Band 5, 6. Auflage 2013
- Band 6, 6. Auflage 2013
- Band 7, 6. Auflage 2013
- Band 8, 6. Auflage 2012
- Band 9, 6. Auflage 2013

(Zitiert: Bearbeiter, in: MüKo BGB)

Sagan, Adam: Konvergenzen und Divergenzen zwischen EGMR, EuGH, BVerfG und BAG, DB 2012, Beilage zu Heft 6, 11–14 (Zitiert: Sagan, DB 2012, Beilage zu Heft 6)

Sänger, Marc: Whistleblowing in der börsennotierten Aktiengesellschaft, Dissertation 2011 (Zitiert: Sänger, Whistleblowing)

Schaefer, Hans/Baumann, Diethelm: Compliance-Organisation und Sanktionen bei Verstößen, NJW 2011, 3601–3605 (Zitiert: Schaefer/Baumann, NJW 2011)

Schaefer, Torsten: Akteneinsichtsrechte nach der StPO, NJW-Spezial 2007, 327–328 (Zitiert: Schaefer, NJW-Spezial 2007)

Schaub, Günter: Arbeitsrechtshandbuch, 15. Auflage, 2013 (Zitiert: Bearbeiter, in: Schaub, Arbeitsrechtshandbuch)

Schaub, Günter: Arbeitsrecht von A-Z, 19. Auflage, 2014 (Zitiert: Bearbeiter, in: Schaub, Arbeitsrecht von A-Z)

Schaupensteiner, Wolfgang: Rechtstreue im Unternehmen – Compliance und Krisenmanagement – Konzertiertes Vorgehen statt einzelbetriebliche Maßnahmen, NZA-Beilage 1/2011, 8–15 (Zitiert: Schaupensteiner, NZA-Beil. 1/2011)

Schemmel, Alexander/Ruhmannseder, Felix/Witzigmann, Tobias: Hinweisgebersysteme. Implementierung im Unternehmen, 2012 (Zitiert: Schemmel/Ruhmannseder/Witzigmann, Hinweisgebersysteme)

Schlachter, Monika: Kündigung wegen „Whistleblowing"? – Der Schutz der Meinungsfreiheit vor dem EGMR, RdA 2012, 108–112 (Zitiert: Schlachter, RdA 2012)

Schmitt-Schönenberg, Michael: Umweltschutz – Arbeitsvertragliche Rechte und Pflichten des Arbeitnehmers, AuR 1994, 281–286 (Zitiert: Schmitt-Schönenberg, AuR 1994)

Schmitt, Bettina: Whistleblowing – „Verpfeifen" des Arbeitgebers, Dissertation 2003 (Zitiert: Schmitt, Whistleblowing)

Schmolke, Klaus: Whistleblowing-Systeme als Corporate Governance-Instrument transnationaler Unternehmen, RIW 2012, 224–232 (Zitiert: Schmolke, RIW 2012)

Schneider, David: Die arbeitsrechtliche Implementierung von Compliance- und Ethikrichtlinien, Dissertation 2009 (Zitiert: Schneider, Implementierung)

Schneider, Moritz: Kronzeugenregelung im EG-Kartellrecht: die Praxis der Europäischen Kommission beim Erlaß und der Ermäßigung von Geldbußen in Kartellsachen unter Einbeziehung der „Leniency Notice" des US-Department of Justice und der „Bonusregelung" des Bundeskartellamtes, Dissertation 2004 (Zitiert: Schneider, Kronzeugenregelung)

Schneider, Uwe: Compliance als Aufgabe der Unternehmensleitung, ZIP 2003, 645–650 (Zitiert: Schneider, ZIP 2003)

Schneider, Uwe: Die 16 goldenen Regeln zur Haftung des Geschäftsführers einer Holding, GmbHR 2010, 1313–1318 (Zitiert: Schneider, GmbHR 2010)

Schneider, Uwe/Nowak, Claudia: Sind die Einrichtung einer Whistleblowing-Stelle und der Schutz des Whistleblowers Teil guter Corporate Compliance?, in: Hönn, Günther/Oetker, Hartmut/Raab, Thomas (Hrsg.), Festschrift zum 70. Geburtstag für Peter Kreutz, 2010, S. 855- 865 (Zitiert: Schneider/Nowak, FS Kreutz)

Schoene, Volker: Kartellschadensersatz wegen erhöhter Preise der Kartellaußenseiter, GRUR-Prax 2014, 293–294 (Zitiert: Schoene, GRUR-Prax 2014)

Schönke, Adolf/Schröder, Horst: Kommentar zum Strafgesetzbuch, 29. Auflage, 2014 (Zitiert: Bearbeiter, in: Schönke/Schröder, Kommentar StGB)

Schreiber, Alexander: Implementierung von Compliance-Richtlinien, NZA-RR 2010, 617–623 (Zitiert: Schreiber, NZA-RR 2010)

Schroeder, Dirk: Kronzeugenregelungen im Kartellrecht, in: Brinker, Ingo/Scheuing, Dieter/Stockmann, Kurt (Hrsg.) Recht und Wettbewerb, Festschrift zum 65. Geburtstag für Rainer Bechtold, 2006, S. 437–454 (Zitiert: Schroeder, FS Bechtold)

Schroll, Gregor: Der Einfluss interner und externer Faktoren auf die Effektivität der Kronzeugenprogramme der EU-Kommission und des Bundeskartellamtes, Dissertation 2012 (Zitiert: Schroll, Effektivität der Kronzeugenprogramme)

Schubert, Claudia: Whistle-Blowing after Heinisch v. Germany: Much Ado About Nothing?, German Yearbook of international Law 2011(54), S. 753–763 (Zitiert: Schubert, German Yearbook of international Law 2011 (54))

Schulz, Mike: Ethikrichtlinien und Whistleblowing – Arbeitsrechtliche Aspekte der Einführung eines Compliance-Systems, Dissertation 2010 (Zitiert: Schulz, Ethikrichtlinien)

Schulz, Mike: Compliance – Internes Whistleblowing, BB 2011, 629–634 (Zitiert: Schulz, BB 2011)

Schulze, Reiner: Kommentar zum Bürgerlichen Gesetzbuch, 8. Auflage, 2014 (Zitiert: Bearbeiter, in: Schulze, BGB-Kommentar)

Schürrle, Thomas/Fleck, Franziska: „Whistleblowing Unlimited" – Der U.S. Dodd-Frank Act und die neuen Regeln der SEC zum Whistleblowing, CCZ 2011, 218–221 (Zitiert: Schürrle/Fleck, CCZ 2011)

Schwalbe, Ulrich/Höft, Jan: Ausgestaltung von Kronzeugenprogrammen und private Kartellrechtsdurchsetzung, in: Bechtold, Stefan/Jickeli, Joachim/Rohe, Mathias (Hrsg), Recht, Ordnung und Wettbewerb, Festschrift zum 70. Geburtstag von Wernhard Möschel, 2011, S. 597–636 (Zitiert: Schwalbe/Höft, FS Möschel)

Seel, Henning-Alexander: Recht auf freie Meinungsäußerung – Wo sind die Grenzen des „Whistleblowing"?, MDR 2012, 9–12 (Zitiert: Seel, MDR 2012)

Seibt, Christoph: Deutscher Corporate Governance Kodex und Entsprechens-Erklärung (§ 161 AktG-E), AG 2002, 249–259 (Zitiert: Seibt, AG 2002)

Seitz, Claudia: Public over Private Enforcement of Competition Law? Zugleich Besprechung von AG Bonn, Beschluss v. 18.1.2012 – Gs 53/09 – Pfleiderer, GRUR-RR 2012, 137–142 (Zitiert: Seitz, GRUR-RR 2012)

Siekmann, Helmut: Verletzt die Weitergabe eines im Bundesanzeiger veröffentlichten Jahresabschlusses betreffend eine juristische Person ein dieser zustehendes, allgemeines Persönlichkeitsrecht, insbesondere das Recht auf informationelle Selbstbestimmung? ZIP 1994, 651–654 (Zitiert: Siekmann, ZIP 1994)

Simon, Oliver/Schilling, Jan Moritz: Kündigung wegen Whistleblowing?, BB 2011, 2421–2428 (Zitiert: Simon/Schilling, BB 2011)

Simonet, Michael: Notwendigkeit eines Gesetzes zum Schutz von Whistleblowern?, RdA 2013, 236–240 (Zitiert: Simonet, RdA 2013)

Soyez, Volker: Schadensersatzanspruch des indirekten Abnehmers von Kartellteilnehmern, EuZW 2012, 100–102 (Zitiert: Soyez, EuZW 2012)

Spindler, Gerald/Stilz, Eberhard: Kommentar zum Aktiengesetz, 3. Auflage, 2014 (Zitiert: Bearbeiter, in: Spindler/Stilz, AktG)

Stahlhacke, Eugen/Preis, Ulrich/Vossen, Reinhard: Kündigung und Kündigungsschutz im Arbeitsverhältnis, 10. Auflage, 2010 (Zitiert: Stahlhacke/Preis/Vossen, Kündigung und Kündigungsschutz)

Stelkens, Paul/Bonk, Heinz Joachim/ Sachs, Michael: Kommentar zum Verwaltungsverfahrensgesetz, 8. Auflage, 2014 (Zitiert: Bearbeiter, in: Stelkens/Bonk/Sachs, VwVfG)

Stern, Klaus/Becker, Florian: Kommentar zum Grundgesetz, 1. Auflage, 2010 (Zitiert: Bearbeiter, in: Stern/Becker, GG-Kommentar)

Stöber, Michael: Schadensersatzhaftung für Preisschirmeffekte bei Verstößen gegen deutsches und europäisches Kartellrecht, EuZW 2014, 257–261 (Zitiert: Stöber, EuZW 2014)

Strack,Guido: Unzureichender Schutz von Whistleblowern in Deutschland, Compliance-Berater 4/2014, 113–117 (Zitiert: Strack, Compliance-Berater 4/2014)

Stürner, Rolf: Der entgangene rechtswidrige oder sittenwidrige Gewinn, VersR 1976, 1012–1016 (Zitiert: Stürner, VersR 1976)

Sweeney, Brendan: The Role of Damages in Regulation Horizontal Price-Fixing: Comparing the Situation in the United States, Europe, and Australia, Melbourne University Law Review (2006), Vol. 30, Issue 3, S. 873–879 (Zitiert: Sweeney, Melbourne University Law Review (2006), Vol. 30, Issue 3)

Thomas, Heinz/Putzo, Hans: Kommentar zur Zivilprozessordnung, 35. Auflage, 2014 (Zitiert: Bearbeiter, in: Thomas/Putzo, ZPO)

Thomas, Stefan : Aufdeckung – Abschreckung – Kompensation. Wechselwirkungen und Zielkonflikte der privaten und öffentlichen Kartellrechtsdurchsetzung, in: Oberender, Peter (Hrsg.), Private und öffentliche Kartellrechtsdurchsetzung, 2012, S. 55–78 (Zitiert: Thomas, in: Oberender, Private und öffentliche Kartellrechtsdurchsetzung)

Thümmel, Roderich: Die Abweichung von der Entsprechenserklärung nach § 161 AktG – Neue Risiken für Vorstände und Aufsichtsräte?, CCZ 2008, 141–144 (Zitiert: Thümmel, CCZ 2008)

Thüsing, Gregor: Beschäftigtendatenschutz und Compliance, 2. Auflage, 2014 (Zitiert: Bearbeiter, in: Thüsing, Beschäftigtendatenschutz und Compliance)

Tietje, Christian/Nowrot, Karsten: Zugang zu Kartellrechtsakten nach der Transparenzverordnung als öffentliches Interesse, EWS 2006, 486–488 (Zitiert: Tietje/Nowrot, EWS 2006)

Többens, Hans: Wirtschaftsspionage und Konkurrenzausspähung in Deutschland, NStZ 2000, 505–512 (Zitiert: Többens, NStZ 2000)

Trips, Marco: Risikomanagement in der öffentlichen Verwaltung, NVwZ 2003, 804–811 (Zitiert: Trips, NVwZ 2003)

Umnuß, Karsten: Corporate Compliance Checklisten, 2. Auflage, 2012 (Zitiert: Bearbeiter, in: Umnuß, Corporate Compliance Checklisten)

Van Vormizeele, Philipp Voet: Kartellrechtliche Compliance-Programme im Rahmen der Bußgeldbemessung de lege lata und de lege ferenda, CCZ 2009, 41–49 (Zitiert: Van Vormizeele, CCZ 2009)

Vollrath, Christian: Das Maßnahmepaket der Kommission zum wettbewerbsrechtlichen Schadenersatzrecht, NZKart 2013, 434–446 (Zitiert: Vollrath, NZKart 2013)

Von Busekist, Konstantin/Fahrig, Stephan: Whistleblowing und der Schutz von Hinweisgebern, BB 2013, 119–124 (Zitiert: v. Busekist/Fahrig, BB 2013, 119)

Von Heintschel-Heinegg, Bernd: Beck'scher Online-Kommentar zum Strafgesetzbuch, Edition 24, Stand: Juli 2014 (Zitiert: Bearbeiter, in: BeckOK StGB)

Von Hoyningen-Huene, Gerrick/Linck, Rüdiger: Kommentar zum Kündigungsschutzgesetz, 15. Auflage, 2013 (Zitiert: Bearbeiter, in: v. Hoyningen-Huene/ Linck, KSchG)

Von Mangoldt, Hermann/Klein, Friedrich/Starck, Christian: Kommentar zum Grundgesetz, 6. Auflage, 2010 (Zitiert: Bearbeiter, in: v. Mangoldt/Klein/Starck, Kommentar zum GG)

Von Pelchrzim, Gero: Whistleblowing und der strafrechtliche Geheimnisschutz nach § 17 UWG, CCZ 2009, 25–29 (Zitiert: v. Pelchrzim, CZ 2009)

Von Staudinger, Julius: Kommentar zum Bürgerlichen Gesetzbuch, Buch 2 (Dienstvertragsrecht), 2011 (Zitiert: Bearbeiter, in: v. Staudinger, BGB-Kommentar)

Wabnitz, Heinz-Bernd/Janovsky, Thomas: Handbuch des Wirtschafts- und Steuerstrafrechts, 4. Auflage, 2014 (Zitiert: Bearbeiter, in: Wabnitz/Janovsky, Handbuch WstR)

Walter, Tonio: Submissionsbetrug, JZ 2002, 254–256 (Zitiert: Walter, JZ 2002)

Wedlich, Alexander Christian: Die strafrechtliche Würdigung von Submissionsabsprachen unter dem Gesichtspunkt des § 298 StGB, Dissertation 2004 (Zitiert: Wedlich, Submissionsabsprachen)

Wessels, Johannes/Beulke, Werner/Satzger, Helmut: Strafrecht Allgemeiner Teil, 43. Auflage, 2013 (Zitiert: Wessels/Beulke/Satzger, StrafR AT)

Westhoff, Jan Philipp: Der Zugang zu Beweismitteln bei Schadensersatzklagen im Kartellrecht: eine rechtsvergleichende Untersuchung, Dissertation 2010 (Zitiert: Westhoff, Zugang zu Beweismitteln bei Schadensersatzklagen im KartellR)

Wiedemann, Gerhard: Handbuch des Kartellrechts, 2. Auflage, 2008 (Zitiert: Bearbeiter, in: Wiedemann, Kartellrecht)

Wils, Wouter: Antitrust Compliance Programmes and Optimal Antitrust Enforcement, Journal of Antitrust Enforcement 2013, Vol. 1, No. 1, S. 52–81 (Zitiert: Wils, Journal of Antitrust Enforcement 2013, Vol. 1, No. 1)

Wisskirchen, Gerlin/Körber, Anke/Bissels, Alexander: „Whistleblowing" und „Ethikhotlines", BB 2006, 1567–1572 (Zitiert:Wisskirchen/Körber/Bissels, BB 2006)

Wittig, Petra: Wirtschaftsstrafrecht, 3. Auflage, 2014 (Zitiert: Wittig, Wirtschaftsstrafrecht)

Wolff, Heinrich Amadeus: Der verfassungsrechtliche Schutz der Betriebs- und Geschäftsgeheimnisse, NJW 1997, 98–101 (Zitiert: Wolff, NJW 1997)

Wolter, Jürgen: Systematischer Kommentar zum Strafgesetzbuch, 140. Ergänzungslieferung, Stand: Dezember 2013 (Zitiert: Bearbeiter, in: SK-StGB)

Wrase, Silvelyn/Fabritius, Christoph: Prämien für Hinweisgeber bei Kartellverstößen?, CCZ 2011, 69–73 (Zitiert: Wrase/Fabritius, CCZ 2011)

Wunderlich, Claudia: Die Akzessorietät des § 298 StGB zum Gesetz gegen Wettbewerbsbeschränkungen (GWB), Dissertation 2009 (Zitiert: Wunderlich, Die Akzessorietät des § 298 StGB zum GWB)

Wybitul, Tim: Interne Ermittlungen auf Aufforderung von US-Behörden – ein Erfahrungsbericht, BB 2009, 606–611 (Zitiert: Wybitul, BB 2009)

Zagrosek, Roman: Kronzeugenregelungen im US-amerikanischen, europäischen und deutschen Recht der Wettbewerbsbeschränkungen, Dissertation 2006 (Zitiert: Zagrosek, Kronzeugenregelungen)

Zimmer, Daniel/Logemann, Hans: Unterliegen „Altfälle" der verschärften Schadensersatzhaftung nach § 33 GWB?, WuW 2006, 982–990 (Zitiert: Zimmer/Logemann, WuW 2006)

Zimmer, Mark/Seebacher, Krikor R.: Whistleblowing – Wichtige Erkenntnisquelle oder gefährliches Pflaster?, CCZ 2013, 31–33 (Zitiert: Zimmer/Seebacher, CCZ 2013)

Zimmermann, Gernot: Strafrechtliche Risiken des „Whistleblowing", ArbRAktuell 2012, 58–61 (Zitiert: Zimmermann, ArbRAktuell 2012)

Zöller, Richard: Kommentar zur Zivilprozessordnung, 30. Auflage, 2014 (Zitiert: Bearbeiter, in: Zöller, ZPO)

Zöttl, Johannes/Schlepper, Lisa: Die private Durchsetzung von kartellrechtlichen Schadensersatzansprüchen – Status Quo in Deutschland, EuZW 2012, 573–576 (Zitiert: Zöttl/Schlepper, EuZW 2012)

Index

V

W

Z

Veröffentlichungen des Instituts für deutsches und europäisches Wirtschafts-, Wettbewerbs- und Regulierungsrecht der Freien Universität Berlin

Herausgegeben von Franz Jürgen Säcker

Band 1 Franz Jürgen Säcker (Hrsg.): Deutsch-russisches Energie- und Bergrecht im Vergleich. Ergebnisse einer Arbeitstagung vom 31. März / 1. April 2006. 2007.

Band 2 Franz Jürgen Säcker / Walther Busse von Colbe (Hrsg.): Wettbewerbsfördernde Anreizregulierung. Zum Anreizregulierungsbericht der Bundesnetzagentur vom 30. Juni 2006. 2007.

Band 3 Dirk Zschenderlein: Die Gleichbehandlung der Aktionäre bei der Auskunftserteilung in der Aktiengesellschaft. Zum Problem der Zulässigkeit der Weitergabe von Informationen an einzelne Aktionäre und Dritte. 2007.

Band 4 Simone Kirchhain: Die Anwendung der Vertikal-GVO auf innerstaatliche Wettbewerbsbeschränkungen nach der 7. GWB-Novelle. 2007.

Band 5 Franz Jürgen Säcker: Der Independent System Operator. Ein neues institutionelles Design für Netzbetreiber? 2007.

Band 6 Stefanie Otto: Allgemeininteressen im neuen UWG. § 1 S. 2 UWG und die wettbewerbsfunktionale Auslegung. 2007.

Band 7 Jochen Eichler: Vertragliche Dritthaftung. Eine Auseinandersetzung mit der Frage der Dritthaftung von sogenannten Experten und anderen Auskunftspersonen im Rahmen des § 311 Abs. 3 BGB. 2007.

Band 8 Markela Stamati: Die Anforderungen der operationellen Entflechtung nach den Beschleunigungsrichtlinien der Europäischen Kommission. Umsetzung in Deutschland und Griechenland. 2008.

Band 9 Franz Jürgen Säcker: The Concept of the Relevant Product Market. Between Demand-Side Substitutability and Supply-Side -Substitutability in Competition Law. 2008.

Band 10 Renate Rabensdorf: Die Durchgriffshaftung im deutschen und russischen Recht der Kapitalgesellschaften. Eine rechtsvergleichende Untersuchung. 2009.

Band 11 Franz Jürgen Säcker: Der beschleunigte Ausbau der Höchstspannungsnetze als Rechtsproblem. Erläutert am Beispiel der 380-kV-Höchstspannungsleitung Lauchstädt – Redwitz – Grafenrheinfeld mit Querung des Rennsteigs im Naturpark Thüringer Wald. 2009.

Band 12 Helen Mahne: Eigentum an Versorgungsleitungen. 2009.

Band 13 Franz Jürgen Säcker (Hrsg.): Russisches Energierecht - Gesetzessammlung. 2009.

Band 14 Franz Jürgen Säcker / Maik Wolf: Integrierte Energieversorgung in geschlossenen Verteilernetzen. Zum Gestaltungsspielraum des Gesetzgebers zur Neuregelung des § 110 EnWG im Lichte des Dritten EG-Energiepakets. 2009.

Band 15 Franz Jürgen Säcker (Hrsg.): Das Dritte Energiepaket für den Gasbereich. Deutsch-Englische Textausgabe mit einer Einführung. 2009.

Band 16 Franz Jürgen Säcker (Hrsg.): Das Dritte Energiepaket für den Elektrizitätsbereich. Deutsch-Englische Textausgabe mit einer Einführung. 2009.

Band 17 Thomas Dörmer: Die Unternehmenspacht. Rechtsstellung der Vertragsparteien unter besonderer Berücksichtigung der Pflicht des Unternehmenspächters zur ordnungsgemäßen Unternehmensführung sowie der Rechtslage bei Vertragsbeendigung. 2010.

Band 18 Klaas Bosch: Die Kontrolldichte der gerichtlichen Überprüfung von Marktregulierungsentscheidungen der Bundesnetzagentur nach dem Telekommunikationsgesetz. 2010.

Band 19 Geng-Sook Leem: Einheitliche Corporate Governance-Grundsätze für die Europäische Aktiengesellschaft (SE). Eine rechtsvergleichende Untersuchung anhand der Ausgestaltung der SE im deutschen und britischen Recht. 2010.

Band 20 Wiebke Gebhardt: Gentechnik und Koexistenz nach der Gesetzesnovelle von 2008: Zivilrechtliche Haftung im Vergleich Deutschland und USA. 2010.

Band 21 Cathrin Isenberg: Die Geruchsmarke als Gemeinschaftsmarke. Schutzfähigkeit und Einsatzmöglichkeiten. 2010.

Band 22 Franz Jürgen Säcker / Jochen Mohr / Maik Wolf: Konzessionsverträge im System des europäischen und deutschen Wettbewerbsrechts. 2011.

Band 23 Judith Antonia Loeck: Die unzumutbare Belästigung nach der UWG Novelle 2008 und dem Gesetz zur Bekämpfung unerlaubter Telefonwerbung und zur Verbesserung des Verbraucherschutzes bei besonderen Betriebsformen. 2011.

Band 24 Jörg Jaecks: Konzernverrechnungsklauseln und verwandte einseitige Verrechnungsbefugnisse im Mehrpersonenverhältnis. 2011.

Band 25 Franz Jürgen Säcker: Marktabgrenzung, Marktbeherrschung, Markttransparenz und Machtmissbrauch auf den Großhandelsmärkten für Elektrizität. 2011.

Band 26 Susanne Wende: Die einheitliche Auslegung von Beihilfen- und Vergaberecht als Teilgebiete des europäischen Wettbewerbsrechts. 2011.

Band 27 Leonie Kempel: Die Anwendung von Art. 102 AEUV auf geistiges Eigentum und Sacheigentum. Die Voraussetzungen des Kontrahierungszwangs nach Art. 102 AEUV und der Essential-Facility-Doktrin unter besonderer Berücksichtigung der Unterschiede zwischen geistigem Eigentum und Sacheigentum. 2011.

Band 28 Christoph Schuldt: Werbejingles – schützenswerte Kompositionen!? Die urheberrechtliche und markenrechtliche Schutzfähigkeit von Werbejingles vor unbefugter Nachahmung. 2012.

Band 29 Lydia Scholz: Die Rechtfertigung von diskriminierenden umweltpolitischen Steuerungsinstrumenten. Eine Untersuchung der Reichweite der Warenverkehrsfreiheit und ihrer Begrenzung durch den Umweltschutz als Vertragsziel am Beispiel der deutschen Energiefördergesetze EEG und KWKModG. 2012.

Band 30 Franz Jürgen Säcker: Investitionen in Kraftwerke zur Sicherung einer zuverlässigen Elektrizitätsversorgung nach der Energiewende. Rechtliche und ökonomische Rahmenbedingungen. 2012.

Band 31 Florian Leib: Kartellrechtliche Durchsetzungsstrategien in der Europäischen Union, den USA und Deutschland. Eine rechtsvergleichende Darstellung. 2012.

Band 32 Holger Hoch: Marktverschlusseffekte und Effizienzen vertikaler Zusammenschlüsse. Kartellrechtliche Beurteilung nach europäischem und deutschem Recht. 2012.

Band 33 Sebastian Kemper: Gasnetzzugang in Deutschland und in Spanien. 2012.

Band 34 Elena Timofeeva: Unbundling in der russischen Elektrizitätswirtschaft im Vergleich zum deutschen und europäischen Energierecht. 2012.

Band 35 Gisela Drozella / Harald Krebs: Marktbeherrschung im Bereich Stromerzeugung / Stromgroßhandel. Eine kritische Analyse der neueren Sicht des Bundeskartellamts. 2013.

Band 36 Christian Rehm: Die Einzel- und Gesamtverantwortung der Vorstandsmitglieder der Aktiengesellschaft. Die Verantwortung für die Leitung und Geschäftsführung im mehrköpfigen Vorstand in der unabhängigen und der herrschenden AG. 2013.

Band 37 Ann-Christin Richter: Mengen- und umsatzbezogene Rabatte marktbeherrschender Unternehmen in den Grenzen des Art. 102 AEUV. 2013.

Band 38 Nikolaos Pitsos: Die erhebliche Behinderung des wirksamen Wettbewerbs (SIEC-Test) im Fusionskontrollrecht. Zugleich ein Beitrag zur Problematik der oligopolistischen Marktbeherrschung unter Vergleich mit dem amerikanischen SLC-Test. 2013.

Band 39 Mirko Heinemann: Das Markenzeichen als Anknüpfungspunkt des Markenimages. 2013.

Band 40 Sylvia Lorenz: Der Immaterialgüterschutz virtueller Ladengeschäfte. Ein Vorschlag für die rechtliche Erfassung virtueller Güter. 2014.

Band 41 Anke Reimers: Wettbewerbsrechtliche und regulatorische Analyse der Kapazitätenvergabe an Grenzkuppelstellen im Elektrizitätsbinnenmarkt. 2014.

Band 42 Franz Jürgen Säcker / Carsten König / Lydia Scholz: Der regulierungsrechtliche Rahmen für ein Offshore-Stromnetz in der Nordsee. 2014.

Band 43 David Preisendanz: Der Humor in der vergleichenden Werbung. 2014.

Band 44 Martin Gerig: Vollendung des EU-Energiebinnenmarktes vs. nationale Marktabschottungen. Europarechtskonformität mitgliedstaatlicher Fördermaßnahmen und Kapazitätsmärkte am Beispiel Deutschlands. 2014.

Band 45 Jan Patrick Ehinger: Dritthaftung für Kunstexpertisen und Aufnahmebestätigungen in den Catalogue raisonné. Ein Beitrag zur Expertenhaftung. 2014.

Band 46 Julia Gerzen: Das Recht der Gesellschafter-Fremdkapitalfinanzierung. Rechtsvergleichende Analyse der Behandlung von Gesellschafterdarlehen vor und in der Insolvenz der GmbH nach deutschem und russischem Recht. 2014.

Band 47 Laura Börger: Die gerichtliche Kontrolldichte bei der Überprüfung von Entscheidungen der Europäischen Kommission auf dem Gebiet der Fusionskontrolle. 2014.

Veröffentlichungen des Instituts für Energie- und Regulierungsrecht Berlin

Band 48 Daniel Simon Travers: Kopplungsangebote. Eine Studie zum Vertrags- und Lauterkeitsrecht. 2015.

Band 49 Anna Olbryś-Sobieszuk: EU-rechtliche Schranken der Glücksspielwerbung in Deutschland, Großbritannien und Polen. 2015.

Band 50 Franz Jürgen Säcker/Lydia Scholz/Thea Sveen: Renewable Energy Law in Europe. Challenges and Perspectives. 2015.

Band 51 Lina Berezgova: Festlegung von Stromnetzentgelten in Deutschland und Russland. Eine rechtsvergleichende Untersuchung der anreizbasierten Regulierungsvorgaben. 2015.

Band 52 Fengliang Jin: Aufgreifkriterien in der Fusionskontrolle. Eine rechtsvergleichende Untersuchung des europäischen (Art. 3 FKVO), deutschen (§ 37 GWB), taiwanesischen (§ 6 FHG) und festlandchinesischen (§ 20 AMG) Rechts. 2015.

Band 53 Vasileios Triantafyllidis: Die Einordnung der Passing-On-Defense in das allgemeine Schadensersatzrecht. Eine rechtsvergleichende, dogmatische Studie. 2015.

Band 54 Peipei Liu: Die Inhaltskontrolle von Allgemeinen Geschäftsbedingungen und formularmäßigen Vertragsklauseln im deutsch-chinesischen Vergleich. 2016.

Band 55 Evelyn Kozak: Zur Notwendigkeit eines arbeitsrechtlichen und haftungsrechtlichen Whistleblowerschutzes. 2016.

www.peterlang.com

www.ingramcontent.com/pod-product-compliance
Ingram Content Group UK Ltd.
Pitfield, Milton Keynes, MK11 3LW, UK
UKHW041824290926
8980IPUK00002B/46

9 783631 672075